国家社科基金
GUOJIA SHEKE JIJIN HOUQI ZIZHU XIANGMU
后期资助项目

美国红十字会的改革与发展研究（1881—2021）

A Study on the Reform and Development of the American Red Cross (1881-2021)

高芳英 等 著

长江出版传媒 | 湖北人民出版社

图书在版编目（CIP）数据

美国红十字会的改革与发展研究：1881—2021 / 高芳英，王凝萱著. — 武汉：湖北人民出版社，2024.7
ISBN 978-7-216-10862-1

Ⅰ. ①美… Ⅱ. ①高… ②王… Ⅲ. ①红十字会–历史–研究–美国–1881–2021 Ⅳ. ①D771.27

中国国家版本馆CIP数据核字（2024）第103891号

责任编辑：张倩玉
封面制作：董 昀
责任校对：范承勇
责任印制：蔡 琦

美国红十字会的改革与发展研究（1881—2021）
MEIGUO HONGSHIZIHUI DE GAIGE YU FAZHAN YANJIU（1881–2021）

出版发行： 湖北人民出版社	**地址：** 武汉市雄楚大道268号
印刷： 武汉市籍缘印刷厂	**邮编：** 430070
开本： 787毫米×1092毫米 1/16	**印张：** 19.75
字数： 344千字	**插页：** 3
版次： 2024年7月第1版	**印次：** 2024年7月第1次印刷
书号： ISBN 978-7-216-10862-1	**定价：** 90.00元

本社网址：http://www.hbpp.com.cn
本社旗舰店：http://hbrmcbs.tmall.com
读者服务部电话：027-87679656
投诉举报电话：027-87679757
（图书如出现印装质量问题，由本社负责调换）

国家社科基金后期资助项目
出版说明

后期资助项目是国家社科基金设立的一类重要项目，旨在鼓励广大社科研究者潜心治学，支持基础研究多出优秀成果。它是经过严格评审，从接近完成的科研成果中遴选立项的。为扩大后期资助项目的影响，更好地推动学术发展，促进成果转化，全国哲学社会科学工作办公室按照“统一设计、统一标识、统一版式、形成系列”的总体要求，组织出版国家社科基金后期资助项目成果。

全国哲学社会科学工作办公室

前　言

中国红十字会成立于1904年,长期以来,国内对中国红十字运动的研究已取得了丰硕的成果。相比较而言,国内对其他国家的红十字运动研究成果不多,对美国红十字会的研究相对薄弱。2019年苏州大学与中国红十字会总会、中国红十字基金会签署了创办苏州大学红十字国际学院的合作协议,这是全国第一家研究国际红十字运动的学院,这不仅为研究中国红十字运动提供了更好的条件,更为研究各国红十字会、国际红十字运动创造了机遇。

本书由苏州大学“十四五”中国史重点学科经费资助。苏州大学社会学院中国史重点学科是苏州大学最早的红十字运动研究基地,在池子华教授的带领下,苏州大学的中国红十字运动研究在国内崭露头角,同时也开启了对国外红十字运动的研究。2020年,本项目《美国红十字会的改革与发展研究(1881—2021)》入选国家社科基金后期资助项目,这是苏州大学在国外红十字运动研究领域的一个重大突破,中国史重点学科对此项目的完成非常重视,给予“十四五”中国史重点学科经费资助的支持与鼓励。

目　录

绪 论

第一节 选题意义

2015年，习近平总书记在会见中国红十字会第十次全国会员代表大会代表时指出，国际红十字运动已经有150多年的历史，红十字组织是全世界影响范围最广、认同程度最高的国际组织。红十字是一种精神，更是一面旗帜，跨越国界、种族、信仰，引领着世界范围内的人道主义运动。[①] 国际红十字运动是志愿者的一种奉献行为，各国红十字会会员努力树立和平精神传播者的形象，对世界和平、人类平安意义非凡。虽然第二次世界大战已过去几十年，但世界上各国的冲突并未消失，局部战争仍频频出现；虽然人类已经战胜了无数自然灾害的肆虐，但大自然不会风平浪静，已知和未知的流行性病毒仍然在时不时地影响着我们正常的生活，人类需要更加重视发展与自然的和谐关系，在自然灾害和病毒肆虐面前，有应对和化解的办法。历史上，“红十字会抱牺牲志愿，本博爱襟怀，在战争救护、救灾救荒、社会援助诸多方面发挥了至关重要的作用”[②]。今后，只要还有天灾人祸，只要人类的生命和健康需要保护，只要受灾群体的生活境遇需要改善，人类在紧要关头就需要对彼此的依赖，红十字会存在的意义就不会消失。

红十字会在各国的灾难史、救灾史上留下了丰富且宝贵的文化遗产，研究红十字会的历史，是维护当今世界和平与稳定的主题之一。美国红十字会作为红十字国际委员会的重要成员，是美国规模最大、组织最多样化的志愿服务机构，它的人道主义服务已经触及了美国国内外许多公民生活的诸多方面，是美国公认影响力最大的慈善组织。1996年美国非营利组织行业

---

① 习近平：《增强责任意识真心关爱群众　开创红十字事业发展新局面》，《人民日报》2015年5月6日，第1版。

② 池子华：《创建“红十字学”刍议》，载池子华、郝如一主编：《红十字运动与慈善文化》，广西师范大学出版社2010年版，第1页。

杂志《慈善纪事报》报道，在以“美国最受欢迎的慈善/非营利组织”为主题的调查中，美国红十字会在100多个慈善机构中排名第三，其中有48%的12岁以上美国人选择用“爱”和“非常喜欢”来描述对该组织的看法。研究美国红十字会的历史，有助于了解美国红十字会在历史上的形象，以及美国红十字会对美国和世界作出的重要贡献，也有助于论证历史上美国红十字会的发展过程和红十字精神的发扬光大与其国家利益、外交政策之间的关系。

中国国内对中国红十字运动的研究已取得丰硕成果，但对国际红十字运动研究不多，对美国红十字会的研究相对薄弱。国内学者在中国红十字运动研究方面打下的良好基础，为研究国际红十字运动、各国红十字会历史打开了窗口，创造了条件。选择世界上影响较大的美国红十字会作为国内研究国际红十字运动的突破点，具有重要的意义和价值。

第二节　国内外研究概况

一、国内研究概况

中国国内对于红十字运动史的研究主要是以中国红十字会的历史为主。学术界对红十字运动的研究从20世纪90年代开始兴起，在30多年的时间里，中国红十字会与多所高校联合建立研究基地，开展红十字运动研究。虽然许多研究基地在中国红十字运动研究方面取得了丰硕的成果，但对国际红十字运动的研究几乎没有触及。也就是说，国内红十字运动的研究基本局限在中国红十字会方面，对美国红十字会的历史研究，至今还没有高质量的论文和专著或译著问世。

在中国红十字运动研究中，有一些零星成果包含与美国红十字会历史相关的内容，其中主要是关于抗战时期美国红十字会对华援助与中美红十字会合作救护的片段。例如，中国红十字会总会编的《中国红十字会历史资料选编》①和贵阳市档案馆编的《战地红十字会》②，虽然它们在描述中国抗战时期红十字会活动时，多次提到美国红十字会对中国的救助，但只是将其作为研究中国红十字会发展的背景而没有专门章节阐述。另外一些关于美国二战史的著作只言片语地提及了美国红十字会对于美军的救援活动，例如，

---

① 中国红十字会总会编：《中国红十字会历史资料选编》，南京大学出版社1993年版。

② 贵阳市档案馆编：《战地红十字》，贵州人民出版社2009年版。

张越主编的《偷袭珍珠港》[1]一书中，提到了珍珠港事件爆发前美国红十字会的防范准备工作。还有一些研究慈善文化、非政府组织、医疗史的论著中，零星地提到了美国红十字会。例如，王琇瑛的《护理发展简史》[2]第一章“国际护理发展概况”就涉及美国红十字会护理史的发展概况。赵辉等著的《战火中的红十字——卫勤与战争》[3]提到了美国红十字会的战地救护工作对于战争和军队的重要作用。可见，在一些相关著作中只有零散段落提到美国红十字会活动。

国内专门研究美国红十字会历史的论文也不多见。在红十字运动研究中心的《红十字运动研究》上，有几篇相关的文章。如：《克拉拉·巴顿与美国红十字会的创立》[4]《1906年旧金山大地震与美国红十字会》[5]《美国红十字会历史上的首次救援活动——1881年密歇根森林大火救援及其意义》[6]《一战前美国红十字会的主要活动》[7]《美国红十字会对1918年大流感的应对》[8]《浅谈二战时期美国红十字会组织的编织运动》[9]《二战时期美国红十字会的食堂和俱乐部服务》[10]《一战后美国红十字会在匈牙利的儿童救助行动》[11]。还有几篇硕士毕业论文，如《克拉拉·巴顿的人道主义思想及其实践研究》[12]《一战期间美国红十字会在欧洲的救援活动探析》[13]《一战期间美国红十字会

---

① 张越主编：《偷袭珍珠港》，外文出版社2010年版。
② 王琇瑛：《护理发展简史》，上海科学技术出版社1987年版。
③ 赵辉、罗宏恩、穆少杨等：《战火中的红十字——卫勤与战争》，解放军出版社2001年版。
④ 高芳英：《克拉拉·巴顿与美国红十字会的创立》，载郝如一、池子华主编：《红十字运动研究》2010年卷，安徽人民出版社2010年版。
⑤ 王宁宁、高芳英：《1906年旧金山大地震与美国红十字会》，载郝如一、池子华主编：《红十字运动研究》2010年卷，安徽人民出版社2010年版。
⑥ 李艳飞、高芳英：《美国红十字会历史上的首次救援活动——1881年密歇根大火救援及其意义》，载郝如一、池子华主编：《红十字运动研究》2010年卷，安徽人民出版社2010年版。
⑦ 许晶晶：《一战前美国红十字会的主要活动》，载严晓凤、池子华、郝如一主编：《红十字运动研究》2012年卷，安徽人民出版社2012年版。
⑧ 邢金哲：《美国红十字会对1918年大流感的应对》，载郝如一、池子华主编：《红十字运动研究》2011年卷，安徽人民出版社2011年版。
⑨ 王萍：《浅谈二战时期美国红十字会组织的编织运动》，载郝如一、池子华主编：《红十字运动研究》2011年卷，安徽人民出版社2011年版。
⑩ 王萍：《二战时期美国红十字会的食堂和俱乐部服务》，载严晓凤、池子华、郝如一主编：《红十字运动研究》2012年卷，安徽人民出版社2012年版。
⑪ 郭倩：《一战后美国红十字会在匈牙利的儿童救助行动》，载池子华、王国忠、陈海高、吴海松主编：《红十字运动研究》2018年卷，合肥工业大学出版社2018年版。
⑫ 王宁宁：《克拉拉·巴顿的人道主义思想及其实践研究》，苏州大学2011届硕士论文。
⑬ 许晶晶：《一战期间美国红十字会在欧洲的救援活动探析》，苏州大学2011届硕士论文。

的发展壮大》[①]《二战时期美国红十字会军队服务研究》[②]。这些文章和论文对美国红十字会活动的历史片段进行了初步的研究,其中有的简单介绍和阐述了美国红十字会在美国国内外的救援活动,有的介绍和分析了美国红十字会在世界大战中的军队服务活动。虽然这些论文尚属浅论,但毕竟可以归类于国内美国红十字会历史研究的起步。

二、美国学术界研究概况

美国对其红十字会的研究起步很早,其创始人克拉拉·巴顿(Clara Barton)在美国红十字会创立之初,就撰写了多部著作。美国学术界对美国红十字会140年历史的研究成果虽不如其他领域多,但新作也不断问世。

在20世纪前半叶,有关美国红十字会历史的史料性汇编及一手资料比较丰富。史料汇编中通史类的大多是美国从事历史研究人员编撰的一系列资料,这些资料涵盖了1950年前美国红十字会各个阶段运作的历史,是对这一时期美国红十字会悠久历史比较完整的反映,内容可以与红十字会的档案文件、报告相印证,在华盛顿美国国家红十字会总部可以查看。这些成果主要有玛丽安·B. 克劳森(Marian B. Clausen)的《美国红十字会(1919—1939)》(*The American Red Cross from 1919 to1939*),康威尔·B. 罗杰斯(Cornwell B. Rogers)的《美国红十字会(1939—1947)》(*The American Red Cross from 1939 to1947*),鲍西娅·B. 克诺德尔(Portia B. Kernodle)的《护理服务》(*Nursing Services*),托马斯·H. 雷诺兹(Thomas H. Reynolds)的《灾难服务》(*Disaster Services*),鲁斯·瓦拉德(Ruth Walrad)的《家庭服务》(*Home Service*),萨拉·贝克尔(Sarah Becker)的《医院服务》(*Hospital Service*),约瑟夫·拜科夫斯基(Joseph Bykofsky)的《营地服务》(*Camp Service*),哈罗德·R. 哈奇森(Harold R. Hutcheson)的《二战中的志愿者》(*Volunteers in the World War II*),卡斯伯特·C. 李(Cuthbert C. Lee)的《初步发展的美国红十字会》(*Junior Red Cross*),哈罗德·R. 哈奇森(Harold R.Hutcheson)的《为第二次世界大战中武装部队和退伍军人提供的服务》(*Services to the Armed Forces and Veterans in the World War II*),雷蒙德·D. 詹姆森(Raymond D. Jameson)的《二战期间在太平洋战区的美国红十字会》(*The American Red Cross in The world War II in The Pacific Theater*),康斯坦斯·格林(Constance Green)的《美国红十字会志愿者(1919—1939)》(*Volunteers in the*

---

① 邢金哲:《一战期间美国红十字会的发展壮大》,苏州大学2012届硕士论文。

② 王萍:《二战时期美国红十字会军队服务研究》,苏州大学2012届硕士论文。

American Red Cross, 1919—1939)，理查德·希斯根(Richard Hisgen)的《美国红十字会在中国、缅甸、印度》(*American Red Cross in China－Burma－India*)和阿瑟·罗宾逊(Arthur Robinson)的《二战期间的战俘救济》(*Prisoners of War Relief during the World War II*)等。

资料汇编的主题主要有美国红十字会的军队紧急救援、美国红十字会的劳资关系、退休政策、点名制和筹款制、献血计划、医疗卫生服务、服务公司、黑人会员在第二次世界大战中的贡献、营养服务、红十字会的行政组织等。罗伯特·K. 默里(Robert K. Murray)进行了名为“与美国红十字会有关的公众意见”的特别调查，其依据是当时报纸和杂志的报道、美国陆军出版物和盖洛普民意测验等。

有关美国红十字会的官方资料汇编及印刷文件是非常丰富的。其中包括每年出版的年度报告(少数年度资料不全)、重大救灾行动的特别报道、财务报表，以及不计其数的信息小册子、教学小册子、通告、演讲者手册和宣传手册，其内容之广，难以一一列举。以第一次世界大战时期为例，美国红十字战争委员会提交的从一战爆发到1917年11月的《美国红十字会工作报告》[①]和《美国红十字会在战争中的工作报告(1917—1918)》[②]，都十分系统且翔实地介绍了美国红十字会一战期间在美国国内外的战争救援概况，其中军队服务的内容较为详细。1917年12月的《美国红十字会在欧洲的工作报告——红十字战争委员会呈美国人民的报告》[③]和1919年10月的《美国红十字会战时工作：财政和成就(1917.7.1—1919.2.28)》[④]，更是详细汇总了一战期间美国红十字会在欧洲的救援活动、服务项目、收支概况等，其中包含了研究美国红十字会一战时期军队服务的一手资料。除此之外，美国红十字会有定期出版物，其中载有大量关于实际实地工作内容的有《美国红十字杂志》、《美国红十字公报》(后来的《红十字公报》)和《红十字信使》，以及《美国红十字会简史》等小册子。

---

① American Red Cross. *The Work of the American Red Cross*. Washington, D.C.: American World Cross, 1917.

② American Red Cross. *The Work of the American Red Cross during the War*(1917—1918). Washington, D.C.: American World Cross, 1919.

③ American Red Cross. *The Work in Europe of the American Red Cross——A Report to the American People by the Red Cross War Council*. Washington, D. C.: American World Cross, 1917.

④ American Red Cross War Council. *The Work of the American Red Cross during the War: A Statement of Finances and Accomplishments for the Period July 1, 1917, to Feb. 28, 1919*. Washington, D.C.: American Red Cross, Oct. 1919.

但是,关于美国红十字会历史的研究性专著,相对于美国历史中其他主题的研究,数量明显偏少。特别是1950年前,仅有美国红十字会的创始人克拉拉·巴顿根据其日记、手稿编撰的书,几本研究她的传记,还有她之后的几位主要领导人也写了一些红十字会的历史专著。自1950年福斯特·R. 杜勒斯(Foster Rhea Dulles)出版了《美国红十字会史》(*The American Red Cross: A History*)以来,以美国红十字会历史为主题的研究成果逐渐多了起来。这些专著成果大体可以分成以下类型。

通史类:通史类研究成果最有代表性的是杜勒斯的《美国红十字会史》[①],在他之前,美国还没有哪一位历史学家出版美国红十字会编年史的。杜勒斯的专著从美国红十字会创立的背景开始,到1950年战后恢复和平止,对美国红十字会历史进行了编年式的研究,对在此期间红十字会在美国国内外的救援活动都有十分详尽的梳理,突出了美国红十字会发展壮大的历程。全书虽然没有一个注释(出版较早),但其本身就是研究美国红十字会历史的资料、史料,一方面该书是作者根据很多原始文件、档案写成,另一方面书稿出版前,作者交予很多红十字会的领导者、参与者审阅、纠错,确保了书中资料的真实性,以至于在编年史上至今无人超越。当然,遗憾的是该书内容到1950年为止。

在杜勒斯之后,比较著名的通史类专著还有帕特里克·F. 吉尔博(Patrick F. Gilbo)的《美国红十字会:第一个世纪》[②]和玛丽安·莫泽·琼斯(Marian M. Jones)的《美国红十字会:从巴顿到新政》[③]。前者是美国红十字会成立100周年时出版的,作者从红十字会档案3.5万张照片中精选了300多张并配以文字说明,内容涵盖了红十字会的方方面面,形象生动地记录了美国红十字会成立一个世纪以来的历史。后者以美国红十字会从巴顿到罗斯福新政时期的历史为主题,在结语部分另外简要勾画了罗斯福新政到新世纪之交美国红十字会的发展历程,还分析了红十字会适应社会变化所进行的变革,从红十字会的活动中反映了美国的人道主义和慈善文化。

还有一些简史也属于通史类。如帕特里克·F. 吉尔博(Patrick F.Gilbo)

---

① Foster Rhea Dulles. *The American Red Cross: A History*. New York: Harper & Brothers Publishers, 1950.

② Patrick F. Gilbo. *The American Red Cross: The First Century*. New York: Harper & Row, 1981.

③ Marian M. Jones. *The American Red Cross, from Clara Barton to the New Deal*. Baltimore: The Johns Hopkins University Press, 2013.

的《美国红十字会：了解你的政府》[1]，查尔斯·赫德（Charles Hurd）的《美国红十字会简史》[2]，克拉拉·巴顿的《红十字会的故事》[3]、《美国红十字》[4]和《和平和战争时期的红十字会》[5]。《美国红十字会：了解你的政府》是向青少年读者介绍美国红十字会历史的通俗读物，书中有插图，作者用通俗的语言和实例描述了红十字会的服务与工作种类，重点描写了红十字会艾滋病防治和血液供给这两项对年轻人至关重要的服务。《美国红十字会简史》主要讲述美国红十字会自建立至20世纪50年代，在组织、人员、服务内容、服务机制等方面的发展，重点是红十字会中的志愿者及各分会组织的发展历程，还提到了以生产队为代表的女性志愿者。在《和平和战争时期的红十字会》的前半部分，巴顿论述了自己与红十字国际委员会多次联系以促成美国红十字会的创立，其中包括她与红十字国际委员会和美国总统、政府要人的书信往来，呼吁建立美国红十字会的演讲，还有红十字会的组织工作和任务等；后半部分主要描述了她在红十字会时负责的十几次国内外救灾活动。该书的资料性大于学术性。

人物研究类：此类以对创始人巴顿的研究居多，如伊丽莎白·布朗·普赖尔（Elizabeth B. Pryor）的《克拉拉·巴顿：职业天使》、伊什贝尔·罗丝（Ishbel Ross）的《战场天使：克拉拉·巴顿的一生》等。这些对巴顿的研究主要是肯定她的人道主义、慈善、国际主义思想，对她创立美国红十字会给予了高度评价，但也指出了她在任后期所犯的错误。

专题类：专题类著作主要有红十字会与慈善事业、人道主义使命、战争与救援活动、护理服务等方面的。(1)红十字会与慈善事业。主要有约翰·F. 哈钦森（John F. Hutchinson）的《慈善的捍卫者：战争和红十字会的兴起》[6]，奥利维尔·聪茨（Olivier Zunz）的《美国慈善史》[7]，罗伯特·H. 布雷姆纳（Rob-

---

① Patrick F. Gilbo. *American Red Cross, Know Your Government*. Chelsea House Publishers, 1987.

② Charles Hurd. *The Compact History of the American Red Cross*. New York: Hawthorn Books, 1959.

③ Clara Barton. *A Story of Red Cross*.Airmont Publishing Company, 1904.

④ Clara Barton. *The Red Cross*. Washington, D.C.: American National Red Cross, 1898.

⑤ Clara Barton. *The Red Cross in Peace and War*. Washington, D.C.: American Historical Press, 1906.

⑥ John F. Hutchinson. *Champions of Charity: War and the Rise of the Red Cross*. Boulder: Westview Press, 1996.

⑦ Olivier Zunz. *Philanthropy in America: A History*. Princeton: Princeton University Press, 2011.

ert H. Bremner)的《美国的慈善事业》[1],默尔·科迪(Merle Curti)的《美国在国外的慈善事业》[2]。在这些专著中,作者都对红十字会的慈善理念作了分析,指出红十字会与慈善事业的关系。(2)人道主义使命。这方面的力作主要有朱利夫·I.温(Juliaf I. Rwin)的《保护世界平安:美国红十字会和民族人道主义觉醒》[3],迈克尔·巴奈特(Michael Barnett)的《人道主义帝国:一部人道主义的历史》[4]。两部专著都把红十字会的活动与红十字运动的人道主义原则结合起来分析,尤其是朱利夫·温站在美国的立场上,把美国红十字会在海外的救援活动,看成美国保护世界安全的新使命,通过美国红十字会在海外的活动,塑造了美国式的国际人道主义,并指出20世纪的世界是不安全的,美国有维护世界平安的使命。作者进一步提出了美国红十字会在海外的人道主义干预,实际上使美国的全球扩张更合理化的观点。(3)战争与救援活动。代表作有格温多琳·C.希利(Gwendolyn C. Shealy)的《大战中的美国红十字会》[5],作者通过具体事例讲述了一战爆发后美国红十字会的重要活动。前半部分主要介绍美国红十字战争委员会的建立和红十字分会在各州的扩展以及青少年红十字会在全美各大中学校的建立,后半部分介绍对欧洲的援助工作。梅布尔·T.博德曼(Mabel T. Boardman)接替巴顿负责红十字会工作,她写了《在红十字旗帜下国内外的活动》[6],介绍了一战时期美国红十字会在美国国内外对军队和大众的服务和救济,其中许多服务在二战中延续。达芙妮·A.里德(Daphne A. Reid)和帕特里克·F.吉尔博(Patrick F.Gilbo)合作,撰写了《超越冲突:红十字国际委员会和红新月会国际联合会,1919—1994》[7],主要阐述了美国红十字会与红十字国际委员会在世界

---

① Robert H. Bremner. *American Philanthropy*. Chicago: University of Chicago Press, 1988.

② Merle Curti. *American Philanthropy Abroad*. New Brunswick: Rutgers University Press, 1963.

③ Juliaf I. Rwin. *Making the World Safe: The American Red Cross and a Nation's Humanitarian Awakening*. New York: Oxford University Press, 2013.

④ Michael Barnett. *Empire of Humanity: A History of Humanitarianism*. Ithaca: Cornell University Press, 2013.

⑤ Gwendolyn C. Shealy. *The American Red Cross in the Great War*. Edwin Mellen Press, 2003.

⑥ Mabel T. Boardman. *Under the Red Cross Flag: At Home and Abroad*. Philadelphia: J. B. Lippincott, 1915.

⑦ Daphne A. Reid, Patrick F. Gilbo. *Beyond Conflict: The International Federation of Red Cross and Red Crescent Societies, 1919—1994*. Geneva, Switzerland: International Federation of Red Cross and Red Crescent Societies, 1997.

大战中的联系与合作，以及在国际主义救援中体现的红十字精神。还有一篇论文值得一提：杰拉尔德·H.戴维斯（Gerald H. Davls）发表的《美国红十字会和俄国战俘（1914—1918）》[①]一文，讨论了红十字会在战争中不仅服务美军，对战俘也开展人道主义服务，对战俘伤病、战俘与家属的通信、战俘的心理安抚等都有分析。(4)护理服务。这方面的代表作有拉维尼亚·L.多克（Lavinia L. Dock）和萨拉·E.皮克特（ Sarah E. Pickett）等编的《美国红十字会护理史》[②]，以及波西亚·B.科诺德（Portia B. Kernodle）的《红十字会护士在行动（1882—1948）》[③]，两书都对红十字会护士服务、护理事业的兴起作了详细的阐述。

当然，美国的相关成果远不止这些，许多与红十字会相关的内容散见于其他主题的研究中，例如，在关于美国外交史的论文中可见美国红十字会海外救援的相关内容。另外，有一些论文对美国红十字会的研究颇为深入，特别是从医学、管理学、非政府组织（NGO）等领域开展研究，在此不一一赘述。

第三节　相关概念

一、美国红十字会

本书中反复提到的美国红十字会是指美国国家红十字会，也就是美国红十字会总部，通常简称美国红十字会。后文在表达美国国家红十字会时，一般不加“国家”或“总部”两字，在表达地方红十字会时，一般用红十字分会表示。

由于本书主题是美国红十字会研究，为了省略、简洁，凡是不引起歧义的地方，都直接用“红十字会”表示“美国红十字会”。在论述美国红十字会对外援助时，为了指代清楚，有的地方用“美国红十字会”，不引起歧义时则省略“美国”两字。

---

① Gerald H. Davis. “National Red Cross Societies and Prisoners of War in Russia, 1914—18”. *Journal of Contemporary History*, Jan. 1993.

② Lavinia L. Dock, Sarah E. Pickett, et al.. *History of American Red Cross Nursing*. New York: Macmillan Co., 1922.

③ Portia B. Kernodle. *The Red Cross Nurse in Action: 1882—1948*. New York: Harper & Brothers, 1949.

二、红十字会主席

英文中红十字会的首脑是Chairman和President,在红十字会组织机构有总裁兼CEO(President & CEO)一职之前,两者都可指红十字会最高长官,意思是总统、主席、会长、董事长。历史上,美国总统一般都兼任红十字会的主席(名誉),而在红十字会中称“主席”的实际上是执行主席或副主席。由于美国总统只是名誉主席,故通常把执行主席或副主席就称主席,他们都是由对红十字会有杰出贡献的知名人士担任,这个历史渊源可以追溯到美国红十字会创立之时。当巴顿创立了美国红十字会后,她建议让时任总统加菲尔德担任红十字会主席,因为在欧洲国家都是国王、君主、王子、国家重要领导人担任主席的。但是加菲尔德总统坚决拒绝,坚持要巴顿担任主席,以赞誉和肯定她对红十字会工作的贡献,因此巴顿当之无愧地成为美国红十字会第一任主席。

三、红十字会的非营利性

美国红十字会与红十字国际委员会及各国红十字会一样,是一个不以营利为目的的组织。非营利部门是美国重要的组成部分之一,之所以通常可以免除联邦、州和地方的税收,是因为它是为某些公共目的提供服务。“非营利”并非它的服务不能赚取利润,但如果一年结算时,其收入超过了支出,则禁止将任何此类利润分配给组织内部的各级领导(董事或经理)。红十字会的活动是公益性、慈善性的,红十字会是不以赚钱为目的的非营利组织。红十字会开展活动、经营所得收入并非用来利益分配,而是用来发展组织,支持更大、更多的社会服务和社会改善。

第四节 主要框架和创新

一、本书主要框架

美国红十字会虽然比红十字国际委员会晚成立17年,但自从1881年创立以来,在毁灭性的自然灾害、世界大战、流行病和人为恐怖活动灾难中,它开展了积极的救援活动,在防灾应灾的教育培训、安全血液提供、生物医疗服务方面,进行了不少实践活动和理论研究,对美国和国际社会都产生了重要的影响。本书的研究对象就是美国红十字会140年改革、发展的历史。

书稿主体部分由九章构成。前面七章线性梳理美国红十字会历史上各阶段的活动实践,厘清红十字会发展、壮大的历史脉络。将140年的历史分为七个阶段:巴顿时期、博德曼时期、战争委员会时期、两次大战之间的和平时期、二战时期、二战后至世纪之交时期、新世纪时期。同时,书稿又以各阶段红十字会管理层(理事会)的改革和组织管理模式变化为主线,立体勾勒它从巴顿创立时只有几十人的小型私立、非营利志愿性组织,发展到今天超过100万志愿者和3.5万名雇员的大型组织的立体框架,考察它的管理模式从简单的非营利模式,到非营利与营利企业结合管理模式,到基金会、公司管理模式,再到借鉴上市公司标准化管理模式等变化的成效,透视它的组织治理、财务监管和运作透明性的现代化程度。

第八章重点分析了美国红十字会与美国慈善、外交的关系,因为红十字会活动的理念和实践与慈善、外交的关系最为紧密,交集度高。首先,重点分析了美国红十字会与慈善事业及基督教文化的关系。美国红十字会的主要活动在某种程度上是美国慈善事业的一个缩影,红十字会运动轰轰烈烈,主要依赖于众多拥有慈善之心的志愿者,尤其是少数巨富人士的慷慨捐赠。美国的基督教历史和基督教文化培养了美国人的慈善意识。美国红十字会是非政府、非营利、自愿、独立的慈善组织,但它与一般的慈善组织不同,它不仅与政府保持着千丝万缕的关系,还由政府监管,它在活动中募集和使用善款,起到了社会财富第三次分配的作用,实际上承担着政府赋予的某些特殊使命。另外,重点分析了美国红十字会独特的政治、外交特点。红十字会首要的原则是中立性的人道主义,但其"中立性"的含义,随着美国经济发展、国际地位提高,对外关系政策由"孤立主义"转变为"干涉主义",对世界事务干涉的扩大而发生变化。所以,从某种程度上说,美国红十字会的对外救援受到美国霸权主义和扩张主义的负面影响,它的国际人道主义"干预"的实质,使美国红十字会中立性的原则打了折扣。

第九章重点分析了美国红十字会的发展能力和局限性。通过2005—2015年美国红十字会的财务数据和财务报表,分析其活动能力,论述它在美国慈善业和美国救灾领域独一无二的业务规模、复杂的责任和自我能力的不断超越。在新世纪,美国红十字会要进一步发展并不容易,局限性与挑战是十分明显的。慈善组织健康发展的关键是筹款运作和资金管理,这是红十字会在任何阶段都面临的重要挑战。而红十字会不是一般意义上的慈善组织,它在执行国际人道主义时,始终摆脱不了美国政治外交的影响,这也制约着红十字精神的发扬光大。

二、本书创新点

第一,丰富现有研究成果。国内开始关注研究中国红十字运动已20多年,取得了丰硕的成果,但对国际红十字运动的研究成果非常少。美国红十字会是红十字国际委员会的重要成员,但迄今为止国内学者关注很少,发表在《红十字运动研究》上的几篇相关文章和几篇硕士学位论文,都是初探之作。到目前为止,还没有高质量、有影响的相关成果。这与国内研究中国红十字会的丰硕成果相比,差距太大。所以,本书是目前国内研究美国红十字会历史的第一部专著,对丰富现有研究成果有重要作用。

第二,叙述全面,观点创新。全书以美国红十字会的主要实践活动、改革为主线,勾勒了它从1881年创立到今天140年历史发展的全貌。纵观其140年历史,一般认为其重大的组织改革有七次,本书首次把美国红十字会的历史写成一部改革史,并梳理了每次改革的主要内容,分析了改革的背景与成效。

第三,研究深入。运用多学科交叉的研究方法,把美国基督教、慈善事业、人道主义、外交政策与红十字运动相交织,阐述美国红十字会发展、壮大的轨迹。从独特的非政府组织与政府关系的视角,沿着美国慈善事业发展和外交政策变化的路径,考察美国红十字会主要活动的历史意义;考察其巨额捐款的来源和使用与社会财富第三次分配的关系;考察其海外援助与世界和平的关系。从和平时期美国红十字会实践和理论创新的角度,考察其现当代组织治理、财务监管、运作透明性方面的改革、成就和存在问题。

三、本书不足之处

美国红十字会是一个庞大而复杂的组织,有关它的资料浩如烟海。作者虽然已经搜集到美国红十字会官网公布的年度报告和多年财务、审计报表;美国报纸杂志对红十字会活动的报道;美国政府与红十字会之间来往的资料、多届总统和重要政府官员与红十字会领导人联系的资料;美国学术界的研究专著、论文;美国红十字会官网的大事信息;等等,但囿于查阅资料条件的限制,难免疏漏某些有价值的资料,仍需要不断补充有价值的文献资料,不断精耕细作,提高研究的质量。

第一章　巴顿时期
——美国红十字会初创（1881—1904）

美国南北战争后的南方重建和工业化蓬勃发展是交融在一起的。工业化进程中美国社会结构和社会观念都发生了变化，一方面其正从农业国向工业国转变，另一方面，大量妇女走出家庭，进入工厂就业或者进入学校接受教育，并积极从事各种慈善工作、社会工作，投入到此起彼伏的社会改良运动之中。许多女性开始重新确立自己的社会地位，涌现出一批积极的社会活动者，第一次女权运动拉开了序幕。克拉拉·巴顿就在这场社会变革中脱颖而出。“在19世纪的美国历史上可能没有一个女性能像她那样与众不同”[①]，她是美国著名的女外交家、人道主义者、平等主义者，是美国历史上慈善事业领域居于首位的人。从1881年5月21日在华盛顿创立美国红十字会，到1904年辞去红十字会主席职务，巴顿在这23年的美国红十字会初创期，领导红十字会开展了无数次美国国内和国际的灾难救援活动，使美国红十字会成为一个协助联邦政府的救灾组织，一个人道主义和中立主义的灾难救援组织，一个在国际上有影响的红十字会组织。她在美国红十字会历史上开创了“巴顿时代”。

第一节　巴顿与美国红十字会的创立

1863年红十字国际委员会（International Committee of the Red Cross，ICRC）正式成立后，美国表面上因陷于内战而无暇顾及加入红十字国际委员会。实际上，内战结束后，美国忙于经济建设而对加入红十字国际委员会非常冷淡，迟迟没有任何行动。为此巴顿心急如焚，深感美国的这种冷淡与

---

① David H. Burton. *Clara Barton: in the Service of Humanity*. Westport, C.T.: Greenwood Press, 1995, p.1.

它逐渐崛起的大国地位十分不相称。为使美国尽早成为红十字国际委员会成员,巴顿费尽全力游说于政府高层,充当美国与红十字国际委员会的联络人,终于在1881年得到时任总统加菲尔德的认可,赞成美国加入红十字国际委员会。由于不久加菲尔德总统遭枪杀,最终由继任总统阿瑟在次年签署了《日内瓦公约》。从此,美国红十字会宣告成立,巴顿成为第一任主席。

一、巴顿的早期经历

1821年的圣诞节,巴顿出生在马萨诸塞州的一个农民家庭。她的祖先可以追溯到英国兰开夏郡的巴顿庄园主。从欧洲的玫瑰战争开始,红色就是巴顿家族族徽的颜色——象征着献身。巴顿父母共有5个孩子,她是最小的那个。小时候的她被家人当假小子对待,哥哥教其骑马。父亲是密歇根州向西扩张中的老兵,非常欣赏巴顿的假小子行为,平时经常给他的孩子们讲述自己的战斗故事。巴顿从小在当地的普世教会(the Universalist Church)中学习文化知识和宗教知识。普世教会宣传普世主义,认为所有人都可以得救,都可以上天堂。这种观点对巴顿影响很大,她的人道主义思想的基础就是普世主义宗教学说。

巴顿在家族特质的熏陶下,从小善良体贴。虽然在体育、军事和宗教方面从小接受传统上男孩所受的教育,但在烹饪和持家方面,完全接受了母亲的“女性艺术”。她在11岁时,就会精心细心护理断腿生病的哥哥,后来又照顾生病的父亲。护理病人的工作需要更多的耐心、毅力和忍耐力,巴顿照料护理的能力,充分显示了女性“出于天性和天意”的品质。[①]巴顿成年后跟随当助产士的婶婶学习护理,见证了许多生命诞生的喜悦和生命夭折的痛苦,磨砺了她坚忍不拔、仁慈博爱的性格。

在社交方面,巴顿是个“腼腆又敏感的孩子”。这种性格决定了她永远不会为自己辩护,愿意吃亏。虽然在父母看来有点抑郁,但她在责任面前义无反顾。勇于冒险、独立大胆和无畏,在那个时代这样的女性是罕见的。巴顿第一次表现出无畏,是做教师期间参加野外校园游戏时战胜了比她高大许多的男孩,并以她的勇敢和同情心赢得了所有人的尊敬。

19世纪50年代早期,她搬到了新泽西的博尔顿当老师,其间她发起了组织该州创建第一所公立学校的运动。但当学校成功创立后,却是一名男教师代替她担任了校长。此事对她打击很大,她甚至有点灰心,决定去华盛

---

① William A. Alcott. “Female Attendance on the Sick”. *American Ladies Magazine*, No. 7, Jul. 1834, p.303.

顿找一份教书的工作。到了华盛顿,巴顿拜访了来自她家乡地区的国会众议院议员、她的远亲——陆军上校亚历山大·德·威特(Alexander De Witt),希望他能为她介绍一份家庭教师的工作。巴顿的谦和、认真、无畏给威特留下了深刻的印象,威特就向他的好友专利局专员推荐了巴顿,使她当了一名政府专利局女职员。

巴顿是美国专利局最早一批女职员之一,负责复写大量的技术性法律文书。工作中,她必须每天面对歧视女性的男同事,忍受他们的刁难和侮辱。但她的工作态度和效率深得上司的肯定,因此也获得了一定程度上的社会地位和经济独立,这在当时的美国女性中是不多的。这个职位给她提供了结交上流的难得机会,作为单身女性,她可以参与华盛顿的政治和社会生活,经常去剧院,出席国会议员、内阁官员和其他政府官员举办的招待会,坐在国会大厦的走廊里,能聆听到当时伟大的民选演说家查尔斯·萨姆纳(Charles Sumner)、萨姆·休斯顿(Sam Houston)的演讲,甚至和一些民选官员,包括众议院议员威特和参议院议员亨利·威尔逊(Henry Wilson),都保持比较友好的关系。①

但是,1857年詹姆斯·布坎南(James Buchanan)当选总统后,清除了上届政府的很多重要议员和工作人员,巴顿失去了专利局的工作,被迫回到家乡。1860年她到了纽约市,找了份文书工作。亚伯拉罕·林肯(Abraham Lincoln)当选总统后,主张废除奴隶制,巴顿在华盛顿的朋友们不再受政治的排挤,给她找了一个“临时抄写员”的职位,让她重返了华盛顿。

那时的华盛顿还处在城市建设的初期,只是“想象中的大城市”。但它毕竟是首都,首都的城市建设为大量人口提供了更多的工作机会,政府体系的建设同样给有文化的人提供了大量工作机会,即使是单身女性也不例外。巴顿的机会,就是1860年12月又回到了专利局,继续专利局女职员的工作。

二、内战前的社会背景

巴顿踏入社会时,美国正进行各种各样的道德改革运动。在内战前的40年里,反奴隶制、反酗酒和其他恶习,呼吁为所有阶层创造更好的工作和生活条件,是道德改革的主旋律。改革的主要原因是当时奴隶制和资本主义市场化的非人性、工业化和城市化带来的诟病引起了改革者的关注。

这时期美国的宗教和世俗思想,都比较强调人类对改善社会和政治的

---

① David H. Burton. *Clara Barton: in the Service of Humanity*. Westport, C.T.: Greenwood Press, 1995, pp. 21—22.

需要,因此激发了人道主义改革的爆发。20世纪20年代和30年代,随着福音派复兴运动席卷美国中西部和东北部,成千上万的信徒认识到,他们有责任纠正社会的不公正。受这一思想的启发,成千上万的民众参加集体抗议,反对邪恶、酗酒、性别不平等和亵渎神明,尤其是反对奴隶制。

当时的福音派和启蒙思想在社会改革上的基本原理上有共同点,即他们都相信人类的力量和人类普遍进步的潜力。美国内战前的改革家们除了宣扬宗教教义和进行道德劝告之外,还把科学和技术干预作为改善社会的关键。特别是针对当时医疗和卫生方面的问题,认识到健康状况不佳和身患疾病不是因为上帝对人类的惩戒,而是人们不良卫生习惯、居住过度拥挤,以及污染水源等环境破坏的结果。为此,他们要求改善城市环境,建设供水系统和污水系统,清理垃圾,改善住房条件,希望遏制工业化和城市化带来的负面影响。

美国人道主义改革传统的根源不仅可以从美国文化中发现,也可以在美国文化外找到。美国地理上虽然远离欧洲,早期也奉行"孤立主义"政策,但与欧洲有着千丝万缕的联系,美国废奴主义者和女性权益倡导者都与英国的活动家们分享了他们的认识和策略,卫生工作者则从伦敦、巴黎、维也纳和柏林的科学精英那里获取了大量的医学卫生知识。显然,内战前美国的人道主义者绝不是与世隔绝的,他们从欧洲那里得到启发,再把自己的想法与美国文化相结合。理性主义思想激励着社会改革者,共和党人更是改革的倡导者,他们加入了许多志愿协会、慈善团体和致力于改善公共福利的政党。

1861年美国内战爆发,这场史无前例的全国性内战,催生了美国民间救援伤兵的组织。1861年6月,总统林肯签署法律,把卫生委员会并入战争部门,有序组织和培训护士,维护战地医院的清洁,收集捐款,帮助伤残士兵和他们的家人。

三、"战地天使"

内战爆发后,华盛顿成了北部军队的中心。当巴顿得知来自家乡的部队驻扎在参议院时,立即赶去帮忙。一些士兵在路上遭到了南方军队的袭击,部分士兵受伤。士兵们不但要忍受饥饿的痛苦,还要遭受伤痛的折磨。巴顿照顾、安慰伤员,给他们准备食物,同时决定立刻辞去在专利局的工作,到战场上去做一名战地护士,救护更多的士兵。她前往战时秘书处,申请到前线参与伤兵护理,秘书处负责人拒绝了她的请求。"在欧洲,弗罗伦斯·南丁格尔(Florence Nightingale)通过不懈的努力为战地女护士争得了宝贵的一席之地;然而在美国,女护士只能在医院里而不能在战场上工作,因为美国人认为女护士在战地服务不成体统。”[①]这使巴顿备感失落,但是并没有因此而放弃,她希望通过自己的不懈努力救护更多的伤兵。

由于无法进入战地工作,巴顿开始去华盛顿郊区的阿莫里医院(Armory Hospital)照顾病人,虽说该医院在19世纪60年代来说还是不错的,但它的卫生条件和卫生保健质量依然不尽如人意。为了救护更多的病人,医院在稍大的病房里摆满了床铺,导致一些病人因受感染而死去。这里没有浴室,食物卫生得不到保障,连床单的清洗次数也非常有限。巴顿定期去医院照顾、护理病人,给他们带去马铃薯、水果、果酱等食物,并动员医院改善伙食,加强伤员的营养;她组织伤病员家属为伤员清洗衣物,改善士兵们的卫生条件;为伤兵读书,帮他们给家里写信;等等。由于巴顿的努力,医院面貌有了很大的改观,但她去战地医院的请求仍未被批准。

1861年7月,美国内战期间的一场重要战役——第一次布尔溪战役打响。“南部联邦军队声势浩大,有士兵8万人。经过几天的奋战后,北方军队撤退到了华盛顿。”[②]伤员躺在地上,除了伤残、病痛的折磨外,还要忍受口渴、中暑和饥饿的痛苦,在战场上没有医疗护理,医院在几英里之外,缺少帐篷、药物,也没有足够多的救护车运送伤员。巴顿得知这一情况后,根据平时护理病人的经验,认为战场上的伤员特别需要救助和护理。她自发地成立了一个专门机构来募集和分发救助伤员的物品,这个机构开始积极筹集食物、药物和衣服,但这些也只是杯水车薪。在巴顿看来,医疗救护和必需品在战争中和武器一样重要,为此她给家里和朋友写信求助,并到处演讲宣传请求民众捐助必需品,并在报纸上声明一定会把这些物品送到士兵手中。她还建立了专门的捐助中心,人们可以把捐助物品送到那里。巴顿冒着生命危险,驾着马车,把这些必需品及时送到士兵们手中。这些必需品的及时提供,使战地医院有了足够的药品治疗伤员,士兵们也避免了挨饿生病的悲惨遭遇。

她的行动得到了军队的赏识,南部将军威廉·哈蒙德(General William Hamondm)特意签发特别通行证,允许她穿梭于战地和后方军事医院之间,负责把战场上的伤兵送往后方医院。如果在运送过程中,发现伤员病情危急,可以采取紧急救治措施。1862年9月17日,南北双方在马里兰州展开了

---

① 王小琳编译:《美国“战地天使”克拉拉·巴顿》,《世界文化》1994年第3期。

② Barbara A.　Somervill. *Clara Barton: Founder of the American Red Cross*. The United States of America: Compass Point Books, 1904, p.35.

安提塔姆会战,这是美国历史上最血腥的战斗之一。巴顿满怀热情到达战场,积极照顾伤员,但是她的到来并没有受到欢迎,而是遭到军官和士兵们的冷落与歧视,这些人还不太习惯女子出现在战场上。“在战争之初,护士们都是男性,他们认为女性太虚弱太敏感,不能照顾受伤的士兵,女护士也不被信任”①,何况战地的生活条件非常艰苦,士兵们腹泻、营养不良、身上生虱子。因此,在她开展护理工作之初,遇到了种种人为的刁难,但巴顿仍坚持自己救死扶伤的决心。她的精心护理为大批的伤病员减轻了战争带来的痛苦,那些曾经被巴顿照顾过的伤员觉得她非常出色。在照顾伤员的过程中,巴顿多次与死神擦身而过,但她依然无所畏惧。

巴顿不仅在安提塔姆会战中表现出色,在弗雷德里克斯堡之役等战役中,都表现出了忘我的牺牲精神。她不仅为士兵们筹集救援物资,护理伤病员,还依照阵亡士兵的临终嘱托,把遗物带给死亡士兵的家人。她照顾了无数的战士,在战场和临时医院间抢救、护理伤员,长期和大夫们一起日夜紧张地工作,甚至还为士兵做过手术。巴顿在美国内战期间参与了16场战役的救护工作。②早在1862年12月12日,《纽约时报》就刊登了题为《克拉拉·巴顿——美国的弗罗伦斯·南丁格尔》的文章。巴顿所表现出的无私奉献和刚毅忘我的精神,使不少士兵感动流泪,他们尊敬她,爱戴她。鉴于她的出色表现,她于1864年被任命为北部军队护理部门负责人。

美国内战结束后,巴顿接受了另外一个重要任务——林肯总统指派她负责寻找南部联盟失踪的军人。据战后初期的不完全统计,“至少有14万以上不明身份的坟墓和4.4万个死亡人员未记录在册”③。巴顿不顾自己健康状况的每况愈下,积极奔波走访于各地。巴顿还建立了失踪人员记录局,雇用了几名助手,详细记录死亡名单,整理来自医院的资料,所有的费用都由她一力承担。④巴顿果然不负众望,短短的时间内就找到2万名失踪人员的个人信息。

巴顿虽是一个女子,却终日奔赴各地战场,走访大量军人,了解失踪人员的信息,及时公布死亡名单,安抚死难家属,被人们称为“战地天使”。

---

① Barbara A. Somervill. *Clara Barton: Founder of the American Red Cross*. The United States of America: Compass Point Books, 1904, p. 38.

② Mary R. Parkman. *Heroines of Service*. New York: The Century Company, 1917, p. 78.

③ Marshall W. Fishwick. *Illustrious Americans: Clara Barton*. Morristown, N. J.: Silver Burdett Company, 1966, pp. 141—142.

④ Sarah Knowles Bolton. *Successful Women*. Lothrop Company, 1888, p. 212.

四、红十字会的创立

巴顿在1870年偶遇时任红十字国际委员会委员路易斯·阿皮亚博士(Dr. Louis Appia)时,才第一次听说了红十字国际委员会组织和《日内瓦公约》。当时巴顿因病正在瑞士疗养,阿皮亚博士告知巴顿红十字会以及其所倡导、支持的原则和理念。巴顿兴奋地发现,自己在美国内战中救助伤员的工作,竟然与红十字国际委员会的工作是如此一致,其工作性质竟然如此高尚和伟大。巴顿在瑞士积极地与红十字国际委员会委员联系,多次被红十字国际委员会主席和委员接见。巴顿汇报了自己在内战中救助伤员的工作,受到了他们的高度赞扬。红十字国际委员会向她了解为什么美国拒绝签署《日内瓦公约》,他们不理解美国的立场。他们认为:"如果红十字国际委员会的《日内瓦公约》是由君主国家发起的,那么美国有可能犹豫是否参加,但它是由比美国更老的共和国发起的,美国为什么还要反对?"[①] 其实,巴顿并不清楚美国上层的观点,由于当时美国"孤立主义"外交理念占据主导地位,"他们认为红十字会是由好斗且奉行军国主义的欧洲人设计的外国机构"[②]。红十字国际委员会告诉巴顿,国际委员会曾两次正式向华盛顿政府提出,希望美国和其他国家一起签署《日内瓦公约》,但两次都被拒绝了。第一次是1864年,在红十字国际委员会日内瓦第一次代表大会上,美国虽然没有派特别代表参加,但是美国驻瑞士的全权大使出席了会议并担当了实际的代表。虽然美国大使当时并没有代表政府签署《日内瓦公约》,但会后复制了一份日内瓦会议议程提交给美国政府。可当时美国正处在内战期间,拒绝了这份国际公约。第二次是1866年,红十字国际委员会通过美国著名的大慈善家、美国国家卫生部的创立者亨利·W.贝洛斯(Henry W. Bellows)向美国政府提交了《日内瓦公约》,但也被美国政府拒绝了。红十字国际委员会认为美国人有很广泛的医疗卫生设施,美国在卫生和慈善方面的成就早就受到了世界的注意,它应该是第一个欣赏和接受红十字会章程的,却两次拒绝,不可思议。巴顿对此感到十分震惊,因为她在美国从来没有听说过红十字会,也没听说过《日内瓦公约》,她相信其他普通美国民众也肯定不知道美国政府已经拒绝该公约,拒绝了人道和慈善。

---

① Clara Barton. The *Red Cross in Peace and War*. Washington, D.C.: American Historical Press, 1906, p.60.

② John F. Hutchinson. "Disasters and the International Order: Earthquakes, Humanitarians, and the Ciraolo Project". *The International History Review*, XXII.1: Mar. 2000, p.9.

1870年普法战争爆发，身在欧洲的巴顿积极参加了红十字国际委员会在普法战争中的战地救援工作。她和其他志愿者一起为饱受战争蹂躏的地区提供中立且及时的人道救援。在救援过程中，巴顿对红十字会的工作意义有了更深刻的了解，立志要为成立美国红十字会而努力。当时，普法战争的硝烟尚未散尽，俄国与土耳其之间的冲突一触即发，没有人知道这场冲突将会持续多久。巴顿认为，欧洲潜在的战争为说服美国政府及公众赞成加入红十字国际委员会提供了有利的时机。因为一旦欧洲爆发战争，作为大国的美国，势必被邀请参加红十字国际委员会的救援活动，人们将会意识到一个中立的国际救援组织的重要性。美国如果再不参加红十字国际委员会和建立自己的红十字会组织，就与其在世界上的地位不相称了。为此，巴顿决定立即回国，准备宣传游说政府上层和民众，筹建美国红十字会。

1873年巴顿返回美国，立即投入到筹建美国红十字会的活动中去。曾经遭受美国政府拒绝的亨利·W.贝洛斯认为，美国政府是不可能改变态度的，劝告巴顿“不要去做没有希望的事情”①。当他看到巴顿坚持下决心为此努力时，写信给她：“（我）对美国政府的行为感到非常失望，它把救援战争伤残人员的责任仅归于私人慈善，国际社会将发现世界上的大国唯独美国拒绝加入国际《日内瓦公约》，拒绝为解救战争伤亡人员作出贡献。”②巴顿并没有气馁，碰到问题及时向国际委员会请求帮助。为了再次敦促美国，时任红十字国际委员会主席古斯塔瓦·穆瓦尼耶（Gustave Moynier）于1877年8月19日专门写了一封信给时任美国总统海斯，委托巴顿转交。

古斯塔瓦·穆瓦尼耶在信中主要表达了两层意思。其一，希望美国早日加入红十字国际委员会，以及美国政府支持的意义。“红十字国际委员会非常诚挚地希望美国能够加入红十字国际委员会并从事他们的工作，把红十字国际委员会的工作作为自己国家的另一种任务。美国红十字会要忠诚地完成任务及良好运作，政府的同情和保护是不可缺少的。”③“像美国这样的国家没有宣布支持1864年8月22日日内瓦会议建立的原则，将不利于我们呼吁美国人民加入国际人道主义的行列。”④其二，美国政府的沉默是令人遗憾的。“在1864年日内瓦会议上，美国有两位代表正式出席会议，这标志着官方的认可，代表是合法的，美国应是红十字国际委员会的先驱。我们认

①② Percy H. Epler. *The Life of Clara Barton*. New York: The Macmillan Company, 1915, p.226.

③④ Percy H. Epler. *The Life of Clara Barton*. New York: The Macmillan Company, 1915, p.228.

为，这种情况正是向公众表达了美国政府默许这一被所有人接受的人道主义原则。但是直到现在，美国政府迟迟没有正式批准《日内瓦公约》是很遗憾的。”[①]

巴顿设法把信交给了总统海斯，但从此石沉大海，没有任何回音。巴顿意识到该信被政府搁置了。如果她继续对政府施加压力，也许会适得其反，遭到第三次拒绝。此时巴顿考虑换种方式扩大宣传影响：一方面她向参众两院的议员宣传；另一方面对公众发表演说，传播红十字精神。1878年，巴顿撰写了一本小册子，对参众两院议员散发，希望引起他们的关注。但是，依然没有任何反响。因为许多政府官员对巴顿试图建立一个美国红十字会来帮助战争中受伤者的做法表示怀疑。他们仍然认为，尽管《日内瓦公约》的本意是好的，但签署该公约仍然有与外国结盟的嫌疑。

巴顿决定再换一种方式，不是单纯地等待美国政府签署《日内瓦公约》，而是自己率先成立一个私人志愿组织“美国红十字委员会”，成员有4人，3女1男。该委员会发表了专门的小册子介绍他们“解救因战争、瘟疫、饥荒、大火、洪水和其他灾难受难人群”的目的。1881年巴顿向公众发表演说：“为了爱国主义，为了国家的荣誉，我将坚持不懈，倾力所为。我的第一个和最大的努力已经为我的国家抹去了缺乏公共人道主义的污点，把美国拖出了野蛮的泥潭。1869年有22个国家加入《日内瓦公约》，现在已有30个，增加了罗马尼亚、波斯、阿根廷、智利、秘鲁等8个国家。如果美国积极努力，有可能成为第31个文明、人道的国家，而现在它还站在野蛮和异教中间。”[②]她的演说词最终“分发给了总统、国会和全国人民”[③]，宣传声势进一步扩大。

巴顿的工作终于有了成效。随着加菲尔德当选美国总统，美国红十字会的建立出现了转机。在加菲尔德任内，巴顿又一次到达华盛顿，把红十字国际委员会主席四年前给海斯总统的信复制以后交给加菲尔德，请求总统签署公约。加菲尔德被巴顿建立美国红十字会的观念和努力深深打动。曾是内战老兵的加菲尔德总统，事实上与巴顿一样，有着在枪林弹雨中艰难求生的经历，因此对巴顿为之奋斗的工作非常理解和支持。对于巴顿建立美国红十字会、美国参加红十字国际委员会的请求，加菲尔德总统欣然接受，并指示时任国务卿詹姆士·G. 布莱恩(James G. Blaine)与巴顿商量草拟协

---

① Percy H. Epler. *The Life of Clara Barton*. New York: The Macmillan Company, 1915, p.229.

②③ Percy H. Epler. *The Life of Clara Barton*. New York: The Macmillan Company, 1915, p.230.

定,最后提交内阁和总统。

1881年5月20日,布莱恩答复巴顿,“我十分荣幸地收到了由加菲尔德总统1881年3月13日转来的红十字国际委员会主席穆瓦尼耶1877年8月19日给美国总统的信件。显然,仔细阅读该信,能看出穆瓦尼耶渴望美国与其他国家一起加入红十字国际委员会。你可以高兴地回复穆瓦尼耶,告诉他美国总统和美国政府非常同情战争中受伤的士兵,并实施英明的帮助措施,美国宪法已经赋予美国国会处理战争的权力,美国将参与国际日内瓦红十字会章程,完成人道主义义务。然后,我非常高兴采取措施支持你提出的建议和关注的问题,总统和我一样决不怀疑,赞成把你的建议推荐给国会通过”①。美国红十字会应声成立,1881年5月21日在华盛顿召开了第一次代表大会。但是加菲尔德还没有来得及亲自签署国际公约,就遭枪杀了。好在继任者阿瑟总统忠实执行了已故总统承诺的计划。最终阿瑟于1882年3月16日正式签署了《日内瓦公约》。

巴顿为建立美国红十字会所作出的不朽努力是有目共睹的。1882年9月2日,红十字国际委员会主席在日内瓦大会上评价美国红十字会建立时说:“美国红十字的历史已经与你——巴顿的名字紧紧联系在一起了,正因为有这位著名的妇女坚忍不拔的精神和毅力,我们才高兴地看到美国终于接受了红十字国际委员会的章程,成为其成员之一。”②巴顿一手促建了美国红十字会,她曾建议让总统加菲尔德担任红十字会主席,但加菲尔德拒绝了,坚持要巴顿担任主席,以赞誉和肯定她对红十字会工作的贡献,巴顿当之无愧成了美国红十字会第一任主席。

五、创立组织与国际接轨

19世纪80年代,美国经过南北战争后的经济发展,已由一个农业国迅速转变成工业国,经济上已经得到迅猛发展。美国经济的成熟与它成为世界强国几乎发生在同一时期,当它与英国、法国等强国并驾齐驱时,欧洲的帝国主义扩张达到了顶峰,它们在世界上征服、抢占了殖民地,并没有给美国留下多少机会。美国在内战后多次表示出对海外财产和参与世界事务越来越浓的兴趣。美国要确立世界强国地位,必须通过多种渠道来树立国际

---

① Clara Barton, *The Red Cross in Peace and War.* Washington, D.C.: American Historical Press, 1906, pp.41—42.

② Percy H. Epler. *The Life of Clara Barton* . New York: The Macmillan Company, 1915, p.231.

形象,这个时候创立红十字会、加入红十字国际委员会,就是一种融入世界、与国际接轨、参与国际事务的顺势而为。

美国是第32个加入红十字国际委员会的国家,之所以在红十字国际委员会成立19年后它才迟迟签署《日内瓦公约》,完全是历史原因所致。其中最主要的历史原因是与美国国内长期存在根深蒂固的"孤立主义"外交传统有关。在19世纪80年代之前,"孤立主义"作为美国的政治文化传统渗透在各个时期的对外政策中,深刻影响着美国的外交和政治实践。"孤立主义"外交思想在当时主要是针对欧洲国家,是指美国在处理与欧洲国家关系时处于一种不偏不倚的状态,不与任何国家结成永久性的同盟,以避免卷入欧洲事务,同时不承担对欧洲的义务。第一任美国总统华盛顿在1796年发表的《告别演说》,为美国奠定了"孤立主义"的基调,他告诫美国不能离开"自己的立场而站在外国的立场"上,不能把美国的"命运与欧洲任何地区的命运交织在一起","以致使我们的和平与繁荣卷入欧洲的野心、冲突、利益、情绪,或反复无常的罗网中去"。[①]稍后,杰斐逊在1801年3月4日的总统就职演说中,重申了美国对欧洲的"孤立主义"外交原则:"同一切国家和平相处,贸易往来,真诚友好,而不同任何国家缔结纠缠不清的同盟。"[②]随后几十年时间里,美国各任总统始终把不结盟作为美国"孤立主义"外交政策的基本内容而遵从。

在传统的"孤立主义"外交思想的影响下,不与欧洲任何国家结盟、不涉及欧洲大陆事务的信条早已深入人心。以至于后来威尔逊总统评述美国的"孤立主义"道:"它们太清晰了,不容模糊;它们太深地根植于我们国家生活的原则之中,以至于无法更改。"[③]当欧洲国家纷纷签署《日内瓦公约》时,美国总统林肯认为,红十字国际委员会从事的是国际事务,甚至是欧洲事务,美国没有必要涉足。何况此时正值内战非常时期,尽早结束内战完成国家统一大业,才是美国最重要的事务。内战结束以后,约翰逊、格兰特、海斯总统无一例外地遵循"孤立主义"政策,他们关注南方重建,重视经济起飞,但对国际事务非常冷漠,自然没有考虑何时加入红十字国际委员会,对红十字国际委员会和巴顿的敦促和努力没有反应。

直到19世纪80年代,美国经济起飞,欧洲帝国主义又为美国树立了榜样,美国开始考虑参与国际事务,决定放弃"孤立主义",追求帝国主义。此

---

① 〔美〕S.F.比米斯:《美国外交史》(第一分册),叶笃义译,商务印书馆1985年版,第119页。

② 王玮:《美国早期外交政策中的孤立主义》,《世界历史》1981年第6期。

③ 岳西宽、张卫星译:《美国历届总统就职演说集》,中央编译出版社1995年版,第281页。

时巴顿为建立美国红十字会积极奔波，努力宣传红十字会的原则与美国基督教文化传统的慈善精神有相通的共性，希望民众支持，竭尽全力在红十字国际委员会与美国政府之间架设桥梁，使美国政府意识到，此时加入红十字国际委员会，对美国是有利的：一方面既可以缓解因迟迟不加入而面临的来自国际社会的压力，因为“(日内瓦)这个伟大的条约是为了减轻战争的恐惧，美国政府不签署公约是犯下了多大的过失”[①]！另一方面又与美国当时放弃“孤立主义”的政策相一致。正是这些因素，促成了美国“成为人道、博爱、文明的国家”[②]。

第二节 美国红十字会的章程

美国红十字会是经过美国国会批准成立的非营利、免税和主要从事慈善事业的完全独立的组织。但它与其他国会特许组织不同，红十字会与政府之间存在一种特殊关系，因为它需要承担一些联邦政府委托的责任，所以它也有着一定“联邦机构”的法律地位。拟定红十字会章程，是美国红十字会成立以来最重要的工作。在章程出台之前，红十字会的运作主要依靠巴顿个人的组织才能，依靠她充沛的精力和极大的影响力。她全面负责美国红十字会工作，特别是负责指导所有的救灾活动和募集资金、支付资金的工作。为了使红十字会的组织性质、活动原则、管理模式具有法律地位，巴顿召集多位杰出人物讨论和拟定章程。1900年7月，美国国会批准了《红十字会章程》，规定美国红十字会必须向国会提交年度财务报告，并以宪法的名义来保护红十字会的会徽，防止无关团体私自组织红十字会、禁止商业公司未经允许使用红十字标志。[③]

一、章程的拟定过程

巴顿认为，在她的努力下，美国签订了《日内瓦公约》，美国最终成为国

---

① Percy H. Epler. *The Life of Clara Barton.* New York: The Macmillan Company, 1915, p.226.

② Clara Barton. *The Red Cross in Peace and War.* Washington, D.C.: American Historical Press, 1906, p.42.

③ 引自美国法典第36卷“爱国的团体与章程”中的第300106条“徽章，标记和袖章”(*United States Code* , Title 36—Patriotic Societies and Observances, 300106 Emblem, badage, and brassard), http://www.redcross.org/images/pdfs/charter.pdf.

际上第32个签署《日内瓦公约》的国家，不再被国际社会视作“缺乏人性”的国家，为此她感到自豪，并为自己在“人类文明的名册”上占有一席之地[①]而高兴。但是，建立了红十字会，更重要的是制定章程。

1881年5月，她决定在华盛顿召开红十字会第一次会议，讨论和拟定章程。当时经多方联络，她召集到了多名杰出人物，组成执行委员会，包括威廉·劳伦斯（William Lawrence）法官（美国红十字会第一副主席、第一位财务主管）、犹太慈善家和商人梭罗蒙斯（A. S. Solomons）（财务主管）、美国第一所黑人法学院霍华德大学法学院（Howard University Law School）的教授默西（R. D. Mussey）、美联社新闻通讯社华盛顿负责人沃尔特·菲利普斯（Walter Phillips），以及菲利普斯的助手乔治·凯南（George Kennan）等。巴顿委任默西教授担任红十字会顾问，并起草红十字会章程。执行委员会还有其他成员，包括没有出席会议的名誉成员国务卿布莱恩和泰勒夫人（F. B. Taylor）。“尽管这些成员中很少有人长期直接参与红十字会工作，但巴顿当时能够召集这样一些人物出席会议讨论章程，反映了她的事业是吸引人的，她为事业发展寻求支持方面具有特别的技巧。”[②]

在执行委员会中，因为有新闻媒体人菲利普斯和他的助手凯南，红十字会自然得到了媒体的支持，扩大了自身影响。美国的报业自南北战争以来发生了巨大变化，由于印刷和通信技术的进步、城市化和报纸刊登广告的商业模式变化，在1870—1880年，美国报纸的数量成倍增长，催生了一种独立于政党政治之外的新型媒体。19世纪80年代的报纸，以其大字标题、感人的人情故事、博人眼球的插图和丰富的周日版成为反映美国民主政治的重要力量，报刊上发布的有关红十字会的信息，是对红十字会理念和活动的支持。巴顿认为在她任职期间，“美联社从未发表过对红十字会的一句责难的话，也从未发表过批评意见”[③]。

通过新闻媒体，红十字会还与全国电报网络连接，利用电报系统向全国呼吁捐款。在菲利普斯的敦促下，电报系统同意在灾难发生时免费发送此类信息。这种通过新闻媒体和电报系统的工作特点，大大发挥了红十字会后来在救灾中快速反应、积极沟通的作用。巴顿对新闻媒体作用的理解与

---

① Clara Barton. *Red Cross in Peace and War*. Washington, D.C.: American Historical Press, 1906, p. 68.

② Gustave R. Gaeddert. *The American Red Cross from 1859 to 1919*. Washington, D.C., 1921, p.23.

③ Gustave R. Gaeddert. *The American Red Cross from 1859 to 1919*. Washington, D.C., 1921, p.28.

运用超出了常人。

二、章程的主要内容

作为红十字国际委员会的成员,美国红十字会必须遵循《日内瓦公约》所规定的基本原则,即人道、公正、中立、独立和志愿服务原则,承诺在战争发生时,为受伤士兵提供人道主义救助。《日内瓦公约》的五项基本原则的含义为:

人道:本着一视同仁地救助战地伤者的愿望,尽一切努力防止和减轻人类遭受的疾苦,且不论这些疾苦发生在哪里。

公正:不因国籍、种族、宗教信仰、阶级或政见而有所歧视,而只根据人们的需求来尽力减轻其疾苦,并优先帮助最急需帮助的人。

中立:为了维持各方的信任,不在敌对行动中支持任何一方,任何时候都不参与政治、种族、宗教或意识形态的争论。

独立:必须始终保持独立,以便在任何时候都能按照原则来开展工作。

志愿服务:提供志愿救济服务,绝不期望以任何方式得到好处。①

根据《日内瓦公约》的基本原则,巴顿在红十字会第一次会议上,召集执行委员会拟定了红十字会章程,主要内容有以下条款:

第一条,这个组织被称为美国红十字会,其办事处设在华盛顿特区,并由本协议签署人组成,其后将选举其他人士为会员,组成美国红十字会,有权组织相应的机构。

第二条,共有五方面:

1. 美国红十字会的目标首先是确保美国政府通过1864年8月22日的《日内瓦公约》。

2. 美国红十字会必须获得美国政府的承认,并随时与政府交流,以便使其宗旨得到更广泛和更有效的执行。

3. 制定国家救济制度,适用于减轻战争、瘟疫、饥荒和其他灾难所造成的痛苦。

4. 收集和传播有关慈善进展信息,国家救济组织活动、卫生科学和医院服务的进展及其应用的信息。

5. 与所有其他国家的红十字会合作,制定管理这种合作的方式,落实美国红十字会的责任。

第三条,美国红十字会准备在战争或任何大灾难中进行救助时,在实

---

① 红十字国际委员会:《走进红十字国际委员会》,红十字国际委员会东亚地区代表处,2007年,第9页。

施缓解痛苦、疾病的措施以及治疗、救济时,与第二条中表示的对象相符。

第四条,美国红十字会主席团由主席、第一副主席、其他副主席组成,每个州、地区和哥伦比亚特区不得超过一位主席、一位秘书、一位财务主管、一个执行委员会,协商委员会应由下列美国政府官员组成,即总统和他的内阁、陆军将军、卫生局局长、副总统、法官、总检察长以及今后可能认为必要的其他官员。①

从章程条款的主要内容可以分析出章程的特点如下:

第一,确立了美国红十字会的性质。它是红十字国际委员会的附属机构,与红十字国际委员会组成联盟,按照1864年《日内瓦公约》最初确立的中立原则运作,是一个独特的机构。

第二,确立了美国红十字会的宗旨。其宗旨是为战争时期生病和受伤的军人提供志愿救助服务,在美国人民之间和军队之间提供援助信息,在和平时期执行国家和国际救援计划,防止、减轻瘟疫、饥荒、火灾、洪水等其他自然灾难带给人们的痛苦。

第三,确立了美国红十字会工作的模式。在实施宗旨过程中,一方面与政府保持密切联系,另一方面在组织上完全独立,在财务上依靠私人捐款资助。

第四,确立了美国红十字会的组织结构。设立主席、副主席、秘书、财务主管、执行委员会、协商委员会。为方便工作开展,领导成员由有影响的政府官员担任,包括总统、副总统和内阁、军队、司法等官员。

由此可见,美国红十字会是不同于美国其他人道主义或慈善组织的组织,在美国历史上还没有一个人道主义或慈善组织,在性质、宗旨、模式、结构等方面如此特殊,它的地方分会很快遍布全美,直接影响全美人民生活。

章程只是美国红十字会创立的第一步,更重要的第二步是章程第二条第1款中提到的需要美国政府通过其他欧洲国家早就签署的《日内瓦公约》以及第二条第2款提到的必须获得美国政府承认。在巴顿的努力下,总统加菲尔德赞成、国会通过建立美国红十字会的提议,随后总统正式签署了《日内瓦公约》。至此,美国红十字会正式创立。

1900年,为规范红十字会组织,明确其救助范围,美国国会批准了巴顿为首届执行委员会拟定的《红十字会章程》,也称《红十字会宪章》,同时又增加了对自然灾害受害者救援的使命。所以,与红十字国际委员会相比,美国

① American Red Cross .“Our Federal Charter: How The American Red Cross Achieved its Current Role”. https://www.redcross.org/.

红十字会又有了独特的使命。国会批准的章程规定,美国红十字会致力于下列活动:

1. 在战时,为军队伤病员提供志愿救济;
2. 履行《日内瓦公约》对各国红十字会的具体要求;
3. 在为军队提供救济帮助时,作为联系中介,沟通军队与国内民众;
4. 在发生瘟疫、饥荒、火灾、水灾和其他灾难时,努力减轻灾民的痛苦;
5. 为预防灾害和弘扬人道主义,制定具体细则、改进工作方式。

从国会批准的章程条款中可以看出,美国红十字会的章程是对红十字国际委员会章程和原则的发展。巴顿为减轻战争中美国人的痛苦,致力于让美国没有战争,让世界没有战争,使厌恶战争的观念深入人心。另外,巴顿根据自己的战争体验和生活经历,建设性地把红十字会援助伤兵的工作范围,扩展到减轻国家其他重大灾难的痛苦方面。她深信:“没有比我们国家更易受到压倒性灾难袭击的,我们每年都有特大灾难,如海船遇到大风后的无助、惊恐、绝望。瘟疫、霍乱、大火、洪水、饥荒等都使我们忍受着重大压力,战争或许可以被人控制,但死亡,人们不知何时何地会发生。红十字会的紧急救援应该包括自然灾害事件。如果没有像红十字会那样的组织体系,以及救援中捐献、接受捐献、分配捐献物资等方面的工作,就不可能有条不紊。”[①]

巴顿向瑞士总部陈述,红十字国际委员会章程涵盖了战争领域,而没有涵盖和平时期受灾人群的救援内容。她认为应该把美国红十字会的工作原则加上包括减轻自然灾害受难人的痛苦。在她的呼吁下,后来在瑞士首都伯尔尼举行的红十字国际委员会代表大会上,国际委员会批准了巴顿提出的此项条款,该条款被红十字国际委员会称为“美国修正案”[②]。

第三节　初创期两大类救援活动

美国红十字会自巴顿创立到其辞职的23年中,大约组织参与了21场大的灾难救援活动[③],这些救援活动主要分两大类:为美国国内自然灾害的受害者

---

① Percy H. Epler. *The Life of Clara Barton* . New York: The Macmillan Company, 1915, p.231.

② Foster Rhea Dulles. *The American Red Cross: A History*. New York: Harper & Brothers Publishers, 1950, p.14.

③ Foster Rhea Dulles. *American Red Cross: A History*. New York: Harper & Brothers Publishers, 1950, p. 19.

提供救援；当其他国家发生灾难时，进行国际人道主义救援。在这些救援活动中，美国红十字会帮助了受自然灾害、战争灾害和其他灾害的人群，为受灾民众提供了大量食物以及医疗、卫生、健康服务。作为美国著名的非政府组织，它分担了国家政府应急救援重任，体现了红十字国际委员会的原则和精神。

一、美国国内自然灾害救援

在巴顿时代，美国红十字会对自然灾害受害人群的救援，主要集中在对森林火灾、特大洪灾、旱灾、飓风、龙卷风袭击等自然灾害受害者群体以及传染病疫情受害者群体的救援，其中除了对旱灾的救援因地方商业保护主义而收效甚微外，在其他救援活动中，红十字会都发挥了重要作用。

（一）火灾救援——1881年密歇根森林火灾

美国红十字会刚刚成立，就遇到了1881年9月发生在密歇根州的森林火灾，本着“不仅在战地救助伤员，而且在和平时期协助民众减轻或摆脱因灾难产生的痛苦”的宗旨，红十字会积极参加了密歇根森林火灾的救援工作。虽然此时的红十字会刚成立不久，它的组织救援能力还十分有限，在这次火灾救援中发挥的实际作用并不十分显著，但它对这次火灾所做出的及时而有效的反应，首次向公众展示了红十字会所特有的社会功能，这对红十字会的发展意义重大。首先，强化了组织形象，得到了民众和政府的承认，从而确立了自己的合法地位；其次，丰富了美国应急救灾组织的类型；最后，红十字会在密歇根森林火灾救援中所表现出来的博爱、人道和奉献精神，对长期受社会达尔文主义熏陶的美国个人主义价值观形成了一定的冲击，从而强化了慈善理念。

1. 森林火灾灾情

1881年9月4日，密歇根州发生了森林火灾。在短短24小时的时间里，这场森林火灾的覆盖面积就超过了100万英亩（4000平方公里），近300人在火灾中丧生，火灾造成的财产损失高达250万美元之多。

这次火灾的发生地位于密歇根州的东部地区，因该地区的整体形状类似于人的大拇指，因此美国人又称这次火灾为“大拇指火灾（The Great Thumb Fire）”。这次火灾的发生与当地伐木业的盛行及当时炎热的天气有密不可分的关联。密歇根州东部地区的林木资源非常丰富，森林里随处可见被风吹倒的朽木，这些成堆的朽木被当地居民戏称为“坟墓”，森林里还有四处散落的伐木后留下的干树桩、枯树枝。这些都是容易引起火灾的易燃物。另外，1881年夏天，密歇根州东部地区异常干旱，介于萨吉诺湾（Saginaw Bay)和休伦湖(Huron Lake)之间的所有地区均发生了不同程度的旱灾,其中尤以休伦(Huron)、塔斯科拉(Tuscola)、萨尼莱克(Sanilac)以及拉皮尔(Lapeer)地区的旱情最严重。到9月份,这些地区已有两个月没下过一滴雨了,几乎所有的河流都已干涸,就连许多水井也早已没水了。早在8月份,休伦等地区就不时传出有森林火灾发生的消息,然而当地居民对这些小规模的火灾并未加以重视。当地居民只是像过去一样,把那些在小火灾中尚未燃尽的干树枝点燃烧尽,然后把灰烬清理出自己的土地就算完事了。甚至当他们得到有火灾发生的警告后,依然没有放在心上,对即将到来的灾难毫无防备,最终造成火灾蔓延。

关于这场火灾所造成的严重破坏,当时的《纽约时报》作了详细的报道:位于休伦湖西岸的萨尼莱克和休伦的受灾情况最为严重。萨尼莱克的一些小村庄,如里士满维尔(Richmondville)、卡森(Carson)、查尔斯顿(Charleston)全部在火灾中"蒸发",特拉华(Delaware)、亨肯(Hunken)、奥斯丁(Austin)这些小镇也大部分被毁,休伦的宾厄姆(Bingham)、谢尔曼(Sherman)和帕里斯(Paris)等地均遭重创,数以百计的农场在火灾中化为乌有;房屋、农作物等个人财产被烧毁殆尽;当地的所有居民都陷入火海之中,人员伤亡的情况时有发生。火灾发生后,人们争先恐后地从火灾发生地逃往休伦湖岸边避难。由于火势的迅速蔓延和秩序的极度混乱,不断有人丧生在逃亡的路上。例如雷蒙特(Raymond)一家7口被发现在一口枯井中,显然他们为逃避火灾在井中窒息死亡;又如亨利·科尔(Henry Cole)的遗体在查尔斯顿被发现时,已经被大火烧焦。里士满维尔附近还刮起了大风,火焰迅速蔓延开来,这就使当地居民更难逃生。风助火势,有关人员伤亡的消息不断传来,而天气依旧炎热,没有一点下雨的迹象。①

火灾结束后,灾区满目疮痍。被大火烧焦的尸体随处可见,受伤的、绝望的亲属们正在用粗糙的棺木装殓尸体。已有很多遇难者的尸体被认领了,但还是有很多尸体因变得面目全非而无法处理。大约有1500个家庭因这场火灾而变得一无所有,有1万多人处于饥寒交迫的境地。面对灾后沉重的救援工作,密歇根休伦市救济委员会向社会各界发出了紧急呼吁:"我们已经尽我们最大的努力来满足灾民们的日常生活所需,但还是捉襟见肘。如果不能尽快得到更多的援助,就会有更多的人死去或成为流亡者。我们

---

① "Michigan Villages Destroyed—Whole Families Caught in the Flames". *New York Times*, Sept. 8, 1881.

希望慈善组织和美国人民能够慷慨解囊,给予我们及时的、急需的援助。”①

2. 红十字会首次救援行动

面对灾区的呼唤,刚刚成立的红十字会立即行动起来。创始人巴顿当时在纽约州的丹斯维尔(Dansville),当她获悉密歇根州发生火灾后,首先要求丹斯维尔当地的红十字会组织立即投入到救灾工作中去。她对红十字会的工作人员说:“虽然我们的组织刚刚成立,但我们的(救援)工作绝不能迟缓、无力。”随后,巴顿又以红十字会的名义向全美各地寻求援助,距离丹斯维尔40英里远的罗切斯特(Rochester)第一个响应了巴顿的号召,锡拉丘茨(Syracuse)紧随其后,随后不久,整个纽约州的西部地区闻风而动,而巴顿所在的丹斯维尔迅速成为火灾救援的中心。男男女女、老老少少络绎不绝地将食品、衣物和其他捐助物资送往红十字会。在把这些物资送往密歇根以前,红十字会还专门成立了一个妇女委员会来负责看管这些救灾物资、缝补破旧衣服并处理存在问题的食物。当聚集了一定数量的救灾物资后,巴顿专门委派了两名得力干将前往密歇根灾区,负责监督发放大约8万美元(折合现价约140万美元)的红十字会募集物资。红十字会的捐赠与联邦政府的救灾物资数量相比虽然要少很多,但对于刚刚成立的红十字会而言,这已经是一份很有说服力的“答卷”了。红十字会在这次火灾救援中的工作受到广泛赞赏,正因为有了红十字会的参与,这次救灾工作才能以更快的速度、更高的效率在全美范围展开,在红十字会救援活动的精神感召下,许多人都积极为灾区慷慨解囊、捐钱捐物。

红十字会积极参加密歇根森林火灾的救援活动,向政府和公众展示了红十字会重要的应急救灾功能,给美国民众和政府留下了深刻的印象,1882年3月16日,美国第21任总统阿瑟和参议院最终以签署《日内瓦公约》的方式,正式认可了红十字会存在的合法地位。

红十字会首次参与自然灾害的救援工作,保障了灾害救援工作的顺利进行,丰富了美国应急救灾组织的类型。在红十字会介入和平时期的灾害救援以前,美国作战部(War Department)是国家大规模灾害救援的政府组织。遇到灾情时,由通信兵负责对灾区居民发出灾害警告,工程兵负责实施具体的救援工作,作战部部长领导下的救灾委员会负责救援物资的发放,而救灾资金则来自国会的拨款。这种由政府一手操办的灾害救援方式有明显的缺陷。一方面,对救灾而言,时间是最宝贵的资源。只有在第一时间赶到

① “Disasters Forest Fires: An Appeal for the Sufferers in Michigan—Fires in Other States”. *New York Times*, Sept.13, 1881.

灾害现场进行救助,才能把灾害造成的损失降到最低。在由政府一手操办的救援模式下,官僚机构烦琐的决策程序往往严重影响到对灾情的反应速度,可能就会错失救灾的最佳时机。而像红十字会这种非政府组织具有规模小、决策快、行动灵活的特点,它们能够对灾害做出及时、有效的反应。正因如此,像红十字会这种非政府组织通常能在灾害救援的初期发挥至关重要的作用。另一方面,灾害救援,尤其是大规模的灾害救援的顺利完成往往需要调动整个社会的力量,需要民众的积极参与。能否把民众的力量调动起来,在很大程度上决定了救灾工作的成败。然而,由于自由主义深深根植于美国社会,部分民众对政府抱一种不信任的态度。在这种情况下,红十字会作为非政府组织比政府部门更容易取得民众的信任,而且红十字会的原则和精神基于传统的慈善理念,从而使其能够更为顺利、更为迅速地完成调动民众力量的任务。经过密歇根森林火灾救援工作,美国政府对红十字会这种非政府组织能够在灾害救援中发挥的独特作用有了初步认识。此后,美国政府逐渐将应急救灾的组织类型从政府组织扩展到非政府组织,由政府组织与非政府组织共同完成救灾任务。

3. 首次救援成功的意义

美国红十字会能够在组织成立之初,通过参加自然灾害救援的方式,弘扬博爱、人道、奉献精神,证明自身的社会价值,这是非常不容易的。因为当时的美国正处于经济高速发展、社会达尔文主义盛行、"强者至上""成功至上"的"镀金时代"[①]。

"镀金时代"的代称说明,这一美国资本主义高速发展的时期并非是真正的"黄金时代"而仅仅是"镀金时代",唯利是图、金钱至上的个人主义价值观在这一时期急速膨胀。个人主义是美国文化的核心,追溯美国历史,其个人主义价值观来源于新教。美国人大多数信奉新教,新教最大的特点是主张信徒皆可与上帝沟通,而无须以神职人员为中介。到1815年时,美国人基本上形成了这样的信念:个人尊严来源于一个人可以自己决定自己的一切事务,一切原则是否合理就看它能否满足人们的日常需求。[②]从殖民地时期到内战前,个人主义对美国的影响还主要局限在政治范围内。内战结束后,美国的政治经济状况发生了深刻的变化,随着美国国力的增强、领土的

---

① 这一名称是借用马克·吐温和查尔斯·达德莱·华纳合作创作的长篇讽刺小说《镀金时代》。小说揭露了美国资本迅速发展时期美国政治的腐败、企业家的无耻行为——作者注。

② Ralph Henry Gabriel. *The Course of American Democratic Thought.* New York: Greenwood Press, 1956, p.7.

扩张,美国人对自己所持有的个人主义价值观日益自信,美国的个人主义也突破了政治范围,发展到了经济上的个人主义——极端个人主义。尤其是在西进运动过程中,个人的力量、个人的作用、个人的价值得到了极大的张扬。穷人变富人、乞丐变成富翁成了屡见不鲜、人尽皆知的事实,那些原本出身卑微而经过个人奋斗变为身份、地位显赫一时的石油大王、铁路大王、钢铁大王的创业故事,激励着千百万美国人拼搏创业、发财致富,实现个人主义的理想。因此,"镀金时代"美国经济发展的一个重要特点就是,自由竞争蓬勃开展,大企业的出现如雨后春笋,经济垄断化方兴未艾,大企业家和金融家成为美国生活中"具有控制性的、社会的、经济的和文化的力量"[①],美国社会中贫富差距迅速拉大。这种建立在美国独有的地理环境和历史条件上的个人主义价值观,得到了社会达尔文主义的充分肯定。

社会达尔文主义诞生于欧洲,在"镀金时代"传入美国。该理论主张人类社会同其他生物有机体一样也适用"物竞天择,适者生存"的原理,认为进步取决于自由竞争的实行,自由竞争可以调整经济生活,保证适者生存,劣者淘汰。这种解释与美国人推崇的个人主义价值观一拍即合。在社会达尔文主义思潮的影响下,"镀金时代"的美国人推崇"自然选择""物竞天择""生存竞争""不可给弱者帮助,特别是不能自立自强的弱者不值得帮助"等观点,为了个人利益可以不择手段。当时的富翁"是一些以不义手段暴富的人"[②],他们对于社会贫富鸿沟的问题越来越冷漠。认为竞争可以带来进步,要进步剥削就不可避免,贫困就难免存在,而"通过慈善事业对此进行校正是反自然而且低效的,成功或者失败取决于自然性状"。在"镀金时代"的美国,"自由成为一种个人主义,个人主义成为不可剥夺的抢先占有、剥削和浪费的权利"[③],随处可见"没有社会良知,没有文明的关心,没有对未来民主的厚望","'镀金时代'的人们竭尽全力挣钱"[④]。所以,"镀金时代"的美国社会是"一个由强人、能人、自私者、无知之辈和不讲道德的人组成的无政府社会"[⑤]。

尽管在"镀金时代",美国人的个人主义极度膨胀,但美国的基督教历史和基督教文化沉淀了美国人的慈善意识,基督教文化作为一种制度文化奠

---

① 〔美〕哈里·J. 加曼:《美国全史》(第3册),龙倦飞译,台湾商务印书馆1979年版,第713页。

② 〔美〕保罗·克鲁格曼:《美国怎么了?》,刘波译,中信出版社2008年版,第14页。

③④ 〔美〕沃依·路易·帕灵顿:《美国思想史:1620—1920》,陈永国等译,吉林人民出版社2002年版,第781页。

⑤ 〔美〕沃依·路易·帕灵顿:《美国思想史:1620—1920》,陈永国等译,吉林人民出版社2002年版,第781页。

定了西方的伦理基础。美国的个人和民间慈善组织历史悠久,美国人的慈善意识底蕴浓厚。正因如此,红十字会才能够在个人主义和慈善文化的交织氛围中高举国际红十字的伟大旗帜,积极投入到自然灾害的救援活动中,1881年密歇根森林火灾救援所体现的不仅是一般慈善组织的善举,更重要的是这次救援彰显了红十字国际委员会的伟大精神。因此,红十字会的首次救援活动,有着重新唤醒美国人的慈善良知、净化美国人的精神世界、提升基督教传统的慈善理念、校正社会风气和调节社会价值观的意义。

(二)洪水救援——1884年俄亥俄州洪水泛滥

1. 巴顿亲临观察灾情

1884年2月,俄亥俄州发生洪水泛滥。巴顿和她的助手朱利安·哈贝尔博士(Dr. Julian Hubbell)一起前往辛辛那提,近距离观察灾情。巴顿后来写道,在辛辛那提,"汹涌的河水像一个吞噬一切的怪物一样爬上悬崖,占据了整个城镇"①。红十字会救援人员的船只在被洪水淹没的城市街道上漂来漂去,向"从三楼窗户伸出的苍白颤抖的手"分发食物。洪水沿着俄亥俄河下游向密西西比河的交汇处移动,其他沿河城镇也面临着类似的命运。雪上加霜的是,一场龙卷风席卷了俄亥俄州一半的城镇,巴顿说:"一夜之间,整个村庄都被卷走了。"

当时国会拨了50亿美元救灾款,并派遣军队分发。巴顿抵达辛辛那提时,军用船只已做好准备,在第一批急需物资到位后,救援人员开始发放配给品。但是,政府的救灾物资远远不能满足受灾人群的需求,尤其是衣服和其他生活必需品。由于当地煤矿被水淹没,煤炭供应不足,也无法为供暖提供燃料。巴顿看出政府救援物资不足,立即发起募捐。

2. 组织募捐和分发救援物资

巴顿请求人们向红十字会捐款以帮助受灾人群,并向他们保证,她做的是救灾补充工作,而不是取代联邦政府的救灾工作。报纸上刊登了有关巴顿呼吁为洪水泛滥受灾捐款的报道,很快来自各方和各种来源的现金和支票涌进红十字会,还有纷纷为红十字会提供补给的货仓。巴顿为救灾工作筹集了17.5万美元的捐款,远远超过了在密西西比河1882年和1883年洪水之后筹集的2.6万美元的资金和物资的总额。巴顿此时意识到,她可以通过

---

① Marian M. Jones. *The American Red Cross, from Clara Barton to the New Deal*. Baltimore: The Johns Hopkins University Press, 2013, p.40.

亲临受灾现场来引起人们对受灾者的同情与关注。[①]

巴顿和哈贝尔用筹到的钱租了一艘400吨位的“乔希·V.斯洛普号”(Josh V. Throop)汽船，装上补给品，从辛辛那提以南约300英里的印第安纳州埃文斯维尔出发。这艘汽船沿对角线向下游驶去，在沿途的村庄停靠，卸下衣物和煤，直到抵达伊利诺伊州的开罗。然后，再逆流而上，为城镇提供补给。

在伊利诺伊州的一个镇，巴顿遇到了一位寡妇，她有多个孩子，受灾后无房居住，只能在玉米地里栖身。巴顿写信把这一情况告诉了宾夕法尼亚州的孩子们，有6名儿童通过表演筹集了50美金，孩子们给她回信说：“以后如果你需要救援资金帮助受灾人，就找我们‘小六’。”[②] 宾夕法尼亚州伊利市的《伊利快报》(*Erie Dispatch*)刊登了这段故事。当巴顿下次上岸时，她订购了1000份刊登这篇文章的报纸，以便把它寄给潜在的捐赠者。

与此同时，洪水已经蔓延到密西西比河下游。红十字会在圣路易斯弄到了一艘名为“马蒂·贝尔”(Mattie Belle)的新船，并购买了更多的物资分发到下游。巴顿上船后，她请船上的船员为她摆好一张桌子作为工作台，她找来一名助手帮助她，为捐赠者和报纸起草了个性化的信件，并将这些信件连同《伊利快报》刊登他们事迹的那篇文章一起寄出。巴顿通过润色慈善故事，扩大了红十字会的影响，与捐赠者建立起了个人和组织的关系。

3. 平等关注不同种族灾民

灾民有白人和黑人不同种族，这次洪水泛滥救援，考验了红十字会有关种族平等的理念。在路易斯安那州乡村停留期间，“马蒂·贝尔号”的船员们卸下了玉米、燕麦、盐、面粉、衣物、煎锅和药品，巴顿和哈贝尔与当地白人族长会面，讨论如何将这些货物也分配给当地的黑人。巴顿指派1位教师来分发这些衣物。虽然这种对当地白人领袖的依赖，使得物资的分配容易受到当地种族偏见的影响，预示着红十字会后来在南部开展的救济工作中会出现问题，但当时的效果是理想的，黑人同样平等地得到了救援物资。

巴顿在这次救援过程中发挥了一个特别优势，就是率领红十字会救援队到达农村灾民的身边。这些灾民中许多是黑人，他们生活在远离慈善圈子的地方，被其他救援机构所忽视，也得不到军队救援船只的帮助。巴顿在

---

① Clara Barton. *The Red Cross in Peace and War*. Washington, D.C.: American Historical Press, 1906, p.104.

② “Youth and the American Red Cross”. http://www.redcross.org/museum/history/youth.asp.

她的日记中评论说,红十字会在一次救援中遇到了大约350名“从未从政府那里得到任何东西”的人,灾民中的领袖“忽视了他们,没有代表他们寻求帮助”。在另一次救援中,巴顿发现没有白人代表黑人受灾农民领取和分发救灾物资,巴顿临时指定4位黑人代表签署一份保证,保证他们将“诚实地”与其他人分享这些救灾物资后,才发放物资。尽管当时黑人已经获得解放,签署保证书的做法有种族歧视之嫌,但事实上当时种族歧视确实存在。

4. 红十字会救援工作得到肯定

在1884年洪水灾难中,红十字会只是众多救援机构之一。按照以当地为基础的救灾传统,从匹兹堡到新奥尔良,各城市的慈善领导人都组织了救灾委员会,但没有与巴顿和她的小组协调工作。然而,陆军对红十字会的援助表示欢迎,时任陆军救灾行动指挥官阿莫斯·贝克维斯上校(Amos Beckwith)甚至帮助红十字会将物资装载到他们的船上。此外,芝加哥、孟菲斯和新奥尔良等地的红十字会辅助机构也为筹款活动作出了巨大贡献。虽然红十字会在建立一个国家组织的救济制度方面还有很长的路要走,但它已经开始在全国范围内探索筹资和分配办法。这次的救灾活动是一个很好的开始。

1884年6月巴顿回到华盛顿后,疲惫不堪的她准备登上一艘开往日内瓦的轮船。联邦政府任命她为第三届红十字国际会议的首席代表,这次大会是红十字国际委员会和红新月会的“最高审议机构”,自1867年起每四年举行一次。美国红十字会财务主管梭罗蒙斯和纽黑文法官、后来成为美国红十字会法律顾问的约瑟夫·谢尔顿(Joseph Sheldon)陪同巴顿一同前往。谢尔顿在会上报告了美国红十字会在俄亥俄州和密西西比河洪水中的救援工作。也正是这些救灾工作中做出的成绩,使参会代表们一致投票通过《日内瓦公约》的“美国修正案”,这标志着美国红十字会在和平时期从事的人道主义工作被视作类似于战争时期的救援工作①,其他国家红十字会直到很长一段时间以后才定期参与和平时期的救灾工作,而巴顿首次扩大了红十字国际委员会运动的使命,值得肯定与赞扬。

5. 不成功的旱灾救援

在这次洪水泛滥救援成功之后,美国红十字会却没有在紧接着发生的一些小灾情的救援中延续成功。如1886年9月,南卡罗来纳州查尔斯顿发生地震,虽然几乎没人丧生,但它是东海岸有史以来比较大的一次地震,毁坏了房屋和公共建筑,造成了600万美元的损失。巴顿了解这座城市的灾

① Wilbur Cross. *Gullah Culture in America*. Westport, C.T.: Praeger, 2008, pp.41—51.

情后,仅从红十字会拨了500美元,也没留下人员参加救援。因为当时红十字会缺乏资金,巴顿又忙于其他事务而精疲力竭,无法参与此次救援工作。

1887年,巴顿在得克萨斯州一位部长的敦促下,调查了该州长达20个月的干旱情况。但是,她到达达拉斯后,就发现新闻界对旱情报道不实,实际上本地并不欢迎外来救援。因为该州的商业领袖担心对干旱的报道将吓跑投资者,使商业发展受阻。他们辩称,得克萨斯人可以自己解决干旱问题。由于当地商界的阻挠,巴顿很快离开了达拉斯。得克萨斯的地方保护主义阻止了红十字会发动全国性的救济工作,这对红十字会的救济工作构成了一定的挑战。

这场失败的抗旱救援行动凸显了一些令人担忧的因素,对干旱受害者的援助可能会超越慈善理念的界限,并干扰该州自由放任的商业风气。抗旱救灾的反对者认为,干旱并不像地震或洪水那样是一种不可预见的灾害,而是一种经济风险,农民自己有责任在更高产的年份通过储蓄来缓解这种风险。格罗弗·克利夫兰总统曾否决过一项国会拨款给得克萨斯州干旱灾民购买种子和饲料的提议,他的否决充分表达了这种观点。红十字会在未来几十年对干旱受害者进行救济时,也遇到了类似的反对意见。

(三)疫病救援——1888年佛罗里达黄热病流行

杰克逊维尔(Jacksonville)是佛罗里达州东北部港市,1888年黄热病流行,这对巴顿领导的红十字会救援是一种新的挑战。

1. 疫情蔓延

在19世纪,黄热病无论在哪里发生,都会引发民众的恐慌。因为疾病的攻击对象似乎是随机的,不分富人还是穷人,不分年轻人还是老年人,不分黑人还是白人。在患者患病的后期,面部会出现黄疸,会吐出黑胆汁,胃黏膜、鼻子和牙龈都会出血。只有以前接触过黄热病的人才有免疫力。

1878年起,一场黄热病疫情席卷了佛罗里达州的南部城市,造成1.5万多人死亡,导致南部城市商业瘫痪。南部城市的商业领袖们决心阻止黄热病的蔓延,但他们没有什么有效的办法来阻止它(当时科学家怀疑这与一种“微生物”有关,但直到1901年他们才发现这种疾病是由感染了微小寄生虫的蚊子传播的)。当时为了对抗疑似黄热病病菌,各城市采取了各种各样的方法,包括在街道上开炮引爆、燃烧硫磺、“霰弹枪”隔离,以及使武装哨兵把守城镇外的道路,防止可能感染的人进入城市。

1888年黄热病首次在杰克逊维尔出现。当地领导人迅速组织杰克逊维尔卫生协会行动起来,但疫情蔓延迅速,病例数量不断增多,当地医生和护士数量不足,卫生协会对全国的医务工作者发出了呼吁。作为美国公共卫生服务部的前身,联邦政府下属的美国海军陆战队医院率先派遣自己的医护人员前往杰克逊维尔,为了吸引其他志愿人员前往,卫生协会给前往的医护人员提供报酬。救济杰克逊维尔的慈善委员会也在全国各地成立,并向卫生协会捐款。

2. 红十字会的救援行动

红十字会在了解疫情后立即行动起来,他们的策略是组织有免疫力的人员参加救援。因为南部城市已有许多人接触过黄热病,有了免疫力。

在这些有免疫力的南方人当中,有一位索斯梅德上校(Colonel F. R. Southmayd),他是一位独臂军官,也是新奥尔良红十字会的领导人。1888年9月初,索斯梅德打电话给巴顿,说他可以提供一群有免疫力的护士,并提出陪她们去杰克逊维尔。巴顿在1884年俄亥俄州洪水泛滥救援期间曾与索斯梅德合作过,由于自己对黄热病缺乏免疫力,无法亲自前往杰克逊维尔,于是她同意索斯梅德和他的护士一起前往杰克逊维尔。

巴顿的行动是向全国各地的红十字会发出募捐请求。但索斯梅德的团队却给红十字会的声誉带来了很大的麻烦。1888年9月16日《纽约世界报》(*New York World*)周日版的头版标题是《一些护士喝醉了》(Some Nurses Get Drunk),报道了红十字会护士喝酒卖淫之事。当时,正是约瑟夫·普利策和威廉·赫斯特为争夺读者,开展"黄色新闻"大战时期。"黄色新闻"实质上就是以煽情和夸张的笔调报道耸人听闻的新闻,来增加报纸的销量。《纽约世界报》报道了杰克逊维尔的居民一直在抱怨护士们的"无能、不可靠和醉酒",具体是"红十字会的一名护士,麦克拉伦小姐,今天因偷窃罪被关进了监狱,她偷了天鹅绒细麻布床单和许多为病人准备的内衣"[①]。与此同时,其他报纸也报道了此事,并隐晦地暗示,一些女护士一直在卖淫。

巴顿对这些负面报道加以否认,并发电报给索斯梅德劝其"不要惹麻烦"。她还试图说服《纽约世界报》对红十字会的报道要考虑到其慈善的本质。巴顿甚至写信给当时的总统克利夫兰,为红十字会辩护。[②]后来巴顿意识到,她把自己的救援任务交给了错误的人,所以要求索斯梅德团队撤出救援阵地。

索斯梅德团队的丑闻在一定程度上是巴顿无法亲自去杰克逊维尔做不同救援团体之间的协调工作所致,暴露出红十字会对救援的工作人员缺乏

---

① "Some Nurses Get Drunk". *New York World*, Sept. 16, 1888.

② Nell Irvin Painter. *Standing at Armageddon: the United States, 1877—1919*. New York: W.W. Norton, 1986, p.194.

监督。尽管巴顿自1888年以来一直鼓励许多城市成立当地红十字会,但她和哈贝尔并没有与这些地方分会保持定期联系,也没有指导它们的发展。因此,巴顿并不知道索斯梅德其实已经不再代表新奥尔良红十字会。9月,该组织的新主席W. H. 伯纳姆(W. H. Burnham)写信给她,询问为什么在此次黄热病疫情救援中没有与他联系,并提出要派遣更多的护士到杰克逊维尔,但是红十字的声誉已经受损了。①

9月下旬,巴顿得知有10名护士在麦克伦尼镇表现非常英勇。护士们知道麦克伦尼急需帮助,就在城里开了一家医院,一直让患者待到发烧期结束。护士们的工作需要报酬,红十字会为自愿参与救援的医生和护士支付了大部分费用。巴顿认为这是一个挽回红十字会组织声誉的机会,于是决定11月前往新奥尔良,亲自支付这笔款项。

在1904年出版的一本书中,巴顿讲述了1888年黄热病流行救援的整个故事,尤其讲述了麦克伦尼护士的故事,以及她与她们的会面。她用激情的语调描绘了麦克伦尼护士们自我牺牲的行为。尽管发生了索斯梅德团队的丑闻,但这个32名护士的团队毕竟只占救援队伍的一小部分。记录显示,397名白人护士和444名黑人护士参与了黄热病疫情的救援工作。政府支付了他们大部分的工资,红十字会也支付了部分工资,并为护士们提供食宿。然而,索斯梅德团队的丑闻对红十字会产生了很大的影响,它使巴顿不愿在随后的救灾行动中使用护士,除非他们是私人朋友。从这方面看,这个丑闻是她管理红十字会期间没有制定出红十字会护理计划的原因。

(四) 洪水救援——1889年宾夕法尼亚约翰斯顿洪水

1889年宾夕法尼亚州约翰斯顿突如其来的洪水,卷走了小镇上大量的财物,这次洪水是美国那个时代标志性的灾难。红十字会通过参与约翰斯顿的救灾行动,开始确立其作为美国标志性救灾组织的地位。

1. 灾情猛如虎

1889年5月31日,约翰斯顿的洪水泛滥毫无征兆地发生了。在连续几天的大雨之后,镇内旧水坝被冲垮了,洪水和碎石顺着山谷倾泻而下。巨浪把树木连根拔起,穿透了一座石头高架桥,吞没了一片片植被,洪水翻涌着朝约翰斯顿涌去。当洪水平息后,城市的部分地区被淹没在30英尺深的水下,该地区3.7万人中有2209人死亡或失踪,冲毁的房屋、翻倒的火车车厢、动物尸体、树木和人的尸体混作一团。

① “Report of the Auxiliary Sanitary Association”. *New York World*, Sept. 19, 1888.

该镇的居民中有数千人是附近坎布里亚钢铁厂的熟练工人。除了店主、教师、牧师和商人外,他们都是虔诚信教的白人中产阶级。虽然小镇有一小部分来自东欧的劳工,但只占据钢铁厂7000个工作岗位中的一小部分,大多数工人都是土生土长的美国人,他们有着英国、爱尔兰和德国的血统。小镇人群的构成有助于唤起公众对约翰斯顿人民的同情和进行捐款。

到场的记者和摄影师纷纷报道洪水破坏小镇的新闻,这些报道配以插图和照片,非常震撼。很多人跟随媒体来到约翰斯顿,呆呆地看着这幅悲惨的小镇全景图。

2. 红十字会卓有成效的救援

巴顿一听到洪水的最初消息,就决定亲自赶到约翰斯顿去。她从红十字会的仓库中整理了物资,并联系相关人员帮助启动救援工作。随后,她就和助手哈贝尔一起登上了火车。巴顿在给一位支持者的信中写道,他们花了三天时间才到达这座城市,但"在我们到达后不到一天,就有50名志愿者参与救援,他们是外科医生、护士、后勤人员、速记员、簿记员,挨家挨户地做拜访工作"[①]。

当巴顿的团队到达时,一群庄园主已经成立了委员会,承担了地方政府的职能,负责修缮建筑物,为人们提供食物、给养和就业岗位。几天后,由宾夕法尼亚州州长下令调来的州民兵从地方委员会接管了这些职责。与此同时,匹兹堡的一个救援委员会在24小时内筹集了4.8万多美元,并派出了一列满载医生、食物、医疗用品、衣服、棺材、木材和其他捐赠物资的救援火车前往该市。儿童援助协会使父母与走失的孩子及登记在册的孤儿团聚。各种机构援助工作有条不紊,红十字会也马上做出反应,与其他救济机构协调救援。

巴顿发现,虽然生活必需品源源不断涌入,但在光秃秃的小镇上,众多人口的穿衣、睡觉成了最大的问题,受灾人群最迫切需要的是家庭用品和内衣。巴顿从制造业地区的商人和慈善团体那里募得了床垫、床上用品、家具和用具,她还组织当地妇女成立了一个妇女救济委员会来分发这些物品,委员会还注意到了妇女的特殊物资需要。巴顿在写给纽约一位撰稿人的信中写道:"我们为妇女和儿童提供的内衣非常短缺,必要的盥洗用品的需求远远超出了供应,大码女鞋更是供不应求。"巴顿呼吁加强报道,扩大募集渠道。另外,巴顿还注意到没有缝补衣服的针线。巴顿后来估计,妇女委员会

---

① "Pennsylvania Town Swept Out of Existence".*New York Times*, Jun. 7, 1889.

为3000户人家提供了“一个完整家庭的必要的基础生活用品”[①]。

这种重建家庭的努力，与洪水救济委员会男性管理的商业化的金融救济体系形成了鲜明的对比，反映了巴顿独特的女权思想。红十字会在约翰斯顿的救援将个性化关怀、同情家庭的美德注入公共领域。

巴顿组织的女性善心援助是抚慰人们情感和精神痛苦的良药，因为巴顿意识到，受惊的受灾民众不仅需要食物和简陋的住所，更需要精神安抚。在约翰斯顿救援中，红十字会的医疗团队专注照顾那些因失去家人和房子而遭受心理打击的人，工作人员发现了许多严重的神经衰弱和暂时性精神错乱的病例。在巴顿的指挥下，红十字尽可能为这些人提供心理安抚，使他们能够重新找到生活方向。

3. 个性化筹款

在救援工作期间，巴顿想保持资金流动透明，通过书面记录每一笔捐款，并提供有关资金如何使用的清单，获取捐助者的信任。为了达到这个目的，巴顿通过记录受助人的文字和画面，让捐助者了解其捐款是怎么使用的。例如，原来只能日夜躲在屋顶或坐在竹筏上蓬头垢面的姑娘，现在得到救助已经变得美丽动人了。这种画面感深深打动了捐款者的心。这种筹款的个性化方式，有效地扩大了红十字会的筹资渠道，美国各州成千上万的人纷纷解囊，向受灾地区捐款捐物。

当红十字会在10月底离开约翰斯顿小镇时，巴顿已经成为当地的一位女英雄。她被人崇敬并不完全因为红十字会提供了救援物资，其实红十字会仅仅捐助了3.9万美元的现金和2万美元的物资。主要是因为巴顿在救援中发挥的独特的、女性化的解压方式，使约翰斯顿的女士们在她临行前夕宴请了她，认为她是第一个来灾情现场，也是最后一个离开的。对她们来说，她确实像一个姐姐——护理、抚慰、照料，让那些遭受痛苦的人们，终于度过了一个其他人从未经历过的痛苦季节。当时《约翰斯顿每日论坛报》（*Johnstown Daily Tribune*）上刊登了有关报道。

（五）飓风救灾——1893年海上群岛飓风袭击

1893年8月27日，美国气象局向乔治亚州的萨凡纳港市（Savannah）发出了风暴警报，但由于疏忽没有通知住在南卡罗来纳州沿海岛屿上的居民。当飓风掀起20英尺高的风暴潮横扫岛屿时，民众和牲畜顷刻之间就失去了生命。

就像约翰斯顿的洪水一样，海岛飓风来得出乎意料的迅速，使3万多人失

---

① Clara Barton. *The Red Cross in Peace and War*. Washington, D.C.: American Historical Press, 1906, pp. 160—161.

去了住房、基本生活必需品。和约翰斯顿一样,腐烂的尸体和积水可能会发生次生灾害,传播疾病。巴顿在调查了岛民的情况后得出结论,他们的处境“比约翰斯顿还要艰难,需要更多的人去关心。许多无助的人,散落在数百平方英里的土地上,受潮汐的影响,这里充满了疟疾和发烧的危险”[①]。这场风暴毁坏了庄稼,杀死了家畜,撕裂了渔船,摧毁了磷矿公司的挖泥船和码头。过去20年里,磷矿公司一直为当地居民提供着赖以生存的工作机会。

1888年新闻界曾把约翰斯顿的洪水灾难作为一个重大新闻报道,但对此次海岛风暴的报道却非常有限。普利策的《纽约世界》曾连续10天在其头版刊登了约翰斯顿遭受苦难的令人心碎的故事,向订户发出呼吁,要求他们为该镇居民募捐。但此次这些报纸只在头版刊登了几篇有关海岛风暴的最初新闻,强调了风暴对萨凡纳和其他城市的影响,却几乎没有提到海上岛屿居民受灾情况。后来的一篇文章报道称,该地区已有100人溺水,但大约只有6人是白人。报道援引查尔斯顿一位铁路代理人的话说,海岛上的居民因为没有足够的理智离开棚屋,寻找安全的地方而被杀害和淹死。风暴过去一周后,《纽约时报》发表了一位纽约居民的报告,这位居民观察了风暴造成的破坏,并敦促全世界为飓风灾民发起一场救援运动。与此同时,南卡罗来纳人成立了公民救济委员会,拥有5000人口的海岛首府博福特也成立了委员会。募集的捐款主要是来自个人、教堂和社区组织的小额捐款。

巴顿在听到灾难的消息后,意识到这是一个非常困难的局面,只有南卡罗来纳州或联邦政府才能处理好。她对这片土地非常熟悉,1863年内战期间,她大部分时间都待在希尔顿黑德岛,为联邦军队服务。在南方,白人统治依然占主导,白人至上主义者充斥着州议会。与此同时,美国国会一直忙于应对美国的经济困境,无暇顾及援助岛上的居民。因此,南卡罗来纳州州长本·蒂尔曼(Ben Tillman)在风暴过后几周,才与巴顿取得联系,请求红十字会提供帮助。巴顿毫不犹豫立即回应。

红十字会在启动这个项目时资源很少,巴顿也不确定救援能否成功。红十字会的工作人员由大约12名志愿者组成,其中包括3名医生和1名训练有素的护士。大多数人都在约翰斯顿工作过。在接下来的10个月里,这个小组需要设法满足所有海岛居民的需要。他们分发食物、衣服、种子、工具、用品、建筑材料和其他必需品,并治疗病人和伤者。红十字会筹集了3万美元的捐款,但这次救援属于他们的单独行动。由于越来越多的飓风灾

---

① Marian M. Jones. *The American Red Cross, from Clara Barton to the New Deal.* Baltimore : The Johns Hopkins University Press , 2013, p.52.

民持续前来寻求帮助,红十字会难以向灾民提供足够的物资。

1893年美国经济出现萧条,5月,美国股市崩盘,银行取消贷款,360家银行倒闭。不到6个月,8000家企业关门歇业,到秋天,失业人数已超过200万。[1]这场大萧条对东北工业地区和五大湖地区打击最为严重,这些地区是美国大部分工业和慈善领袖的故乡。巴顿在写给波士顿一位支持者的信中承认,大萧条对她的筹款产生了影响。她说,红十字会每天要发出75封信请求捐款。虽然回应不少,但所附捐款数额很小,有的只寄来2美元,是从牙缝里省下的。巴顿还对北方慈善机构表示同情,公开承认其在安抚失业城市民众方面的作用。

不仅是经济条件,种族歧视也在海岛救援工作中影响很大。1890年,波弗特县的34119名居民中有92%是非裔美国人。内战结束后,黑人并没有得到北方或南方白人的普遍同情。到19世纪80年代时,许多北方白人开始认为内战后的重建是政治上灾难性的失败,北方的白人已经厌倦了南方的黑人问题。

1884年,哈佛大学地质学家、后来的劳伦斯科学学院院长纳撒尼尔·索斯盖特·谢勒(Nathaniel Southgate Shaler)在颇具影响力的杂志《大西洋月刊》(*The Atlantic Monthly*)上发表了一篇题为《黑人问题》(*The Negro Problem*)的文章。他认为,非裔美国人的"兽性"使他们无法接受高等教育,他们天生的不道德行为使他们"不适合在一个文明国家独立生活"。这些出版物颂扬了一种后来被称为"科学种族主义"的意识形态。该理论的支持者利用统计数据和其他数据,试图证明黑人在生理上不如白人。与此同时,社会达尔文主义,即人类社会根据"适者生存"法则运行的意识形态,正被美国人普遍接受。许多白人,尤其是那些出生在美国本土的中产阶级和上层阶级的白人,认为盎格鲁—撒克逊人的优越性将导致其他种族的最终消失。[2]

为了对抗援助黑人的冷漠,巴顿前往华盛顿,敦促国会拨款5万美元用于救灾工作。巴顿的邻居、马萨诸塞州参议员乔治·F.霍尔(George F. Hoar)同意帮助巴顿拨款,他与南方联盟前少将、南卡罗来纳州参议员马修·巴特勒(Matthew Butler)联合发起了这项提案。巴顿特邀巴特勒一起参观了海群岛,目睹了那里毁灭性的状况。巴特勒说服了美国农业部部长,送了数千包萝卜和卷心菜种子到海岛种植。霍尔参议员在介绍这项提案时,警

---

① "Harder Field than Johnstown". *New York Times*, Oct. 6,1893.

② "Nathaniel Southgate Shaler and Sophia Penn". *The Autobiography of Nathaniel Southgate Shaler*. Boston: Houghton Miffiin, 1909, p.361.

示他的议员同僚说,如果不采取行动,每耽误一个小时,就可能导致一些人饿死。但是许多参议员提出了反对意见,认为拨款给海岛居民,将为其他数百万遭受经济萧条之苦的人要求救援打开闸门。最终该提案在参议院被否决。

红十字会尽管在其海岛救援中挥舞着“人类鲜红色旗帜”,但也带着一定程度的怀疑走近了这些人。红十字会每周只配给每个家庭一磅猪肉和八夸脱干玉米粉。对于一个七口之家来说,这意味着除了他们能收集或捕捉到的食物外,每人只能吃一小份猪肉。有工作的可以获得额外的谷物配给。

此外,当红十字会向海岛民分发衣物时,发现捐赠的衣物有许多是不适合当地气候的冬衣。大多数衣服都很旧,需要修补和翻新,而且几乎没有童装。为此,巴顿在当地指导组织妇女成立缝纫小组。她为参加的妇女免费提供一顿饭,并要求妇女与其他人分担缝纫的责任。所有修补过的衣服都要送回圣公会,然后由圣公会分发给它认为最需要的人。来自希尔顿黑德岛的报告显示,每个人都得到了一到两件衣服,不可能更多。在组织缝纫项目的过程中,巴顿发挥了妇女的作用,改变了社会不信任妇女能力的状况。

在工作中,红十字会与岛民合作,建立了一种民主的救济分配制度,在这个制度中,每个前种植园的当地居民都选入委员会成员。这些委员会成员前往博福特为他们的社区领取食物、工具、用品和衣物,并接受有关工作和播种的指导。一些人还加入了建筑委员会,为寡妇和弱者修理房屋和重建桥梁、码头。他们把自己组织起来,重建受损的房屋,并挖沟排水,进行灾后重建。

红十字会的工作人员试图通过教岛民如何管理他们的资源,引进新的作物和耕作方法,提高他们独立的能力。红十字希望帮助岛民避免长期背负农业债务而导致贫困。工作人员在1894年8月之前一直留在该地区,确保合理分发食物、衣服、种子、工具和30万英尺的木材的捐赠,并与岛民一起重建家园和重建种植农场。红十字会的工作人员还为岛民开办了学校,建设该州主要的教育机构,因为以前该州的大部分教育资金都花在了白人学校上。尽管红十字会的努力有限,但对灾区人民的帮助是很大的。

红十字会对群岛黑人居民的援助遭到了白人的攻击。一位同样遭受飓风重创的沿海大陆“知名公民”公开批评红十字会偏袒海岛的黑人。在19世纪90年代南卡罗来纳州充满种族敌意的环境下,当地白人批评红十字会把非裔美国人当作应该得到帮助的人,是不足为奇的。

巴顿的救援原则很明确,她认为,海岛居民中任何人都与受灾的白人群体一样,都有权获得红十字会和政府的援助。这种立场体现了红十字会的中立原则。通过帮助岛民,并在州和联邦政府官员面前呼吁他们的需求,红十字会直接面对了日益盛行的种族主义意识形态的偏见,坚持了红十字会的原则。

显然,红十字会的救援活动比其他私人慈善机构或政府机构更加人道和公平。然而,在巴顿时代,红十字会的规模还不够大,无力纠正国会救济拨款的不公平现象,也无法改变对受灾民众援助有差异的现象。虽然早期的救援工作证明巴顿成功地使红十字会的工作适应了美国的环境,但同时也证明,她的工作无法克服社会偏见和社会不平等,这些偏见和不公平已成为美国社会长期存在的问题。

二、国际人道主义救援

美国红十字会成立后的前十年里,它的工作仅限于援助国内的“民族灾难”。随着临近19世纪末,当时的大众报纸、跨大西洋电报电缆和国际传教,开始把遥远的世界各国发生的灾难信息传送到美国人手中,而且当时的帝国主义、殖民主义正以一种新的形式拓宽美国人的视野,国际人道主义的任务,要求美国这样“文明”国家的公民,担负起努力减轻在更落后地方人类痛苦的责任。由于美国的国际地位日益增长,美国红十字会已经准备好参与新的国际人道主义救援。

巴顿时代美国的国际人道主义救援主要有三次:1891—1892年向受饥荒的俄国农民提供援助;1895—1896年向在奥斯曼帝国境内受迫害的亚美尼亚幸存者提供援助;1898年向美西战争中饥饿的古巴人民提供救援。在所有这些国际救援工作中,红十字会必须在外国政府和相关组织的规则和保护下工作,以便接近需要帮助的人民。同时,工作中必须保持红十字会中立的原则,努力避免成为美国或外国政治利益的工具。

(一)1891—1892年向俄国饥民提供救援

1891年秋,美国报纸报道了俄国农民因饥荒挨饿的消息,对此消息反应最强烈的是艾奥瓦州、明尼苏达州以及中西部和西北部地区的美国农民,他们熟悉农村人饥荒的痛苦,被报纸的报道所触动。一位俄国农村牧师在《俄勒冈州波特兰报》(*Portland Oregonian*)转载的一篇文章中写道:“在我的教区,有些农民已经连续两三个星期没有面包吃了,他们正努力用草和树叶来养活自己。”其他报纸都纷纷刊登了关于俄国农民被迫吃自己的马和牲畜,以及农民妇女为了生存而卖头发的新闻。这些报道引起了美国西部农民和磨坊主的共鸣,他们本身是经历过干旱和虫害侵袭的拓荒时期幸存下来的,现在随着机械化耕作的出现,剩余粮食开始增多。

1. 俄国爆发饥荒的原因

第一,恶劣的自然天气。一个异常寒冷的冬天,来年初夏又异常干旱,使俄国一些地区的农业收成平均比正常年景低了75%。第二,土地租赁体系的问题。沙皇亚历山大二世在1861解放了俄国的农奴,农奴们得到土地的方式是购买或租赁。如果购买,必须以高昂的价格向国家购买。如果租赁,必须租国家的公有土地。农民不管以什么方式拥有了土地,即使在正常的收成下也只能勉强维持生计。当时的公有土地所有制阻碍了农业发展,农村人口的不断增长又加剧了对土地的压力,使一些地区的农民处于饥饿的边缘。第三,国际农产品的激烈竞争。俄国农民唯一的经济作物小麦,面临着来自美国、阿根廷和澳大利亚出口的激烈竞争,导致其价格下跌。1891年因天气原因导致的小麦歉收,使原本岌岌可危的局面变成了一场灾难。据俄国内政部长称,已有1250万人处于饥饿状态,需要政府救助。①

2. 红十字会发动救援

艾奥瓦州达文波特市《每日邮报》和《恩波特公报》的发行人本杰明·富兰克林·蒂林加斯特(Benjamin Franklin Tillinghast)在当地政府和商界的帮助下组织了爱荷华州饥荒救济委员会。一堆堆的玉米和其他谷物很快就开始从全国各地运到委员会的仓库,但蒂林加斯特不知道如何将他的谷物运到俄国,他求助于巴顿。

巴顿欣然答应,通过铁路公司,免费将艾奥瓦州的玉米运往纽约,在纽约港装船运往俄国。巴顿和哈贝尔把地方零星的捐款、捐物整合起来,发往海外。在红十字国际委员会议上,巴顿和哈贝尔与俄国红十字会的代表建立了联系。俄国政府正式指定美国红十字会为所有美国救济物资的分发机构。

当时爱荷华饥荒救济协调员用一艘美国海军船只运送救援玉米,并说服国会拨款支付运输费用。虽然参议院在1892年1月批准了这项提案,但遭到众议院的南方民主党人的反对,认为宪法并没有赋予国会这种权力,不能用纳税人的钱资助私人的海外慈善行为,这项提案最终以失败告终。巴顿并不指望国会能同意拨款,于是她和哈贝尔前往纽约,彻底检查了这批货物的装运、仓储、保险、装船以及其他事宜,承诺自己筹集资金来支付运输玉米船只的费用。

但是筹资并不容易。巴顿组织成立了美国的俄国饥荒委员会(Russian Famine Committee),她多处演讲,为航运筹集资金。她还致信各州州长,敦

① Richard Gardner Robbins. *Famine in Russia, 1891—92: The Imperial Government Respond to a Crisis*. New York: Columbia University Press, 1975, p.4.

促他们向公民发出呼吁,向俄国饥荒委员会捐款,并保证杜绝俄国腐败官员侵吞所捐物资,派"高效的美国特工为此护航"。

巴顿为了筹集运送爱荷华玉米到俄国的1万美元运费,苦想办法。她希望寻找到一艘足够大的船,能装载艾奥瓦州农民已运往纽约的700万磅玉米。纽约农民捐赠的土豆在储藏中腐烂了,4月1日,铁路公司又取消了向俄国饥荒捐赠物资提供免费运输的优惠。直到5月2日,红十字会才终于筹齐了善款来支付运费。满载爱荷华玉米的船直到5月28日才抵达俄国里加。当时哈贝尔在罗马参加第五届红十字国际委员会会议后到达俄国见到了这艘船,他给爱荷华州饥荒救济委员会的蒂林加斯特发了电报,告诉他玉米已运抵俄国,饥荒救济计划也开始生效了。

3. 促进美国农业在海外发展

在对俄国饥民救援中,美国是捐玉米而不是捐钱,不管当时的目的是什么,实际上迎来了为美国农产品打开国际市场的机会。当时,玉米作为主食在欧洲几乎不为人知。为了推广美国玉米粉的食用价值,1891年,美国农业部部长耶利米·罗斯克(Jeremiah Rusk)派农业部墨菲(C. J. Murphy)前往伦敦和柏林。墨菲试图说服德国政府,玉米可以作为黑麦的替代品。黑麦是俄国的主食,但因歉收供不应求。墨菲11月底直接向俄国出口了玉米。墨菲的行动鼓励了美国农产品出口,当时美国人认为这既是一种慈善行为,也是一种商业行为。①

4. 饥荒救援的成效

美国人相信他们的救援工作已经成功。《基督教先驱报》(*Christian Herald*)热情洋溢地说:"我们拯救了12.5万俄国人的生命。"②美国认为,"美国人"成了俄国家喻户晓的词,许多俄国人感谢上帝和美国人在1892年的饥荒中给予他们的帮助。

但实际上,俄国人对美国这次救援的评价并没有美国人想象得高,俄国认为美国的救援可能并没有真正满足俄国农民的迫切需求。在美国最早一批运来粮食之前,俄国农民至少已经忍受了七个月的饥荒。美国的粮食只有一小部分俄国人得到,数百万挨饿的人没有得到食物,俄国土地租赁制度中存在的缺陷也没有因此改变。

---

① Marian M. Jones. *The American Red Cross, from Clara Barton to the New Deal*. Baltimore：The Johns Hopkins University Press，2013，p.66.

② Elisha Benjamin Andrews. *The United States in Our Own Time：A History from Reconstruction to Expansion*. New York：Scribner's，1903，pp.613— 614.

但是,作为向海外推广美国农产品的一种手段,饥荒救济工作确实取得了成功。《芝加哥先驱报》(*Chicago Herald*)在1892年11月报道称:“救援俄国发生的饥荒,已向欧洲表明,我们的玉米是世界上最好的玉米。”[①]报道讲述了墨菲在饥荒期间前往俄国,向其他国家的农民展示如何用玉米制作面包,以及罗斯克部长如何指导俄国政府准备农作物的情况。报道还指出,由于俄国出口短缺,德国政府正在考虑购买美国玉米,而不是继续购买俄国黑麦作为军用物资,认为美国对俄国饥荒的救援工作,已成功地把利他主义与经济帝国主义结合起来了。

(二) 1895—1896年向在奥斯曼帝国境内受迫害的亚美尼亚幸存者提供援助

1895—1896年是奥斯曼帝国对其境内亚美尼亚人进行迫害的第一阶段。红十字会的这次救援是第二次海外救援活动。红十字会积极为奥斯曼帝国境内受迫害的亚美尼亚幸存者提供食物和医疗救援。救援工作的艰巨性造成了首例美国红十字会工作人员的死亡事件(被盗匪所杀害)。面对此种恶劣工作环境,红十字会并没有退缩,在土耳其政府的请求下,红十字还是派出了四名工作人员深入战区救援受害者。

(三) 1898年向美西战争中的古巴人民提供救援

1898年4月25日,被时任美国国务卿约翰·海(John Hay)形容为“我们与西班牙之间精彩的小战争”爆发了。根据门罗主义,古巴属于美国的势力范围。古巴的哈瓦那离美国佛罗里达群岛最南的一个岛屿基韦斯特只有90英里,许多美国领导人长期以来一直认为,吞并古巴不仅在经济上可取,而且是势在必行的。在19世纪即将结束之际,美国扩张主义抬头,政客们试图利用美国日益增长的海军实力来展示自己在西半球的主导地位,加入欧洲帝国主义的游戏,和欧洲殖民者一样,用“人道主义”的旗号和美国人对古巴人的情感为由,为美帝国主义扩张辩护。

1897年美国麦金莱总统就职时,他似乎有意避免沙文主义,希望通过外交手段解决古巴的危机。当年4月,新政府成功地向西班牙施压,要求释放所有被关押在古巴的美国人,并向古巴提供5万美元,用于救助在冲突中受伤的美国人。但是,美国新闻报道了西班牙军方如何镇压古巴起义军,把古巴人赶进集中营的情况。《纽约时报》描述了哈瓦那人遭受的痛苦场景:“四

---

① “American Corn in Europe: Russian Famine Gives it a Healthy Boost”. *Chicago Herald*, Nov. 26, 1892(6).

百六十名妇女和儿童被扔在地上,有的奄奄一息,有的病了,有的死了。环境脏乱不堪,还活着的人得不到一点帮助,甚至没有水喝,没有宗教或社会的帮助,死亡随时可能发生。”[①]尽管美国通过哈瓦那的慈善委员会分发救济物资,但效果实在很差。美国社会各方都要求向岛屿战争中的古巴受害者提供紧急援助。《论坛报》1897年1月10日写道:应该“毫不拖延地派遣美国红十字会前往安的列斯群岛施展救援,这是对人类有利的事业”[②]。

1. 巴顿立即采取救援行动

当时快77岁的巴顿“病得很重”,有媒体报道说她整个冬天都不会参加红十字会的工作。其实新闻界并不知情,巴顿一直在悄悄游说联邦政府将红十字会指定为在古巴的官方救济分发机构。1898年初,美国政府决定成立古巴中央救济委员会,红十字会和其他慈善机构参与其中,为古巴分发救灾物资。该委员会将在政府人道主义事务部的正式监督下运作,总部设在纽约,由红十字会的官员担任主席。虽然美国国会曾多次成立临时机构来监督救灾拨款,但这次是行政部门首次正式监督直接救助外国灾民。

巴顿同意了政府救援计划,并任命她的侄子斯蒂芬·E. 巴顿(Stephen E. Barton)担任古巴中央救济委员会主席。她确信委员会将任命她监督古巴当地的救济物资分发工作。国会还任命《克里斯蒂安先驱报》(*Christian Herald*)的所有者路易斯·克洛普什(Louis Klopsch)和纽约商会的一名代表为该委员会的另外两名成员。美国海军、轮船和铁路公司同意为救灾物资提供免费运输。

2. 实际救援行动

古巴中央救济委员会立即开始筹集资金和收集物资。斯蒂芬致电各州州长,要求他们领导筹款活动,并向全国各地的红十字分会分发了小册子,鼓励捐款。美国的民众对关押在古巴集中营的美国人和古巴人表示了极大的同情。大多数捐款来自民间。教堂、学校、小镇、基督教青年会(YMCA)和“救世军”(Salvation Army)等基督教团体都募集了捐款,就算1美元的捐款也被红十字会欣然接受。内布拉斯加州救灾委员会运送了15车救灾物资,艾奥瓦州和俄勒冈州的救灾委员会也捐赠了大量物资。

红十字会的工作人员尽他们所能给被西班牙当局关押在集中营的几十万古巴人一些救济。他们组织医疗和医院服务,并建立了孤儿院,向被困者分发了牛奶、面粉、大米、肉、鱼、罐头食品和水果。

---

① “The female in Havana”. *New York Times*, Apr. 16,1897.

② Foster Rhea Dulles. *American Red Cross: A History*. New York: Harper & Brothers Publishers, 1950, p.42.

当“缅因号”军舰被击沉,美西战争爆发,马车载着“缅因号”上200多名遇难者的遗体穿过哈瓦那时,巴顿心情沉重地观察着送葬队伍,并陷入沉思,思考中立是否需要完全的沉默。

在附近医院,巴顿一行人闻到了一股浓烈的恶臭。医院已被遗弃,里面只剩下腐烂的尸体。巴顿立即组织工人们开始彻底清洁医院,去除细菌,给医院配备新的医疗用品,并安排医生和护士在医院工作。巴顿和她的工作人员还走访了多个城市和多家医院,对患者饥饿者分发食物、药品,联系海军补给船运送物资。

3. 红十字会的战场救援活动

虽然巴顿在美国内战时期和普法战争时期曾在战场上对士兵伤员进行救援,但美西战争中的战场救援活动是红十字会成立以来的第一次。战场救援主要分三个层面,一是筹款,二是特别服务,三是伤员护理。

在筹款方面,虽然不像后来的世界大战那样大规模地进行国家筹款,但当地的公民协会、教会团体、其他组织和个人都有捐款,这些捐款用于指定的目的,如提供救护车、支付护士的费用、为医院提供医疗用品等。有记录显示,加州红十字会筹集了10万美元,华盛顿红十字会筹集了大约5000美元,俄勒冈红十字会筹集了7500美元,隶属于红十字会的克利夫兰战争紧急救济委员会提供了总共5万美元的用品和资金,明尼苏达红十字会筹集了3300美元,纽约红十字会救济委员会向营地和分发点分发了价值36万美元以上的物资。这些物资包括内衣和腹带、帆布床、服装、罐头食品、睡衣、床单、日用品、医院和营地设备,还有婴儿床、枕头、毯子、毛巾、蚊帐等。①

在古巴暴发黄热病时,红十字会提供得最多的是冰。在战地医院里,冰的价值几乎相当于黄金的价值。巴顿说,在战争接近尾声时,一艘载着800吨冰块的大帆船被派往圣地亚哥,冰块被一块一块地转移到运送伤病员回家的运输车上。8月19日,奇卡莫加(Chickamauga)暴发伤寒,当时至少有500例病例报告。由于缺乏足够的医疗用品和设备,伤寒病有流行蔓延的可能。巴顿的侄子斯蒂芬采取措施,把周围农村运来的冰和牛奶,及其他必要的物资迅速送往病区。报道称:超过400人在这场伤寒瘟疫中丧生,但是如果没有美国红十字会,死亡人数将会更多。

在特别服务方面,红十字会组织了许多特别委员会进行特别服务。其中有缝纫委员会、包装委员会、娱乐委员会。铁路车站和港口都设有食堂,红十字会的女士们向参战士兵分发水果、食物、鲜花和微笑。旧金山接待委

① Patrick F. Gilbo. *The American Red Cross: The First Century*. New York: Harper & Row, 1981, p.23.

员会(San Francisco Hospitality Committee)接待了约1.7万名即将启程前往马尼拉的男子,为他们提供咖啡和午餐,并在战争结束后提供了返程的交通工具。红十字会的休息和娱乐帐篷、游戏室、阅读和写作设施也为返乡的士兵提供了保障。

在伤员护理方面,美国卫生总局在战争初期只允许男人救护战场伤兵,面对民众要求更好地照顾伤员的舆论压力,卫生总局决定雇用红十字会护士。巴顿接到通知后,奔走于全美各大医院筛选护士与部队签约,以每月30美元的薪金雇用她们在军队开展护理工作。红十字会给伤病员提供牛奶、稀粥和蛤蜊汤,并帮助士兵与亲属建立联系;向退伍或休假的士兵提供合适的衣服和回家的交通工具,有时还帮助他们找工作;还向士兵家属和家庭提供救济。

一开始军队当局对红十字会能做些什么持怀疑态度。但是,通过提供特殊服务和筹集捐款、补充军队医疗工作、直接帮助照顾伤病员,红十字会在战时的作用得到越来越多的赞赏。一名医务人员说:“如果没有红十字会的帮助,他们早就彻底垮掉了。”[①]战争结束后美军卫生当局官员宣称如果没有红十字会的帮助,军队的护理工作完全不能运转。麦金莱总统还表达了对红十字会给予美军提供给养和伤兵提供医疗救护的感激之情。

4. 护理事业发展

军队对战争的准备不足,特别是在照顾病人和伤员方面的准备不足,为红十字会的活动开辟了新局面。成千上万的志愿妇女,满怀爱国热情,渴望尽自己所能来安抚战时伤兵的痛苦和孤独,她们的工作具有非常实际的价值。

这时期红十字会活动中最引人注目的是护理项目。在古巴,巴顿随身带着几名志愿护士,她们是纽约红十字会医院的“姐妹”。另外约有30名护士和几名红十字会外科医生乘坐“兰帕萨斯”号船前往增援。由于黄热病,他们拒绝在古巴登陆,停留在波多黎各,大约100名病人被带到船上带回了美国。加利福尼亚红十字会向菲律宾派遣了21名护士,菲律宾成立了两家小型红十字医院,明尼苏达协会为明尼苏达部队提供了26名护士。在公众的心目中,美国红十字会护士是“没有伪装的天使”,她们成为人道主义救援的新象征,具有持久的意义。

后来,护士的标准越来越高,护理专业的进步使坚持高标准成为可能。

---

① Foster Rhea Dulles. *American Red Cross: A History*. New York: Harper & Brothers Publishers, 1950, p.50.

参加训练的护士一般要求至少住校两年。红十字会护士最初并没有与政府签订合同,在参加美西战争战地护理后,政府给她们正式的军队编制,大多被安置在国家军队营地的医院里,也有少数被派往古巴和菲律宾。在每个陆军野战医院中,在训练有素的护士中,红十字会的护士约占一半。

红十字会总共在古巴分发了大约6000吨粮食,估计价值50万美元。1898年9月3日《哈帕周刊》(*Harper's Weekly*)上的一篇文章写道,“美国红十字会已经完成了最崇高的工作,作出了巨大的自我牺牲,取得了巨大的成就。巴顿是战争中的英雄人物之一,建议她成为国会认真考虑的第一个要感谢的女性”[①]。麦金莱总统在年底发表的年度讲话中,赞扬了“美国红十字会的及时和有益的工作……巴顿是干练和经验丰富的红十字会主席”[②]。

5. 美西战争中的平民救援

1899年巴顿再次匆忙前往古巴,对古巴平民展开救援。当时成千上万的战俘状况非常糟糕,大约有5万名战俘在集中营死去。无家可归、没有食物、没有人照顾的小孩挤在哈瓦那的街道上乞讨食物。巴顿利用红十字会剩余资金,在古巴建立医院和收容所,为这些孤儿和其他需要救助的人提供庇护、食物、住所、衣服和照料。自由慈善家威廉·W. 霍华德(William W. Howard)领导的独立的古巴工业救济基金会(Cuban Industrial Relief Fund)还建立了一个救济农场,让集中起来的人可以在那里生活和工作。总之,红十字会大约照顾了2000名儿童,在哈瓦那郊区的一所医院治疗了500多名病人。这项工作持续了大约6个月,红十字会最终因物资几乎耗尽而撤出。[③]

美西战争只持续了10周,在各方面红十字会的工作都无法与其在第一次或第二次世界大战时相比。美西战争的历史清楚地表明,如果美国红十字会要在今后可能的战争中充分发挥它的职能,就必须有更统一和更有效的组织。

---

①② Foster Rhea Dulles. *American Red Cross: A History*. New York: Harper & Brothers Publishers, 1950, p.59.

③ Patrick F. Gilbo. *The American Red Cross: The First Century*. New York: Harper & Row, 1981, p.23.

第四节　巴顿时期的结束

巴顿领导下的美国红十字会无论在美国国内灾难救援中还是国际人道主义救援中,都取得了很大的成绩,虽然在组织管理上存在一定的缺陷,但在20多年的发展历史中,大大提高了该组织的公众地位。1900年,国会通过了《红十字会宪章》,联邦政府正式承认红十字会的国际、国内地位,这是巴顿为红十字会献身所取得的最辉煌成果。

但是,巴顿时期的红十字会到19世纪末20世纪初出现了严重的危机,客观上,巴顿年龄偏大,到她1904年辞去红十字会主席时,已经80多岁。事实上在她担任主席的后期,身体和精力都不足以支撑其继续工作,最终因在管理上的混乱被多方抨击。但是,红十字会最严重的危机是巴顿被指责专权、财务管理混乱、账目不清,导致社会对红十字会失去信任。

一、巴顿最后的辉煌

尽管美国政府在1882年签署了《日内瓦公约》,美国红十字会随后也制定了自己的章程,但美国国会并没有立即立法承认红十字会的地位。多年来,日内瓦的红十字国际委员会领导注意到了这一事实,觉得难以理解,更难以接受。

美国当时正值"镀金时代",政府办事拖沓,注意力集中在垄断企业的发展上面。巴顿一方面积极领导红十字会开展国内外灾情救援活动,另一方面一有机会就到华盛顿游说国会议员。当时对红十字会伤害最大的事件,是美国强生医药公司(Johnson & Johnson)和罗瑞拉德烟草公司(Lorillard Tobacco)在自己公司的产品包装上都使用了红十字会的标志。那个年代,美国已经有了商标的意识,这种盗用红十字标志的行为是不能容忍的。

在美西战争结束以后,红十字会在美西战争中的救济工作赢得了国会中一批议员的肯定。除了巴顿不断地在国会议员中游说,红十字原法律顾问的遗孀、律师艾伦·斯宾塞·默西(Ellen Spencer Mussey)也帮助巴顿起草了红十字会章程,提交给国会。在巴顿的敦促下,国会最终在1900年6月6日以公共法第277—280条法律的形式,通过了章程,确立了《红十字会宪章》(下文简称《宪章》),批准红十字会履行美国根据《日内瓦公约》所承担的部分职责,赋予红十字会在美国慈善组织中独特而崇高的地位。[①]虽然到1900年,美国许多慈善组织已经获得国家许可进行救援活动,但红十字会是唯一负责履行国际条约的机构。

红十字会有了自己的《宪章》,它从一个志愿性非营利的私人组织正式成为一个半官方组织。《宪章》要求它协助武装部队成员,进行紧急救援,运行灾害准备项目,以及开展其他服务,以帮助政府充分履行《日内瓦公约》的条款。规定该机构的工作人员是美国志愿者,资金来自美国人的自愿捐款。为了确保捐款用于公益事业,美国陆军每年都会检查红十字会的收支记录,国会还要审查其财务信息和该组织的年度报告。

《宪章》的通过,是巴顿最辉煌的成就,为红十字会的健康发展奠定了法律基础。1900年7月10日,在根据《宪章》新成立的执行委员会会议上,79岁的巴顿提出辞去红十字会主席职务。这届新执行委员会会员不仅有长期支持她的老会员,还包括一些支持她的商界领袖。所以,巴顿的辞呈被执行委员会否决了,他们宣布:巴顿是比弗罗伦斯·南丁格尔更伟大的女英雄。[②]

1902年6月,巴顿参加了在俄国圣彼得堡举行的红十字会国际会议,在圣彼得堡她受到了隆重而盛情的宴请,并荣幸地见到了沙皇和沙皇夫人。巴顿在国际会议中享有盛誉的同时,美国国内正在谋划清算她管理红十字会以来募集捐款与救援支出的账单,一场结束巴顿时代的“暴风骤雨”正在来临。

二、红十字会的信任危机

红十字会是一个非政府组织,它要为处于困境中的人提供有效的服务,必须有足够的资金和其他资源。筹款成为非政府组织管理的重要环节。非政府组织承担着一定的公益使命,需要通过筹款活动聚集社会资源,再通过提供服务的方式反哺社会,以促进社会发展的和谐与可持续性,同时也为非政府组织本身的发展提供支持。非政府组织需要有足够的资金支持才能维持其运转,才能吸引高素质专业人才,建立有效的组织机构,完成其具体的社会使命。

巴顿领导红十字会有23年,在这23年中,开展了多次救援活动。虽然救援产生了非常好的社会效果,但存在财务收支不公开、资金滥用等现象,引起了美国公众的普遍不满和质疑,尤其到了巴顿时代后期,这种不满和质

---

① Kevin R. Kosar. “The Charter of the American National Red Cross: Current Issues and Proposed Changes”. *Congress Research Report*, May 15, 2007.

② Marian M. Jones. *The American Red Cross, from Clara Barton to the New Deal.* Baltimore : The Johns Hopkins University Press , 2013, p. 95.

疑引发了对红十字会的信任危机。

例如，早在红十字会的首次大规模救援活动中，即对俄亥俄州的密西西比河洪水的救援中，公众就对红十字会没有公开此次救援活动收支清单的行为而感到非常诧异。宾夕法尼亚救济委员会在约翰斯顿溃坝灾害后制作了一份报告详细公开其收支情况，但是红十字会因为种种原因最后拒绝公开该报表，其后只给出的唯一信息是约翰斯顿的救援行动共花费了3.9万美元，无任何结余。红十字会管理层的傲慢态度使得其与费城民众更加疏远，费城市民出于对红十字会的不信任，开始自己组建地方性的灾难救援组织。

又如1892年救援俄国饥荒期间，首席大法官富勒和红衣主教吉本曾联合询问红十字会收到的捐献资金情况，但是红十字会的回答是饥荒救援活动没有制定财务报表。亚美尼亚救济委员会是为受到宗教迫害的民众筹集资金的机构，也只是公布了一份令人不甚满意的收支情况报表。关于美西战争的战争救济工作的报告中有其他救援组织的资金报表，但唯独没有红十字会的资金报表。

再如，1898年的美西战争中，日内瓦红十字国际委员会总部根据惯例询问了交战双方的西班牙红十字会和美国红十字会，是否需要得到中立国红十字会组织的帮助。西班牙红十字会方面婉言拒绝了，而美国红十字会方面非常乐意接受帮助。许多国家的红十字会组织都给美国红十字会捐款，这些资金汇入美国红十字会主席巴顿的账户中。由于美国红十字会总部没有公布财务报表，有哪些国家响应了红十字国际委员会的号召帮助了美国红十字会不得而知。美国公众对如此短暂的战事期间美国红十字会有如此巨大的开支有所质疑。人们从其他资料得知，法国、德国、澳大利亚和葡萄牙等国的红十字会都给予了数目不明的捐款。

巴顿个人在工作方式上存在一些问题和不足，在红十字会内部掌握极高的控制权，带领红十字会进行"广泛的救济活动"，却并未考虑当时能组织的人员和资金能力。同时，由于她和红十字会的精力被过多分散到救济活动当中，忽略了当时美国慈善事业专业化、组织化的趋势。另外，不仅巴顿本人缺乏正规培训，在会计、行动记录和组织计划上都存在不足，组织也缺少与健康和慈善相关的专业人士和社会精英进行有效联系。社会普遍认为"红十字会的管理存在问题"。

三、巴顿辞职

1900年7月，红十字会根据国会法案进行了重组，同时《宪章》规定红十字会每年都要制定财务报表，但没有规定对其账户进行官方的审计。为了消除公众的质疑和更好地规范红十字会的财务制度,1904年理查·欧尼在红十字年会上受委托成立了一个专门委员会来调查红十字会的财务问题。调查委员会由参议员瑞德菲尔德·普洛克(Redfield Proctor)、众议员威廉·奥尔登·史密斯(William Alden Smith)和陆军副官长福雷德·C.安斯沃斯将军(Fred C. Ainsworth)组成,调查委员会聘请了专门的财务部专家来审计红十字会的账本。除了以上的财务问题外,调查委员会还发现除了俄国饥荒救援活动外其他的几次救援活动也缺少财务记录,俄国饥荒救援活动财务账单也只记录了红十字会收到了4.5万元美元的捐款、支出不超过1.5万美元。调查委员会随后查出了俄国饥荒的部分救济资金被存在了美国西部银行,同时其中的一部分被用在了购买一处农场上,这一农场被称为"红十字公园",而在红十字会的官方声明中居然宣称"红十字公园"是社会私人捐赠给红十字会的。1890年的约翰斯顿溃坝事故后,红十字会领导人以个人名义在华盛顿购置了3万美元的土地,购买土地的部分款项是从红十字会约翰斯顿救灾基金中挪用的。红十字会亚美尼亚救济委员会执行主席斯宾塞·查斯克,在参议员普洛克领导的调查委员会成立之前就提出辞职申请,因为他对红十字会的组织非常不满,嫌弃它严重缺乏商业管理意识。

迫于财务问题风波的压力,1904年红十字会主席巴顿辞去了其职务。[①] 此时调查委员会也只举行了三次会议。1905年秋旧红十字会组织解散,根据由1905年1月5日罗斯福总统签订的国会修订法案成立了新的美国红十字会组织。新的《宪章》规定所有账户由美国政府战争部负责审计,同时每年财务报告都要提交国会审查。此举标志了美国红十字会第一次真正成了一个国家性组织,可以更好地受到民众的监督,从而获得民众的信任。

美国红十字会改革其财务机制、解决民众信任危机为它进一步发展奠定了基础,这次财务机制的改革是仔细研究了红十字国际委员会并结合美国国内实际进行创新的结晶,使红十字会获得了发展壮大的健康动力。从1881年红十字会建立以来,直到1905年红十字会按照国会法案进行了重组,这段时间里不论红十字会员的招募还是红十字会组织自身发展都不是十分顺利。但是1905年红十字会改组以后,化解了美国民众对红十字会的信任危机,使其可以更加高效地在更宽广的领域开展救援工作。这很大程度上要归功于美国人民,因为红十字会是从美国人民那里获得了慷慨无私的支持。

---

① Julia F. Irwin. *Making the World Safe: The American Red Cross and a Nation's Humanitarian Awakening*. New York: Oxford University Press, 2013, p.28.

第二章　博德曼时期
——第一次改革（1905—1916）

19世纪90年代到1917年第一次世界大战美国参战前，美国正掀起一场由资产阶级知识分子和少数政客为首进行的资产阶级政治、经济和社会的民主改革运动——进步运动。随着步入工业时代，美国的经济结构发生了根本性转变。经济结构快速变化，出现了企业兼并高潮，垄断组织走到了社会舞台前沿。美国人惊恐地看到垄断公司不仅垄断了银行、铁路、钢铁、石油等主要金融、工业部门，而且快速垄断了糖业、肉类加工、烟草、罐头、公共设施等许多普通工业部门，财富迅速汇集到少数垄断者之手。他们凭借垄断公司雄厚的实力，调动种种力量，不仅垄断市场，还收买政客，操纵立法，影响政治，由此造成了非常严重的社会问题。一群由记者、作家组成的“丑闻揭发者”，把“托拉斯”（垄断组织的高级形式之一）造成的各种社会问题暴露于光天化日之下，震惊了上下层，从而敦促官方与民间组织进一步调查这些社会问题。“美国人普遍认为国家需要一场政治经济的改革”①，盼望政府对“托拉斯”采取某些措施。进步运动因势在城市、州、联邦三级展开，许多改革措施纷纷出台。

红十字会因巴顿的平民主义组织理念和财务管理制度混乱暴露出了许多问题，当时进步运动改革者认为进步主义旨在进步，不断发展和进步才是国之根本，这种认识感染了红十字会的改革派，他们认为红十字会的改革势在必行。由于红十字会内部出现的问题与高度垄断暴露的问题发生在同一时期，虽然巴顿后期被指责的专权、财务制度混乱、管理混乱，与经济垄断造成的社会问题有所不同，但造成的社会影响有相同之处，特别是红十字会自成立以来出现了最大的信任危机，与垄断组织造成的社会危机有相同之处，对红十字会发展和经济发展都有所阻碍。因此，红十字会的改革同步汇入了进步运动改革的浪潮之中。

---

① Richard Hofstadter. *The Age of Reform*. New York：Knopf，1968，p.132.

红十字会执行委员会调查发现,因巴顿财务问题引发的信任危机越来越明显,问题越查越多。尤其在1900年得克萨斯州加尔维斯顿飓风灾难后的四年里,巴顿遭到的质疑已无法撇清。加尔维斯顿发生飓风灾难后,巴顿一如既往地仅专注于救援急需物资的筹备,却很少关注捐赠和支出资金的详细报表,也很少在购买救援物资前与红十字会财务主管进行财务报备和账目核对。这些做法已经与1900年颁布的《红十字会宪章》规定的相关条款严重不符。红十字会执行委员会要求巴顿交出她的账目明细及报销清单,巴顿不得不交出供执行委员会仔细审核。经审核,执行委员会发现巴顿在支付红十字会员工工资方面十分随意和草率,还发现巴顿的一位亲信挪用了捐款。随着问题的暴露,红十字会分裂成了两个派别。一个由忠实于巴顿的巴顿侄子斯蒂芬·E.巴顿为首,力争让巴顿成为“红十字会终身主席”;另一个由野心勃勃的华盛顿社交名媛梅布尔·T.博德曼(Mabel T. Boardman)为首,利用各种手段逼迫巴顿退休。经过四年的明争暗斗,双方在红十字会执行委员会的会议上、新闻报纸上,甚至在国会中,展开了激烈争论,最终以博德曼为首的一派取胜,红十字会开启了博德曼新时代。

博德曼负责红十字会的具体工作后,促成了红十字会组织的改组,并对1900年通过的《宪章》进行修改。在组织领导和机构改组方面,先后有几位美国总统担任了红十字会的主席,领导层人数也有大幅增加。这次改革,使红十字会融入全国进步运动改革浪潮之中。从1905年到1917年美国加入第一次世界大战,红十字会的地位逐渐提高,并开始在国民生活中确立自己的地位。1916年,它的成员增加到近30万,而普通行政基金的收入超过40万美元,捐款库存从1905年的1.5万美元增加到1916年超过300万美元[①],这与巴顿时期几乎不存在的财政资源形成了鲜明的对比。这一时期的红十字会与巴顿领导时期的相比,无论在社会影响力、资金筹措量、组织严密性以及与联邦政府和商界领袖的关系等方面都胜过一筹,但与巴顿信奉的女权主义、独立、平民主义却已渐行渐远了。

---

① Marian M. Jones. *The American Red Cross, from Clara Barton to the New Deal*. Baltimore: The Johns Hopkins University Press, 2013, p.137.

第一节　组织性质变化：从民间到准官方

一、博德曼与巴顿之别

博德曼是与巴顿截然不同的一位女性。博德曼对巴顿的敌意可以从她们不同的生活背景(包括家庭背景、阶级背景、生活环境)、文化观念、工作作风等方面找到原因。

首先，生活背景不同。巴顿出生在农民家庭，拥有战前新英格兰中产阶级极端节俭和坚韧的性格。她喜欢吃面包、奶酪和苹果，穿着朴素。她从教师、专利书记员、内战失踪人士辩护人、公共演讲家等职业生涯中积累的一小笔储蓄和投资中获得了微薄的收入。除此之外，她还收到过表彰她工作成就的礼物。相比之下，博德曼从小就过着安逸奢华的生活。她出生在一个富裕家庭里，从小和仆人一起长大，在克利夫兰和纽约上私立学校，在欧洲为自己定做衣服，靠继承的财富在欧洲生活了很长时间。博德曼的曾祖父以利亚·博德曼(Elijah Boardman)曾是康涅狄格州参议员，也是俄亥俄州最大的地主。她的外祖父是铁路和运河业的巨头约瑟夫·谢菲尔德(Joseph Sheffield)，曾捐赠给耶鲁大学谢菲尔德科学学院(Yale′s Sheffield Scientific School)大笔资金，给自己的孩子留下了大约10万美元。她的父亲是克利夫兰是一名富有的律师和商人，在1889年把家搬到了华盛顿的一幢豪华的大厦里，并把他的三个女儿介绍给了“上流社会”。博德曼经常穿着优雅飘逸的连衣裙、佩戴着珍珠项链、戴着装饰华丽的羽饰帽子，在茶会、招待会和外交晚会上周旋。博德曼个人的魅力在于她的身材和气质，在她四五十岁时，穿着依旧非常讲究，“喜欢时髦的礼服”，在首都华盛顿的社交圈有无可置疑的位置。据说她和玛丽女王很像，连1939年温莎公爵见到她时，都惊呼：“太像妈妈了！”在这种豪华的上流生活圈中，她从未遇到过像巴顿一样拼命工作，而消费水平极低的女人。

其次，文化观念不同。特别在性别文化观念上，博德曼和巴顿是截然不同的。博德曼年轻时拒绝过两名男性追求者，成年后一直保持单身。但她在政治上坚决反对妇女参政，坚持维多利亚时代女性的传统观念。作为一个优秀的未婚女，她一直与父母同住，直到他们去世。平时一直热衷于参加圣公会教堂礼拜。巴顿则相反，她蔑视传统的中产阶级白人对女性束缚的礼仪观念，她到离家几百英里外的专利局工作，很少上教堂，在内战期间曾与一个已婚男人陷入爱情纠葛。虽然她在衣着和外表上都很女性化,但在战场上体现了男性的性格,她领导的红十字会团队有些时候表现得像与男性平等的社会群体,她指挥着红十字会在国际会议上与其他国家红十字会的男性领导人交往。她一直自豪自己"能够追求男人的道路"。

到了晚年,巴顿对维多利亚时代的性别角色和社会习俗表现出了更少的关注。当她在自己家里和办公室时,对其男性副手哈贝尔和普尔曼毫不在意,甚至把她隔壁的房间分给副手,其他的客人和朋友,无论男女,沿走廊分住房间。当博德曼1900年帮助巴顿撰写红十字会年报时,对巴顿这种公开的男女混合生活非常震惊。即使在巴顿1912年去世以后,博德曼仍津津乐道地揭露巴顿所谓的"道德败坏",并收集有关其男女混合居住安排的匿名八卦。事实上,没有证据表明巴顿在红十字会任职期间与她的男性副手或其他任何人有过亲密关系。

第三,工作作风不同。博德曼是一位能干的组织者和推动者,与巴顿事事亲力亲为的工作作风不同,她很少亲自参与灾难或战争救济工作,而是留在华盛顿总部,谋划筹集救援资金和资源,扩大红十字会的声望和影响。她认为,要做到这一点,最好的办法是唤起全国富有阶层和有社会地位的人的关注与支持。由于她的社交圈属于上流社会,所以当红十字会发起捐款号召时,捐款者名单中有一些金融界、商界的重要人物,如J.P. 摩根、E.H. 哈里曼夫人、拉塞尔·塞奇夫人、克利夫兰·H. 道奇和阿瑟·柯蒂斯·詹姆斯等杰出而富有的人士都带头捐款。

博德曼游刃有余地穿梭在华盛顿政要之间,总能接触到联邦政府和社会中的重要人物。连塔夫脱总统都充分肯定她的工作能力,称赞在她负责红十字会后,红十字会发展取得的功绩应该归功于博德曼"孜孜不倦广交朋友,具有高尚的女性品格,以及对富有和善良的信心,深得男人的喜爱"①。

博德曼与巴顿差异明显,她对巴顿的偏见、成见很深。正是她在巴顿的反对派成员中,积极带头呼吁国会调查红十字会的财务,造成巴顿最终被迫辞职,还有其他红十字会老会员被停职。②

---

① Foster Rhea Dulles. *American Red Cross: A History*. New York: Harper & Brothers Publishers, 1950, p.84.

② Marian M. Jones. *The American Red Cross, from Clara Barton to the New Deal*. Baltimore : The Johns Hopkins University Press , 2013, p.108.

二、新《宪章》重组机构

巴顿的辞职，给了博德曼一个改组红十字会的机会。她一方面敦促对巴顿的老班子继续进一步调查，另一方面筹划重组红十字会。在重组计划中，博德曼派系的人在红十字会理事会获得了多数席位，他们敦促追随巴顿的原理事会成员接受改组计划，而巴顿的追随者以辞职表示抗议。在1904年的一次会议上，新掌权的博德曼派推选范雷朋（Van Reypen）海军上将为红十字会临时主席，巴顿的支持者提出红十字会推举临时主席的同时，应该通过一项决议，即承认巴顿为本组织服务的一生，不能贬低巴顿为红十字会所作的贡献。但这个提议遭到博德曼派的反对。

博德曼派开始推动修改《红十字会宪章》、重组领导层。首先，他们发现欧洲国家早已开始审视诸如红十字这样的人道主义理念和组织的发展，在欧洲国家和日本的红十字会报告中，有不少有利于美国红十字会重组的依据。欧洲和日本的红十字会机构都与他们的国家政府有一定的工作关系，而且在许多国家，红十字会领导人是由君主或高级政府官员任命的。这些报告还详细说明了他们的广泛活动和巨额资金来源，例如，日本红十字会拥有近420万美元的储备基金，俄国红十字会拥有的资金超过640万美元。①美国红十字会的资金“远低于外国红十字会”，让美国部分社会精英认识到“自己落后于欧洲了，需要‘急起直追’”②。

其次，利用“追赶欧洲”的焦虑心态影响参议院委员会。在博德曼的活动下，参议院委员会提出了对1900年通过的《红十字会宪章》进行修正的提案，目的是使美国红十字会向其他国家的红十字会靠拢。1905年1月5日罗斯福签署红十字会的新《宪章》，确立了红十字会的管理机制，旨在确保没有人能像巴顿在1900年以前那样对红十字会拥有绝对的权力。新《宪章》规定了红十字会的领导层由两个理事机构组成：中央委员会和执行委员会。中央委员会由18人组成，其委员任期1～3年；执行委员会由7人组成，从中央委员会成员中挑选任命，具体负责管理本组织的日常事务。根据新《宪章》，美国总统首先有权任命6名中央委员会成员，其中包括红十字会的主席和高层官员，他们来自国务院、陆军部、海军部、财政部和司法部。随着州一级地方分会的建立，总统还有权任命另外6名中央委员会成员，最后6名

① Marian M. Jones. *The American Red Cross, from Clara Barton to the New Deal*. Baltimore：The Johns Hopkins University Press，2013，p.113.

② 资中筠：《20世纪的美国》，商务印书馆2018年版，第61页。

由各州地方知名人士推荐,组织考察任命。18人组成的中央委员会是一个由保守派和新派成员组成的团体,多数是参议员、众议员、商界精英、杰出公民代表。

中央委员会建立了一种类似内阁的组织制度,其主席是红十字会的实际执行官。中央委员会除设置普通的官员外,还设有综合管理官员和国内事务主管。普通官员负责办公和商业领域,同时在中央委员会主席缺席的时候担任执行官。综合管理官员在国家救济局的监督下直接控制所有的灾害救济工作。国内事务主管控制并指挥红十字大区分会的工作,大区分会有亚特兰大区、中央区、山地区、太平洋区,大区分会的4个国内事务助理在国内主管的指导下展开工作。

中央委员会下设三个重要的分局,其领导人都为红十字中央委员会的成员。这三个局分别是战争救济局、国家救济局和国际救济局,每个局都有其特定责任。三个分局在其各自领域制定政策,同时其资金的使用必须报中央委员会或执行委员会批准,中央委员会保留拨款的权利。[1]战争救济局的领导一般由美国政府陆海军卫生局的局长担任。因为在历次红十字会的国外救援活动中,海军对红十字会工作都给予了大力支持,所以国际救济局的领导大都由美国国务院和海军官员担任。

新《宪章》颁布后,新的国家红十字会(红十字会总部)组织机构形成,总部需要全国范围内的地方分会的支持配合。巴顿时期的地方分会大多随巴顿下台而名存实亡,新的地方分会需要恢复和重新建立。博德曼利用她的社交人脉,打电话给各州州长、国会议员和其他知名人士,要求他们协助建立州一级的分会及分支机构。红十字分会的建立完全是为了在每个州都有一个负责任的红十字会组织,平时保持与总部的联系,在紧急情况下,总部有一张全国网络,可以接受救援捐款和处理救援工作。在各州分会之下,再鼓励建立市级和县级的分支机构。博德曼经过四年的努力,使三大分局下设立了许多小组委员会,包括医疗处、急救处、护理服务处、城市和乡村护理处等。红十字各州分会的具体机构一般由3～10名当地的杰出人士组成,并在各州设立长期性的地方紧急融资委员会,各州的红十字分会领导人担任委员会主席。在各州分会的具体机构下也成立了众多红十字会分支机构,其职责包括响应华盛顿总部或各州州政府的号召筹集资金和物资,同时要预防地方性的灾难。在新《宪章》颁布后不久,30个州建立了80多个红十字

---

① Mabel T. Boardman. *Under the Red Cross Flag at Home and Abroad*. Philadelphia: J. B. Lippincott, 1915, pp.100—101.

分会支部并开始展开工作，重要的分会集中在纽约、缅因州、马萨诸塞州、康涅狄格州和加利福尼亚州，其他还扩展到哥伦比亚特区、哈瓦乌、波多黎各、巴拿马运河区和菲律宾群岛。红十字会的人数由原来的3337人增加到9262人。[①]

为了发挥分会的作用，博德曼任命欧内斯特·比克内尔（Ernest Bicknell）为红十字会总部的主任委员，负责红十字分会的工作。比克内尔是一名经验丰富的社会工作者，他能干、忠诚、热情，在红十字会工作了25年，他在红十字会1909—1917年之间的改革中起了非常重要的作用。

三、准官方性质确立

虽然新《宪章》保留了原《宪章》中关于红十字会的原则、任务，即在战时协助国家军队救助伤员，和平时期作为国家辅助机构进行自然灾害救灾活动和预防疾病传染，促进人类的幸福和提高人类的福利等。但是，新《宪章》下的红十字会无论在领导层结构方面，还是在财政经费筹措方面，都已经改变了它原来的组织性质。

（一）组织与运营性质发生了变化

在1905年新《宪章》颁布后，当时的陆军部部长、下一届总统威廉·霍华德·塔夫脱（William Howard Taft）召集了第一次会议，红十字会的准政府性质确立。在上任总统西奥多·罗斯福任命的12名官员中，除了博德曼之外，都是现任或退休的政府官员。塔夫脱被选为红十字会主席，财政部助理部长查尔斯·H. 基普（Charles H. Keep）为财务主管，查尔斯·L. 马吉（Charles L. Magee）为全职秘书，负责红十字会的行政工作。博德曼是会议上唯一的女性，她成为中央委员会中没有报酬、无正式职位的委员。虽然她本可以重返桥牌游戏和教堂工作，但在红十字会的领导角色为她提供了更多参与社会和政治活动的机会。红十字会的工作让博德曼不用通过与名流联姻就可以扩大她的社交圈。通过她的工作，她很快与当时的陆军部部长、红十字会主席塔夫脱建立了比较亲密的私人友谊，这种友谊进一步提高了博德曼的政治地位和社会地位，使她成为塔夫脱在白宫期间最亲密的私人顾问之一。这种关系还把博德曼和红十字会与商界和金融界精英联系在了一起，这些精英对保守的塔夫脱的支持，比对激进的西奥多·罗斯福的支持更为热切。最重要的是，这种私人友谊使红十字会与联邦政府的行政部门之间的关系

---

① Foster Rhea Dulles. *American Red Cross: A History*. New York: Harper & Brothers Publishers, 1950, p.85.

比新《宪章》所规定的关系更为密切。1906年旧金山地震后,新的红十字会与商界精英和联邦政府之间的这种密切联系变得更加明显起来。

新《宪章》规定红十字会置于陆军部的严密监督之下。1900年的《宪章》要求红十字会每年向国会提交一份详细的年度报告,而时隔五年的新《宪章》,要求红十字会每年1月1日向陆军部部长提交年度报告和一份“任何种类收支的分项报告和完整报告”。

(二)象征准政府机构的大楼建成

美国皇家骑士团的军官詹姆斯·A. 斯格姆塞(James A. Scrymser)向国会提议,在华盛顿一个适当的地点建立“南北战争忠诚女人”的纪念大楼,供红十字会总部永久使用。博德曼自信她能从国会获得拨款建造大楼。后来,红十字会被获准在华盛顿市街区建设总部大楼,这栋大楼是美国政府的财产,但由红十字会总部永久使用。博德曼为建总部大楼向富商朋友们募捐,得到了拉塞尔·塞奇夫人15万美元、E. H. 哈里曼夫人5万美元和洛克菲勒基金会10万美元的捐款。[①]红十字会总部大楼由威尔逊总统于1915年3月27日奠基,两年后的1917年2月13日,红十字会总部正式搬进了该大楼。它是为纪念“战地天使”巴顿而建,但由于博德曼为首的众人反对,最终被宣布“任何个人的纪念碑、碑文或任何性质的纪念碑”将不被放置在新大楼中。

红十字会总部大楼是一座雄伟而美丽的丰碑,至今仍被称为“大理石宫殿”。它的两侧是宪法厅(Constitution Hall)和科可兰艺术画廊(Corcoran Art Gallery),向东可眺望白宫的庭院,它为首都的建筑景观增添了光彩。更重要的是总部大楼象征着红十字会获得了新的尊严和地位,是红十字会组织性质变化最明显的标志。

(三)平民主义破灭

新《宪章》下红十字会的组织和运营已偏离了巴顿的平民主义理想。巴顿认为红十字会是美国人民的一个机构,有时与联邦和州政府合作,有时寻求他们的帮助,但能够独立发挥作用。1892年,当国会讨论是否为俄国饥荒救济提供适当的资金或船只时,巴顿写信给一位亲密伙伴,“这是人民的事情,让人民来做……让我们红十字会来做这件事,而不是国会”[②]。巴顿时期

---

① Patrick F. Gilbo. *The American Red Cross: The First Century*. New York: Harper & Row, 1981, p.52.

② Marian M. Jones. *The American Red Cross, from Clara Barton to the New Deal*. Baltimore : The Johns Hopkins University Press , 2013, p.114.

的红十字会是独立于联邦政府之外的，这使该组织在进行人道主义救援时保持了一定程度的政治中立。

改组后的红十字会被红十字国际委员会认为是对其最初使命的曲解，与陆军部建立新的官方关系是半军事性质的，而巴顿时代的红十字会完全是民间性质的，是建立在最初瑞士红十字会相同原则基础上的。事实上，虽然在两次世界大战期间，与陆军部的关系确实促进了红十字会与军方的顺利合作，但在和平时期的重大救灾工作中，并没有导致红十字会的军事化。1905年新《宪章》所引发的变革，以及博德曼分裂红十字会的活动导致了领导层的变动，使红十字会的组织性质发生了质的变化，从原来的民间组织变成了一个政府的准官方机构。

第二节　运作模式变化：接受管理主义

刚刚改组后的美国红十字会，还没来得及理顺各种工作关系，就迎来了1906年旧金山大地震的挑战。突发的大地震，暴露了红十字会组织结构与管理上的缺陷，由于巴顿及她的手下被改组出局，红十字会管理层几乎没有任何有灾难救援经验的人。新一届领导立即行动起来，选派有慈善工作经验的社会工作者组织救灾活动，并在震后救灾过程中，对红十字会组织的运作模式进行了改革。首先，在管理方式上采用管理主义。其次，在筹款方式上与富有精英结盟，向富有精英募捐。通过改革，博德曼时期的红十字会，不仅募捐数额相对巴顿时期大幅增加，救援资金管理也更加科学、透明，救援成效更大。

一、1906年旧金山大地震

1906年4月18日发生在旧金山的大地震，是美国有史以来罕见的毁灭性自然灾害。年轻的美国红十字会立即行动起来，以保护人的生命和健康为宗旨，展开了积极的救援活动。在救援活动中，红十字会经受了考验，积累了救灾经验，创立了协助政府应急救灾的典范，扩大了红十字会的影响。

（一）大地震的严重后果

美国的旧金山是加利福尼亚州的一个海湾城市。20世纪初，旧金山市的历史虽然不长，但它已成为美国经济、贸易和文化的重要城市，对内、对外贸易仅次于纽约。它还是美国通往东方的大门。

1906年4月18日凌晨5时13分(旧金山当地时间),位于美国西海岸加利福尼亚州中部的旧金山市晨曦初露,整个城市还在沉睡。突然,地底深处传来一阵深沉的轰隆声,地面开始剧烈颤抖,一场突如其来的里氏8.3级的大地震袭击了整个旧金山市。美国新闻记者约翰·巴雷特(John Barrett)记下了当时的感受:"只觉得双脚在慢慢往下陷。紧接着,大地开始剧烈摇晃,人们摔倒在地。人们试着从地上爬起来,但总是摔倒……我发现不远处的高楼等建筑也在剧烈地震颤。顿时,耳边传来巨大的轰隆声,只见一幢幢大楼像醉汉似的直往下坠。房屋倒塌之处乱成一片,破碎的玻璃门窗哗哗直响,碎石堆积如山。不远处,一个身着工装、手提饭盒的建筑工人走在上班的路上,一根巨梁倒在他的身上,当场将他压得血肉模糊。周围发生的一切仿佛持续了1个小时,但事实上不到2分钟。我刚从地上爬起,大地又开始晃动,不过这一次的强度不如第一次猛烈,我抓住旁边的东西,勉强站了起来。"根据约翰·巴雷特身临其境的描述,地震恐怖地摧毁着城市的一切:建筑物疯狂地摇晃随即倒塌,倒塌的墙体堆积在街道上,扬起的尘埃令人窒息;街道就像波浪一样起伏扭曲,人行道被撕裂,电车轨道被掀起变弯;马匹在恐怖的黑暗中狂奔,人群在绝望地呼救……这场大地震仅仅持续了75秒钟,但震后的旧金山已是一片瓦砾,"地震释放出的能量相当于第二次世界大战所使用的全部炸药的总和"。更为可怕的是地震引发了一场熊熊大火,整整烧了三天三夜,破坏性远远超过了地震本身,"以至于人们在回顾这场灾难时,更多的人称之为'旧金山大火'"[①]。

地震带来的灾难是巨大的,造成的后果是严重的。首先,数以千计的人口瞬间殒命。根据美国地质勘探局的估计,1906年旧金山大地震和随后的火灾中,死亡的人数为3000人。[②]由于地震发生在清晨,大多数人还在家中熟睡,天崩地裂的地震埋葬了毫无准备的人们。震后裸露的电源冒着火花燃着了倒塌房屋的木头,地下释放的气体与明火或翻倒的火炉渣接触助长了火势,一些惊慌失措的幸存者刚刚脱离了被坍塌的建筑物压死或埋葬的危险,却无法逃脱被大火吞噬的灭顶之灾。市区到处可见妻离子散、家破人亡的情景,"40万人口中有25万无家可归"[③]。

其次,几亿财产化为灰烬。美国学者德波尔(Jelle Zeilinga de Boer)和

---

① Sydney Tyler, Palph Stockman Tarr. *San Francisco's Great Disaster*. P.W.Ziegler Co., 1906, p.50.

② http://quake.wr.usgs.gov/info/1906/casualties.html.

③ 〔美〕安德鲁·布希:《大灾难后的金融变局》,李莉译,中信出版社2008年版,第6页。

桑德斯(Donald Theodore Sanders)分析1906年旧金山大地震的代价时说："之前曾经有过一些震级较大的地震，有几起造成的死亡人数可能更多，但几乎没有一次地震带来这样严重的后果。在受影响的整个地区，财产损失无法估量。在旧金山市内一个面积超过4.7平方英里的区域内，有2.8万座建筑物被摧毁，包括了整个商务区和超过一半的城市住宅区。"[①] 建筑物像积木一样倒塌，商业区里的大部分房屋被地震摧毁，旧金山海湾沿岸那些建在沙质土地上的木屋在地震中全部变成废墟。18日下午，市中心的商业街区已经陷入一片火海之中。"著名的皇家大旅馆，这个海湾城市的象征，抵抗住了地震，却被大火烧成了灰烬。"[②] "星期四黎明时分，巴巴里海岸火光冲天，周围被映照得通红。在海上160公里远的地方都可以看见旧金山上空浓烟滚滚，尘土飞扬。"[③] 根据美国地质勘探局估计，1906年因地震和火灾造成的财产损失达4亿美元(约合现在的50亿美元)之多。[④]

再次，城市生活瘫痪、经济秩序混乱。不仅城市居民生活用水困难，连救火的消防车和消防水龙头也难以找到水源，"因为地下供水管道和蓄水池管道在地震中遭到了破坏"[⑤]，最后只得动用海军军舰上的消防设施救火。电力设施的毁坏和灾后大火的燃烧，使得有些地方夜晚更加漆黑，有些地方被大火烧得炙热通亮。商业街区的坍塌，使商店已经无法正常营业，造成生活日用必需品奇缺。昔日繁忙的港口，已不见往来的贸易船只，"主要的经济和贸易地区几乎被百分之百地损坏"[⑥]。

"这场地震及随之而来的大火，对旧金山造成了严重的破坏，可以说是美国历史上主要城市所遭受的最严重的自然灾害之一。"由地震引发的自然火灾本来经过消防队员的奋力扑救，很快得到了控制，但人为的纵火却扩大了灾情。当时美国的保险法规定，因地震损坏的房屋财产，保险公司是不予理赔的，而受到火灾破坏的房屋，却在理赔的范围内。"所以有些屋主就放火烧毁自己已被地震破坏的房子以便获得保险公司的赔偿。"政府当局为了制

---

① Jelle Zeilinga de Boer, Donald Theodore Sanders. *Earthquakes in Human History: The Far Reaching Effects of Seismic Disruptions*. Princeton: Princeton University Press, 2005, p. 90.

② 陈浓颜:《百年之痛，大地震摧毁旧金山》,《世界视野》2006年第8期。

③⑤ 宋俭、王红:《大劫难:300年来世界重大自然灾害纪实》，武汉大学出版社2004年版，第23页。

④ http://quake.wr.usgs.gov/info/1906/casualties.html.

⑥ 宋俭、王红:《大劫难:300年来世界重大自然灾害纪实》，武汉大学出版社2004年版，第25页。

止这种行为,调动了军队,凡发现纵火者就地枪决,这才控制了灾情。

(二)震后救援

旧金山大地震发生时,红十字会刚刚成立25年。年轻的红十字会虽然从1881年成立以来,已经参加了1881年密歇根森林火灾、1889年宾夕法尼亚州南部城市约翰斯顿特大洪灾、1900年得克萨斯州东南部港市加尔维斯敦飓风潮汐波袭击等多次自然灾害的救援活动,但是面临历史上罕见的灾难性大地震,还是第一次。

红十字会的救援工作能力面临了很大的挑战,但灾后救援活动还是有条不紊地展开了。首先,积极募捐钱物,招募志愿者奔赴震区,参与救援活动。震后第二天,红十字会就募集到了一批钱物,包括钱款和捐赠的食品、药品、帐篷、棉被等,都在紧急救援阶段分发给了灾民,对维持灾民的基本生活发挥了重要作用。红十字会也紧急招募了志愿者,组织了100位志愿者奔赴旧金山,“与旧金山市政府的救援小组合作,成立了旧金山救援和红十字基金会,专门管理和分配向公众募集到的850多万美元”[①]。“许多捐助者具体说明了他们把钱用于何处的意愿。”[②]红十字会与当地政府组织的合作救援非常成功,除了根据捐助者的意愿外,他们还根据不同地区受灾情况的轻重以及灾民需求状况的不同,把旧金山分成数个小区,根据不同地段的需求提供不同的帮助,争取合理有效地利用每一美元的捐款,合理有序地发放救灾款物,使灾民得到及时有效的帮助。

其次,独立开展具体的救援工作,为灾民提供医疗服务、帮助灾民安排食宿、重建家园。“旧金山地方红十字会拥有护士委员会,在地震和大火后,许多护士成为志愿者。”[③]“这些志愿者积极投入到了灾后救援中”[④],减轻了伤病者的痛苦。旧金山灾后最大的问题就是饮食问题,很多灾民处于饥饿中,更别提能吃到热的食物。红十字会急灾民之所需,在旧金山全城范围内分设多处临时厨房,灾民们可以用食品代用券或者仅10美分就可吃到一份热气腾腾的饭菜;红十字会用木材搭建了许多简易的房子,代替最初由军方提供的临时帐篷和小棚子,为无家可归的灾民提供了安身之处;红十字会给那些准备重建自己家园的灾民提供500美元的奖励,鼓励灾民在被毁的家

---

① http://www.redcross.org/museum/history/sanfranquake.html.

② Charles J.O'Connor, Francis H.Mclean, et al.. *San Francisco Relief Survey*. New York: Survey Associates, Inc., 1913, p.102.

③④ Lavinia L. Dock, Sarah E. Pickett, et al.. *History of American Red Cross Nursing*. New York: Macmillan, 1922, p.129.

园基地上，重振旗鼓[①]；在商业区为工匠提供工具修建店铺，为商人提供进货渠道，帮助恢复商业经济；把剩余的可利用资金以多种形式发放给那些有需要的灾民，如重建社区可以获得500美元的贷款等[②]，这些资金使有些灾民可以不依靠救济，重新开始独立的新生活。

红十字会积极参与救援活动，不仅减轻了受灾者的痛苦，也减轻了政府救灾的压力，帮助灾民树立了重建家园的信心，增加了灾民重建家园的力量。

（三）扩大了红十字会的影响

虽然红十字国际委员会成立之初是为了战地医疗救援服务，但是美国成立红十字会以后，在“1900年和1905年国会两次向该会颁发证书，指出该会的服务目的是援救士兵、退伍军人及其家属和各种自然灾害的灾民”[③]，也就是说，美国国会特许红十字会不仅在战时，而且在和平时期也协助民众减轻和摆脱因灾难产生的痛苦。因此，自然灾害的救援是和平时期红十字会的一项主要工作。

虽然美国红十字会自成立以来参与了历次的救灾活动，但毕竟它是一个非政府组织，在民众中的影响还十分有限。当红十字会的救援队伍不辞辛劳到达旧金山，准备协助政府参与救援时，受到了当地民众的阻止。“尽管当时旧金山也很需要紧急救助，但是人们并不欢迎红十字会组织的到来。”[④]原因很简单：普通民众对红十字会并不了解，也不想去了解。当灾难来临之时，民众不欢迎红十字会，甚至有抵触的情绪。“他们认为救援工作应该由旧金山自己来解决，红十字会组织的援助对旧金山是个极大的侮辱。”[⑤]这与美国的个人主义、自由主义民族特性有关。在这种情况下，美国红十字会忍辱负重迎难而上，没有因此而放弃救援工作。他们坚持宣传人道、博爱、奉献的国际红十字精神，一切以救援为先，坚持用最无私的实际行动，彰显伟大的人道主义救援精神。在工作中，对募集来的钱物账目公开，公平、公正地分发救灾物资，最终赢得了当地政府和民众的信任。正是美国红十字会在此次救援活动中表现出来的博爱和无私奉献，扩大了红十字会在美国政府和公众心中的影响，证明了红十字会是个可以信赖的组织，使得政府和民众对红十字会有了更加深入的认识，树立了红十字会的良好形象。“美国的很多报纸对红十字会的灾后救援给予了很高的评价，认为该组织在灾后救

---

①②④⑤ http://www.redcross.org/museum/history/sanfranquake.html.

③ 杨生茂、张友伦：《美国历史百科辞典》，上海辞书出版社2004年版，第308页。

援中起到了关键的作用。”[①]罗斯福总统也曾经赞扬：“红十字会是唯一一个被国会批准和授权的国家重要紧急救援组织，是能够承担此次救援任务的首选组织。”[②]红十字国际委员会对美国红十字会在旧金山大地震中的救援工作也给予了高度评价，红十字国际委员会成员国纷纷赞扬美国红十字会的贡献。

另外，红十字会在旧金山大地震的救援中积累了丰富的地震救灾经验。第一，应该在志愿救援队伍达到灾区之前，募集尽可能多的资金和救灾物资。第二，需要尽快建起食堂，为灾民提供三餐，以免灾民饿死扩大灾情。第三，尽快搭建简易木房，安置无家可归者，以免灾民受冻。第四，协助地方政府抢修电力设施和恢复水源供应，避免生活混乱。第五，防止震后火灾、瘟疫、鼠疫等疫病侵袭，减少损失。第六，必须根据不同区域的灾情，分区合理使用捐款。这些经验都是非常宝贵的，在以后的救灾活动中被普遍采用。

然而，红十字会在这次救援活动中也存在着某些不足之处。比如，医疗救援经验不足，缺乏医生和护士，一般志愿者没有医疗经验与实践，需要招募更多的志愿医生和护士。再如，没有为灾民提供心理健康咨询服务。遭遇灾难的人所看见和经历的事情可能会让他们的心理难以承受，“灾难带给人类的心理危机轻则直接影响个人家庭生活和社会不安定”[③]，重则危及人的生命，所以心理健康援助至关重要。可当时的美国红十字会人手少、规模还不大，连普通医疗医生志愿者都缺乏，更谈不上心理医生了。直到“20世纪中期开始，美国国家心理卫生署（FEMA）着手制定灾难受害者服务方案，资助有关重大灾难的社会心理反应研究”[④]。从此，红十字会拥有了经过专门培训、具有灾难心理指导经验的人员。

美国红十字会之所以在旧金山大地震的救援活动中，发挥了积极的作用，产生了很好的影响，与运作管理上的改革是分不开的。

二、比克内尔的管理主义

1906年美国红十字会新一届领导班子形成之际，正是美国“科学管理之父”泰勒的科学管理思想——“泰勒制”形成之时。“泰勒制”的核心就是谋求最高劳动生产率。达到最高工作效率的重要手段是用科学化、标准化的管理方法代替经验管理。红十字会的工作效率也需要引入科学化、标准化的

---

①② http://www.redcross.org/museum/history/sanfranquake.html.

③④ 赵炜、程云松等：《灾难医学继续教育项目专栏Ⅴ：美国联邦灾难心理卫生服务系统》，《中国重病急救医学》2005年第9期。

管理方式。红十字会的新领导层是由政府官员和杰出的商人、企业家组成，他们对接受科学管理思想、采纳管理主义最积极，他们认为红十字会的管理不能再沿袭巴顿时期的无序、随意，尤其在财务管理和工作效率方面，需要贯彻管理主义。

红十字会的新一届中央委员会成员，大多是登记式中央委员，在大家的授权下，实际主持红十字会日常工作的是博德曼。红十字会内部工作运营的管理主义改革，主要是博德曼任命的救灾委员会主任欧内斯特·比克内尔主导的，他主要从组织机构、财务、救灾物资发放方式上进行管理主义改革。在随后实际进行的美国国内灾情救援，如1906年的旧金山大地震、1918年的大流感中，红十字会的管理主义经受了考验，取得了提高援助效率的效果。

比克内尔1888年起就担任芝加哥慈善组织协会的秘书长，到1906年旧金山爆发大地震时，他已有18年领导慈善活动的经验。旧金山大地震发生后，他被芝加哥商业协会和州政府指派，负责监督慈善机构为旧金山灾情募集的65万美元私人捐款的分配工作。初期，比克内尔还没有加入红十字会工作，但在奔赴旧金山救灾途中，他遇到了代表红十字会前往震灾现场的纽约慈善组织协会秘书长爱德华·T.迪瓦恩(Edward T. Devine)，比克内尔深知迪瓦恩是位有经验的福利工作人员，十分愿意走近红十字会，协助其工作。

随着旧金山救灾工作的推进，红十字会中央委员会越来越觉得需要聘用一位专职的救灾委员会主任来负责每一次的救灾工作。因为实际主持红十字会日常工作的中央委员博德曼，只是在总部办公室指挥，从来不像巴顿一样亲临救灾现场。为了红十字会的救灾效率，设置一名能亲临救灾现场的救灾委员会主任非常必要，显然比克内尔是十分合适的人选。为了吸引比克内尔正式加入红十字会并担此重任，博德曼说服罗素·塞奇基金会(Russell Sage Foundation)为比克内尔提供5年的薪水，同时，博德曼委任比克内尔作为1907年伦敦国际红十字大会的美国代表。从此，比克内尔开始担任红十字会救灾委员会的第一位带薪主任，对红十字会展开了管理主义的改革。

(一) 整合慈善组织资源，扩大红十字会的救灾力量

美国的慈善理念由来已久，民间慈善组织比红十字会成立更早。但是，红十字会有别于一般意义上的慈善组织。当旧金山大地震发生后，西奥多·罗斯福总统亲自发布公告，宣布红十字会是开展此次救援工作的最佳机构，

政府将大量救援任务托付给红十字会。比克内尔利用了红十字会的特殊地位,立即加强与其他救灾组织的联系。当时救灾活动有三支力量:一是以银行家、商业地产大亨詹姆斯·D. 费兰(James D. Phelan)为首的当地商界和政界领导人组织的50人救灾委员会以及各种慈善组织;二是以迪瓦恩为首的红十字会和旧金山地方红十字分会;三是以阿道弗斯·格里利(Adolphus Greeley)将军为首的军队救援队伍。比克内尔绑紧了这"三驾马车",使红十字会工作既有独立性,又不再像巴顿时期那样显得过分孤立。

由于比克内尔长期工作在慈善活动的第一线,在担任红十字会救灾委员会主任后,便将红十字会与其他慈善组织结合起来开展救灾活动。在他当选红十字会救灾委员会主任后的第一年,全美就有15个慈善组织接受了红十字会的"机构会员资格"。这些会员承诺,在紧急情况下,每个会员机构将会把其训练有素的工作人员调给红十字会,这些机构在红十字会年会可以有投票的权利。这些机构在一定程度上等于是红十字会的分会,它们与红十字会的结合,无疑使红十字会瞬间壮大。而红十字会平时无须雇用或招募大批长期稳定的工作人员。组织资源整合,使红十字会工作安排更灵活、更有效。从比克内尔开始,红十字会与慈善机构合作持续了几十年。

(二)设立红十字会救灾款专项账户,建立财务审查制

巴顿时期,红十字会募集的救灾款都存入巴顿的个人账户,以致巴顿受到公私账目不分、专款专用管理不当的指责,甚至有人怀疑她有贪污行为。旧金山地震发生后,罗斯福总统写信给博德曼,建议红十字会聘请"专业审计员"。比克内尔上任后,像企业经理和银行家一样,为募集来的资金在银行设立一个专项有息账户,账户资金的进出都进入精密的会计系统,以便随时掌控捐款的进出信息。另外,还对红十字会募集的救灾款项来源与使用去向建立审查制,通过审查总结经验教训,不断改进方法和政策。他组织数十名会计师每天对募集和购买救灾物资的资金做详细的分析报告,为了排除专制专权,建立制衡机制,所有支出都需要16个签名才能付款。他特别邀请了罗素·塞奇基金会一类的组织对红十字会的活动进行审计,这种审核制是社会理论家安东尼·吉登斯(Anthony Giddens)所认定的具有现代机构制度的重要特征。

利用财务审查制有效评价救灾的效率,这一改革是博德曼时期与巴顿时期的最大不同。巴顿在后期工作中,虽然已经从管理不善的错误中不断吸取了教训,但她没有建立任何组织机制来审查和改进红十字会的财务制度。比克内尔建立了财务审核制,使红十字会的财务管理更科学、更有效、

更透明。直到第一次世界大战爆发美国参战，社会上再没有对红十字会捐款账目不清的质疑。相反，红十字会主席、陆军部部长塔夫脱在一封与1906年红十字会年度报告一起印刷的信中热情洋溢地表示，红十字会的收入和支出"已经过审计并没有发现任何问题"，国会中没有人质疑他担任红十字会主席期间的审计工作存在任何利益问题。

（三）强化有限慈善原则，体现"泰勒制"的效率

比克内尔的有限慈善原则，是建立在"泰勒制"基础上的。有限慈善原则，要求审核慈善申请人资格，反对代理人自行分发救济物资，杜绝无原则同情分发救灾物资。有限慈善的含义是不救济"懒汉"，而救济失去工作能力的人，其目的是减少"懒散、混乱、恶习"，帮助被救助人重新自立。长期从事慈善工作的比克内尔，把维多利亚时代晚期的道德主义与新进步主义理想融合在一起的慈善原则植入红十字会，认为巴顿的救灾活动过于情绪化。

在有限慈善的原则下，红十字会分发救济物资由原来每天一次减至每周三次，领取救济的人必须是除了这份公共救济外无任何其他方式获得食物的人。红十字会设立登记处，要求所有申请者登记以领取食品卡，凭卡领取食品或物资。申请者按身体状况、年龄、劳动能力、过去的职业、需要救济多久等分别登记。这种询问和登记的做法，导致申请救援物资的人数急剧减少，"仅在第一周，申请食物配给的人数就比前一周减少了6万人"①。

事实上，有限慈善救济，达到了将救灾物资援助给最需要帮助的人，同时避免有能力照顾自己的人却依赖慈善陷入"道德沦丧"危险的目的。灾后重建需要大批劳动力，这种严格的救济措施推动了男性就业人数的增加。大地震后，旧金山大约7万人逃离了这座城市，许多雇主们担心劳动力短缺。救灾委员会提议将救济限制在妇女和儿童的范围内，这样男性就会被迫去寻找工作，而在清理城市和为重建做准备的过程中，这种工作有很多。有工作能力的男女可以从事"公益劳动"获取救援食品和物资。例如开个小餐馆，到医院照顾年老体衰者、慢性病人、需要长期护理的人等。红十字会根据申请人登记的资料信息，决定向每个家庭提供何种援助。通过这些方法，可以消除使穷人灰心丧气和陷入贫困的危险，使捐款真正捐给最需要的人。当然，这种有限慈善原则缺少了巴顿领导的红十字会特有的那种关怀备至的短期紧急援助的色彩。

比克内尔的管理主义改革，使红十字会开始发展成为一个现代化的机

---

① Marian M. Jones. *The American Red Cross, from Clara Barton to the New Deal*. Baltimore : The Johns Hopkins University Press , 2013, p.124.

构,无论在以后的自然灾害救援还是国际战争战场救援方面,都大大提高了效率和影响力。

三、与富有精英结盟

博德曼主持红十字会日常工作期间,用她丰富的人脉资源,把红十字会发展成全国性的机构。旧金山大地震救援活动后,红十字中央委员会越来越觉得需要筹集一笔捐赠基金,平时存放在红十字会的账户中,一旦发生灾情,红十字会工作人员就可以立即采取行动,不必像巴顿时期那样只能等收到捐款后才能展开救援活动。而且如果红十字会平时的账户上有一笔可观的捐款,无疑将提高红十字会在慈善家中的地位和信誉。

最初计划的募捐目标是200万美元,博德曼为募捐奔赴全国各地作募捐游说演说,开展募捐活动。然而,博德曼认为红十字会的捐款来源必须依赖富有阶层,红十字会的活动资金只有与富有精英结盟才能达到筹集目标。

博德曼从少数富有的捐赠者那里筹集大笔资金的做法,反映了美国自20世纪前后开始的慈善事业有了更大的发展。经过“镀金时代”,美国工业资本家在工业发展中经历了史无前例的财富积累,他们及其继承人(有的继承人是工业巨头的遗孀),决定将他们的部分资金用于改善社会问题。这种可视为理性的冲动催生了基金会的创立。基金会是一种新型的法律实体,它能为特定类型的社会改善分配资金。虽然当时也有一些美国评论家嘲讽美国快速发展的慈善事业是洛克菲勒、安德鲁·卡内基等工业大亨为沽名钓誉所作的努力,因为他们因剥削工人和残酷镇压工人罢工获得财富而声誉受损,需要挽回声誉。但红十字会非常欣赏大富豪的慈善举动,热切地争取他们的捐赠。就是依靠这些富豪精英的大笔捐赠,红十字会在筹款模式上已经与巴顿的平民主义理想有了很大差距,与富有的精英们结成了紧密的联盟。

博德曼时期红十字会获得的捐款主要有来自以下工商业界巨头:摩根(J. P. Morgan),华尔街大亨拉塞尔·塞奇(Russell Sage)的遗孀拉塞尔·塞奇夫人,铁路巨头E. H. 哈里曼(E. H. Harriman)的遗孀哈里曼夫人,金融家雅各布·H. 希夫(Jacob H. Schiff),矿业巨头克利夫兰·道奇(Cleveland Dodge),铁路实业家亚瑟·柯蒂斯·詹姆斯(Arthur Curtiss James),石油商和烟草“托拉斯”建立者奥利弗·H. 佩恩(Oliver H. Payne),还有威廉·惠特尼铁路、银行和煤炭财富的三位继承人哈里·佩恩·惠特尼(Harry Payne Whitney)、佩恩·惠特尼(Payne Whitney)和多萝西·惠特尼(Dorothy Whitney),矿业富贵后裔迈耶·古根海姆(Meyer Guggenheim),博德曼的父亲也在富豪捐赠者的行列。其中,塞奇夫人的塞奇基金会一直为红十字会提供捐款,哈里曼夫人不仅捐款,而且在旧金山大地震救援中一直与比克内尔和迪瓦恩共事,摩根大通的合伙人亨利·戴维森(Henry Davison)牵头募集了巨额捐款。仅靠这些富豪们的慷慨解囊,博德曼就已经募集到目标捐款200万美元中的140万美元。[①]

第三节 活动范围扩大:推动社会保险

红十字会从富有精英那里筹集了巨额捐款,开始关注富豪们密切关注的问题。20世纪初期,美国进步运动如火如荼。由于大"托拉斯"快速形成,大垄断企业中工人的工作环境和条件没有得到改善,尤其是危险程度高、劳动强度大的铁路和矿业工人的生产安全备受社会关注。红十字会的活动范围很明确:战争时期救助军队伤员,和平时期救助因自然灾害受灾的民众。但是,在进步运动时期,社会问题凸显,劳资问题突出,贫富差距加大。社会精英都意识到,资产阶级如果要维持稳定的统治,需要及时革除时弊,缓解当时紧张的劳资关系。由于美国红十字会有维护公平、公正的使命,它开始涉足保障铁路工人、矿业工人的生命安全,保障遇难矿工及其家属的养老保险补偿等领域。

一、伤残工人急救项目

急救项目最初关注的是工人的安全问题,反映出当时公众对工业、铁路和煤矿事故给社会财产、人身安全造成的巨大损失已经高度重视。美国劳工统计局(Bureau of Labor Statistics)从1908年开始,每年发布工伤事故统计报告,报告显示,每年大约每50名工人中就有1人致残,每1000名工人中就有1人死于工伤事故。有研究者将这一比例与军队的伤亡率进行比较,他们指出,一年中工人在工矿企业事故中丧生或致残的,比整个美国内战中死于战场的人数还要多。进步运动时期揭发丑闻的记者,揭露了煤矿爆炸事件,特别是在1907年12月的西弗吉尼亚州莫农加(Monongah)煤矿爆炸中,有362名矿工死亡。所以红十字会和慈善组织领导人、社会改革家等都呼吁改革,降低体力劳动者的生存风险、缩短危重工人的工作时间、制定安全规定等。

---

① Marian M. Jones. *The American Red Cross, from Clara Barton to the New Deal.* Baltimore : The Johns Hopkins University Press , 2013, p.141.

在这种背景下,红十字会的伤残工人急救项目应运而生。巴顿从红十字会辞职以后,于1908年开始启动急救班和救护队训练。博德曼认为巴顿的急救项目在法律上属于红十字会的工作范围,因为巴顿在担任红十字会主席期间就开始了这项工作。为了把红十字会的急救工作扩大到工伤救援,博德曼组织红十字会成立全国急救委员会,急救委员会的主要任务有两个:首先,为危险职业工人编写急救指导手册,宣传急救知识与方法,尽可能避免工伤事故,以及事故发生后如何自救与互救;其次,募集资金,向伤残工人及家属援助物资与资金,帮助他们渡过难关重新自立。

红十字急救委员会一成立,就编写铁路和矿业工人的急救手册,将手册同时翻译成多种语言,包括葡萄牙语、汉语、波兰语、斯洛伐克语、立陶宛语和意大利语等,以便有文化的移民工人能够阅读。红十字会把编写的急救手册向全国铁路工人和矿业工人发放,指导他们进行职业急救。这一活动对象后来扩大到电话和电报工人、伐木工人、工厂工人和警察。红十字会向公众提供急救培训,向矿山、铁路、工厂、学校等提供急救用品。另外,红十字会还组织妇女开展红十字会护理服务,从1909年到1916年,参与急救护理项目的全职工作人员从2名增加到10名,急救范围每年覆盖铁路沿线方圆2.5万英里。

除了编写教材式的急救小册子,红十字会从1911年开始,联合矿务局派巡回车向矿工进行安全教育,专门聘请物理学教师宣传采矿爆破注意事项。还专门招募了医生M. J. 希尔兹(M.J.Shields)博士,在宾夕法尼亚州的矿业公司向矿工讲授如何预防受伤。急救委员会从普尔曼铁路公司募集了一辆免费的火车,进行“为矿工提供急救设备和安全设备的巡回展览”,美国矿务局的代表陪同希尔兹参观各个矿区,让他讲解如何正确使用炸药和进行受伤后的急救。

结合宣传,红十字会还与矿业公司合作,在矿工中组织了急救比赛。比赛通常在公园或运动场举行,来自不同煤矿公司的队伍竞相展示他们预防受伤和包扎伤口的方法。红十字会工作人员担任评委,扣分点为“绷带松脱”“止血失败”和“无菌失败”等,对表现出“工作缓慢”和“团队不协作”的队伍扣分。组织急救比赛除了强化预防和减轻可能的伤害外,还向散漫成性的矿工灌输纪律和团队精神。虽然“泰勒制”的科学管理模式加强了工厂工人的纪律,但在偏远的矿山却依然存在管理松懈的问题,矿工的独立性、散漫性较强。红十字会组织急救竞赛,自己当评判官,请公众、媒体、神职人员和煤矿官员观看,让工人接受纪律教育,受到管理层的支持。

红十字会设立的伤残工人急救项目得到了工业资本家的资金支持,最热心的参与者是哈里曼夫人。E.H.哈里曼是联合太平洋铁路巨头,1909年去世,留给他夫人的巨额遗产大约有7000万到1亿美元。当她收到红十字会为伤残工人捐款的请求后,决定捐赠5万美元。除了捐款,她还表示对红十字会急救委员会的工作很感兴趣,红十字会就任命她为铁路工人救援组的组长。1915年,她又捐赠了3300美元,用于支付急救医生的工资。[①]

哈里曼夫人想用她的慈善事业来纪念她已故的丈夫,表明她的丈夫是重视铁路安全的,但同时也认为工人的粗心大意是造成铁路事故的主要原因。当时,铁路建设达到最高潮阶段,铁路建设与采矿工作都是危险职业,虽然铁路死亡率到1900年已开始下降,但在1900年到1905年间,仍平均每400名铁路工人中就有1人在工作中丧生,近二十分之一的工人在工作中受伤。[②]铁路工人每天工作10到12个小时,经常在恶劣的天气条件下工作。但采矿工人的死亡率,特别是烟煤开采的死亡率却在急剧上升。1907年,煤矿工人的死亡率达到顶峰,在18起矿难中有3242名矿工丧生。[③]

红十字会开展了多年的铁路与采矿工人的急救项目,效果明显。到1913年,博德曼声称,雇主需要根据新颁布的《工人伤残补偿法》补偿的"事故和死亡救济金被削减了50%"[④]。所以,到1913年底,"全国几乎所有的煤矿"都实行了伤残工人急救项目。

红十字会把急救项目视为一种保护工人的形式。在进步时代,"保护"的概念一般与保护森林和其他自然资源有关,以确保这些资源能留到后代使用。但是,博德曼时期的红十字会把保护概念扩展到了工业世界。博德曼在1910年的演讲中说:"红十字会急救部门的工作,包括对工薪阶层家庭和国家劳动生产者的保护,产生了深远影响,保护工人在事故灾难中死亡的情况下……获得救济基金,以便不幸的寡妇能继续抚养孩子……保护家庭。"[⑤] 这种保护体现了红十字会秉持的公平原则,所有人的生命都具有平等价值,劳动是一种宝贵的资本资源,就如同森林和矿山一样,劳动者也需要保护,这样才能实现效率、生产力和利润的最大化。

这种对保护主义的解释是与支持红十字会的捐赠群体——工业资本家

---

① Maury Klein. *The Life and Legend of E. H. Harriman* . Chapel Hill: University of North Carolina Press, 2000, p.6.

② "How First Aid Work is Forging Ahead". *Red Cross Magazine*, Oct. 1915, p.362.

③ Patrick F. Gilbo. *The American Red Cross: The First Century*. New York: Harper & Row, 1981, p.42.

④⑤ Marian M. Jones. *The American Red Cross, from Clara Barton to the New Deal*. Baltimore : The Johns Hopkins University Press , 2013, p.146.

和他们的继承人有关,同时也吸引了社会进步主义、保护主义的倡导者。博德曼把她的演讲重印本寄给了她那些富豪朋友们,也寄给了最杰出的环保主义者。慈善家路易丝·范德比尔特(Louise Vanderbilt)给了她最热情的回复,不仅用印有薰衣草字母(路易斯·范德比尔特的昵称是“Lavender”,即薰衣草)的信纸签名,写上热情洋溢的信,还常常随信寄上慷慨的支票。

红十字会从事的伤残工人急救项目,更延伸到国家层面资助寡妇和抚养儿童方面。在红十字会与社会各界的共同推动下,1909年1月25日,西奥多·罗斯福总统召开第一次白宫会议,会议主要讨论伤残家庭抚养儿童应采取的措施,以及建立相应机构与福利政策保障寡妇和儿童福利。事实上,这是1935年《社会保障法》颁布前最早推出的对妇女和儿童的福利保障。

二、抚恤养老基金项目

在1907年西弗吉尼亚州莫农加矿难救援中,比克内尔作为急救委员会主任到达现场。面对362名死亡矿工的惨状及其家属的困境,比克内尔提议超出红十字会历来的工作范畴,建立工人抚恤养老基金项目,利用募集资金建立基金,为遇难矿工遗孀和孩子长期发放其所需的生活费。该基金每月支付每位丧夫之妇两次,与该死亡矿工的原工资同一天发放。这需要设计一个复杂的公式,根据每个死难矿工家属的年龄和子女的数目及年龄,计算出每个家庭得到的数额不同的抚恤养老基金。当孩子年满14岁,达到法定最低工作年龄时,终止发放这笔基金。比克内尔把该计划称为“樱桃计划”(The Cherry Plan)。该计划还规定:如果那些丧夫之妇再婚,抚恤养老金就终止发放;如果这些妇女搬家,只要还在美国,可以继续享有,但如果她们搬到国外,只能一次性得到一小笔资助。为了监管抚恤养老基金的发放,比克内尔提议成立一个“樱桃计划救济委员会”,抚恤养老基金只能满足矿难家属现在的生活需要,而不是补偿他们所受的损失。

“樱桃计划”明显扩大了红十字会工作范围,是红十字会推行长期救助政策方面的一大突破。红十字会原来的战场救援和自然灾害救援都不属于长期救援,而是即时救援,即当战争爆发、自然灾害暴发时红十字会进行的救援。但“樱桃计划”是一个长期救援项目,比克内尔提出的概念是“满足长期需要,而不是短期补偿损失”。要实现这一目标,必须对“樱桃计划”进行道德监督和资金监督。为了能持续领取死亡丈夫的养老金,寡妇们必须“过着体面的生活”,“把自己的家打扫得干净卫生,使之适合抚养健康、正常和守法的孩子”。比克内尔认为,领取这笔养老金的寡妇们,大多数是移民群体,她们“都是无知的农民,大多从欧洲东南部和南部移民到美国,在开发进程中在矿山和磨坊做一些工作”。为了防止“慈善者的捐款会因为她们不明智的支出、不合理的投资、铺张浪费等而糟蹋”,也为了保护这些女性免受伤害,比克内尔建议不要一次性发放援助养老金。

当比克内尔把“樱桃计划”提交给他所在的芝加哥慈善业其他领导人时,他们“对这个计划非常满意”,答应为此计划筹集3.5万美元。他还得到了联合慈善机构、伊利诺伊州政府和行业组织煤炭运营商协会(Coal Operators Association)的热情支持,这些机构都同意派遣一名代表参加“樱桃计划救济委员会”。比克内尔也邀请了矿工工会加入这个委员会,以确保在矿工中筹集到的救济资金纳入该抚恤养老基金项目中。

“樱桃计划”的反对者是遇难家属,她们坚持这笔抚恤基金应该一次性付给她们。在芝加哥一个公共大厅里,100名遇难家属组织了一场抗议会议,《芝加哥论坛报》(*Chicago Tribune*)报道说,红十字会的一名工作人员参加了会议,并“试图安抚这些妇女”,但“她们坚持自己的观点”,她们不信任救济委员会,她们对比克内尔的规定感到失望,尤其反对救济基金以代金券的形式发放,她们更喜欢发放现金。

但是比克内尔坚持原先制定的规定,在随后15年里,该救济委员会定期向依然留在美国的矿难家属和一些遇难的单身矿工的年迈母亲支付抚恤救助基金,并向再婚或返回母国的矿难家属一次性支付救援基金。红十字会派人定期随访这些家庭,监督基金的使用情况。

“樱桃计划”实施后,红十字会以它为模板,长期救济了许多在矿难和工厂事故中死亡工人的遇难家属。红十字会的记录表明,在1908年至1929年间,它对39次矿难作出了“樱桃计划”式的援助。①

尽管在博德曼时期,红十字会与商界精英和政府领导人建立了紧密的联系,从某种程度上,他们代表的是大资产阶级和特权阶层、工厂主和矿主的利益,但具体的救援工作又是维护底层工人的利益,无论是为了应对矿难还是急救,红十字会的项目通常会促进其盟友的政治和经济目标,使红十字会的人道主义扩展到了以前没有涉及的领域,烙上了时代的烙印。

红十字会在美国国内救助活动的拓展,提高了它在美国人心目中的位置。红十字的标志已经成为人道主义救援的象征,无论它出现在哪里,都能立即获得认可。当灾难发生时,灾民往往没有其他地方可去求助时就会求助红十字会,红十字会的服务越来越受到人们的赞赏。

---

① Patrick F. Gilbo. *The American Red Cross: The First Century*. New York: Harper & Row, 1981, p.38.

三、国际救援项目

1905年至1917年期间,美国红十字会为履行其《宪章》规定的有关国际救济义务,参与了大约50项独立的对外救援行动,对外援助资金花费约500万美元。红十字会向海外自然灾难受害者提供的援助资金,几乎与对本国救灾提供的援助资金相等。[①] 美国红十字会的对外救援活动是在下设国际救济委员会的监督之下进行的,它与红十字国际委员会合作,并根据《日内瓦公约》的规定只关心人道主义救援,而不考虑美国自身的国家利益。但是,当时红十字会的主席就是美国的总统,红十字会的账户也要接受陆军部的审计。政府官员在中央委员会和执行委员会中任职,国会的一名代表领导着下设的国际救济委员会,负责实际工作的博德曼又与美国政府的联系非常紧密,所以美国红十字会实际上成为美国政府外交政策的半官方工具。

这种半官方的角色经常会使红十字会面临一个进退两难的局面,即履行国际人道主义与执行国家政策之间可能发生冲突,往往这种冲突并不容易解决。此外红十字会要募得救援基金有较大的困难,因为对外援助一般情况下要向全国募捐,这有时候会让美国人觉得自己的利益受损。虽然红十字会活动所表达的理想超越了国籍、种族、宗教和任何政治,但当这种理想与本国的外交政策相冲突时,红十字会实现理想会打折扣。

1905年改组后的红十字会,正面临国内旧金山大地震救援的考验,对外国发生的灾难,有时候派不出救援人员直达救灾现场,只能对外提供资金或运送救援物资,只有在1914年第一次世界大战爆发后,红十字会人员才直接奔赴海外战场,对战场军队伤员展开救援。红十字会的国际救援分为民事救援和战场救援两种。

(一)国际民事援助

在1905—1917年,世界上许多国家和地区因发生自然灾害或有战争难民,需要美国红十字会救援。如日本饥荒、中国洪灾、中国鼠疫、意大利墨西拿大地震、哥斯达黎加地震、土耳其伊斯坦布尔大火、加拿大纽芬兰大风暴、萨摩亚飓风、塞尔维亚洪水、的黎波里霍乱以及墨西哥内战等。美国红十字会对上述灾难均有资金或物资救援。

1. 对日本饥荒的救援

1905年,日本粮食作物严重歉收,产量只有正常年景的五分之一。美国

---

① Foster Rhea Dulles. *The American Red Cross: A History*. New York: Harper & Brothers Publishers, 1950, p.120.

红十字会的报告描绘了一幅令人同情的画面：成千上万的日本人靠灌木根和树皮为生。当日本向红十字国际委员会发出救援请求时，美国红十字会立即采取了行动。1905年博德曼访问日本，对日本人民表达了极大的同情，也对组织良好的日本红十字会产生了钦佩之情。因此，她向美国各州红十字会分支机构发出了募集资金的要求，募集捐款共计24.5万美元，总统罗斯福特别指定美国红十字会为国际救灾机构，所有捐款将送往日本红十字会。

2.对中国洪灾和饥荒的救助

20世纪初期，中国屡发洪水和饥荒，美国红十字会对中国的赈灾援助款接近32.6万美元。美国红十字会除了资金援助，还使用美国船只运送面粉和其他食品到中国。美国的实际救援计划包括廉价出售面粉、免费向赤贫人口分配粮食以及分发种子。救援物资由外国领事、外国著名商人和中国士绅代表组成的中华救灾委员会负责，美国驻上海总领事担任美国红十字会代表执行监督。

20世纪初期，中国的江浙、河南、安徽等大片地区经常被洪水淹没，河水不断漫过堤坝。1911年有人向美国红十字会国际救济委员会提议，美国应该采取一些根本措施来防止反复发生的洪灾，而不是简单地等到灾难发生后才去救援。甚至有人建议美国红十字会派一位河流保护专家研究控制方法，向中国政府提出建议。

美国政府很快批准了淮河水利工程，1914年威廉上校率领水利工程调查组前往中国，中国政府欣然接受。美国红十字会承担了这项工作的最初费用，向中国政府预付了5万美元，开展对淮河流域洪灾情况的调查。调查估计，淮河水利工程至少需要六年时间才能完工，费用将超过3000万美元，但导淮工程最终创造的价值一定会高于这个数。中国政府希望美国红十字会利用它的影响力说服美国银行家贷出所需资金。由于第一次世界大战爆发，中美这方面的谈判突然中断。

支持中国淮河治理，是美国红十字会参与的最不寻常的项目之一。美国红十字会从新《宪章》的条款中找到了参与这项工程的理由，因为《宪章》条款有授权美国红十字会应不仅参与本国和国际救济的活动，以减轻由重大灾难造成的痛苦，而且应该“设计和执行防止同种灾难发生的措施”。美国红十字会以前还从来没有意识到，无论是在国内还是国外，开展这样一项雄心勃勃的工程也属于他们的职责范围。

20世纪20年代初期，淮河地区再次发生洪灾，中国向美国红十字会提出恢复工程救援，美国红十字会认为情况已经发生了变化，美国红十字会目前的活动范围或政策不包括参与水利工程项目。

3. 对意大利港口城市墨西拿大地震后的救援

1908年意大利墨西拿的地震比1906年旧金山的地震破坏性更大。大约有50个城镇和村庄被夷为平地,拥有10万人口的墨西拿几乎被完全摧毁,且地震之后又发生了海啸,墨西拿雪上加霜,50多万人家园被毁,数百座建筑物、教堂和其他古迹被毁。更令人震惊的是死亡人数超过7.5万人。

意大利人似乎被这场巨大的灾难摧垮了,欧洲国家的红十字会和美国红十字会纷纷伸出援手。由于意大利政府和意大利红十字会自己没有设立中央救济机构或总登记机构,震后的救济活动比较混乱。美国红十字会电汇了10万美元,还装备了一艘名为“拜仁”(Bayern)的救援船,向西西里港口运送食品和医疗用品,又把32万美元捐款转交给意大利红十字会。另外,美国国会拨款15万美元,在墨西拿地区修建了3000间简易房、2所学校和1座教堂,又拨款25万美元为墨西拿的孤儿建立了1个农业养殖基地。

这些简易房是在美国准备材料,包括散装木材、屋顶材料、窗框、玻璃、锁、铰链和钉子,然后运往意大利。这是大规模建造低成本住宅最早的实践。这些材料运到意大利,由意大利工人搭建。其搭建简单快捷,满足了墨西拿民众灾后栖身的需要。十年后,当美国红十字会救灾委员会主任比克内尔访问墨西拿时,发现当年的简易房依然完好无损。美国红十字会的救援活动对减轻震后灾民的直接痛苦作出了显著的贡献。

(二) 国际战场救援

1914年第一次世界大战爆发,大战主战场在远离美国的欧洲,战初美国政府决定保持中立。但美国红十字会立即行动起来,博德曼结束了在加拿大的假期,赶回红十字会总部,组织联络英国、德国、奥匈帝国、俄国、比利时、塞尔维亚和荷兰等国的红十字会,并于8月5日向欧洲战争救济基金发出军队伤员救援呼吁。博德曼建议美国红十字会立即包租一艘船,把医生、护士和医院用品运送到每一个参战的国家。

美国红十字会在募捐时宣布:红十字会的救援船,悬挂红十字旗,受《日内瓦公约》和《海牙条约》保护,可以进入任何参战国的港口履行其慈善义务。红十字会向美国全体人民发出最诚挚的呼吁……为开展国际救援捐钱捐物。捐款用途去向可以由捐赠人指定……也可用于指定国家。[①]美国红十字会始终坚持以其座右铭“中立、人道”为代表的精神,向所有人提供援助。

---

① Foster Rhea Dulles. *The American Red Cross: A History*. New York: Harper & Brothers Publishers, 1950, p.131.

国会很快通过了一项法案,授权红十字会成立的战争特别委员会,租用一艘悬挂红十字会旗帜的船只,把医护人员和医院用品运送到各国战场。不到一个月的时间,被各大报纸称为慈善之船的"仁慈号"起航,满载170名外科医生和护士,还有大量的医疗设备、药品,前往欧洲。

博德曼充满情感地描绘了"仁慈号"的起航:1914年9月12日,那艘悬挂红十字旗帜的白色大船在阳光照射下闪闪发光,飘扬的红十字旗向全世界宣告着它的使命。过往船只上的人群高声欢呼,停泊在码头上的各国船只上的人都行注目礼。当该船经过纽约港口自由女神雕像边时,"仁慈号"如同"自由号"般高高升起了前桅上飘扬的红十字旗,表示美国对受苦受难的欧洲人的同情。

美国红十字会奔赴欧洲进行国际救援被美国媒体普遍誉为"一项崇高的事业"。《纽约太阳报》(*New York Sun*)宣称,它代表了"美国人的无私和无党派愿望,他们希望由战争造成的痛苦降到尽可能最小的程度";《环球报》则断言,"我们应该坚持向欧洲派遣红十字会船只"[①]。《达拉斯新闻》呼吁所有美国人作出贡献,保证赴欧救援成功。

同时,也有一些反面的批评。如《纽约晚报》的一篇社论尖刻地评论说,美国红十字会的"仁慈号"是"为了做一个美国红十字会的大广告",并已经浪费了5万多美元。其他批评人士则断言,美国红十字会的外科医生和护士如乘坐普通轮船横渡大西洋,要比乘坐这艘包租船费用成本要少,尽管提供包船的汉堡—美国航运公司(Hamburg-American Line)表示不收取任何费用。还有人怀疑,欧洲国家是否真的需要美国红十字会的援助。

事实上,9月12日的起航事件,除了少数吹毛求疵的批评人士外,绝大多数人认为这是一种划时代的姿态。美国红十字会中央委员会自信地认为,它以令人难忘的方式表达了美国对饱受战争蹂躏的欧洲人民的同情。美国为欧洲提供的红十字医护队伍最终达到16个,其中送往英国的医护设备被分配到南德文郡一所比较正规的乡村医院;送往俄国的医护设备虽经历了漫长的延误,但最终被安装在基辅理工学院(Polytechnic Institute);送往法国的医护设备被安装在赌场改装的医院里;送往德国和奥匈帝国的医护设备都安放在医院;到达塞尔维亚的三支医护队比到达西欧的任何一支都面临着更多的困难,他们必须应付恶劣的卫生条件和斑疹伤寒的侵袭。美国外科医生和护士在贝尔格莱德照顾伤员时,炮弹呼啸着飞过他们的医

---

① Foster Rhea Dulles. *The American Red Cross: A History*. New York: Harper & Brothers Publishers, 1950, p.131.

院,源源不断送来的伤兵挤满了医院走廊,医药用品告急。

美国16个医护队医治了上千名伤兵,但国际救援并不像美国红十字会官员所希望的那样令人满意。由于美国在大战开始时坚持中立,人们想远离战事,美国国内捐款者热情下降,资金难以长期维持医护人员的救援活动,而战场环境的恶劣和经常发生的并发症也使医护人员望而却步。因此,到1915年8月,大部分美国外科医生和护士开始撤离。

尽管美国红十字会对欧洲战时伤兵的救援没有坚持到战争结束,但它的行动实实在在减轻了参战国士兵的困境。运往国外的医护物资,作为交战国家医疗服务的补充,比医护人员的贡献更大。因为在医护人员撤离后,医疗设备并没有撤离。在大战第一年,200万卷纱布绷带、100万卷外科手术敷料绷带、100万码纱布以及将近100万磅的吸收性药用棉花被运往欧洲,还有4万磅麻醉剂、手术器械、热水瓶、冰袋、橡胶手套、橡胶片、50万件医院服装、1000万支香烟等被送往欧洲。[①]

美国红十字会的中立救援活动很快就遇到了困难。由于盟军完全控制了海洋,实施封锁同盟国的战略,无限期地扩大了对违禁品的禁运范围。美国红十字会运往德意志和奥匈帝国的货物被阻,理由是这些货物中可能含有可用于军事目的的物资。英国政府为进一步加强封锁,认为敌国中已没有任何中立机构。

随着大战的深入,美国对协约国的同情越来越强烈,美国红十字会很难再通过向交战双方运送物资来保持自己的中立性质。当时,英国担心德国人可能会回收外科手套和其他物品中的橡胶来制造轮胎和其他战争用品,所以极力阻止美国红十字会将这些医疗物品运往德国。但没有这些医疗物资,美国红十字会工作人员是很难在医院有效工作的。[②]对此,美国红十字会感到无能为力,也许只能退出。

美国红十字会最初承诺只向交战国家的战斗人员提供援助,其在战时募集的救援资金不会用于非战斗人员,因为红十字会新《宪章》有相关的规定。但是这种对红十字会责任的狭隘定义很快被改变了,因为数以万计的战时难民完全处于赤贫状态,妇女和儿童在战时重大伤亡、受疾病困扰的难以计数,红十字会中央委员会感到必须改变这种战时不对平民救援的政策。

---

① Foster Rhea Dulles. *The American Red Cross: A History*. New York: Harper & Brothers Publishers, 1950, p.133.

② Patrick F. Gilbo. *American Red Cross, Know Your Government*. Chelsea House Publishers, 1987, p.39.

1915年12月，美国红十字会宣布，在不违反其《宪章》或中立义务的情况下，只要能做到，红十字会愿意为所有战争受难者提供救援合作。

在救济平民方面，美国红十字会的作用是次要的。到1917年，直接或间接参与这类活动的机构不少于130个，红十字会的捐款都是交给其他慈善机构分发。美国红十字会在战时对平民的救济中，最突出的成绩是在洛克菲勒基金会的资助下，向塞尔维亚派遣了一个卫生委员会。战时的塞尔维亚，斑疹伤寒的蔓延已形成全国性灾难，有5万人死亡，塞尔维亚政府完全无法应付这场危机。美国红十字会派遣的卫生委员会在理查德·P.斯特朗（Richard P. Strong）博士的指导下，用数千磅药品、防腐剂和消毒剂，以及挖掘自流井的机器等设备，开展了一项大规模行动：凡接触斑疹伤寒的人都被隔离；检查无数村庄社区，寻找斑疹伤寒病新暴发的证据；对衣服和其他物品进行消毒；净化水井，安装了新的排水系统。这是一个非常彻底的救援项目，花费了18万美元。到1915年9月斯特朗博士离开塞尔维亚时，已有三周没有出现新的斑疹伤寒病例。①

塞尔维亚的斑疹伤寒消失后，美国红十字会成立了塞尔维亚救济公司，任务是在敌人入侵塞尔维亚后，为该国人民带来更多的援助。被解散的卫生委员会成员成为该公司的成员，负责分发食物、衣服和其他用品，这些食品最初是在罗马尼亚购买的，之后从马赛的商店买来。

1914年至1917年美国参战前，美国红十字会为第一次世界大战的欧洲受害者提供了总价值超过200万美元的救济款，救济对象包括武装部队伤员和平民受难者。这一数字与美国参战后筹集的巨款是无法相比的。尽管美国红十字会在美国参战前有所发展，但它仍然是一个规模小、财政薄弱的组织，还没有能力制订一个与世界大战影响相称的国际救济方案。1917年4月美国参战后，红十字会得到真正意义上的快速发展和壮大。

---

① Foster Rhea Dulles. *The American Red Cross: A History*. New York: Harper & Brothers Publishers, 1950, p.136.

第三章　战争委员会时期
——第二次改革（1917—1919）

19世纪后期，西方各国基本都完成了两次工业革命，为了争夺世界市场，欧洲各国奉行殖民主义、帝国主义，它们不再通过移民到征服地定居、繁衍来建立殖民地，而是通过建立军事、政治和经济机构来维护对殖民地的统治，从而掠夺殖民地的工业生产原料和廉价劳动力。当欧洲各国早已成为殖民帝国时，美国直到1898年才通过迅速结束的美西战争，获得了巨大的殖民利益。这场战争改变了美国与世界其他国家的关系，滋长了美国帝国主义的野心，最终与欧洲卷入了瓜分世界的第一次世界大战。

1914年8月第一次世界大战爆发，威尔逊总统虽然参战的情绪不断增长，但认为美国还没有做好参战的准备，所以一开始就宣布保持绝对中立。1915年德国潜水艇在爱尔兰击沉英国客轮“卢西塔尼亚号”，造成了1000多人死亡，其中包括100多名美国乘客。这一事件激起美国国内要求参战的呼声，但是威尔逊拒不参战。1917年2月德国又故伎重施，威尔逊一边要求美国国防部备战，一边又试图通过谈判协商解决争端。

1917年，英国间谍截获并公布了齐默尔曼电报，这是一份由德国外交部部长发出的电文，电文中邀请墨西哥加入德国即将开始的与美战争，并许诺帮助墨西哥夺回在1846—1848年美墨战争中丧失的领土。而此时俄国发生了革命，沙皇政府被推翻，出现两个政权并立的局面，此事件使美国人更有理由认为，如果他们参战将是为“世界的民主”而战。4月2日，威尔逊前往国会，要求国会对德国宣战。他宣称：“世界必须成为一个保证民主且能让人们安全生存的地方。世界和平必须建立在经过考验的政治自由的基础之上。”[①] 4月4日，美国参议院以82票对6票同意对德国宣战；4月6日，众议

① 〔美〕埃里克·方纳：《给我自由！一部美国的历史》，王希译，商务印书馆2010年版，第931页。

院以373票对50票同意对德宣战。[①]

“当美德之间宣战时,美国红十字会的中立就自动结束了。”[②]美国参战后,美国红十字会的工作很难做到真正的中立,应战争动员,红十字会的组织机构发生了重大变化,建立了战争委员会,战时体制迅速形成,红十字会的中立主义被爱国主义取代。随着战争委员会的建立,博德曼的地位被战争委员会取代,红十字会的组织规模迅速扩大,全国各地分会纷纷建立,庞大的、分散的全国性的红十字会网形成,美国国内外的伤员救护活动更加多样化。

第一节 战时领导结构调整

尽管博德曼负责美国红十字会具体工作期间,取得了诸多成就,但美国政府并不认为博德曼有资格和能力在这场战争大危机中继续领导红十字会的具体工作。美国政府决定组建红十字战争委员会,威尔逊总统任命亨利·P. 戴维森(Henry P. Davision)担任战争委员会主席。战争委员会与红十字会中央委员会和执行委员会一起工作,管理红十字会的综合工作,实际上战争委员会成为美国参战期间红十字会的主要领导机构,其职能是管理红十字会存款、核拨资金和决定组织的政策和活动。在戴维森主席的领导下,红十字会完成了必要的扩张来应对这场世界大战。

一、建立战争委员会

从1905年美国红十字会第一次改组到1917年美国参战前,博德曼一直负责红十字会的具体工作。在她执掌红十字会的这12年中,她与政府高层一直保持着密切的关系。但是,当美国政府放弃中立、决定参战后,政府高层却认为博德曼是没有能力让红十字会在应对这场战争危机中发挥更大作用的。为了让博德曼体面下台,塔夫脱以关心博德曼的幸福为由,要她放弃红十字会的领导工作,说红十字会需要找“一个可靠的、知名的人”来担任领导工作。塔夫脱写信给博德曼,向她保证,她可以在新主席的领导下继续推动红十字会工作,并为该组织筹款。塔夫脱表示,如果博德曼不承担领导责

① 〔美〕威廉·A. 德格雷戈里奥:《美国总统全书》,周凯等译,社会科学文献出版社2007年版,第449页。

② Marian M. Jones. *The American Red Cross, from Clara Barton to the New Deal*. Baltimore : The Johns Hopkins University Press , 2013, p. 159.

任,她将能够为红十字会做更多具体的工作。随后,塔夫脱让退休军官阿瑟·默里(Arthur Murray)担任副主席,负责华盛顿总部的日常事务。两周后,他写信给博德曼,要求她放手华盛顿总部的领导工作。尽管博德曼并不情愿辞职,但不得不"感谢"塔夫脱为她"卸下重担",而且她还是很难适应不能在组织中呼风唤雨的地位。

没有领导职务的博德曼,在随后一年里,努力维持自己在红十字会的领导形象,把自己的办公桌搬进默里的办公室,还装模作样给同事们下达命令。1916年末,塔夫脱和红十字会的其他中央委员会成员招募了出身高贵的波士顿企业高管、哈佛大学毕业生艾略特·沃兹沃斯(Eliot Wadsworth)接替默里,担任红十字会副主席。沃兹沃斯反对卸任的博德曼继续对红十字会施加影响,取消了她安放在红十字会主席办公室中的办公桌。博德曼时期结束了。

1917年4月6日美国对德宣战后,美国红十字会就着手对其领导机构进行改组,以更好地适应战时需要。1917年5月10日威尔逊总统任命了由七名成员组成的战争委员会来领导红十字会,并指定戴维森为战争委员会的主席。在谈到任命战争委员会时,威尔逊总统给出了如下解释:"红十字会必须在我国处于高度的战争压力下来践行其崇高的目标,履行其在《日内瓦公约》和联邦政府下的责任。为了完成这一目标,红十字会必须快速发展,加强足够应对国内外各种需求的能力。考虑到红十字会的执行官和执行委员会成员的意见,我决定任命成立战争委员会来应对这场战争,委员会由七名成员组成,其中两人将是现任执行委员会的主席和副主席。战争委员会主要处理由于战争危机而引起的国内外紧急事件。"[①]

战争委员会主要人员包括:亨利·戴维森(摩根大通银行经理)、查尔斯·D.诺顿(美联银行副经理)、格雷森·M.墨菲(摩根担保信托公司副经理)、科尼利厄斯·N.必列斯(必列斯·法贝阳公司经理)、爱德华·N.赫尔利(前联邦贸易委员会执行董事)、威廉·M.塔夫脱(美国前总统)、艾略特·沃兹沃斯(红十字中央委员会副主席)。爱德华·N.赫尔利先生后调任为美国航运局主席,约翰·D.赖安(蒙大拿·巴特蟒蛇铜矿公司经理)接任其职位。[②]

威尔逊总统建立红十字会战争委员会的主要目的,是委托其担负起战时条件下美国国内外广大领域的救济服务工作,把所有的工作都整合到战

① "Committee on Public Information". *The Official Bulletin*, Vol.1, No.2, pp.1—2.

② American National Red Cross. *The Work of the American Red Cross, Report by the War Council of Appropriations and Activities from Outbreak of War to November 1, 1917*. Washington, D. C., 1917, p.8.

争委员会的领导之下。实践证明，这种整合的做法是完全正确的。他随后又号召美国民众踊跃为红十字会捐款，因为大量资金是红十字会运行的根本保障，并希望红十字会成为全世界博爱主义的榜样。

战争委员会的宗旨可以概括为：高效地管理红十字会的事务；协调众多志愿者的工作，使其与其他救护组织更加紧密地配合，避免重复工作；合理划拨数目巨大的战争筹款；保证医疗人员能被运送到世界各地，照顾难民和伤兵；开展战争破坏地区的重建工作。这些是只有卓越的领导人才能领导完成的工作。

战争委员会成立之初，就面临着非常严峻的挑战。美国国内外的救援需求不断增多，需要更多的红十字会会员来完成志愿工作。戴维森主席强调红十字会的扩大计划急需医药、内科、运输、商业、会计等领域的专业型人才，但是通常要吸引这些领域的人才特别是男性工作者都比较困难，于是他动员红十字会工作人员不惜一切代价，吸引各类优秀人才加入组织。在架构红十字会运作系统时，战争委员会没有引入新的商业模式，而是采取和大型公司基本相同的管理方法来管理众多地方分会。

为了完成战时使命，红十字会创立了比较复杂的组织机构，包括理事会、委员会、办公室和分局等机构。同时，在地方上，为了应对战时的大量突发事件，提高组织处理问题的效率，战争委员会采取了对华盛顿总部的分权措施，建立起14大分区总会，包括13个国内的地区总会和1个海外总会。在此基础上，红十字会建立起类似美国联邦制中的中央与地方机构的体系，很大程度上发挥了红十字地方分会的积极性，赋予了地方处理紧急事务的更多自主权。

同时为了高效处理海外的状况，战争委员会还向法国、俄国、意大利、罗马尼亚和塞尔维亚派出了国际救济委员会。派出的国际救济委员会负责研究所在国的情况，并和当地的美军和美国外交官员紧密配合评估受害程度，随后各国际委员会把评估报告电传回战争委员会，由其决定下一步的具体行动。

二、爱国主义新理想

战时，美国红十字会突出了爱国主义，这在世界上并非美国独创。在日本，爱国主义等同于对天皇的忠诚。在其他国家，爱国主义很容易等同于“国家命运”。在第一次世界大战初期，美国红十字会遵循《日内瓦公约》的中立原则，这与美国在战争中的中立立场是一致的。虽然很多美国人同情盟军，尤其是同情英国和法国，但红十字会坚持中立原则，也尽力帮助了战争另一方德国和奥地利的军队伤兵。当美国参加战争后，美国红十字会的中立主义变成了爱国主义，红十字会作为美国军方的准官方辅助机构接受了新的理想:爱国主义和人道主义。1917年,威尔逊总统对美国人民说:“每一个成为红十字会成员的公民,所做的必须是爱国和人道的服务。”[①]一旦把对国家的奉献和对红十字会的奉献合而为一,民众的爱国主义就可以用他们为国家红十字会做了多少工作、捐了多少钱来衡量。美国在1917年参战后,为红十字会捐钱捐物就成了一种爱国主义的行动,对红十字会的战争工作漠不关心几乎等于对国家不忠。

战时,美国红十字会开始大力宣传爱国主义。首先,在红十字会所发布的公告的封面上,醒目地印上乔治·华盛顿、山姆大叔和自由女神像,替换了原来撒玛利亚慈善的标志。其次,在鼓励美国人在红十字会“参加国民服务”的海报宣传活动中,使用了威尔逊总统的图片和他演讲中的语录,并在红十字旗旁边印上了星条旗,意思很明显:加入红十字会等于忠于国家。在1918年红十字会的一幅筹款海报上,士兵们肩并肩站着,手里都拿着红十字旗和美国国旗。还有一幅最经典的海报:一个红十字会的护士在一个受伤的士兵的上方,护士大声呼喊:“如果失败了,他就死了,也许他是你的孩子,所以现在就帮助他!”在这样的宣传攻势下,美国公民的爱国主义热情迅速高涨,所有人都被要求为红十字会尽自己的责任,如果有反对情绪或反对言论,就以《反间谍法》定罪处置。

1917年6月5日颁布的《反间谍法》规定,凡被发现在战时妨碍军事行动的人处以重罚,质疑红十字会为战争救援筹款的,都处以重罚,最高罚款1万美元、监禁20年。有一位美国政府官员纳格勒对红十字会说了几句不讨喜的话,根据《反间谍法》,他被判有罪,在堪萨斯州莱文沃思的监狱服刑30个月。红十字会总部发布的红十字会公报在头版以“诽谤者被定罪”的标题,报道了对纳格勒的审判。

纳格勒事件的意义已经超出了战争和爱国主义的范畴。他获罪是因为批评了红十字会,这个案件反映当时美国政府与红十字会之间的关系发生了巨大的变化。如果此事件发生在美西战争期间,即使当时有《反间谍法》,也不可能这样判决,因为当时美国政府和红十字会之间还没有这么紧密的联系。从1904年到1912年,红十字会的发展改变了红十字会与军队之间的关系,红十字会已不再是一个普通的、定期进行筹款活动的慈善组织,它已变成一个全国性的慈善组织,背后依靠的是美国政府的权力、威望和权威,就像海报上说的,“忠于红十字会就是忠于国家”。

---

① Marian M. Jones. *The American Red Cross, from Clara Barton to the New Deal*. Baltimore: The Johns Hopkins University Press, 2013, p. 159.

正是在爱国主义的宣传下,美国红十字会的队伍迅速扩大,募捐也大获成功。1915年,红十字会还只有2.2万名成员,到大战结束时,它有2000多万成年会员,红十字分会覆盖了"美国大陆几乎每一平方英里"。红十字会自美国参战以来筹集了4亿多美元来救助伤员,在战争结束前,在25个国家雇用了1.27万名有薪工作人员。训练有素的红十字会护士,在战争中成为标志性人物,人数接近2.4万人。①

对于履行国际红十字会组织使命的美国红十字会而言,强烈的爱国主义明显对其应坚持的一些基本原则造成了消极影响。其一,志愿主义精神受到干扰,对红十字会的捐赠行为在爱国主义的刺激下带有一些强制的色彩。约翰·哈钦森(John Hutchinson)在其国际红十字运动的历史中指出,美国红十字会在战时的筹款活动之所以成功,是因为"将美国公民的义务与红十字会成员的身份混为一谈"。其二,红十字会在战时的独立性和中立性颇具争议。在战争委员会未组建之前,红十字会组织医护人员并筹集援助物资送往欧洲,为处于交战中的英、法、俄、德、奥匈等国提供国际援助,也就是著名的"仁慈号"行动。由于该行动开展时美国尚未参加一战,因而红十字会在行动中恪守中立原则,为交战双方提供同等援助。但在美国对德宣战后,"美国红十字会护士的战线从所有交战国收缩为美国的盟国,即协约国阵营"②。对此,某红十字会官员表示,当美国和德国之间宣战时,美国红十字会的中立就自动结束了。美国红十字会历史研究专家玛丽安·琼斯认为:"在之后的年头,当美国站在协约国一方加入这场战争时,美国红十字会放弃了中立,支持爱国主义,并采取行动支持美国远征军。"③此外,受爱国主义动员参加美国红十字会赴欧行动的美国人,在行动中展示了明显的国家身份和立场,而非以纯粹的红十字精神行事。除此以外,负责对欧各国援助的红十字官员及相关宣传部门也在开展行动中利用红十字会提供的人道主义援助,在其所援助的各国民众中塑造有利于美国国际形象的公众舆论,并在一定程度上影响受援国的外交政治偏好,这在一战后期及停战初期的意大

---

① American Red Cross War Council. *The Work of the American Red Cross during the War: A Statement of Finances and Accomplishments for the Period July 1, 1917 to Feb. 28, 1919*. Washington, D.C.: American Red Cross, Oct. 1919, p.32.

② Henry P. Davison. *The American Red Cross in the Great War*. New York: The Macmillan Company, 1921, p.80.

③ Marian M. Jones. "Sister Soldiers : American Red Cross Nurses in Europe's Great War, 1914—1915". http://history.umd.edu/sites/history.umd.edu/files/Sistersoldiers_draft_mmj_feb2.pdf.

利尤为明显。[①]

虽然美国红十字会在战时放弃了中立,但它的爱国主义是与人道主义相结合的。美国红十字会在1917年至1919年之间,为美军提供了惊人的援助,向58个基地医院派遣医生和护士,建立救护车公司,开办海外食堂,为士兵源源不断提供食品,援助战争难民。在狂热的战时筹款活动中,红十字会激发捐赠者和志愿者的人道主义理想,而不仅仅是他们的爱国主义。

美国参战,被描述成是为了"结束所有战争","为建立一个安全的民主世界"。这是美国政府为参战所作的辩护,类似于1898年美国"人道主义"干涉古巴的论点。

第二节　战时组织规模扩大

美国参战后,面对战时美国军队和其他协约国军民所需要的各种人道主义援助,美国红十字会迅速扩大了组织规模。首先,红十字会根据战时不同人群需要,建立了一套复杂的组织运作机制,以便根据各种需要提供高效且有针对性的援助服务。其次,为保证和提高在战时提供各类服务的能力,红十字会先后进行了多次大规模的战时会员招募活动,大量吸收会员进入红十字会参与服务。由于全美民众爱国热情的高涨和政府的支持,每次招募活动都吸引了数千万公民,尤其是青少年的加入,使红十字会会员人数大大增加。战争委员会同时对华盛顿总部进行了分权建构,扩大了地方的权利,各地方分会也如雨后春笋般在全美各地迅速建立。

一、战时运作机制的发展完善

在第一次世界大战之前,美国红十字会虽通过1905年改革完善了组织运作机制,提高了提供救援服务的能力。但是,面对一战爆发及美国参战带来的庞大战时需求,按原组织运作机制规模和专业能力,已无法支撑其迅速扩大服务、响应美军及协约国军民的人道主义需求。虽然红十字会的战时工作与之前广泛的救灾活动无法相比,但战时活动的领域和方向都相对集中,大多集中在对军队和难民的救治或关照,以及战时公共卫生的建立与维

① Daniela Rossini. *Wilson's Parallel Diplomacy: The American Red Cross and Italian Public Opinion, 1917—1919*// Antonio Varsori, Benedetto Zaccaria . *Italy in the New International Order*, 1917—1922.Palgrave Macmillan,2020, pp.89—112.

护方面,这要求战争委员会成员更加专业。但是,战时红十字会服务涉及的领域比较集中也是相对的,因为一战影响范围之大、持续时间之长、受战争影响的人群数量之广,导致各种救援需求复杂多样。所以红十字会所提供的战时服务有着不同于和平时期灾害救援行动的复杂性,要求领导人能够根据战时需要,建立起一套区别于平时只以国内灾害救援为主的运作机制,从而使红十字会的工作更灵活、更专业、效率更高,促进其提供的各项服务能够满足战时国内外的需求。

(一)红十字会总部工作机构调整

在战争委员会组建初期,所有经委员会和执行委员会采纳的计划和政策,都交给执行委员会的执行主席负责落实。随着所有战时工作的铺开,执行主席需落实和安排的工作量与日俱增,不堪重负。为此,红十字会总部设立总理事作为"此组织的运营主管",分担执行主席的工作,纽约自由国民银行经理哈维·D.吉布森(Harvey D.Gibson)担任此职。同时,红十字会总部针对主要在国内进行的救济工作设立了三个部门:军队救济部、海军事务局以及国民救济部,三个部门的负责人均对总理事负责。

军队救济部由休斯顿著名商业精英杰西·H.琼斯负责,主要任务是为除远征军外的美国军队提供军队服务。救济部下设五个分局,分别负责后方医院及医院单位的组建与配备;救护车单位的组建、指导急救以及组建卫生训练支队;美军营地和兵营外军队禁区的卫生问题和与联邦和州当局的合作;兵营和陆海军兵站改善士兵的福利待遇;为军列提供点心;等等。救济部还专门设有一位助理理事负责为调动中和营地中的军队提供服务。海军事务局负责的事务与军队救济部类似,但工作主要针对海军。一般情况下,海军事务局同军队救济部的工作是相互协调的。

国民救济部同军队救济部一样,设总干事一名负责救济部事务,由美国慈善协会前理事弗兰克·W.珀森斯担任此职。在珀森斯的领导下,国民救济部负责的工作主要分为两方面:战争相关服务行动和灾害救济行动。前者主要包含组织和监督对军人及军属家庭提供的服务,由各分会进行对军人家属的救济工作和对伤残士兵的照料以及指导就业工作;后者则是和平时期救灾工作的延续。国民救济部还与美国肺结核防治协会合作筹集资金,救治结核病人[①],还下设一个城镇和乡村护理局,专门负责为农村社区公

---

① American National Red Cross. *The Work of the American Red Cross, Report by the War Council of Appropriations and Activities from Outbreak of War to November 1, 1917*. Washington, D.C.,1917, pp.17—19.

共卫生提供护士。

除以上三个主要部门外,红十字会还分别组建了发展局、标准局、采购局、妇女局、护理局、补给局和纽约中央信托公司等办事机构。这些机构的工作包括动员和指导红十字会志愿者和捐赠者的活动、为生产救济提供材料、将生产的物资运往目的地,以及其他由红十字会负责救济的相关工作。与前述三个部门一样,这些分局也都对总理事负责并接受红十字会监督。①

受当时交通与通信条件所限,加上战区形势复杂多变,美国红十字会赋予派往海外各国委员会较大的自主权,并以法国委员会统管红十字会在欧洲的行动。与此同时,为处理"从各(海外)委员会收到的且经战争委员会同意的物资申请和人员请求",红十字会在美国国内成立了一个国外救济部,由纽约汤普森·施泰力公司董事志愿担任总干事。海外服务所需的医院供给和医护人员的选择,由国外救济部下设的国外委员会医疗服务局负责,宾夕法尼亚州药物学研究专家、医学顾问委员会秘书R.P.皮尔斯医生担任局长。

为帮助美国红十字会应对和处理战时条件下的医药与环境卫生问题,红十字会专门组建了一个由美国医学和卫生领域的专家学者组成的医学顾问委员会,其中主要成员包括:委员会主席西蒙·弗兰斯纳医生(洛克菲勒中心医学研究中心主任)、医生威克里夫·如斯(洛克菲勒基金会国际卫生处主任)、医生约翰·W.克尔(美国公共卫生署局长)、医生赫尔曼·M.比格斯(纽约市卫生局主任)、医生M.J.罗森诺(哈佛大学预防医学教授)、医生威廉·H.韦尔奇(霍普金斯大学学校公共卫生处主任)、医生弗兰克·比林斯(芝加哥大学药学教授)、医生维克多·C.沃恩(密歇根大学卫生和生理化学系教授)、医生查尔斯·V.查宾(卫生部官员)、秘书理查德·M.皮尔斯(宾夕法尼亚大学研究医学教授)和助理秘书瓦尔特·C.贝利。②

除上述负责提供各类战时服务及咨询的部门外,红十字会还设立了一个档案和国际事务办公室,由红十字会的秘书长富兰克林·M.卡特施恩负责。办公室主要职能包括:处理法律和国际关系事宜,保护红十字会标志,留存红十字会行动纪要及管理记录等。另外,办公室还下设通信局、美国囚

---

① American National Red Cross. *The Work of the American Red Cross, Report by the War Council of Appropriations and Activities from Outbreak of War to November 1, 1917*. Washington, D.C., 1917, pp.20—21.

② American National Red Cross. *The Work of the American Red Cross, Report by the War Council of Appropriations and Activities from Outbreak of War to November 1, 1917*. Washington, D.C., 1917, p.17.

犯救济局、盟国囚犯救济局等。

(二) 分会组织工作调整

在美国红十字会总部进行机构调整的同时,分会管理机制也做出了改变,以保持与总部间的高效协作。由于美国参战后全美各地红十字分会数量激增,导致华盛顿总部中负责分会工作的相关部门工作量迅速增加,并影响了总部与分会之间的工作协调。为解决这一问题,红十字会设计了一套分权方案。该方案将美国本土的红十字分会划分为13个大区,海外领土分会及外国分会为第14大区。13个大区在各大中心城市建立分区总部,大区内的所有分会直接向分区总部汇报。各大分区设立分区理事一名负责本大区事务,并建立一套同国家总部相同的部门体系,各部门主管向分区理事负责。在分区体系建立的同时,红十字会总部建立了一个统筹各大分区的分区局,该局负责人直接对总理事负责。

为了适应美国参战后的需求变化,华盛顿总部发展局曾特别拟定了各分会的改组计划,希望在全美各地都建立红十字分会,并赋予地方分会完全的管辖权,但这一计划未能完全实现。为完善地方红十字会体系,更好地动员地方民众参与到红十字会行动中去,红十字会在各分会下成立了众多的支部。支部可看作微型的分会,以各乡镇为单位,和县市分会的组织原则类似,工作内容也大体相同。各乡镇的红十字会支部都归其所属县市红十字分会领导,向其报告工作情况,完成上级委派的任务。

除支部外,各分会下还建立了数量可观的红十字会辅助队,其作用与支部的作用有所不同。支部有自己固定的管辖区域,和分会进行的是同种工作,是长期存在的组织,而辅助队只是临时成立的、为完成某些特殊工作设立的志愿者组织,是"由种族、工作或公共利益而联系起来的集体小组"①。红十字会辅助队的工作,主要包括制作医院服装或外科绷带,为民众开设急救、家庭营养、初级卫生和居家看护课程,以及落实筹款和筹集物资等任务。此外,在当时美国海军部部长约瑟夫斯·丹尼尔斯的请求下,红十字会将为美国海军提供服务的组织吸收进来,组成红十字会海军辅助队,辅助队最小规模限定为十人。

红十字会乡镇支部和辅助队均对红十字县市分会负责,并定期向分会提供其财务收支清单,由县市分会审核其资金流动情况。1917年2月3日,红十字会只有272个地方县市分会,当时还没有乡镇支部和辅助队,但到了

① Earl S. Fullbrook. *The Red Cross in Iowa*, Vol. 1. The State Historical Society of Iowa, 1922, p.48.

1918年5月,地方县市分会数量增加了原先的10倍多,达到了3551个,支部也达到了1.1万个,并在世界各地拥有5万支红十字会辅助队。[①]

根据分权原则调整后的分会组织进一步适应了红十字会战时活动的需要。首先,各大分区的划分和分区总部的建立,使战时规模下的红十字会总部与地方分会之间能够实现更高效的协作。"分区计划分担了(总部)细节上的负担,使总部能够在标准化和完善生产、募集和运输系统方面作出有效的努力。"[②]其次,广泛分布的分会网络有助于将地方力量充分调动起来,尤其是在生产战时所需物资方面,在各地分会的推动下,生产进行得如火如荼。13个分区各自建有仓库,可储存用于分会生产的原材料,这使得各分区总部能够及时有效地跟进各分会的生产情况,及时调配资源以满足分会生产过程中对原材料的需要。

(三)财务体系的调整

战时管理和运作机制的调整,适应了美国红十字会在美国参战后迅速扩大的组织规模,促进了红十字会战时运作的有序进行,提高了提供各领域服务的能力。在组织规模迅速扩大、各领域服务广泛开展的同时,红十字会收到来自各方的捐赠数量也是空前的,捐赠总价值达到了4亿美元[③]。为更好保证源源汇入的捐款及捐赠物资被切实用到红十字会活动中,红十字会的财务体系也进行了相应的调整。总体上,美国红十字会的战时财务体系同其战时管理的运作体系一样,均根据分权原则赋予了各部门及地方组织较大的自主权,每个分会和分支机构在财务上都有很大的自主权。不过,各分会也被要求定期向总部提交简单的财务报告,战时管理条例还要求由审计委员会或外部审计员定期审计分会的所有事务。这样的审计制度虽不是非常严谨,却能让红十字会在战时庞大而又复杂的工作中,保持对于捐赠者最基本的透明义务。正如戴维森所说的,"红十字会永远保持着一种审慎的态度,因为它是人民的公仆,花的是人民的钱"[④]。

在具体运作过程中,红十字会实行一套"基金拨款制度"。根据这套制

---

① American Red Cross. *The Red Cross Bulletin*, Vol. Ⅰ, No.107, p.4.

② Henry P. Davison. *The American Red Cross in the Great War*. New York: The Macmillan Company, 1921, p.80.

③ American Red Cross War Council. *The Work of the American Red Cross during the War: A Statement of Finances and Accomplishments for the Period July 1, 1917 to February 28, 1919*. Washington, D.C.: American Red Cross, Oct. 1919, p.2.

④ Henry P. Davison. *The American Red Cross in the Great War*. New York: The Macmillan Company, 1921, p.16.

度,红十字会设立了若干基金,如战争基金、日常基金、代表团救济基金、特设救济基金、留本基金等。每一基金都有特定用途,所有收入收到后,均存入所属基金池。当有拨款或支出需要时,只有通过战争委员会或执行委员会投票通过的正式拨款法案,才能从相应基金中提取资金,且"拨款和支出是根据基金、国家和工作类别进行分类的",这能最大程度上保证各基金去向的清晰有序。但在实际使用中,因某一需要拨付的拨款也有可能用于其他工作。

在红十字会总部与分会的资金流转及使用上,总部收到的资金主要用于所有海外救济工作和在美国进行的重要任务。而分会的收入除保留部分用于分会工作外,余额则需上交给总部。[①]美国参战后,红十字会为满足迅速扩大的服务需求,先后进行了两次全国范围内的筹款活动,称为"战争运动"(War Drives)。其中,第一次筹款活动于1917年6月18日到6月25日间进行,第二次是在1918年5月20日到5月27日间进行。两次筹款活动的初始目标金额均为1亿美元,但两次活动筹到的款项均大大超额:第一次超约14%,共筹到1.14多亿美元;第二次超近70%,共筹到近1.7亿美元。[②]这两笔筹款均成为红十字会战时工作的主要资金来源。

由于筹款资金运作的重要性,红十字会专门建立了一个全国性的筹资保管组织,负责募集和处理筹得的资金。此组织由战争财政委员会领导,并在全美各地建立地方运动委员会落实筹款行动。所有筹到的资金通过各地开户银行汇入国家保管处,并存入战争基金,所有战争运动所募集的资金只能被用于战争救济项目。

二、红十字会会员的增加

红十字会的会员人数是显示组织活力的晴雨表。在巴顿成立红十字会后的二十多年时间里,对会员人数只做了大概的登记。虽然1905年新《宪章》中明确要求红十字会要准确登记会员人数,但那时的登记仍不十分准确。在美国参战之后,红十字会会员人数激增,主要是志愿者注册人数的迅猛增长,其中青少年大量加入,更是成了战时红十字会力量中的一支生力军。

---

① American Red Cross War Council. *The Work of the American Red Cross during the War: A Statement of Finances and Accomplishments for the Period July 1, 1917 to February 28, 1919*. Washington, D.C.: American Red Cross, Oct. 1919, p.1.

② American Red Cross War Council. *The Work of the American Red Cross during the War: A Statement of Finances and Accomplishments for the Period July 1, 1917 to February 28, 1919*. Washington, D.C.: American Red Cross, Oct. 1919, p.16—19.

(一) 圣诞节点名活动

1917年和1918年,红十字会举行了两次圣诞节点名(Christmas Roll Call)活动,这一活动把征召志愿者与圣诞节的庆祝活动结合起来,主要目的是在战时红十字会行动逐步展开的过程中,吸引民众志愿者注册,推动红十字会会员人数快速增长,实现在人数上提高红十字会提供服务的能力。[①] 1917年9月上旬,战争委员会主席戴维森说道:“从1917年12月16日到1917年12月23日间,红十字会向全球各地的美国人民开放招募会员,凡美国人都可以注册。红十字会向世界宣布,美国人不仅拥有极强的战斗力,而且拥有坚定的慈善信仰。回顾1917年的圣诞节点名活动,有2200万美国人注册成为红十字会志愿会员,其中有800万是青少年红十字会会员。”[②]

圣诞节点名活动不以赢利为目的,也不为增加红十字会的物质资源,主要是为了鼓励更多的美国人成为红十字会志愿者,显示美国人维护和平的愿望和决心。红十字会规定任何一个捐款等于或超过一美元的美国公民都可以成为红十字会会员,作为会员的志愿者不会被强制分配救援任务。捐献的会费一半留在地方支部,用于美军士兵及其家属的救援活动开支,另一半则保存在红十字会总部金库中。点名活动进行时,每个捐过款的美国人,无论年老或是年轻都会被注册登记,入红十字会的“花名册”。

为了更好地招募志愿者,14大分区均成立了点名委员会,配合各区招募活动。1918年美国发生了大流感,点名活动受到影响。为避免大流感传染,红十字会更多选择了新闻宣传、张贴海报,或者在报纸、杂志、电影和公告牌上做广告宣传。

1918年11月《贡比涅森林停战协定》签署,红十字会圣诞节点名活动仍按原计划进行,美国政府也对此活动大力支持。威尔逊总统1918年11月26日向民众发出号召:“红十字会圣诞节点名活动不仅是和平的信号也是友善的信号。但是和平不意味着我们可以放松自己,相反它意味着更多的牺牲。作为红十字会的会员,我们必须紧紧团结在一起,才能更好地应对未来的挑战。我们不应忘记我们的战士仍在前线奉命执行任务,圣诞节点名活动对战士们来说很重要。那些受战争摧残地区的人们,他们无家可归,我们必须使我们的心和他们连在一起,才能陪他们度过最黑暗的日子,帮助他们重树

---

① “American Red Cross Membership and Volunteers”. http://www.redcross.org/museum/history/membership.asp.

② Earl S. Fullbrook. *The Red Cross in Iowa*. Vol.1. The State Historical Society of Iowa, 1922, p.122.

信心。作为红十字会的名誉主席,我希望全美人民在收到圣诞节点名通知后能踊跃加入红十字会。"[①]

1918年红十字会圣诞节点名活动的口号是"响应红十字会圣诞节点名活动招募,你所需要的仅仅是一颗赤诚的心和一美元的会费"。在两次圣诞节点名活动的带动下,红十字会志愿者人数大大增加,到战争委员会结束其使命时,红十字会共有3100多万注册会员,占当时美国近三分之一的人口。在此会员基础上,红十字会在战时拥有了3724家分会、17186个分支机构[②],为红十字会开展美国国内工作奠定了广泛的群众基础和坚实的组织基础。

(二) 带薪员工数增加

在组织规模扩大及志愿者人数增加的同时,美国红十字会带薪员工的数量也在战时出现增长趋势。到1919年2月28日,红十字会的带薪员工达到12704人,这些人大都担任了红十字会中的重要职位,处理战时重要的事务,但是其中很多人的薪酬只是象征性的低工资。

1916年,华盛顿总部带薪员工有75人,年工资水平2000~7500美元的有29人。1917年7月,总部带薪员工达到700人,年工资水平2000~7500美元的员工43人。1917年11月,总部带薪员工423人,年工资水平2000~7500美元的员工37人。[③]由于华盛顿总部采取分权措施,总部带薪员工无论在人数还是平均工资上都有所下降,主要是因为各红十字会支部管理体系的加强,很大程度地将总部的工作量转移到地方分会,总部工作也在不断改进。后来,红十字会总部带薪员工数量的增加,是因为美国参战增加了巨大的工作量。华盛顿总部增加了348名带薪员工,其中80%的年薪都在2000美元左右。美国参战后,很少有人的年薪超过6000美元,只有极少数达到7500美元。[④]

(三) 青少年红十字会

美国参战后,第一次世界大战进入第三个阶段,但在当时看来,战争何

---

① 参见American Red Cross. *The Red Cross Bulletin*, Vol. Ⅱ, No.50, p.4和American Red Cross.*The Red Cross Bulletin*,Vol. Ⅱ, No.51,pp.1—2.

② American Red Cross War Council. *The Work of the American Red Cross during the War: A Statement of Finances and Accomplishments for the Period July 1, 1917 to February 28, 1919*. Washington, D.C.: American Red Cross, Oct. 1919, p.9.

③④ American National Red Cross. *The Work of the American Red Cross, Report by the War Council of Appropriations and Activities from Outbreak of War to November 1, 1917*.Washington, D.C.,1917, p.23.

时结束仍未可知。考虑到一战的规模和持续的时间,红十字会在美国参战后做了为长期战争提供服务的准备。“红十字会同政府一样,正在为一场长期的战争做准备。”[①]基于这种考量,红十字会组建了青少年红十字会,一方面是适应战时活动需要,动员一切爱国力量参与红十字行动,提高红十字会提供服务的能力并丰富其服务形式;另一方面,让青少年参与到红十字会行动中蕴含着更深刻的战时教育的目的,希望青少年在实践中得到学习和锻炼,并以红十字会为媒介,让青少年参与到国家战争活动中,进一步激发和培养下一代的爱国精神与民族凝聚力。“通过学习和参与救济与福利工作,青少年会员对爱国服务的呼吁做出了立即和强烈的反应,他们将永久地成为有创造性力量的良好公民。”[②]

红十字会对于青少年力量的关注并非仅战时全民动员时期。事实上,在红十字会创建之初,就关注到组织与青少年力量之间存在着相互促进的有利因素。青少年力量第一次在红十字会行动中显现,是1884年红十字会洪灾救援的行动中。当时巴顿亲赴洪灾现场,有6名儿童通过表演筹集了50美金捐给了红十字会。巴顿通过报纸宣传此事,呼吁更多的人捐款。从那时起,红十字会便有了通过青少年筹款支持人道主义事业的传统。

19世纪90年代,美国已经允许青少年加入红十字会。1892年美国推行“所有学校……组建青少年辅助会”的计划,但当时没有得到民众的响应。随后,一些地方红十字建立了他们自己的“青少年辅助队”,挂靠在地方学校中。学生与成年人在灾害救助、筹款和其他红十字会支部活动中一起工作。1898年美西战争中及战后,部分地区的学生开始参加战时救援工作,协助红十字会为美国士兵及其家属提供服务。

红十字会也注重青少年的成长教育。20世纪初,红十字会已开展了青少年宣誓活动,活动的主题是阐明红十字会将保障青少年优越的学习、实践环境,同时体现红十字会人道主义的价值,目标是加强现有青少年红十字项目并不断发展新的青少年红十字项目。

尽管红十字会与青少年的结合对二者发展均有积极的意义,但在当时社会中,也有人认为红十字会的青少年活动只不过是“儿戏”(Child's

---

① Henry P. Davison. *The American Red Cross in the Great War*. New York: The Macmillan Company, 1921, p.18.

② American Red Cross War Council. *The Work of the American Red Cross: A Statement of Finances and Accomplishments for the Period July 1, 1917 to February 28, 1919*. Washington, D.C.: American Red Cross, Oct. 1919, pp.27—28.

Play)[①]。一战的爆发和美国参战后爆发的爱国主义热情以及全民战争动员模式,为红十字会广泛吸纳青少年进入红十字会提供了有利机会,加入红十字会的青少年也通过他们在战时的努力证明了自己,为红十字会对美国军队及协约国军民,尤其是儿童的救济工作提供了一大助力。

1917年,美国对德宣战后,以瓦萨学院校长H. N. 麦克拉肯为首的几名全美著名教育家便同红十字会的官员筹划建立青少年红十字会。1917年9月15日,总统威尔逊发表了一项声明,标志着青少年红十字会的建立,声明号召全美青少年加入红十字会,声明如下:

> 给美国的学龄儿童:
>
> 在你们学年刚开始时,我作为美国总统同时作为美国红十字会的主席,向你们发出号召。
>
> 红十字会已经建立了一项和学校活动相结合的青少年红十字会项目,通过这一项目可以使你们每个孩子都服务于我们的祖国。学校是你们生活的中心,但是通过青少年红十字会项目,你们可以更好地为自己所承诺的自由事业而奋斗。
>
> 青少年红十字会项目将给你们提供更多服务社区的机会,并将引导你们更加高尚和严谨地开展服务。它将教会你们如何挽救尚有生存希望的遭受苦难的孩子们,它将教会你们如何给伤兵和无家可归的人们提供生活援助。
>
> 它将分发给你们红十字手册,手册里有你们感兴趣的红十字会救灾的生动小故事。而且最重要、比任何学校课程更完美的是,你可以在学校老师的指引下学习以上的技能,从而成为我们所喜爱的好公民。
>
> 我在此谨向加入青少年红十字会的老师致意,因为只有在老师们的直接指导和教诲下,孩子们才能更好地开展服务工作。这不是你们一直盼望的让你们有部分时间和工作来报效国家的机会吗?[②]

在战时爱国主义的推动下,全美各地的青少年踊跃加入青少年红十字会,到1918年6月,注册成为青少年会员的人数已达800万人,到1919年2

---

① Henry P. Davison. *The American Red Cross in the Great War*. New York: The Macmillan Company, 1921, p.18.

② Woodrow Wilson. *A Proclamation, from the American Red Cross, Junior Membership and School Activities: Story of the Red Cross*. Nov. 1917, p.3. http://www.redcross.org/museum/history/membership.asp.

月28日,该数字增至1100万人。[①]

值得注意的是,青少年红十字会的基本组成单位并非青少年个人,而是他们学校。根据要求,青少年会费为每人25美分,作为整体,任何学校在获校方批准后,均可向学校委员会申请并在向分会的学校基金支付会费后,成为青少年辅助队。除学校外,其他青年人组织也能以同等条件向学校委员会申请成为辅助队。学校委员会由分会向分区总部申请成立,是青少年辅助队与红十字会间唯一的联系渠道。到1919年2月28日,全美共有约9万所学校加入青少年红十字会,全美超过半数的在校学生成为青少年红十字会会员,其中,亚利桑那州、加利福尼亚州、特拉华州以及内华达州的所有在校学生均成为青少年红十字会员。[②]

本着教育与生产目的相结合的原则,青少年被吸纳成为会员之后,他们的活动场所仍是学校,但在课余时间承担一定的红十字会生产任务。在实际操作中,分区的青少年会员主管向分会提供指导和材料,再由分会的学校委员会向各学校分配任务和生产材料。在各个学校,老师是指导学生参与红十字会实践的负责人,但红十字会也为青少年制作专门的宣传册或手册,为青少年的生产实践提供基础指导。除生产实践外,青少年加入红十字会后还有一项特殊的任务,即带动他们的家长甚至是邻居加入红十字会,他们(青少年会员)对红十字会的价值将通过培养他们自身的能力和吸引他们父母的兴趣而进一步增加。

到战争结束时,青少年会员们通过他们的实际行动体现了他们的价值。如前所述,青少年红十字会员最重要的一项活动就是制作救济物品,他们的工作并不受限,他们的工作还扩展到了“制作家具、游戏、夹板和其他医院用具,以及特别准备的食品”。此外,青少年会员还会在各地种植蔬菜来增加蔬菜储备,其中最著名的便是“胜利花园”(Victory Gardens)。他们还走进各个红十字会地方支部,进行急救训练、灾害救助,同时还参与红十字会的战争筹款运动。战时,青少年红十字会通过战争筹款集会募捐到的资金达

---

① American Red Cross War Council . *The Work of the American Red Cross during the War: A Statement of Finances and Accomplishments for the Period July 1, 1917 to February 28, 1919*. Washington, D.C.: American Red Cross, Oct. 1919, p.12.

② American Red Cross War Council. *The Work of the American Red Cross during the War: A Statement of Finances and Accomplishments for the Period July 1, 1917 to February 28, 1919*. Washington, D.C.: American Red Cross, Oct. 1919, p.14.

到了惊人的367万多美元。[①]他们自己筹备和邮寄了大量装有学习和生活物品的“友谊盒”,送给海外受战争蹂躏地区的青少年。

从整体生产的救援物品数量上来看,到1919年2月28日,青少年会员参与的生产量约占总产量的10%,他们与成人一起生产的物品种类包括:外科敷料等医疗用品,难民的衣服,士兵和水手所需物品,在疗养院和护士家做针线活、缝纫的物品,疗养院和护士之家的家具等,总价值超千万美元。

青少年红十字会建立之初的主要目标是提高孩子们的身体素质和工作效率,改善社区状况,以县为单位向孩子们进行卫生教育,教导孩子们一些最基本的急救方法、一些基本的居家护理技巧和家庭营养常识,让有时间和能力的孩子为本国或其他国家的贫困者力所能及地准备生活必需品。[②]这些目标表明,虽然青少年红十字会是在战时环境的刺激下建立的,但这并不意味着当战争结束时它的使命也随之结束。无论是上述具体目标在和平时期的延续,还是通过红十字会行动的锻炼,都能让青少年会员形成更加良好的公民意识和生活方式,青少年红十字会的建立有着长远的发展意义。

第三节　战时救援活动扩大

在美国参战后,为集中所有救援资源,美国红十字会很快成了唯一得到美国官方认可并授权的救援组织。随着美军被不断派往欧洲,美国红十字会作为美军的“补充和助手”,随军赴海外提供相应的服务。同时,在第一次世界大战的前三年里,欧洲参战各国已经因战争消耗了巨大的人力物力财力,对于医疗和各种生活物资的需求与日俱增。在此情况下,红十字会还为参战国军民提供诸多服务。在履行战时使命时,红十字会充分践行了人道主义精神和原则,但受爱国主义影响,红十字会进行的行动夹杂着帮助协约国一方赢得战争胜利的主观愿望,当美国参战后,红十字会的爱国主义更加强烈。

美国红十字会分别在其国内和海外展开了战时救援。美国国内工作主要集中在战时物资的筹集和运输、军营的各种服务、护士护理服务、流感疾

---

① American Red Cross War Council. *The Work of the American Red Cross during the War: A Statement of Finances and Accomplishments for the Period July 1, 1917 to February 28, 1919*. Washington, D.C.: American Red Cross, Oct. 1919, p.14.

② Grace Wyman. *Suggestions on Junior Red Cross Work in the Public Schools*. Madison, Wisconsin, 1918, pp.35—36.

病的治疗与预防等。海外救援行动主要集中在建立有效的海外救援组织、救助伤残士兵、救助伤残平民方面。

一、美国国内工作的展开

美国红十字会以战争委员会为核心,建立起符合战时需要的组织管理和运作模式后,它的所有活动开启了“战时模式”。由于本土远离战场,红十字会拥有稳定的大后方,不仅能为海外(主要是在欧洲)进行的战时服务活动提供源源不断的支持,而且能把国内工作集中在具体有效的救援服务方面。

(一)组织生产队和汽车队

红十字生产队主要由地方志愿者组成,进行生产服务。如生产衣服、外科敷料和其他医疗补给,满足战区军民之需。红十字会生产队在战时生产了成百万价值的外科绷带和衣服,提供给士兵、退伍军人和难民等。

一战期间,数百万美国妇女奉献了她们的业余时间,在红十字会各分会的生产车间或自己家中,生产救援物资。红十字会妇女局在美国卫生局的监督指导下,带领各生产队开展工作,提供免费的生产原料、标准模型和各类产品供生产队使用。红十字会总部规定生产数额,给各分会下达生产指标。13个红十字地方总会订购生产队生产所需的原材料,然后分发给数千个红十字会分会和支部的生产队。

在美国参战前,红十字会妇女局就在全国范围招募了一批妇女,为欧洲的姐妹红十字会和医院生产外科绷带、医院病服和难民服等。美国参战后,妇女局派出了玛莎·德雷珀和伊丽莎白·霍伊特女士,到法国调查情况,根据需要制定工作目标。正是经过此次调查,红十字会生产队所生产的主要都是战时十分实用的救援物资。

为满足美军和盟军的基本救援之需,妇女局生产队进一步发展壮大。生产队不仅做绷带,还手织袜子、毛衣,制造肥皂和剃须刀。1917年到1919年间,超过800万名生产队妇女们,与青少年红十字会一起,为盟军和欧洲战区平民制造了超过3.7亿件救援物品,价值达到了0.94亿美元①,众多美军、盟军士兵和饱受战争之苦的平民都得到了这些实用用品的救助。

红十字会汽车队主要为军营食堂、军队医院和军事营地运输物资,还协

---

① American Red Cross War Council. *The Work of the American Red Cross during the War: A Statement of Finances and Accomplishments for the Period July 1, 1917 to February 28, 1919*. Washington, D.C.: American Red Cross, Oct. 1919, p.65.

助其他红十字会工作人员开展各类救援活动。汽车队的工作者一般都是中产阶级女性志愿者,有的甚至经常用自己的汽车来提供服务。许多人还学习了汽车机械类的课程,在需要时可以维修汽车。

虽然汽车队在美国参战前就成立了,但是直到1918年夏才形成规模。1918年11月1日,汽车队工作者超过1.2万人,她们的工作都是无报酬的。在美国参战的20个月时间里,1.2万名汽车队志愿者在美国各地公路上的行驶总里程超过了350万公里。汽车队承担了大量的运输工作,随时接受官方派遣执行紧急救援任务。红十字会汽车队在1918年的大流感中发挥了更大的作用,汽车队成员经常不眠不休,运送护士、医生、病人和补给物品进出流感地区。如果没有汽车队,红十字会的工作将很难达到这样高的效率。

(二)美国国内军队服务

美国参战后,军队征募了几百万年轻人参军。这些年轻士兵在赶往欧洲战场前,大多都在各大"宿营地"集结训练(平均每个营地集结约5万名士兵),受完训练的年轻士兵立即被派赴海外作战。[①]营地拥挤的环境、简陋的医疗设施、大规模的军队调动,给各军营和运输途中士兵的饮食和生活带来了诸多不便。红十字会及时做出了应对,发展了多种军营服务,尽最大努力确保军人健康。

第一,设置军营服务站。红十字会的军营服务站主要为士兵提供补给品,还有娱乐和福利服务。战时红十字会有400个军营服务站,占用了250栋独立建筑物,包括疗养院、护士办公室、总部办公楼、仓库和车库等。海外军营服务站在25个国家设置,为海外作战的美军和盟军提供服务。红十字会军营服务站提供的医疗、娱乐项目,很大程度上帮助了服役军人,缓解了他们身体和精神上的压力。

陆军医院的农场或花园由各军营的官员管理,红十字会协助管理。医院花园主要为恢复中的病人提供合理的体能训练机会和场所,使伤员更好利用自己的人造假肢恢复自理能力,同时种植一些新鲜蔬菜改善生活。战时开设的医院农场和花园数达23个,伤兵疗养时间达到7.7万多个小时。

医院娱乐室有书籍、期刊、报纸和书写工具,伤兵可以打发时间。各地海陆军医院共设有99个娱乐室,还有电影放映和演出项目。美国参战后,红十字会娱乐室安装了90部电影放映机,放映了671部电影,使用的电影胶片达141.8万英尺,组织了6697次演出节目,有310多万名士兵观看,娱乐时

---

① 〔美〕约翰·M. 马里:《大流感:最致命瘟疫的史诗》,钟杨等译,上海科技教育出版社2008年版,第280页。

长达上万小时。[①]

红十字会在艾奥瓦州得梅因军营的服务站,服务成效比较突出。到1919年7月,该服务站平均每周提供的娱乐活动有:放映电影21场,3450人观看;举行音乐会等演出,2600名士兵观看;组织了4场社交晚会,1100人出席;组织了8次野餐聚会,552人参加;组织了3次舞会,560人参加。所有活动吸引的总人数达8000多人。1918年圣诞节的时候,红十字会与其他福利组织合作举办了一场盛大的庆祝活动,为每个病房装饰圣诞树,为伤兵分发圣诞礼物(点心、糖果和水果)等。

伤兵们都喜爱在娱乐室工作的红十字会女性,她们被称为医院娱乐队或“灰色淑女”。“灰色淑女”是指为伤兵提供非医疗性恢复服务的志愿者,她们的工作范围包括为病人写信、阅读、购物、主持娱乐节目等。“灰色淑女”因志愿者身穿灰色制服、戴面纱而得名。[②]

第二,提供食堂服务,建立点心队。红十字会的食堂服务主要是在车站、港口等交通点,为调动中或即将开拔的军队免费提供正餐、点心及休闲杂志等物品,为在调动中生病的士兵提供医疗援助。此外,许多食堂还配备休息室、阅读室以及浴室等设施,供士兵休息解乏。在停战之前,红十字会在美国各地共开设了700多处食堂,提供服务的工作人员达到5.5万多人。到1919年2月停战,红十字会食堂服务共向美军士兵提供了4000万份食物,相当于在美国国内服役的陆海军平均每人都从红十字会食堂得到了8份免费食品。

红十字会总部及各重要分会还建立了点心队作为流动食堂,为行军途中的美军提供食品。点心队的服务具有应急的特性,主要是为了配合铁路部门的工作。陆军部指示铁路部门把军列运送部队预计停靠的地点,提前通知当地红十字会。红十字会指挥官和情报官提前获知军列到达情况,安排点心队设置点。

点心队在组织和特性上,类似消防队。点心队随时准备为那些被洪水、暴风雪等事故延误造成给养耗尽的军列上的士兵提供点心食物。在宣战后的两个月内,部队调动频繁,各支部的点心队发挥了重要作用。

点心队的“关心服务”大受士兵欢迎。有记录显示点心队每天要为乘坐

---

① American Red Cross War Council. *The Work of the American Red Cross during the War: A Statement of Finances and Accomplishments for the Period July 1, 1917 to February 28, 1919*. Washington,D.C.: American Red Cross, Oct. 1919, p.60.

② Earl S. Fullbrook. *The Red Cross in Iowa*, Vol.2. The State Historical Society of Iowa, 1922, p.160.

军列调动的士兵邮寄5000封信件，还帮助士兵为其家人发电报和邮寄存单等。一位陆军部官员纽顿·D. 贝克（Newton D. Baker）在信中评论点心队的服务说："亲爱的戴维森先生，我很感谢红十字华盛顿分会的点心队归还了我几天前丢失的便签本。这真是一件感人的事，红十字会比其他任何组织都做得更好，它使我们的人民更加坚强和团结。"[①]政府官员和士兵写了很多感谢信寄到各红十字分会，表达了他们对点心队的感激之情。

第三，建立后方医院。第一次世界大战爆发后，美国红十字会认识到应对战争需要提前组建后方医院，协助美军做好战争准备。为此，红十字会在美国参战前，在一些权威的医院和医学院挑选出医生和护士入册红十字会，随时做好随军进入战场的准备。

美国参战后的两周内，红十字会就组建起了6所军队后方医院。七周内，一所后方医院队伍已经中转到英国，受到英国女王接见，然后到达法国。

军队后方医院的人员都由红十字会从大城市医院中招募。红十字会在战时共建立58所后方医院，其中50所为陆军服务、8所为海军服务。其中47所是由红十字各分会装备的，医院配备了病床、床上用品、手术仪器和其他日常医疗的全套用品。其中12所为赴法国作战的美军服务。

为了组建后方医院，红十字会除了大量征召护士和看护人外，还征召了2489名医生和50名专职牧师。比较好的后方医院一般配备22名外科和内科医生、2名牙医、60名红十字会护士、154名在册预备队人员。当陆军后方医院被征召编入美国陆军医疗队时，陆军部还会指派1名指挥官、1名军需官和1名医院中士。后方医院一般拥有500个床位，后来由于战争规模扩大、伤员增多，医院进一步扩大，扩大后一般可以照顾一两千名伤兵。[②]

为海军建立的后方医院，规模一般比陆军医院要小，大约拥有250张床位、171名工作人员，其中包括10名医生、1名牙医、40名护士、20名预备役护士和100多名红十字注册预备队人员。红十字会为海军建立了5所后方医院，其中2所在国外战区服务。后来由于战争规模扩大，海军后方医院的数量增加到8所，同时医院的规模也增加到可以容纳500张病床。最初组建的5所海军后方医院，分别位于普罗维登斯、布鲁克林、费城、旧金山和洛杉

① American National Red Cross. *The Work of the American Red Cross, Report by the War Council of Appropriations and Activities from Outbreak of War to November 1, 1917.* Washington, D.C.,1917, p.33.

② American National Red Cross. *The Work of the American Red Cross, Report by the War Council of Appropriations and Activities from Outbreak of War to November 1, 1917.* Washington, D.C.,1917, p.48.

矶,其中费城的后方医院是红十字会为海军建立的第一所综合医院,红十字会得到了费城政府免收租金的帮助,用1.25万美元改造原医院、拨款2万美元运作新医院。各后方医院的设备都是红十字会出资购买的,医院的护士也是由红十字会护理局从注册护士中挑选的。

红十字会还征用了一艘轮船为美国海军服务,该船名为“海浪号”,可以容纳40到50名伤员,在它服役的4个月里,共运送、医治了1000多名海军。

红十字会还承担了陆军卫生局指派的任务,雇用和组织专业人员成立救护车连队。各红十字分会组建了45支救护车连队,总共5580名员工,救护车连队的队员大都在红十字会的指导下学会了急救。其中12支连队是在巴拿马的艾伦镇训练的,受训后远赴法国为远征军服务;1支负责美国和墨西哥边境地区;剩下的32支被分配到各大军营。

红十字会分会也出资为救护车连队雇用专业人员,为他们无偿购买设备。救护车连队的装备包括564辆救护车和141辆卡车。每个救护车连队一般由124名人员组成,包括1名上尉队长、4名上等中尉、2名一等中士、11名中士、6名下士、1名机械师、3名厨师和96名士兵。救护车连队一般随时待命,按美军要求快速反应,服务于军列、救护船或其他有特殊需要的地方。①

(三)护士护理服务

战争委员会对美国红十字会在战时提供的护理服务进行总结时提到:红十字会护理服务可以说是整个红十字会的缩影。护理服务是红十字会的传统服务,无论是战时还是和平时期,红十字会护士所提供的服务都是组织活动的核心与灵魂。但一战的爆发为其护理服务的发展提供了更特别的契机。

巴顿时期,她十分抵触训练和建立红十字护士队。这是因为在1888年黄热病流行期间,巴顿在自身缺乏对黄热病免疫的情况下,派一队新奥尔良护士前往佛罗里达州的杰克逊维尔提供援助服务。在这些护士抵达目的地后,便有报纸报出这些护士酗酒,更有传言称红十字护士是“小偷和妓女”。巴顿在听到这些消息后,立即让这些护士离开了杰克逊维尔。此后,一直到1905年重组之后,国会颁发的新《宪章》要求红十字会“在战时为病人和军队

---

① American National Red Cross. *The Work of the American Red Cross, Report by the War Council of Appropriations and Activities from Outbreak of War to November 1, 1917*. Washington, D.C.,1917, p.48.

的受伤者提供志愿服务”[1],红十字会才设立了一个护理委员会,并由美国的护理教育领头人及约翰·霍普金斯护理学校的前负责人汉普顿·罗伯和阿德莱德·M.娜丁负责该委员会的工作。到1909年,美国红十字会加入美国护士协会,罗伯二人邀请当时刚被任命为陆军护士团团长的简·阿敏达·德拉诺同时担任红十字会护士队的负责人。德拉诺应允后,她的双重身份为红十字会与陆军护士团合作提供了机会。1911年,红十字会同陆军护士团正式缔结合作关系,红十字会按照双方协定招募护士,以便在灾难或战争发生时能快速响应。1912年,德拉诺辞去了其在陆军护理团的职务,将全部精力投入红十字会护理工作。在她的领导下,红十字会护士队逐渐成为美国军方和公共卫生署认可的护士储备中心。美国参战后,红十字会第一次正式参与军队护理工作之中。

根据《红十字会宪章》和战争委员会的安排,战时红十字会在美国国内的护理服务有双重任务,一是为美国海陆军提供受训合格的护士,二是采取各种方式与政府保健机构合作,保证美国平民的健康。为此,红十字会招募了大量护士为美国陆海军提供救援和护理服务,并向大众开展大量初级卫生培训课程,包括急救、居家照护、家庭卫生和初级卫生防疫课程,同时还推行了红十字会“城镇和乡村护理服务项目”。

红十字会在战时的护理服务由德拉诺领导的总部护理局和14个分区总会及各地分会的护理服务委员会负责。在为军队挑选护士时,红十字会有十分严苛的要求,所选护士至少要在护理专科学校完成两年的课程学习,并且至少要经过两年的医院实践训练,每天平均需要为至少50位病患提供照料服务,病患的康复过程会被记录下来。此外,红十字会对护士的挑选有年龄限制,要求必须在25～40岁。[2]各分会的护理委员会要定期向所属的分区总会提交注册护士的名单,分区总会收到注册护士名单后,会将其提交给华盛顿总部进行汇总。[3]

在战争委员会期间,共有23822名护士被选为红十字会护士。在这之中,有17986名护士被分配给陆军,占陆军护士团人数的80%以上;1058人被分配到海军部队,占海军护士团人数的60%以上。有603人直接服务于

---

① American National Red Cross. *Nursing Service, History of American Red Cross Nursing*. New York: The Macmillan Company, 1922, p.314.

② Henry P. Davison. *The American Red Cross in the Great War*. New York: The Macmillan Company, 1921, p.78.

③ American Red Cross. *Nursing Service, History of American Red Cross Nursing*. New York: The Macmillan Company, 1922, p.11.

红十字会的海外服务机构,284人被分派到美国公共卫生署,还有1177名被征召为"家庭防卫护士"(Home Defense Nurses)。除护士外,红十字会还在战争委员会期间注册了2248名有护理实践知识的护士辅助人员和2558名营养师。①

由于大部分红十字会的护士都被分配到了军队,美国国内的护理服务能力相对变得薄弱了。为提高民众的医疗护理能力,红十字会护理局面向民众开设了急救课程、初级卫生、居家照护和家庭营养等课程。急救课程的目标主要是训练人们在处理紧急伤病时,可以迅速、明智地开展急救活动。讲师是医学学校毕业且获得医学学位的全职医生。② 红十字会急救课程有10节讲授课,内容包括休克、卫生设备、事故预防以及2.5小时的现场演示课,总共15个学时。为了鼓励民众参与学习,红十字会向人们散发课程信息传单。红十字会还在沿海港口成立了由1868名成员组成的红十字会水上救生队。战争结束时,红十字会向培训合格的民众颁发了7.5万张证明精通急救的证书,7500多名医生在全国作为课程的讲师或监督者,成功讲授了1万次急救课程。

初级卫生和居家照护课程的目标是指导妇女掌握基本的个人和家庭卫生理论,使家庭成为全民保健的基础。课程有15节讲授课,一半是普通的理论课,一半是实践课和演示课。讲师是经过红十字会护理部选定的注册护士。③初级卫生和居家看护课程在全美305个地点展开,平均每个地点开设3～250次培训课程。20多个红十字分会建立了由全职、付薪监督者管理的"讲授中心",免费向民众发放护理局主管德拉诺主编的《红十字会初级卫生和居家看护手册》,讲授课程超过5000次,大约有4.5万人完成了课程并获得初级卫生和居家看护结业证书,这意味着这些人可以承担部分她们自己家庭的卫生防护工作。④

红十字会护理局还专门设有一个营养服务局,负责向民众开设家庭营养课程。该课程主要教导居民辨别食物的营养价值,使其认识到成人和儿

---

① American Red Cross War Council. *The Work of the American Red Cross during the War: A Statement of Finances and Accomplishments for the Period July 1, 1917 to February 28, 1919*. Washington, D.C.: American Red Cross, Oct. 1919, pp.32—33.

② American Red Cross. *Fist Aid Instruction*. Washinton D.C., 1917, p.301.

③ Jane A. Delano. *American Red Cross Textbook of Elementary Hygiene and Home Care of the Sick*. Philadelphia: P. Blaciston's Son & Co., 1922, p.704.

④ Jane A. Delano. *American Red Cross Textbook of Elementary Hygiene and Home Care of the Sick*. Philadelphia: P. Blaciston's Son & Co., 1922, p.690.

童合理膳食的重要性,同时使民众了解在家庭膳食的食物选购、烹饪以及菜单搭配上的基本营养原则。家庭营养课程由17.5小时的讲授课组成。在经过认证的烹饪学校有过教育经历的人都可以申请成为该课程的讲师。修完该课程的民众中有75%可以获得红十字会颁发的家庭营养师证书。战争结束时,红十字会举行了大约500次家庭营养课程,大约4500名民众获得结业证书。[①]

早在一战爆发前,在德拉诺的领导下,红十字会在医疗条件服务较差的偏远地区就建立了乡村护理服务项目,这一服务后来扩展到城市居民的护理,1913年最终发展成为被人熟知的"城市和乡村护理计划"。为了鼓励更多的护士服务于"城市和乡村护理计划",红十字会集资设立了14个奖学金项目,许多合格的护士可以在奖学金的帮助下,在波士顿、纽约、芝加哥、克利夫兰、辛辛那提、费城和里士满的护士学校进行为期8个月的公共卫生护理课程学习,在学习完成后可成为"公共卫生护卫者"。1918年美国"公共健康护理局"的成立,标志着德拉诺和红十字会主导的公共健康护理体系初步建立。

在美国参战的20个月时间里,红十字会花费了大约350万美元用于国内的各项护理服务,总部和地方总会护理局的运营经费也达到了46.5万美元。戴维森主席在德拉诺女士去世时,高度赞扬她为护理事业作出的贡献:"她所做的事情的价值对我们整个慈善事业来说永远无法衡量。随着护士们在一战中所做的工作被人们更多地了解,对她个人工作的赞赏也会不断增加。她被认识的人深爱着。我可以这么评价德拉诺夫人:她的思想从开始到结束都不是为她自己,而是为全人类服务的。"[②]

(四)战时公共卫生与西班牙流感[③]

一战期间,由战争引发的公共卫生问题是美国红十字会关注的一个重点,因战争导致卫生条件恶化而造成的军民伤亡情况,在一定程度上比战争直接造成的伤亡更为严重。美国远离交战区,所以红十字会在美国国内参与到公共卫生防疫中的压力小于欧洲各国红十字会。但是,在战争即将结

---

① A. Z. Fish. *American Red Cross Textbook on Home Dietetics*. Philadelphia: P. Blakiston's Son &Co, 1917, p.105.

② "Jane Delano (1862—1919), Founder of the American Red Cross Nursing Service". http://www.redcross.org/museum/history/janedelano.asp.

③ 西班牙流感指的是1918—1919年蔓延全球的大流感。它源于美国内陆地区,被人们称为"西班牙流感",是因为一战期间西班牙的报纸大量报道了新暴发的流感,指出它具有高传染性、高死亡率,被人误认为流感起源于西班牙。

束时,逢“大流感”暴发,恐怖的传染力和致死率增加了红十字会的压力。由于联邦公共卫生部门在当时权力和能力有限,无法有效串联各州卫生防疫力量,而红十字会却能依靠其战时广泛分布的分会组织,在流感暴发期间,在公共卫生防疫工作中发挥重要的作用。

1918年流感病毒从美国开始向世界传播,数千万人因流感丧生。美国因感染流感而死亡的人数为55万到67.5万。诺贝尔奖获得者伯内特估计,全世界因这场流感而死亡的人数在5000万到1亿之间,当时世界人口约18亿,其死亡率高达5%。[①]大流感第一波病毒在美国堪萨斯州哈斯克尔县(Haskell County,Kansas)被发现,劳瑞·迈纳(Loring Miner)博士向公共卫生部发出了“重流感”的警告。[②]由于该县某些患了流感的士兵被征召入伍,军营士兵的频繁调动使流感在军中迅速扩散,当时全美36个军营中有24个受流感波及,毗邻军营的30个大城市也因此受到流感的影响。但第一波流感的特征比较温和、死亡率不高,被士兵们戏称为“三日热”。第二波流感在1918年秋季暴发,由于“传代”机制,流感病菌发生变异成为致命型。这一轮流感以法国为中心,在欧洲和美国普遍传播,并在数周内传遍世界各地。受此影响,美国许多公共场所不得不暂时关闭。战争结束后,在1918年冬到1919年春,第三波流感来袭。此次流感波及范围进一步扩大,连内陆地区也无一幸免,许多地区灾情十分严重,阿拉斯加州的因纽特人部落因流感影响,人口几近灭绝。

在第二波流感来袭时,专家学者已经归纳出此次流感的周期性和各地交叉感染的特点。根据这一特性,红十字会和公共卫生署认为流感在全美各地达到顶峰的时间会错开。据此,他们计划将红十字会和公共卫生部的护理人员、医疗救援物资集中到最需要帮助的地方,待高峰过后再转移到下一个需要救援的地点,有效减少流感带来的破坏。为此,红十字会华盛顿总部组成了流感专门委员会。除珀森斯、德拉诺等红十字会战时救济工作的主要领导和负责人外,委员会成员中有许多是医学和公共卫生方面的专家,他们为红十字会抗击流感和防疫提供了指导意见。

在具体行动中,红十字会在名义上仍是作为辅助机构来配合美国公共卫生署开展各项工作:(1)提供流感需要的专业护理人员,支付她们的工资

---

① Niall Johnson and Jorgen Mueller. “Updating the Accounts: Global Mortality of the 1918—1920 ‘Spanish’ Influenza Pandemic”. *Bulletin of the History of Medicine, LXXVI* (Spring 1986), p.105.

② United States Department of Health and Human Services. “The Great Pandemic—The United States in 1918—1919”. http://1918.pandemicflu.gov/the_pandemic/01.htm.

和其他一切开销;(2)当地方政府不能提供紧急救援物资时,由红十字会提供;(3)在分配物资和护理人员方面,在与地方卫生当局协调时,红十字会拥有指导权;(4)红十字会受美国公共卫生部的任意调遣;(5)红十字会护理部在全国范围内招募护士,并承担其工资和一切开销;(6)红十字会注册医生受美国公共卫生部调动。

在行动中,红十字会充分利用了战时发展形成的庞大的分会网络,建立了地方分会流感委员会,包括在非感染地区。地方流感委员会由地方分会主任、主治医师、护理服务部主任(地方红十字分会护理服务部的代表)、家庭服务部主任组成。他们与地方公共卫生部一起工作,对地方可用专业护理人员和医院物资补给展开调查登记,一旦发现流感,马上调动护士进入疫区和感染者的家庭。同时,分会做好自己所在社区的组织工作,让“每个社区都要最大限度地依靠、利用自己内部的资源”[①]。

为了应对流感暴发之初美国国内民用医院医护人员的短缺,红十字会受训护士紧急动员,做好检验检疫工作。1918年9月14日,美国公共卫生署向红十字会发出了第一份请求,急需受训护士支援位于波士顿港口受流感侵袭的检疫站。在医护人员和药物资源短缺的情况下,护士的护理服务能有效减轻病人的压力,让病人放松、平静。同时,护士还懂得为病人提供良好的营养以增强免疫力等。良好的护理降低了患者的死亡率,但也有护士被传染医治无效而牺牲。据统计,有223名护士和5名营养学家在抗流感工作中牺牲。到1919年春季,红十字会为抗击大流感花费超过了200万美元。

以往普通流感易感人群是老人和儿童,但1918年大流感却是20～40岁的年轻人更容易感染和死亡,这是由于年轻人良好的免疫系统在抗流感病毒时,免疫防御应答过度,造成肺器官易损伤而导致呼吸困难。美国参战后,军队征募了几百万年轻人入伍。这些年轻士兵在前往欧洲战场前,都在全美各大“宿营地”集结训练。营地人数超负荷、环境脏乱拥挤、医疗设施简陋、各营地大规模调动,使大流感病毒在各营地肆虐传播。据统计,当时美军中每67名年轻士兵就有1人死于流感,几乎所有人都是在9月中旬发病,在10周内,都有士兵因流感丧生。[②]

由于流感病毒在军队“宿营地”集中暴发,军营医疗服务很快就不能满足需要。红十字会将部分军队营房改造成临时医院以救治更多的士兵。红

① Evelyn Berry. *“Summary of Epidemic 1918—1919”*, July 8, 1942, RG 200, 美国国家档案。

② 〔美〕约翰·M. 马里:《大流感:最致命瘟疫的史诗》,钟杨等译,上海科技教育出版社2008年版,第280～281页。

十字会从总会的军营服务部调集了大量急需的医疗物资填补军队缺口,还紧急购买了大量床单、口罩、餐具、厨房用品、拖把和刷子等物资,无偿交给军队。同时,红十字会额外招募护士来辅助军队急救服务。

为协助联邦、州和地方当局确保兵营、训练营和海军基地附近或相邻的民用区的卫生环境,红十字会组建了专门的卫生队。在战争期间,红十字会共建立了37个由细菌学家、卫生工程师、巡查员、红十字环境卫生护士以及其他受训工作人员组成的卫生队,每个卫生队的工作覆盖范围大约为1200平方英里。卫生队的主要任务是“帮助消灭某些疾病和防止其他疾病的传播”。到1919年2月28日,红十字会的这些卫生队累计进行了391756次抗伤寒接种和153543次天花疫苗接种,并开展了持续性的抗疟疾行动。此外,卫生队还进行卫生检查工作,关注重点是供水、食品供应以及污水和垃圾的处理情况。为做好卫生检查工作,红十字会进行了194250次细菌实验检测。[①]针对军队营地的情况,红十字会还建立了4个移动实验室,在流感期间帮助军队营地进行细菌检测。每个实验室都配备了完善的实验仪器和设施,车上配有专门的细菌学家。每辆实验车都时刻准备被迅速派遣到那些因暴发流行病而需要专门细菌试验工作的军营或基地。

红十字会为了保证军队营地中的卫生状况还提供了保洁服务。早在1917年10月,红十字会就建立了保洁服务局,负责维持军事营地和海军基地及周边的卫生,预防流行病的传播。由于军营附近有几万士兵驻扎,卫生生态遭到破坏,特别是美国公共卫生当局没有及时在营地增加公共卫生设施,众多营地成为卫生防疫的盲区。红十字会在14个州的20个军事基地附近出资成立了很多保洁队,由卫生部官员监管。大流感期间,保洁队承担了军队营地的消毒和医用设施清洁等诸多任务。

在流感肆虐军队营地时,美国民众也不断有人因流感而丧生。1918年11月2日,美国公共卫生部公布的统计数字中,死于大流感和流感引起的继发性肺炎的人数已达到了11.5万。针对流感暴发期间民众的救援工作,红十字会迅速在有条件的社区设立了临时流感病房,配备医护人员,学校、兵工厂、铁路站和乡间俱乐部都被红十字会征用,作为实施紧急医疗救援之地。庞大的分会组织在红十字会的抗流感工作中大放异彩,各分会提供了超过1.8万名护士和其他工作人员来照顾流感病患,还有康复屋和食堂为隔

---

① American Red Cross War Council. *The Work of the American Red Cross during the War: A Statement of Finances and Accomplishments for the Period July 1, 1917 to February 28, 1919*. Washington, D.C.: American Red Cross, Oct. 1919, pp.38—39.

离患者提供食物和其他必需品。

二、战时海外救援行动

尽管一战救援并非美国红十字会首次在海外展开的救援行动，但毋庸置疑，一战中红十字会所面对的工作范围之广、责任之重，远超其之前所进行的任何海外行动。“带着集中海外救援组织的行动，促进对军队工作的想法，潘兴将军授权红十字会作为唯一的海外救援团体。”[①]在稳定、资源丰富的后方支持下和海外红十字会人员的努力下，美国红十字会战时海外行动取得了巨大的成就，主要体现在对海外参战美军的救援和服务，以及对其他参战国军民的救援。战争期间，美国红十字会共在25个国家开展过行动，其中主要为法国、意大利、比利时、瑞士、俄国、罗马尼亚和塞尔维亚等。

(一) 海外委员会的建立

美国红十字会的海外行动主要由各海外委员会负责，委员们被分别派往法国、意大利、俄国、罗马尼亚、塞尔维亚等地。由于法国战场在整个战争中所处的重要地位，美国红十字会的驻欧总部就设在法国巴黎，为法国提供的服务比较完备。与此相比，红十字会在欧洲其他国家的救援只是“法国救援的缩小版”。

1917年6月13日，由格雷森·M.墨菲领导的法国委员会18人抵达法国。为了能够在复杂的战场环境中推动红十字会行动，委员会的成员均是银行、福利、建筑、运输及组织方面的专家。[②]抵达法国后不久，委员会便开始同法国当局和救援社团接触，了解法国当时的情况和需要，制定相应的救援计划。在委员会接触的所有救援社团中，由美国驻法大使麦伦·赫里克在巴黎组织的“美国救济结算所”，把其拥有的法国政府批准的越洋授权移交给委员会，同时移交的还有其拥有的物资、工作人员和资产。委员会的一位成员对此称赞道：“如果没有这些援助，红十字会永远也不可能在当时完成它所做的一切。”[③]红十字会的活动在法国逐渐展开，“所有在法国的现存的美国私人救援机构和社团，在法国政府和美国总统的希望下，被邀尽可能彻

---

① Henry P. Davison. *The American Red Cross in the Great War*. New York: The Macmillan Company, 1921, p.146.

② Fisher Ames. Jr.. *American Red Cross Work among the French People*. New York: The Macmillan Company, 1921, p.10.

③ Fisher Ames, Jr.. *American Red Cross Work among the French People*. New York: The Macmillan Company, 1921, p.ix－x.

底并入红十字会”[①]。整合这些组织和机构所拥有的资源和信息，使红十字会在法国的工作有了良好的开端和基础。

在法国，委员会设立了3个主要部门，分别负责军队事务、平民事务和欧洲活动管理，在此基础上设立了诸多分局，应对不同活动的各种需求。红十字会在法国工作的主要方针是通过支持和帮助法国国家机构来援助法国人民。在战争委员会执掌红十字会的20个月间，划拨给法国委员会的现金超过5700万美元，加上从美国运往法国的救援物资，在法国的援助支出可达9500万美元。[②]从1919年1月开始，红十字会才逐步退出在法国的各项救援工作。

随着在欧洲工作的全面开展，美国红十字会还分别向意大利、俄国、希腊、罗马尼亚、塞尔维亚及巴勒斯坦和近东地区派出委员会，指导各个地区的工作。总的来说，美国红十字会在欧洲提供的服务基本上都是军队服务和平民救援两方面，但活动的完整性和多样性不如在法国的。这是由于这些地区不同的战时状态影响了红十字会的工作开展，如比利时、塞尔维亚、罗马尼亚等国在红十字会进入开展救援工作时，它们的领土大部分都被敌军占领，而俄国革命正在进行。根据各国和各地区的不同情况，美国红十字会各个委员会展开工作的形式也各有不同。如在比利时，美国红十字会的工作是在法国委员会指导下进行，主要通过援助比利时红十字会以及其他救援组织开展工作。在俄国，委员会同俄国临时政府、红十字会、俄军卫生部门以及地方自治组织联盟等都进行过合作。在意大利，委员会将意大利划分成不同区域，派代表作为区域负责人统领所有部门，并赋予这些区域代表较大独立性。[③]例如，同法国一样，驻意大使托马斯·尼尔森·佩吉也在罗马号召建立了“美国救济结算所”，美国红十字会给予该所援助，并授权该所作为其在意大利的代表，“在两年多的时间里，这是在意大利唯一有组织的美国救援行为”[④]。卡波雷托战役后，面对意大利战败后军民的物资和心理

---

① Fisher Ames, Jr.. *American Red Cross Work among the French People*. New York: The Macmillan Company, 1921, p.13.

② American Red Cross War Council. *The Work of the American Red Cross during the War: A Statement of Finances and Accomplishments for the Period July 1, 1917 to February 28, 1919*. Washington, D.C.: American Red Cross, Oct. 1919, pp.50—51.

③ Charles M. Bakewell. *The Story of the American Red Cross in Italy*. New York: The Macmillan Company, 1920, p38.

④ Charles M. Bakewell. *The Story of the American Red Cross in Italy*. New York: The Macmillan Company, 1920, pp.14—15.

需求,法国委员会先后派出紧急委员会和长期委员会负责在意大利的所有行动。

无论形式如何,在各个委员会的指导下,美国红十字会在各地开展的工作,对于当地的军队和受战争影响的民众,都有非常重要的意义。为了支持这些国家和地区,战争委员会对红十字会在欧洲(除法国外)地区拨款超过6300万美元,从美国运往欧洲的救援物资价值约为1200万美元。①

美国红十字会在海外救援的现金超过了救援物资的价值,原因是战时各国的对外交通都不同程度地受到了破坏,所以红十字会在欧洲直接购买救援所需物资,"在无限制潜艇战和运输负担过重的日子里,不从美国运送任何能在大洋彼岸买到的东西成为一条铁律"②。最初,美国红十字会瞄准的是法国市场,但由于限制条件太多,很快转向英国市场,并取得了和英国红十字会同等的购买条件。除英法市场外,负责意大利和罗马尼亚等地的海外委员会在开展救援工作时,也在意大利等购买过救援物资。为了合理购买所需物资,红十字会制定了详细的标准化物资表,有的放矢进行购买,如法国委员会将所需物资细分为470多种。③用美国国内募集的资金在海外市场购买救援物资,是美国红十字会海外救援工作的一大特点。

(二) 军队救援服务

当美国宣布参战,1917年6月,远征军司令潘兴率领第一批美国军队在法国登陆后,美国红十字会在海外的救援活动性质发生了一些变化。

首先,美国红十字会行动的形式与性质发生了一些变化。自美国宣布参战后,红十字会在欧洲的行动从对战争双方恪守中立的对等援助,转变为仅辅助美国及协约国军队,为其提供必要的军队服务。同时,红十字会在欧洲提供的服务也由原先的国际援助变为《红十字会宪章》规定的义务。红十字会在战场上的主要任务是为伤残士兵提供医疗救治服务,这种救治是依靠红十字会征召的医护人员来完成的。根据1906年《日内瓦公约》相关条款的规定,当医护人员落入敌手后,只要他们未被"用来实施对敌人有害的行为",俘虏一方便有归还被俘医护人员的义务。这表明在1906年《日内瓦

---

① American Red Cross War Council. *The Work of the American Red Cross during the War: A Statement of Finances and Accomplishments for the Period July 1, 1917 to February 28, 1919*. Washington, D.C.: American Red Cross, Oct. 1919, p.65.

② Henry P. Davison. *The American Red Cross in the Great War*. New York: The Macmillan Company, 1921, p.114.

③ Henry P. Davison. *The American Red Cross in the Great War*. New York: The Macmillan Company, 1921, p.158.

公约》中,承认了受其保护的医护人员是可以在拥有国家立场的情况下提供战地救治服务的。在1914年9月21日,一战爆发之初,国际红十字委员会还曾发布公告呼吁冲突中的各国红十字会为其国家提供援助。[①]

其次,美国红十字会在海外提供的救援与服务的规模远比以前更多、更大。例如,红十字会在美国本土累计筹集了约4亿美元的资金和物资,在战争委员会指导下,超过2.7亿的资金和物资是红十字会的战时救援费用,其中56%用于海外救援。[②]这些救援物资主要用于为美军士兵提供服务,同时照顾盟国军民。

美国红十字会在欧洲战场为军队提供的救援与服务,迎合了战场中军队的需求,与在美国国内为军队服务的侧重点不同。战争给军队士兵带来了重大伤亡,红十字会提供的医院及医疗相关服务有着极其重要的战略意义。1917年6月,当第一批美国军队抵达法国后不久,红十字会便开始组建后方医院。在54家海外医院中,在法国建立了24家,在英国建立了13家。这些医院由美国红十字会和美国陆军共同负责,红十字会提供管理人员和设备,军方提供医护人员。在实际运营中,不少后方医院是由红十字会全权负责的。在对待伤病员方面,美国红十字会比其他国家的红十字会更强调广泛性,后方医院除收治美国伤兵外,也收治法国、英国、苏格兰、爱尔兰、阿尔及利亚、毛里塔尼亚、苏丹甚至日本的伤兵,而英国和加拿大的红十字会医院主要接收英国及英联邦成员国的伤员。[③]

海外救援医院中的医护人员都有相当专业的经验,医院中物资又比较充足,设备配套也较为齐全,这为治疗伤残士兵提供了有效保障,降低了士兵的死亡率。有记录显示:第32号后方医院中,病人的死亡率仅为1.22%,有的医院在毒气战后收治了几千名中毒士兵,经过治疗最终仅2人死亡。为减轻各大医院的负担,红十字会开设了医务室(Infirmaries)和诊疗所(Dispensaries),为轻伤士兵提供医疗服务。红十字会为那些不再需要必要医院护理但尚未完全康复的美军士兵建立了康复屋,提供娱乐和休闲服务,还建立食堂为病患提供食物。

红十字会还承担为美军和盟军医院提供医院物资补给的任务。这些物

---

① Lindsey Cameron. "The ICRC in the First World War: Unwavering Belief in the Power of Law?". *International Review of the Red Cross*(2015),97(900), pp.1099—1120.

② American Red Cross War Council. *The Work of the American Red Cross during the War: A Statement of Finances and Accomplishments for the Period July 1, 1917 to February 28, 1919*. Washington, D.C.: American Red Cross, Oct. 1919, pp.2—3.

③ Mary M. Moore. *The Maple Leaf's Red Cross*. Skeffington& Son,LTD, 1919, p.120.

资包括帐篷、便携式洗衣房、消毒机、灭菌器、夹板以及麻醉用的一氧化二氮等。截至1919年2月28日,红十字会为法国境内的3780家医疗机构提供了数百种、百万件、重量超过382万磅的救济物资。在盟军医院中,红十字会安排了一些美国护士,避免美军士兵因语言不通而得不到有效救治。此外,红十字会救护车队负责将前线受伤士兵运送至后方医院,以及疏散医院的病人并将之转移至铁路转运点等待送往别的医院治疗等。①

在提供或协助提供医院服务的基础上,红十字会为海外伤残士兵提供了与为美国国内伤残士兵提供的类似的营地服务、家庭服务等各项服务。例如,开辟医院农场和菜园,在医院开设休闲小屋,为康复中的士兵提供电影、书、期刊等,提供写信的用品,为士兵联系家人,为士兵家人送去有关士兵的信息,把战死并安葬在法国的士兵信息及时告诉他们的家人,为经济困难的士兵和家人提供经济援助等。

食堂服务是红十字会海外军队服务中的另一重要组成部分,其中以法国的食堂服务最具代表性。美国红十字会在法国建立的食堂被称作"双旗食堂",因为这些食堂同时挂有三色旗和星条旗。"双旗食堂"分为三种:便于移动的前线食堂,在临近前线交通线上的食堂,在巴黎、里昂、奥尔良等开设的都会食堂。前线食堂主要为士兵提供热饮,前线共开设了22处,另有6处开设在前哨当中。交通线食堂共75处,为调动中的美军和盟军士兵提供餐食、点心、浴室,为有伤病的士兵提供休养场所。都会食堂主要为驻扎在附近的美军和法军士兵提供食物及住所服务,仅在巴黎都会区,红十字会就开设了13处都会食堂,全力或部分资助了12家法国人开设的食堂。除以上三类食堂,还专门为美军开设了4处空军食堂和16处疏散医院食堂。②

为了保证在各地提供的服务都能够得到有序的物资供应,美国红十字会通过与受援助各国政府和军队合作,建立起庞大的仓储及运输系统。在法国巴黎,设有12处仓库用以囤放物资,到1918年夏,库存达10万吨,整个仓储系统的工作人员有125名,运输系统的工作人员400名。在法国的每个港口均有运输点,每天可运输物资350吨。在意大利,美国红十字会建立了59个仓库囤放物资,在罗马建立了专门的医疗仓,为意大利军队和民用综合医院提供所需物资。在瑞士仓库,囤放了大量物资,满足战俘需要。为了及

---

① Henry P. Davison. *The American Red Cross in the Great War*. New York: The Macmillan Company, 1921, p.211.

② Fisher Ames. Jr.. *American Red Cross Work among the French People*. New York: The Macmillan Company, 1921, p.31.

时将救援物资运往各地,美国红十字会还在各国组建运输车队:在法国,征集了400辆车,其中包括250辆型号不同的卡车,雇用休假中的士兵担任司机,保障物资输送网的畅通;在意大利,建立了货运车队,确保战时物资运输的及时有效,“有时,红十字会卡车还用于帮助运送军队物资”[①]。纵贯欧亚的西伯利亚大铁路是美国红十字会向俄国、罗马尼亚等国运送物资的重要线路,红十字会与在俄的美国铁路委员会合作,解决重要运输线上的问题。

根据《日内瓦公约》的相关条约,为战俘提供救援服务是红十字会战时的重要职责之一。在一战期间,这项工作主要在瑞士展开。到1918年11月30日,红十字会累计为关押在72个战俘集中营的3604名战俘(包括美军和盟国士兵)提供各类服务,包括提供食物、衣服,让战俘与家人和朋友保持联系等。在提供战俘服务的过程中,红十字会还作为中间人或代理人为别国政府处理战俘问题提供帮助,例如,红十字会曾帮助塞尔维亚政府代购价值380万的物品,分发给在瑞士的塞尔维亚战俘。[②]

(三) 民间救援服务

民间救援工作的价值并不小于对军队服务的工作,因为民众是“内部战线”。美国红十字会在欧洲进行的民间救援服务对象覆盖面很广,包括流离失所的难民、有困难的士兵家属、缺乏物资的偏远乡村居民等,其中又以对难民的救助服务最为复杂。在比利时和俄国,美国红十字会对民众的救援更突出一些,在法国开展的民间救援与军队服务分量几乎等同。

进驻法国的美国红十字委员会在法国当局的建议下,主要解决以下几个问题:(1)关注战区之外的难民和其他无家可归的人;(2)关注被摧毁区域和战区;(3)对残疾人或伤残士兵进行治疗和抚慰;(4)对结核病进行关注和预防;(5)关注儿童福利问题。其他海外委员会陆续奔赴各国开展工作后,对民众的救援工作与法国的大同小异。

在战争期间,交战国的人民流离失所成为战争难民。在战时物资匮乏的情况下,难民大多食不果腹、衣不蔽体,且难民之中儿童和老人不少。他们长期缺乏营养,死亡人数不断增加,尤其在冬天,难民生存十分艰难。难民问题成为所在国急需解决又难以解决的问题。美国红十字会秉持人道主

---

① Henry P. Davison. *The American Red Cross in the Great War*. New York: The Macmillan Company, 1921, p.159.

② American Red Cross War Council. *The Work of the American Red Cross during the War: A Statement of Finances and Accomplishments for the Period July 1, 1917 to February 28, 1919*. Washington, D.C.: American Red Cross, Oct. 1919, pp.77—78.

义原则与各国政府合作,为难民提供了基本生活需求物资。

大规模有组织的难民救援工作最早在法国开展。1917年7月,美国红十字会委员会在法国成立了难民局,并派代表前往难民聚集地,与法国救济组织合作,建立难民食堂、防治站、诊所,以及为难民提供衣服的更衣室和仓库。法国的难民大致分为三种:单纯的难民、遣返人员和疏散人员。第一类是在战争早期从战区(主要是比利时)逃往法国南部的难民;第二类是曾生活在德占区,1916年开始被德军强制遣返至法国的难民;第三类是从瑞士、比利时边境疏散至法国的难民。[①]尽管难民类型不同,红十字会对他们的救援方式大致相同,模式参照旧金山地震后在救灾行动中奉行的理念,即"科学慈善"。首先为难民提供最基本的生活必需品;随后红十字会与当地政府合作,为难民提供一定的就业机会;最后在战争后期,在难民陆续返乡之后,为他们提供物资,支持他们在家乡的重建。也就是在为难民(灾民)提供基本生活援助的同时,积极引导其依靠自身能力恢复到正常生活状态,避免他们的过度依赖。"红十字会通过许多方式为难民提供帮助,使难民尽可能适应新的环境条件,以正常的心态重拾生活信心,让他们能够自给而不是依赖、颓废、消沉,这是十分必要的。"[②]

据统计,美国红十字会在法国援助的难民总数达到1726354人,为这些难民提供了996处住所,开设了8处难民食堂和68个工坊。在意大利,美国红十字会为5个难民集中区(Refugee Colonies)2774名难民提供集中服务。在意大利开设的食堂有50处,工坊有88处。在比利时,美国红十字会通过资助近150家救济机构,为留在未被德军占领区域的约9万名比利时人提供了医疗、住宿及食物。在寒冷的西伯利亚,美国红十字会为难民提供了约7000份食物,安置了近千名难民,并在海参崴开设了2间缝纫室、1间编织房和裁缝店,缝纫室在1918年12月做出了6500件外套。[③]

美国红十字会在欧洲进行的所有民间救济行动中,最引人注目的是对儿童福利的关注。美国红十字会在巴黎、里昂、波尔多、图卢兹、第戎等大城市为受战争影响的儿童开设了诊疗所、收容所、育婴堂等,为食物不足、营养不良和缺少医疗护理的儿童提供了相应关怀服务。在对法国儿童救援期

① Fisher Amers, Jr.. *American Red Cross Work among the French People*. New York: The Macmillan Company, 1921, pp.64—71.

② Charles M. Bakewell. *The Story of the American Red Cross in Italy*. New York: The Macmillan Company, 1920, p.39.

③ Charles M. Bakewell. *The Story of the American Red Cross in Italy*. New York: The Macmillan Company, 1920, p.40.

间,美国远征军的官方报纸报道美国远征军士兵以个人或集体的名义认养了超过2000名战争孤儿,红十字会参与了对战争孤儿的认养工作。

对意大利儿童的救援工作在整个援助行动中令人瞩目。在援意期间,美国红十字会与意大利政府合作,累计帮助了154704名儿童,通过意大利救济组织直接提供服务,提供食物和衣服,还包括组织夏令营,开设孤儿院、日间托儿所、工业学校,建立游戏场地和健康中心等,为意大利儿童提供了类似和平时期的福利救援。1918年8月,在意大利创建了儿童健康局,目的是"扩大红十字会对儿童的帮助和影响"[①]。

在比利时的儿童救援工作中,美国红十字会直接疏散了2万名儿童,其中8000人被安置在法国、2000人被安置在瑞士,剩下1万人被安置在荷兰。在未被占领区,红十字会资助了近70家机构,从事儿童救援工作,包括救治婴儿、为儿童提供牛奶和衣服等。红十字会在比利时的负责人墨菲曾谈及儿童救助工作的意义:"对儿童的救援,不仅是美国红十字会工作的亮点,也是拯救比利时未来的有效手段。"[②]红十字会对俄国儿童也提供了大量牛奶制品,仅在1918年的冬春季间,就分发了4.5万罐炼乳,帮助了2.5万名婴儿。[③]

对欧洲民众的服务,还包括对残疾士兵的照顾与抚慰。面对因战争而伤残的军人,美国红十字会在1917年7月建立了残疾人士再教育局,开办了使伤残军人拥有力所能及的职业技能的再教育学校,鼓励他们重拾信心,回归正常生活。根据法国的政策,士兵一旦从部队退役,发给其妻儿的军属补助就立即停发。红十字会据此决定:在士兵退役后,立即给予暂时性的救济。对于那些患有结核病和无力找到工作的退役者,则给予长期帮助。所谓长期帮助,就是进行职业再教育。1918年2月,红十字会在图尔附近开设了一家农业中心,为伤残士兵提供有关农业生产的科学训练,课程包括禽畜养殖、乳制品制作、市场园艺、拖拉机的操作与修理等。与此同时,红十字会还为600名法国伤残士兵装了义肢,在巴黎附近建立了一家生产义肢的工

---

① Charles M. Bakewell. *The Story of the American Red Cross in Italy*. New York: The Macmillan Company, 1920, p.101.

② American National Red Cross. *The Work of the American Red Cross, Report by the War Council of Appropriations and Activities from Outbreak of War to November 1, 1917*. Washington, D.C., 1917, p.120.

③ American Red Cross War Council. *The Work of the American Red Cross during the War: A Statement of Finances and Accomplishments for the Period July 1, 1917 to February 28, 1919*. Washington, D.C.: American Red Cross, Oct. 1919, p.82.

厂。在1918年12月左右,红十字会在义肢方面的工作和经验还引起了希腊政府的注意,并被询问能否为希腊残疾人提供该方面的援助。为了恢复面部受伤的士兵重新融入社会的信心,红十字会还开设面具工坊为他们定制面具。[①] 红十字会对残疾人开展的再教育运动,调动了伤残人士重新面对生活的积极性。此运动得到了法国卫生机构的赞赏。

另外,美国红十字会从战争基金中拨付100万美元用于法国伤残士兵家庭的救助。救助活动通过由市民代表组成的非政府机构进行,截至1919年2月28日,共有8.7万多个法国家庭通过此得到了救助。同时,红十字会还通过其行动网络,为现役士兵的家人送去士兵津贴支票。

在防治结核病方面,美国红十字会的成绩也比较显著。作为战争的直接后果之一,结核病在欧洲大陆蔓延。据统计,仅在法国,1917年感染结核病的人已达到50万。[②] 在这种情况下,红十字会与洛克菲勒基金会合作,成立了防治结核病委员会。洛克菲勒基金会主要负责行政开支,红十字会负责提供医疗救护人员和物资。防治结核病委员会总部设在巴黎,通过4个流动服务站进行结核病防治的宣传教育。在流动站建立初期,委员会拨付一定的启动资金。当业务走上正轨后,改由地方财政支付。鉴于红十字会在结核病防治方面的领导作用,美国的战争结核病协会于1917年并入红十字会。除了直接的医疗救助活动,红十字会战时委员会还为法国的医疗研究拨了10万美元。法国委员会报告称:"如果这些研究获得成功,不仅可以为治疗提供新的方法,对今后医学的发展也将大有益处。"[③]除法国外,美国红十字会在其他国家或地区也开展了广泛的抗结核病工作,在意大利建立了专门的防治结核病部门,负责相应的工作。战后,该部门还帮助意大利官方构建了主要针对结核病等传染疾病的战后公共卫生体系。[④]

红十字会对民众的救援工作一般应在战争结束后三个月全部停止,美国红十字会在欧洲各国的行动普遍持续到停战协议签署之后。在巴黎和会

---

① Fisher Amers, Jr.. *American Red Cross Work among the French People*. New York: The Macmillan Company, 1921,pp.50—54.

② American National Red Cross. *The Work of the American Red Cross, Report by the War Council of Appropriations and Activities from Outbreak of War to November 1, 1917*. Washington, D.C.,1917, p.110.

③ American National Red Cross. *The Work of the American Red Cross, Report by the War Council of Appropriations and Activities from Outbreak of War to November 1, 1917*. Washington, D.C.,1917, p.99.

④ Charles M. Bakewell. *The Story of the American Red Cross in Italy*. New York: The Macmillan Company, 1920, pp.204—206.

之后,威尔逊主义宣告破产,美国国内“孤立主义”重新占据上风,美国红十字会在1919年初后开始迅速撤离欧洲。其中,1919年1月撤出法国,1919年3月撤出意大利,几乎同时撤出比利时。由于1918年3月罗马尼亚与德国单独媾和,所以红十字会最早撤出罗马尼亚,并将未分发完的救援物资转交给了罗马尼亚政府和其他救援组织。从其他国家撤出时,红十字会也将剩余物资全部转交给了当地政府或相关救援组织。

美国红十字会在海外救援行动中所取得的卓越成就,使它在国际社会中获得了极佳的宣传口碑,推动了它在战后的持续发展。

三、战场救护的重要性

红十字会的创立源于战场救护,伤兵救护成为红十字国际组织成立的起因。1859年,法国和奥匈帝国在意大利北部交战,瑞士商人亨利·杜南为生意前往交战地晋见指挥作战的法皇拿破仑三世。6月,他途经索尔费里诺,目睹战争结束后4万多名死伤士兵被遗弃,伤兵们都在烈日蒸晒下无助地呻吟嚎叫。看到如此惨状,他立即动员组织当地的居民(包括医生和护士),收容和安置了4000多名伤兵,展开了力所能及的救护和治疗。当杜南返回日内瓦后,立即着手撰写他的名著《索尔费里诺回忆录》,并于1862年11月自费出版,分别送给他的朋友和欧洲各国的君主和政要。1863年2月9日,在杜南的呼吁下,伤兵救护国际委员会的五人委员会在日内瓦成立,瑞士陆军总司令杜福尔将军担任主席,杜南担任秘书。1864年8月8日到22日,瑞士联邦委员会和法国政府联合召集举行日内瓦外交代表会议,其中有12名特命全权代表。本次会议促成了改善战地武装部队伤者境遇的《日内瓦公约》的通过。杜南成为“红十字会之父”。

1914年在欧洲爆发的战争使世界局势动荡不安。当时人们还无法预知不久的将来还会爆发一场更大规模的世界大战,所以第一次世界大战成为当时历史上最残酷的血腥之战。美国人惶恐地观望着,以为战争离他们还远。殊不知,他们大错特错了,因为从美西战争开始,美国已经深深卷入了世界事务。1917年,美国就组建并派遣了远征军,奔赴欧洲参战,这是美军史上第一次大批陆军和海军赴海外长期作战。

第一次世界大战在当时是历史上最野蛮的人类冲突,血腥程度超出想象,战场伤兵不计其数。战场环境十分恶劣,躲在战壕里的士兵不断遭到轰炸、炮击,侥幸活下来的士兵不是残了就是伤了,战争不停,伤亡率还会不断增加。即使在战斗的间歇,战壕里也是空气污浊、遍地泥泞、鼠疫成灾、令人窒息。这时的战场救护十分迫切和重要!

红十字会就是为战地而生的,杜南创立红十字会组织的初心就是进行战地救护,他们伸出人道主义的双手,把伤兵一个个从死亡线上拉回来。红十字会不能阻止世界上那些为争夺财富、资源和控制反控制的人所挑起的武力冲突和战争,但战场救护可以挽救士兵的生命、减少士兵的伤亡,可以发扬光大人道主义,也许还可以对战争进程产生一定的影响。美国红十字会本着杜南创建组织的初心,带着《红十字会宪章》赋予的使命,如天使般来到第一次世界大战的战场。就是这些有的直接到达前线、有的被分配到战地医院的“战地天使”,不辞辛劳为参战美军及海外军队的伤兵提供战场救护服务。综观红十字会的发展史,战地救护就是它的初心,也是它工作的核心和灵魂。

第四章　一战后的转向
——第三次改革（1919—1938）

1919年1月18日，巴黎和会召开。威尔逊总统为首等草拟《国际联盟盟约》，致力建立国际联盟。美国红十字会和整个国家一样，需要把工作重心从战时恢复到和平时期。战争结束，美国红十字会面临着完全恢复到战前还是维持在战时已经扩大的规模的选择。战争结束，军队自然被遣散、政府战时机构自然被撤销，但战争委员会认为，红十字会并非只是一个战时机构，非但不能恢复到战前的状况，而且还应该扩大。战争委员会主席戴维森在停战几周后宣布："红十字会的工作，将以更大的规模向前推进——不仅仅是像以前那样，为了战争中的救护，而是作为一个和平机构和永久的人类服务机构。"[①] 戴维森希望各国红十字会如同国家间建立国际联盟一样，组成红十字会联盟，参与"一个为人类利益而开展长期活动的计划"。威尔逊总统立即批准了戴维森的计划，把美国红十字会的工作扩大到"国际公共卫生和流行病预防"方面。但是，战后美国的"孤立主义"浪潮日益高涨，戴维森的宏大计划如同美国没有参加国际联盟一样，并没有实现。

战争委员会的使命已经结束，威尔逊总统任命原战争委员会成员利文斯顿·法兰德（Livingston Farrand）为美国红十字会新主席，塔夫脱辞去主席职务。新主席法兰德上任后表示，他对红十字会未来工作的设想与戴维森的设想相同，红十字会战后的工作，除了继续原来的救灾活动以外，开始向公共卫生和家庭福利领域拓展，战后工作的转向与当时美国"福利资本主义"的兴起是相关的。一战给美国经济发展带来了空前的机会，但经济的快速发展也伴随着贫富不均现象的出现，为了防止工人骚乱和工人运动，一些雇主采取"福利资本主义"稳定劳工队伍，资本家开始缩短工时，提高工资，创建带薪休假和养老金制度。虽然福利资本主义并没有帮助工人夺得自己

---

① Henry P. Davison. *The American Red Cross in the Great War*. New York：The Macmillan Company，1921，p.86.

命运的掌控权,但给工人带来了重要的经济福利,受社会认可。红十字会在战后工作中向福利领域拓展,主要是帮助退伍军人重新融入社会,安抚他们受战争创伤的情绪,提高他们的生活质量,在一定程度上与福利资本主义有异曲同工之处。

第一节　战争委员会使命结束

1919年2月28日,战争委员会正式解散,美国红十字会的领导权回归红十字中央委员会。虽然有许多熟悉战时工作的人继续留在红十字会总部工作,但具体业务人员几乎全部离职。红十字会作为战时一个伟大的志愿机构,使无数志愿者在其活动中发挥了爱国热情。战争的结束,免除了战争强加给人们的责任,从红十字会总部的管理人员到最小城镇和村庄分会支部的工作人员,这些志愿者们纷纷返回家园重新开启自己被战争打断的生活。但战后红十字会的工作不是收缩而是扩大,需要更多带薪工作人员。作为一个主要由志愿人员管理的组织,它传统的管理特征在战时已经发生了改变。1914年红十字会总部的工作人员中只有不到100名有薪雇员,他们的月薪总额不足1.2万美元,到1919年有9000多名带薪雇员,美国全国带薪雇员每月工资总额远远超过了100万美元。①这个数据的增长充分说明了红十字会在短短5年中的发展和变化。

一、新主席法兰德

法兰德被威尔逊总统任命为美国红十字会中央委员会主席时是52岁,他有经历、有经验、有精力、有魄力。长期以来,他一直积极从事教育工作和社会服务工作。他曾在哥伦比亚大学任教11年,先后教授心理学和人类学课程,1914年被选为科罗拉多大学校长。更重要的是,他对一般保健和福利工作有浓厚的兴趣,这种兴趣随着他的研究而进一步加强。他在美国国家结核病研究和预防协会(National Association for the Study and Prevention of Tuberculosis)担任了9年的执行秘书。在一战期间,他被洛克菲勒基金会派往法国,参与国际卫生理事会(International Health Board)的工作。他频繁参与公共卫生和预防医学方面的活动,为红十字会未来在这些领域中的拓展奠定了基础。

① Marian B. Clausen. *The American Red Cross from 1919 to 1939*. New York: The Macmillan Company, 1940, p.10.

红十字中央委员会中那些赞成红十字会应该回归到战前状态的委员们是反对法兰德担任主席的,认为他野心太大,而且他是第一个领薪水的红十字会主席,他的上任象征着红十字会有走向专业社会工作组织的趋势,这一趋势有悖于巴顿创立红十字会的志愿精神。但是,红十字会中的企业家们,如比克内尔这样有影响力的红十字会"老兵"却认为这次任命是非常明智的。他们认为新主席是一个能干的人,聪明、善于交际、和蔼可亲,对他的工作能力充满信心。当然,要运转红十字会这个庞大而复杂的机器并非易事,法兰德实际上只担任了两年的主席,他于1921年辞职,后去康奈尔大学当校长了。

二、战后扩大政策

法兰德担任美国红十字会主席后,面临着红十字会是扩大还是收缩的问题。战争结束后,摆在领导人面前的问题是红十字会靠什么继续赢得公众的支持。很明显,战后公众情绪发生了变化,很多人开始怀疑大众是否还能支持红十字会的拓展工作。美国人已经把自己的注意力转向自己的个人事务,渴望回到正常的商业活动中去谋生挣钱。国际上战胜国正在为战后利益争吵不休,而各国国内劳工正在为他们的权利和特权进行斗争。这时呼吁为人道主义运动作出进一步的大规模贡献显得有点乏力。美国战时的爱国主义、理想主义正在被战后的物质主义取代。

最明显的例子要数美国红十字会1919年11月发起的战后第一次筹款运动。该运动目标是2500万美元,但被战争和大流感搞得筋疲力尽的公众的捐款热情大大减退,正如一位社会工作者指出,人们已经厌倦了慈善机构"无休止的捐款轰炸"。结果此次筹款只筹到1500万美元,还引发了公众对红十字会管理不善和浪费的指控,当时的《纽约美国人》杂志称美国红十字会是一个"冷血、高度专业化的慈善信托机构"[①]。

法兰德并没有因为大众捐款热情下降而气馁,决心要为红十字会的发展找到出路。他认为,红十字会工作项目的扩大是战时活动的自然结果,最终会赢得公众的支持。尽管物质主义抬头,但红十字会的战后工作应扩大而不是收缩。新主席越来越相信,公共卫生是红十字会活动的扩大领域,关心公众健康与经济繁荣时期政府的关注一致。根据扩大的宗旨,法兰德提出了一个雄心勃勃的项目,那就是红十字会战后的工作除了服务于退伍军人和战争难民项目外,还要开展公共卫生护理和家庭福利工作,把工作重点从满足士兵家庭生活需要,转移到"丰富生活和改善当地条件"方面。红十

① *New York American*, May 25, 1921.

字会不再只是“一个昏昏欲睡的巨人,只会被火、剑、风暴和洪水——天灾、战争和瘟疫所唤醒,而是一个长期的人类健康促进者”[①]。

提高公共卫生护理水平,可以提高国民身体素质。当时美国年轻人的身体健康素质令人担忧,这种担忧反映在几个方面。首先,在战时应征入伍者体检时发现,年轻人的健康指标实在不能令人满意,有部分人因身体原因不能入伍;其次,大流感中,年轻人成为受感染的高危人群,重大伤亡人数中年轻人比例不小;另外,每年有成千上万的适龄母亲死于难产,而一岁以下婴儿的死亡人数更多;还有成千上万的人在壮年时死于可预防的疾病,这些都表明国民身体健康指标普遍偏低。红十字会认为,健康问题使国家面临“持续不断的灾难”,这对红十字会是一项至关重要的挑战,只有通过公共卫生帮助全国人民摆脱疾病,才能获得更好的生活条件。

当美国红十字会提出涉足公共卫生领域时,美国公共卫生服务部的卫生局局长正急于争取与红十字会的合作,特别是在没有其他公共卫生服务机构的农村地区,更需要与红十字会的合作。《纽约美国人》表示,红十字会找到了“一个新的活动领域,使它比仅仅作为一个救助机构,或者主要作为一个救助机构,更能为人类服务”[②]。《展望》(*Outlook*)杂志提出:“我们必须认识到,我们有自己的边远地区,我们有自己的原住民……他们和欧洲的人一样需要卫生教育。红十字会拓展的活动是最好的美国精神的实践。”[③]

正是战后政策的转变,美国红十字会总部正式宣布,在和平时期,美国的公共卫生将成为红十字会关注的主要问题。红十字中央委员会在制定新规划时,明确了涉足新领域的管理运行的基本原则,并表示:红十字会无意在这个新领域取代其他国家或私人机构。红十字会的目的是“补充、加强和支持”其他机构正在做的事情。它的职能主要是教育、实验和宣传。当其他机构能够接管红十字会率先开展并证明可以完成的工作时,红十字会就会撤出,转而开展新的活动。

在红十字会总部的指导下,各分会在发展自己的地方卫生项目方面将保留很大的自主权。中央委员会宣布,红十字会在公共卫生领域的拓展工作,包括发展社区卫生中心,促进农村卫生,预防结核病、性病和精神疾病,保护儿童生命和全民健康教育。

---

① Foster Rhea Dulles. *American Red Cross: A History*. New York: Harper & Brothers Publishers, 1950, p.219.

② *New York American*, Jul. 21, 1921.

③ *Outlook*, Apr. 6, 1920.

与此同时,美国红十字会公共卫生领域的工作,正通过开展公共卫生护理、家庭卫生和病人护理课程、开展营养教育和组织社区卫生中心等实施。红十字会除了战前在城镇和乡村有些有限的护理方面的经验外,一切都是新业务。红十字会工作的基础和支柱是护理服务,特别强调在农村和半农半城的护理服务。有人宣称,整个现代卫生运动都建立在充分发展公共卫生护理基础之上。

家庭福利工作是美国红十字会拓展的另一项工作。家庭福利原来主要面向退伍军人,停战后陆军和海军都要求红十字会延续这项工作,还要坚持营地服务。虽然物资供应的分配已不再像战时那样重要,但是家庭福利活动大大增加。例如,医院服务和家庭服务都大幅增加,因为大批退伍军人,特别是那些住院或致残的退伍军人,他们要重新适应平民生活,特别需要红十字会的帮助。在1918年大流感期间,红十字会各分会就开始参与家庭服务。家庭服务作为一战后红十字会的一项长期项目,类似于小城镇和农村社区的社会工作。

红十字会活动向公共卫生领域和家庭福利领域的拓展,引起了大众的抨击,原因是红十字会干涉或替代了原来医疗卫生服务机构和社会福利机构的专业工作,这些专业工作是需要受过专业训练的工作人员承担的。但是,红十字会表示,他们无意破坏这些机构的专业作用,也不会通过使用志愿人员来破坏专业标准。相反,红十字会的目标是提高这两个领域的工作效率而不是降低标准。所以从1919年开始,红十字会一直积极参与培训更多从事公共卫生事业的护士和社会服务工作者,特别积极推进这方面的教育事业。红十字会在几所大学和学院主办社会工作课程,包括为教学、培训提供津贴或其他财政援助,为公共卫生专业的护士和社会工作者提供奖学金等。红十字会进行的教学、培训不仅仅是为了满足红十字会拓展工作的需要,也是为了解决美国全国范围内普遍缺少从事这两种职业人才的问题。

尽管如此,社会上有许多人怀疑红十字会新拓展的活动,尤其是公共卫生和社会福利机构有抵触情绪,有时甚至公开表示反对,认为红十字会不可能没有利益动机的激励。红十字会与公共卫生和社会福利机构的竞争,不可避免将产生管辖权的纠纷。

红十字会并没有被这些反对声阻止脚步,在战后的第一年里,工作人员几乎没有停止工作。按照既定"扩张而不是收缩"的方针,把新项目向前推进,希望用实际行动证明这些新项目对社会的意义。

和平时期活动调整面临的主要困难依然是资金问题。1919年初,红十字会所有账户资金约有2000万美元左右,还有大量战争盈余资金的结转。

存留的供应物资价值5300万美元,各分会资源总额3300万美元,国库中的储备金达2100万美元,共计1.27亿美元。虽然资金剩余不少,但退伍军人的救济和援助是一笔巨大的开支,红十字会各级组织的年支出远远超过年收入,全年的总支出为9500万美元,而收入为5800万美元。[①]虽然战后资金有余,但支出的速度远远超过了募捐的速度,战后第一次募捐的目标又由于公众热情减退而无法完成。

显然,美国公众对红十字会实施公共卫生计划和家庭福利计划并没有表现出在战争年代的热情。战后第一年,红十字会正在尝试使自己的活动重新适应新的和平环境的需要,内外环境都要求红十字会重新审议战后的政策。社会随后掀起了对红十字会的批评浪潮,红十字会进入了真正的战后改革阶段。

第二节　转向护理与福利

在战争期间,美国人普遍赞赏美国红十字会进行战地救援的充沛精力和有力行动,几乎听不到批评之声。但随着战后和平的实现,公众开始回顾红十字会在战时的一些活动和政府的有关政策,产生了一些质疑与批评。主要的论点是批评红十字会充当烟草"托拉斯"的代理人,向士兵分发香烟,让士兵们被迫为公众慷慨提供的物资支付费用;批评红十字会"与罗马天主教有来往";批评红十字会玩弄政治,既亲共和党又亲民主党。

一、扩大政策的批评争议

战后红十字会内外对美国红十字会的管理和扩大新政掀起了一场批评、争议热潮。批评首先来自报刊上对红十字会管理方面的质疑与批判。1920年2月,伊利诺伊州参议员谢尔曼(Sherman)指责红十字会不计后果滥用捐款,特别是将40%的资金用于支付红十字会会员的工资及其奢侈的旅行开支。类似这种指控出现在多家报刊的文章上,这些文章不仅指责红十字会铺张浪费,甚至还用"贪污""歪风邪气"等词语批评红十字会。美国最大新闻集团创始者威廉·R.赫斯特(William R. Hearst)的《纽约美国人》在1921年春夏两季的一系列文章中对红十字会进行了猛烈的抨击,特别指控

---

① Marian B. Clausen. *The American Red Cross from 1919 to 1939*. New York: The Macmillan Company, 1940, p.31.

红十字会在帮助伤残退伍军人申请政府福利方面存在欺诈行为，在处理海外援助多余财产方面存在渎职行为，许多红十字会官员与投机者“密切合作”处理援助剩余财产。赫斯特的文章谴责红十字会是一个“冷血、高度专业化的慈善信托机构”，充斥着“高价”官员和“官僚”。红十字会的战后计划也遭到抨击，称红十字会试图通过“一个接一个地接管我们政府的职能，并利用其被授予的权力来增加私人收入”[①]。还有报刊以耸人听闻的头条，报道了数百万美元被浪费、被盗、管理不当的文章，要求国会立即展开调查。纽约州众议员沃尔克（Volk）在众议院提出了支持该项调查的提议。

面对舆论的质疑与批评，红十字会总部没有采取公开行动回应，认为最明智的做法是顺其自然。对于这些质疑与批评，其他报纸并没有大肆转载，所以没有引起国会采取任何调查行动。这样的结果让公众认为，某些报刊对红十字会的抨击，主要是报业希望扩大报纸发行量而进行的炒作，所以并没有太引起重视。

但是，美国红十字会内部对红十字会财务管理和新计划也颇有微词。红十字会内部成员对战后计划和管理方法的批评、质疑非常有针对性，也最激烈。1920年夏秋，红十字会财务主管约翰·斯凯尔顿·威廉姆斯（John Skelton Williams）接连给红十字会主席法兰德和其他官员写信，提出了数百个财务问题。例如：红十字会是否有理由实施战后新计划，在全国范围内进军公共卫生领域；1919年红十字会点名招募志愿者，志愿者不踊跃是否说明民众对红十字会新计划不热情；红十字会成员是否可以对中央委员会做出的决定持保留态度；为什么专业工人可以领取巨额的薪金，有些开支是否是必要的；援欧剩余物资是否真的存放于库中；为什么不邀请博德曼参加执行委员会会议；等等。威廉姆斯反对红十字会参与美国国内任何广泛的社会福利计划，因为停战后的20个月，红十字会有太多不必要的支出，非常奢侈。他的观点反映了红十字会内部许多人的态度。

红十字会主席法兰德收到提问信件后，认真回应了威廉姆斯的指控，并详细解释了原因。毕竟资金筹措和工资问题直接关系到红十字会战后工作范围的问题，关系到红十字会提供什么样的服务。红十字会不可能完全恢复到战前规模，削减工资本来是一件简单的事情，但既然没有做出这样的决定，就意味着它将在和平时期承担更广泛和深刻的责任。

不管威廉姆斯抨击红十字会的动机是什么，他的尖锐批评引起了红十字会的重视，结合前期来自报刊其他人士的质疑与批评，以及公众支持率的

① William R. Hearst.“Red Cross Extravagant”. *New York American*, Mar. 11, 1921.

不断下降,红十字中央委员会开始对组织管理进行反思,对战后新计划重新评估。中央委员会任命新的调查委员会、特殊会计委员会进行财务程序、行政和人事调查,最终形成调查报告。这些报告称:美国红十字会的国际活动因停战而停止,国内活动强调社区、家庭的需要,并充分赞同红十字会开始扩大其在公共卫生领域的新服务。报告认可了红十字会在公共卫生护理、家庭卫生和病人护理、营养和民用家庭服务方面的工作,认为红十字会不应只是一个骨架组织,在国家出现紧急情况时才有生命和活力。相反,红十字会应该抓住每一个促进美国人民健康的机会,红十字会会因这些机会重新获得公众的热情支持。

调查报告特别指出了战后实施新计划时,必须考虑总会和各分会之间的关系变化。在战争期间,红十字会的目标完全是国家性质的,各分会在要求它们做的任何事情上都自动与总会合作。在这样的条件下,红十字会总部各部门、各局制定专门服务方案,各部门的行政管理触手不断延伸,各分会委员会积极履行各自的职责。随着战争的结束,情况发生了变化。各地需要的以社区为中心的活动已成为红十字会的重要工作,红十字会总部和各执行局的主要职能是激发分会的主动性和责任感,不再是由总部指挥、分会协助来执行一项全面的计划,而是由分会处理地方问题,红十字会总部只是进行政策指导,以使各分会努力方向一致。

为了适应这种总部与分会关系的变化,报告建议简化组织结构,建立一个生产线与管理人员(Line－and－Staff)形式的组织,即建立红十字会的员工委员会,主席负责行政,三名副主席分别负责国内业务、外国业务和财务。所有部门和局都由“事务处”取代,这些事务处的领导只能作为员工委员会的成员行使咨询职能。报告建议巩固在战争期间建立的各大区分会,简化其结构并裁减人员,确保其实际工作能力。这些改革的基本目标就是精简机构,以便提高效率和降低业务费用。

战后红十字会组织的“精简”收缩,大大削减了战时人员,大量裁减了红十字会总部和各部门的工作人员,节省了开支。虽然带薪工人与志愿者的比例大大增加,但薪水相较全国水平是较低的,到1922年6月30日,领取工资的美国红十字会工作人员已减少到不足3000人。与战时相比,运营成本削减了约三分之二,比原来降低了50%。[①]红十字会还在财务制度中引入基金制度,除捐赠基金外,所有的资金都放在一个单一的普通基金账户内,用

① Marian B. Clausen. *The American Red Cross from 1919 to 1939*. New York: The Macmillan Company, 1940, p.36.

于红十字会各个阶段的工作。

关于红十字会扩大新政的争议,在约翰·巴顿·佩恩法官(John Barton Payne)取代法兰德当选中央委员会主席后达到高潮。佩恩1855年出生,1895年被选为库克郡高级法院的法官,1917年被威尔逊总统召到华盛顿,先后成为美国航运委员会的总法律顾问和美国内政部长、法官。当佩恩被任命为红十字会主席时,他在华盛顿的政界和社交圈已经非常有名了,他那充满活力和强调个性的印记给人留下了鲜明的印象。佩恩生活节俭,是一名不拿薪水的志愿者,对人道主义事业深表同情,他是一位有能力和经验的管理者。

佩恩上台后,对红十字会扩大新政的争议主要分两个派别:一是严格的建构主义派;二是松散的建构主义派。松散的建构主义者认为红十字会发展的公共卫生和社会福利服务新活动是一项人道主义的义务,是维持红十字会生存的最好办法,是美国人民所希望的。而严格的建构主义者则极力否认公共卫生护理或家庭福利工作属于《红十字会宪章》的职能范围,坚持认为红十字会的活动应该限制在战争和灾难救援,它的“特殊职能”是在国家紧急情况下开展工作,强烈反对红十字会从自愿援助组织转变成专业社会工作者的福利组织,认为卫生和福利工作应该由其他更有效的专业机构负责,否认红十字会可以接管该项工作。

1922年,在红十字会内部的争论中,有一篇《十字路口的红十字会》的文章引起轰动。社会工作者普遍高度关注红十字会的政策,尤其重视训练有素的工人、管理者和志愿者的去留问题。如果红十字会恢复到战前状态,那么裁掉受过专业训练的人就无关紧要了;而如果红十字会继续扩展新领域,如果没有专业指导,肯定弊大于利。文章称,为了让红十字会重新发挥其在社区社会服务方面的潜力,它首先要做的是“发挥所有可能的领导作用,在任何必要的地方为他们的服务付费”。也有人认为,新领域的工作绝不能排除志愿者,但如果志愿者只是有能力提供资金的人,那红十字会很快就会成为社会上悠闲、富有群体的组织,它将不再是实行人道主义救济的一个伟大的民主机构,而是一个势利的慈善团体,不可能获得公众的支持。

在1922年秋季召开的美国全国红十字会分会的大会上,执行委员会委员博德曼表示,现在的红十字会似乎“有点迷失方向”了。前主席法兰德在大会上坚定地提出了扩大工作范围和进行专业指导的理由,他认为红十字会不应该仅仅让自己成为“一个伟大的有组织的美国慈善团体”,更应该拓展其工作范畴。

佩恩任命了一位负责美国国内事务的副主席詹姆士·L.费瑟(James L.

Fieser),费瑟对该阶段红十字会的发展产生了除佩恩以外比任何人都大的影响。他对待救济和福利活动的态度始终是依靠于训练有素的社会工作者,他坚定地支持民主和人道主义理想,认为这些理想应该贯穿所有红十字会的活动。

佩恩的政策逐步发展。在红十字会的新计划中,并不排除雇用一名长期有薪的工作人员,并且根据最高的专业标准监督所有红十字会的救济和福利活动。他表示:红十字会不能仅靠应急工作来维持,必须为美国人找一些事情来做。如果红十字会的管理是明智的,它将在任何可能的地方使用志愿者,并以某种形式以身作则,使得到报酬的工作人员具有与志愿者同样的热情和献身精神。

1922年12月13日,红十字中央委员会最终明确它拓展的工作,除坚持长期以来在和平时期活动的范围和形式外,还包括救灾和军事福利服务、促进公共卫生、开展护理计划和家庭福利服务工作等。这些工作由志愿者与训练有素的工作人员一起合作推进。

二、护理、福利项目实施

战后的社会和政治条件特别不利于公众普遍参与任何人道主义事业。这一时期自由放任主义哲学、普遍保守主义和对物质价值的强调,与进步时代更为自由和具有社会意识的精神形成了鲜明的对比,与战争时期高度的爱国主义和理想主义更是天壤之别。哈丁总统"恢复正常"的概念、柯立芝总统"美国的首要事务就是商业"的格言、胡佛总统对经济前景非常乐观的预言,反映了20世纪20年代的社会、政治背景。

直到大萧条再次强调红十字会活动的社会价值之前,很少有人关心红十字会活动是否会继续下去。美国人开始对身边的琐事产生了极大的兴趣,例如爵士乐、百万美元的斗殴、耸人听闻的谋杀审判、跨大西洋的飞机飞行、禁酒令和黑帮活动等,他们几乎没有时间从事人道主义事业。

在积极参与红十字会活动的人数相对较少的情况下,各分会的热情也持续下降。1922年,会员人数降到了350.6万人,三年后,仅剩301.2万人。1926年和1927年佛罗里达的飓风和密西西比河谷的洪水发生,会员人数增加到412.8万人,但仍只占战时总会员人数的五分之一。[①]

红十字会总部和各分会的收入都在逐步减少,由于战争期间积累的盈

---

① Foster Rhea Dulles. *American Red Cross: A History*. New York: Harper & Brothers Publishers, 1950, p.243.

余不断减少,红十字会不得不削减开支以适应形势。1922年初,各分会和总会资产总和呈负数。总部的预算大约是八年前的三分之一,许多分会似乎陷入了一种恶性循环:活动有限—公众兴趣下降—收入进一步下降—地方项目进一步缩减。

虽然红十字会被迫放弃了一些活动,但是战后拓展的新项目——家庭福利和公共卫生护理工作正在展开。这两个新项目特别在没有公共卫生管理机构或其他福利机构的农村地区,开展得有声有色。新项目的实施重点体现在以下几个方面。

第一,对退伍军人及其家庭推行家庭福利。家庭福利工作的对象首先是战后退伍军人及其家庭,有些退伍军人有伤在身,有些退伍军人有战争精神创伤,有些退伍军人不能恢复与家庭、社会的联系,有些退伍军人不会申请赔偿、保险等。红十字会承担起援助退伍军人的各项工作。

红十字会招募了更多志愿者,募集社会捐款。当时红十字会的资金募集数正逐步下降,但用在退伍军人及军人家庭医疗护理服务中的费用在1930年就达100多万美元。红十字各分会在家庭服务上的开支虽不明确,但数额更大。更有许多分会对退伍军人及其家属的援助占其支出的绝大部分。

家庭福利工作的重点为:(1)培养和训练大批医院护理工人,帮助退伍军人身心康复;(2)帮助退伍军人和他的家庭建立联系,帮助出院的退伍军人重新适应家庭生活和社会生活;(3)红十字会在所有退伍军人机构中都有代表,指导退伍军人申请赔款、保险、政府财政援助,帮助他们渡过难关;(4)残疾退伍军人可以到红十字会寻求职业教育、就业和住房方面的帮助;(5)对没有资格享受政府机构照顾的有精神障碍的退伍军人,承担法律监护责任;(6)安置死亡军人家属;(7)为退伍军人家属提供民宿、民政服务。

第二,在公共卫生领域开设急救课程,进行安全教育。普及急救知识、进行安全教育是红十字会的传统,但此项传统活动在20世纪20年代显著扩展。面对事故高发的年代,公众十分支持红十字会开展这项活动。1921年红十字会改革后,公共卫生服务成为战后重点。红十字会组织的急救课程在社区、工厂和学校中迅速推广,急救指导员、讲解员必须是注册医生。当红十字会其他工作都在收缩时,公共卫生的急救活动却在不断扩大。红十字会鼓励公众参与这项活动,除了教学课程外,红十字会还在游行、集会和其他公众集会中设立急救站,这项有益的活动延续到了今天。

红十字会充分认识到安全教育的重要性,认为正确的急救教育是防范事故伤亡的好办法,它的价值在于使学生和公众真正认识到事故给自己及他人带来的痛苦的代价,从而尽量避免。红十字会的该项项目与学校、俱乐部、营地和各种青年组织合作,在全国各地推广,口号是“人人游泳,人人救命”。红十字会设立了拯救生命的机构,为营务顾问、基督教青年会及基督教女青年会导师、童子军领袖、红十字会分会代表及其他有关人士提供必要的训练。随着全国各地的市政当局越来越认识到急救活动的价值,连警察和消防员也参与进来,急救课程、安全教育变得越来越普遍,后来应军事当局的要求,红十字会又在后备军官训练队营地开展急救活动指导。约翰尼·韦斯穆勒(Johnny Weismuller)等游泳冠军志愿参与服务和组织游泳比赛、水上选美比赛等,为急救教学增添了活力和动力,通过教学课程颁发的救生证书不计其数。

到20世纪20年代末,600多个红十字会分会参与了急救课程与急救护理活动,1000多个分会建立了拯救生命机构。虽然很难估计红十字会在多大程度上减少了事故或事故造成的伤亡,但公众越来越意识到应防范危险,这是提高国民生活安全的重要因素。

第三,少年红十字会参与公共卫生项目。少年红十字会在新的改革项目中也取得了良好的成绩。其会员在学校推广急救和拯救生命的活动,协助参与住院老兵的娱乐活动,并协助每年红十字会招募志愿者的点名活动。他们在“儿童医院”和“老人之家”举行娱乐活动;在公立和私立医疗机构向病人分发鲜花、食品和玩具;在改善学校场地条件、提供必要的教室设备、预防火灾和事故、保护动物和鸟类生命等方面开展各项活动;为牙科诊所、免费学校午餐和贫困者夏令营筹集资金。

少年红十字会还在美国国内和国际范围内计划了若干项目:赞助建立印第安学校的辅助性学校,并成功使这些学校的学生人数达到1.63万人,其中包括来自31个印第安部落的代表。志愿者们亲手制作的圣诞盒和其他礼物被定期送到其他国家的孩子们手中,他们还积极与外国孩子建立通信关系。在国家发生灾难的危急时刻,少年红十字会为儿童救济作出了贡献,在地方帮助红十字会向水灾、火灾或暴风雨的受害者提供援助。少年红十字会还从国家儿童基金中拨款,用于在欧洲组建少年红十字会。

第四,护理服务的注册护士制。红十字会为陆军和海军、公共卫生服务部、退伍军人管理局储备后备注册护士,1920年后备注册护士总登记人数为3.67万人,在随后十年里,每年增加1500人,1930年达到5.1万多人。[1]此

---

① Portia B. Kernodle. *The Red Cross Nurse in Action: 1882—1948*. New York: Harper & Brothers, 1949, p.51.

外,红十字会护理部作为一个庞大的紧急护理人员库,一方面培养和训练了大批注册护士,另一方面通过激发公众从事护理职业的兴趣,提高全民护理的水平。

红十字会在公共卫生护理服务方面的工作,在1919年到1922年达到顶峰。1919年红十字会提供的社区公共卫生护理服务项目不足100项,但在1922年达到了1243项。随后虽逐年下降,到1930年,项目总数仍有636项。[①]其实,数字下降的原因之一,是有别的机构介入指导公共卫生工作,红十字会就退出转而改为支持项目。另外的原因是缺乏有经验的公共卫生护士,或者缺乏资金支持。

公共卫生护士的工作主要集中在农村地区。她们被分配到农村边远地区,提供妇科和产科护理,帮助残疾儿童,照料结核病病人,进行床边护理,向落后社区介绍现代卫生和健康改善的理念。她们做了成千上万次家访,除了照顾病人,还承担包括从教孩子如何刷牙到演示厕所如何正确使用的卫生保健工作等。

公共卫生护理服务工作在偏僻的农村地区,积累了丰富的经验。一些护士被分配了流动任务,在几个地方轮岗,有的护士甚至在阿拉斯加北部的前哨站、印第安保留地和南部阿巴拉契亚山脉等地工作了数年。她们经常要担任医生或助产士的角色,有时需要自己在雪地里铲出一条通往谷仓的路,当农场里的人生病时,还要帮忙照看牲畜和农田。

公共卫生护理服务需要与国家卫生当局合作。根据红十字会在拓宽该领域工作时制定的原则,红十字会不取代或与从事相同工作的任何组织竞争。政府的原则是应及时通过州、市、县的官方机构,组成州、市、县的公共服务机构。红十字会在这方面最重要的贡献,就是促进了政府公共卫生护理工作的发展,率先在偏远农村社区开展了公共卫生护理服务,规定了护士工作标准,提高了公共卫生的整体水平。

第三节　两次大战之间的活动

战后美国红十字会的筹款模式发生了改变。以前的筹款是临时应急性的,捐款使用也是应对特定灾情救援的。也就是等灾情暴发时,红十字总会

---

① Patrick F. Gilbo. *The American Red Cross: The First Century*. New York: Harper & Row, 1981, p.83.

和分会紧急募捐，等待捐款筹到，救援活动才能展开。但是，战后情况发生了改变：红十字会总部留有战时未用完的捐款作为储备金，另外不管是否有灾情，每年都会定期募捐。例如，凯德公司拨出500万美元作为循环救灾基金并建立基金会，然后每年再多次募捐，补充救灾基金，满足平时救灾提款的需要。[①]这种基金会模式使红十字会遇灾不必等待捐款再行动，而是随时需要随时行动，这种救援模式一直是博德曼负责红十字会工作时的梦想，现在已经变为现实。

在战前，红十字救灾委员会一般设在总部，实际的救济活动是在红十字会的几大委员会合作下完成的。战后红十字会各分会承担了很多救援责任和义务，有时在紧急情况下，分会可以立即采取行动，不必等待总部的通知。红十字会的"救灾手册"于1919年首次发布，规定地方分会在发生火灾、洪水和风暴时立即调查当地的救援资源，制订计划及时动员资源到位，建立一个代表红十字会救灾委员会的责任部门，然后立即通知国家总部并开展所有工作。

这样的规定在实践中并不总是奏效，因为许多分会不太活跃，无法履行这种责任，或缺乏人员从而无法有效地运作。有些分会工作杂乱无章，但大多数分会还是受到鼓励，尽其所能，取得了稳步的进展。实际上，分会的活跃，一是在灾难发生时能立即提供救济，二是进一步促进了红十字会会员的活动。

分会的积极作用在于当火灾、洪水或风暴发生时，可以立即成立应急指挥部，安排一些校舍或其他公共建筑作为临时避难所，及时召集医务人员和护理人员，与当地政府合作，准备向灾民分发的食物、衣服和被褥。志愿者和工作人员开办管理食堂，帮助照顾儿童和老人，维持通信和交通。当地红十字会还会及时报道灾情，通过报纸呼吁募捐救灾。

从第一次世界大战结束到第二次世界大战爆发的20年时间里，美国红十字会对美国国内、国际大大小小的自然灾害救援了上百次，可以说，哪里有灾难，哪里就有红十字会的身影。在和平时期，对美国国内的救援活动次数是战前的十几倍，花费的资金也是战前的几倍。[②]对美国国外的救灾活动主要是对中国的多次赈灾和对日本地震灾民捐款，其他的国外援助大多属

① Foster Rhea Dulles. *American Red Cross: A History*. New York: Harper & Brothers Publishers, 1950, p. 258.

② Charles Hurd. *The Compact History of the American Red Cross*. New York: Hawthorn Books, 1959, p.59.

于象征性的。

一、主要的救灾行动

两次大战之间的和平时期,美国红十字会在美国最大的救灾活动是应对1926年佛罗里达的飓风、1927年密西西比河流域的洪水和1928年加勒比海风暴。在国际上最大的救灾活动是应对1923年日本东京地震和1920年中国东北饥荒。

(一)1926年佛罗里达飓风救灾

一战后十年中,美国国内最大的自然灾害是1926年佛罗里达飓风。1926年9月17日晚,在大西洋沿岸肆虐的这场风暴以极大的威力袭击了佛罗里达州南部地区。飓风横扫乡村,迈阿密受到的打击尤为严重,交通系统完全瘫痪,公共设施被摧毁,方圆50英里的土地被夷为平地。摩天大楼在狂风中摇摆、颤抖,数百座木制建筑被吹倒。全州财产损失惨重,死亡人数为327人,成千上万的人因风暴或洪水无家可归。[①]

美国红十字会迅速采取行动,地方分会调集了救灾资源,总部的救灾委员会派高级官员赶赴迈阿密。经勘查,如此大规模的灾难,有必要发起全国性的赈灾运动。9月20日,总统柯立芝呼吁全国人民向红十字会捐款。原定的筹款目标是500万美元,但计划刚启动就遇到了意想不到的问题,汇入红十字会总部的捐款开始减少。在红十字会历史上,从未出现过对救援募捐反应如此冷淡的情况。出现如此情况是因为地方保护主义抬头,佛罗里达的州政府和市政府官员认为,红十字会轰轰烈烈的救援活动对该州的旅游业有负面宣传效应,他们宁愿不要外援,也不愿发表更多关于灾情的报道。州长与市长们纷纷表示,灾情被夸大了。

红十字会总部对州政府的地方保护主义感到惊愕。有成千上万的灾民急需帮助,而政府却无所作为。红十字会主席佩恩非常气愤:"佛罗里达州的官员,从州长到房地产商,严重阻碍了红十字会把损失降到最低的救援活动。在他们眼里,那些灾民的生命比不上佛罗里达州的旅馆和乡村生意重要。"[②]

尽管红十字会的募捐活动受挫,公共捐款不足400万美元,但红十字会坚持展开救援活动,一方面动用储备金拨款补充,另一方面降低救济标准。

---

① Foster Rhea Dulles. *American Red Cross: A History*. New York: Harper & Brothers Publishers, 1950, pp.265—266.

② https://www.redcross.org/about—us/news—and—events/publications.html.

从1926年9月中旬到次年2月,红十字会一直在佛罗里达开展紧急救济活动。除了设立食堂,分发食物、衣服和其他物资的志愿工作者外,约350多名护士在医院、换药站和现场服务,还进行了约5000次家访。[①]

然而,红十字会在佛罗里达的救援得不到当地政府官员的支持,相反还时有批评。一方面当地批评、指控红十字会的捐款被用作会员工资,另一方面红十字会志愿者的工作与当地社会工作者的工作不协调。志愿者往往倾向于提供慷慨的援助而很少考虑到申请人的真正需要,而社会工作者一般都认真做个案,有时又太繁文缛节,如果两者调和效果会更好。佛罗里达飓风为战后美国红十字会在美国国内大规模救援提供了第一个试验场,它暴露出了一些红十字会的弱点,如果要保持公众的充分信心,就必须纠正这些弱点。

(二)密西西比大洪水救灾

1927年密西西比河流域发生大洪水。密西西比河流域经常出现洪水灾害,1884年、1913年美国红十字会都对密西西比河暴发的大洪水受害者进行救援,但1927年的救援行动规模更大。红十字会为密西西比洪水灾民筹集并管理总数1700万美元的救济基金,向60多万人提供了援助,其中一半人住在大难民营里,红十字会为他们提供衣食住行。尽管这次救援活动也面临一些批评之声,但这次的工作明显比佛罗里达飓风救援要好得多,唤起了人们对支持红十字会工作的热情,使公众认识到红十字会在和平时期的重要性,增强了人们对红十字会在美国社会生活中所起作用的信心。

1926年至1927年的冬天,密西西比河流域经历了罕见的大雨,7个州的河流向密西西比河注入了巨大的水量,以至于从1927年1月到6月洪水一直超出警戒水位。1927年4月,密西西比河有145个地方的堤坝被冲毁,洪水漫过1600多万英亩的土地,覆盖了伊利诺伊州、密苏里州、田纳西州、肯塔基州、阿肯色州、密西西比州和路易斯安那州的170个县。[②]

1927年3月红十字会已经行动起来,号召地方分会积极采取救济措施,当月底就在阿肯色州的菲利普斯县建立了第一个难民营。当密西西比河发生有史以来最严重的洪灾时,柯立芝总统召集红十字会的管理人员召开紧急会议,制定计划,协调对受灾社区的所有援助。当时担任商务部部长的赫伯特·克拉克·胡佛(即后来的胡佛总统)成立了一个特别委员会全权领导救

---

① https://www.redcross.org/about-us/news-and-events/publications.html.

② Patrick F. Gilbo. *The American Red Cross: The First Century*. New York: Harper & Row, 1981, p.104.

援行动,并发布公告,呼吁公众向红十字会捐款应对灾情。最初设定募捐目标是500万美元,随着灾情的发展,又发出了进一步的捐款呼吁,最后募集资金达1700万美元。[①]

在这次洪灾中,大约250人丧生,其中大部分是住在密西西比河下游的黑人,在洪峰到达前,他们不愿离开家园。关于1927年密西西比河的洪水有很多描述,但其中最生动的描述之一是威廉·福克纳的小说《老人河》。小说中描述道:洪峰沸腾汹涌,翻卷着木板、建筑、动物尸体,洪水中的树木像跳跃潜水的海豚。故事里的主人公想要逃离灾区,乘着小船在漆黑的夜晚冲出去,但洪水的浪头像疾驰骏马的鬃毛一样摆动着,还发出磷光,像火一样焦躁不安,小船似乎是笔直地站在洪水中,然后像一只猫一样乱射乱撞,爬上了那道弯曲的水墙,飞上了浪尖,最后挂在一棵树的枝干上,高高地悬在空中。

救灾任务十分艰巨,军队、民兵、地方当局、特别救济委员会、红十字会都进行了合作。成千上万的志愿者帮助进行急救,管理应急食堂,并向灾民分发物资。红十字会的383名护士,包括54名黑人再次被召集起来,在难民营里不停地工作。

当洪水终于平息之后,重建家园面临着更大的挑战。红十字会设立了总指挥部,先在孟菲斯,然后在新奥尔良;成立了县委员会,接收救济申请,并根据需要由工作人员分配物资;为无家可归者提供住所,给农作物被毁的农民发放种子、农具和机械。为推进福利工作,红十字中央委员会在8月下旬向受灾地区派遣一名训练有素的社工,提供一年的服务。社工的职责与其说是执行救灾工作的一般后续行动,不如说是继续为社区提供红十字会服务。

美国红十字会在密西西比洪水救援中取得了很大的成绩,1927年美国民众积极响应红十字会招募志愿者的点名活动,有近100万志愿者入会,生动地显示了公众对红十字会信心的恢复。

(三)加勒比海飓风救灾

1928年9月,加勒比海的飓风摧毁了美属波多黎各和维尔京群岛的部分地区,三天后飓风又转向佛罗里达。在这次加勒比海飓风中,波多黎各是第一个发出救援呼吁的,飓风将索吉兰尼人民赖以为生的椰子树和咖啡树吹倒或连根拔起,农村的大部分地区,大面积的甘蔗被完全摧毁。在85万

---

① Foster Rhea Dulles. *American Red Cross: A History*. New York: Harper & Brothers Publishers, 1950, p.270.

人口中,大约一半以上人的家园、庄稼和牲畜受到无法估量的破坏。此外,除了275人死于飓风的直接影响之外,在难民中扩散的疫病威胁到更多的生命。①

红十字会立即将救援资金电汇到波多黎各当地分会,并派遣了一支特别救灾部队登上"吉尔默号"救援船。这艘救援船于9月18日抵达圣胡安,救援工作迅速展开。红十字会建立了应急医院,启动了预防伤寒的行动,向13万户当地家庭发放了紧急口粮和基本衣物。

大规模救灾之后,重建工作迅速展开。重建房屋的木材、庄稼的种子和咖啡苗被运送到3万户人家。红十字会的救援工作在波多黎各持续了5个月,花费经费323万多美元。②

当时速160英里的大风将奥基乔比湖(Lake Okeechobee)的浅水吹过堤坝时,大约有5000名收割庄稼的黑人流动工人被困在洪水中,到第二天救援人员才将幸存者转移到安全地带。洪水退去后,尸体遍野,最后死亡总数统计为1800人。加勒比海飓风在1926年佛罗里达飓风两年后又一次袭击佛罗里达。这次佛罗里达的政府官员与红十字会有了合作,灾情处理比上次有效。在这次救援中,佛罗里达州大约有4.2万人得到援助,红十字会的救援总花费为270万美元。③

(四)日本地震救灾

1923年9月1日,日本的东京和横滨发生地震和火灾,两地几乎成为废墟。熊熊的大火席卷了这两个城市的人口密集居民区,房屋着火、生命陨灭。新闻报纸每天报道的死亡人数不计其数。这场地震比之前的墨西拿地震、旧金山地震都要厉害百倍,惊魂未定的幸存者没有栖身之所,没有水和食物,面临着更大死亡率的疫病威胁。这场地震、火灾摧毁了58万所房屋,造成近20万人死亡或失踪,10万人受伤,200万人无家可归。④

美国红十字会立即通过驻华盛顿的日本大使提供服务,发起筹款援日运动,筹款目标为500万美元。每个分会都行动起来,救援物资和资金快速到位,有来自银行和工业公司的巨额捐款,也有一美元到几千美元不等的个

---

①② *New York Times*, Sept. 19, 1928.

③ Foster Rhea Dulles. *American Red Cross: A History*. New York: Harper & Brothers Publishers, 1950, p.274.

④ Patrick F. Gilbo. *The American Red Cross: The First Century*. New York: Harper & Row, 1981, p.101.

人捐款,筹款目标很快达到,最终达到了1160万美元。[①]

1923年,美国人民慷慨地救助了日本地震和火灾的受害者,这是对1906年日本为旧金山地震受害者提供援助的回报,当时美日关系异常友好。对美国红十字会来说,捐款基金总额大大超额是令人鼓舞的,这不仅是出于人道主义的理由,还因为它明显地显示了各分会的活力。

从对日本地震踊跃捐款来看,毫无疑问,美国民众又一次被灾情激发了人道主义热情。美国募集的救援物资和资金都通过日本驻华盛顿大使的批准,被运往日本地震救灾局进行分发。这些物资包括8000吨大米、1850吨面粉、1.45万箱牛奶、4.35万箱鱼,还有大量服装、床上用品、建筑材料、生活用品和美国红十字会志愿者制作的和服。这些补给品的价值超过500万美元。[②]

(五)援助中国灾民

美国红十字会对中国饥荒灾民的援助是其20世纪20年代重要的海外救援活动。美国红十字会对以前在中国的防洪项目已经不再雄心勃勃,又转回到钱物救援。1920年中国中北部发生了灾荒,北京发起了一场赈灾运动,成立了华洋义赈会。当时美国红十字会要求自己负责一个饥荒地区,美方派一名有能力的救灾官员,实施美国式救济。约翰·厄尔·贝克(John Earl Baker)担任了红十字会中国赈灾主任,在山东启动赈灾项目。该项目以以工代赈为基础,总共有16万中国人获得筑路修路的工作,领回养家糊口的粮食。据估计,通过这项行动,修筑了850英里的公路、挖了3600口井和种了4万棵树,将近100万人获得了粮食。[③]这次救援活动持续到1921年底,美国红十字会撤离后由华洋义赈会接管后续工作。

20世纪20年代对美国国内、国外自然灾害灾民的救援,重新加强了美国红十字会救灾服务的能力,提升了处理突发事件的技术和方法。一战后和平时期的十年救灾行动,验证了救济机制的能力,为红十字会战后扩张而不是收缩提供了依据。

二、种族骚乱中的人道救援

一战结束后的20世纪20年代,被认为是美国的“繁荣年代”。这个年代出现的社会变化,主要是快速发展的工业化、城市化和中产阶级发展壮大的

---

①② https://www.redcross.org/about-us/news-and-events/publications.html.

③ Foster Rhea Dulles. *American Red Cross: A History*. New York: Harper & Brothers Publishers, 1950, p.263.

结果。美国红十字会的工作随着战后形势的变化开始转型,除了继续原来美国国内外自然灾害的救灾活动以外,还向公共卫生和家庭福利领域拓展。战争结束后战场救护停止,但战后和平岁月里,却出现了一波种族骚乱。美国红十字会对种族骚乱引发的灾情采取何种态度,直接考验了人道主义。

美国的种族问题由来已久,非裔美国人被认为是“劣等民族”。美国社会中竭力鼓吹“种族纯化”的白人种族主义者大有人在,他们在各方面排斥和压制黑人。战后种族关系紧张,出现了一波种族骚乱,原因是在美黑人对社会平等更高的期望与白人根深蒂固的种族优越感之间的冲突。美国参加一战时,有几十万黑人参军服役,为美国的胜利奠定了基础;有几十万黑人工人举家离开农村来到北方工业地区,满足了北方工厂战时劳动力短缺的需求。战争结束,这些黑人希望留在繁荣城市继续生活,但白人不满这些移民抢夺白人的工作机会,排挤他们,从而造成种族冲突、种族骚乱频发。

“最糟糕的骚乱”发生在俄克拉何马州的塔尔萨(Tulsa)。1921年5月,黑人退伍军人和当地三K党以及国民警卫队等白人发生了武装冲突,冲突双方交火,焚烧、投掷燃烧弹。在这场“糟糕的骚乱”中,黑人死伤无数,家园被毁。后来美国有色人种协进会调查后表示:“塔尔萨的骚乱,其残忍程度和对生命和财产的破坏程度,在美国其他种族骚乱中是绝无仅有的。”①

美国红十字会对以前发生的种族骚乱几乎不过问,认为应该由社区管理机构负责,对在1900年纽约市、1905年俄亥俄州斯普林菲尔德、1906年乔治亚州亚特兰大和印第安纳州格力斯堡、1908年伊利诺伊州首府发生的种族骚乱,红十字总会都没有提供救助,只有部分分会自行为骚乱中的受害者提供一些食物、住所和医疗救治。但是,面对塔尔萨种族大骚乱,红十字会第一次发布了官方备忘录:“红十字会应采取何种态度?”强调本组织的中立原则和人道主义必须抛弃“种族优劣论”,也要与社会倡导的正义、平等的政治含义有所区分,也就是骚乱中受害的白人或黑人都一视同仁,不以骚乱中的对错方来选择救援,规定各分会“不论他们属于哪个派别,应以急救、医疗援助、护理服务等形式,为骚乱中受伤的人提供最好的服务”②。红十字会与黑人社区合作,展开了为期七个月密集的“救灾”行动,保障黑人骚乱幸存者的基本权利,包括人身安全和残疾恢复。红十字会还与塔尔萨由黑人领导

---

① Maurice Willows. *The 1921 Tulsa Race Riot and the American Red Cross “Angels of Mercy”*. Tulsa: Home-stead Press, 1993, p.6.

② Michael E. Parrish. *Anxious Decades: America in Prosperity and Depression*. New York: W. W. Norton, 1992, pp. 5-6.

的救援委员会合作,支持黑人社区自主恢复。在这次塔尔萨骚乱中,红十字会采取的行动,显示了尊重黑人的姿态,悄然反击了当地白人偏执的种族暴力倾向。红十字会虽然并不公开进行种族平等的法律和政治宣传,但它采取的救援态度,使中立原则和人道主义经受了考验,也为以后重新定义其救灾任务创下了先例。

三、“大萧条”“新政”与美国红十字会

1929年深秋,美国繁荣年代的泡沫被戳破,陷入了有史以来最严重、持续时间最长的萧条。纽约股市崩盘,银行倒闭,工厂关闭,工人失业,农产品价格狂跌,萧条的阴霾蔓延到农业、工业和整个商业界。社会需求下降,生产下降,国民购买力和购买需求进一步下降……恶性循环使全美陷入沮丧、恐惧之中,工人失业率之高令人震惊,阴影笼罩着整个民族。

大萧条对美国产生了天翻地覆的影响。大萧条引起空前严重的经济危机,对美国政府社会责任的传统观点——“大社会、小政府”——提出了严厉的挑战。政府是否抛弃传统的“自由放任”、发挥行政管理职能、领导民众快速走出经济萧条困境,成为胡佛和罗斯福两届政府不同的执政理念和行动。

“大萧条”和“新政”给美国红十字会的活动提出了新的挑战:一是“大萧条”引发的经济困境,是否属于红十字会救援服务的范围;二是“新政”政府承担了经济困境的全部救援责任,红十字会做些什么。

(一)“大萧条”与红十字会

根据美国红十字会传统活动的性质和原则,红十字会是国家的辅助救济机构,主要是为战争时期的军队伤员、受难民众提供援助,也致力于减轻国内外民众遭受重大自然灾害时所受的痛苦。现在美国全国范围内遭受经济大萧条的重创,史无前例的高失业率加剧了经济危机。这样全国范围内的经济危机灾难,是否属于红十字会的救援范围?红十字会是否应该接受政府的救济款采取救援活动?

面对新问题,美国红十字会内外立即掀起了一场激烈的争论。一些人认为救援大萧条时期的失业者不属于红十字会活动的范围,他们所持的理由是:在红十字会历史上经济萧条并不属于需要紧急救济的自然灾害。红十字会曾宣称:失业危机是社区的责任,而不是红十字会的责任。如果红十字会允许自己过于深入地参与对失业者的援助,那红十字会的“整个救灾结构”可能会崩溃。而认为红十字会应该参与救援的人所持理由是:大萧条的失业危机越来越严重,红十字会总部应该修改政策,允许红十字会参与对因

大萧条失业受困者的救援,否则红十字会的救援理论与救援实践将不协调。大萧条是一场国家灾难,需要红十字会发挥作用。

红十字会是否参与大萧条失业救济的争论还没有结论,又出现了一场更深层次的争论,即私人慈善机构、地方政府机构和国家政府在应对全国性经济危机中应各自发挥何种角色作用,也就是政府职能的问题。很明显,这场争论是一场关于创建福利国家的政治大争论,争论的一方坚持认为:经济危机可由经济发展周期调节自行恢复,政府无须对此负有责任;另一方则是后来被称为“福利国家”的倡导者,认为这场危机除政府以外没有任何机构可以解决,政府必须承担拯救失业者的责任。在这场更深层次的政治争论中,红十字会的救援行动与政府职能问题交织在一起。

关于政府职能问题的争论,实际上是在以胡佛总统为代表的共和党人和以当时的纽约州州长、后来的罗斯福总统为代表的民主党人之间展开的。胡佛的政治哲学认为,国家政府直接干预经济救济,会损害地方的责任,削弱私人慈善机构的积极性,破坏人民的道德品质。根据他的观点,政府对银行、铁路、工业部门的贷款不会损害“顽固的个人主义”,但任何相当于政府给农民和工人发放救济金的做法都会损害个人主义。即使在绝对需要直接帮助的情况下,也应该通过当地政府或私人慈善机构来处理。胡佛说:“如果国家出钱救灾,就会损害美国人民的慈善精神……对于我们的国家理想和精神来说,自愿行动比国库投入一千倍还要宝贵得多。”[①]

罗斯福则认为对于大萧条产生的失业,政府当然有责任救济。因为当问题大到地方政府、私人慈善机构都无法解决时,联邦政府应该直接采取行动。在1931年,他当纽约州州长时就说过:“国家的职责之一就是照顾那些在恶劣环境中成为受害者的公民,使他们在没有他人帮助的情况下无法获得生存的必需品时,得到政府的帮助。每个文明国家都承认政府的责任。政府必须向这些不幸的公民提供援助,不是出于慈善,而是出于社会责任。”[②]当选总统后,他重申了这些观点,并坚信,虽然宪法可能没有明文规定,但国家政府的固有责任是防止其公民挨饿。

在政府职能问题的争论中,公众舆论的变化直接影响了红十字会在大萧条期间角色的变化。在胡佛当政时期的1930—1931年,美国出现大面积

---

① Marian M. Jones. *The American Red Cross, from Clara Barton to the New Deal*. Baltimore: The Johns Hopkins University Press, 2013, p. 262.

② Foster Rhea Dulles. *American Red Cross: A History*. New York: Harper & Brothers Publishers, 1950, p. 279.

干旱,阿肯色州、肯塔基州、俄克拉何马州、得克萨斯州和路易斯安那州最为严重,整个夏天无雨、酷热、高温。在广大的农村地区,没有干草、玉米、蔬菜可以储藏,也没有水果可以装罐。等到冬天和雨水终于来临,此时再种植另一种作物已经太迟了,人们发现他们正面临着一个饥寒交迫的冬天。大干旱的灾难并不是突发的,其影响是逐步累积的。它与洪灾、火灾等突发性的自然灾害不同,缺乏对伤者急救那样的需求,所遭受的苦难也不会成为头条新闻,但旱灾仍然是一场巨大的全国性灾难。

胡佛要求红十字会接手一项艰巨的任务,为干旱地区的受害者提供食物援助。国会建议由国家向红十字会拨款2500万美元的救助资金,由红十字会开展救援工作。但红十字会中央委员会认为,红十字会应该坚持非政府组织原则,坚持私人慈善机构的原则,拒绝政府拨款补贴,由自己募捐筹款参与救援。红十字中央委员会告诫各分会做好准备,主席佩恩宣布,500万美元的灾害储备基金已备齐待紧急使用。胡佛总统于1931年1月13日再次呼吁,要求公众向红十字会捐款至少1000万美元,让红十字会成为美国在这场危机中唯一的救济机构。他宣称,如果要缓解大萧条期间干旱地区的物资匮乏,获得公众的捐款支持至关重要。

对于胡佛总统仅仅要求红十字会募捐救灾而政府无动于衷的冷漠,部分国会议员进行了抨击,他们再次提议国会立即拨款2500万美元给红十字会,目的是为那些无法获得足够救济的人提供食物、药品、医疗援助和其他必需品。

大多数媒体支持由红十字会出面救援,反对联邦政府援助,并支持红十字会独立行动并募集资金。《纽约时报》宣布红十字会基金会的传统价值观是不可能接受国会的直接拨款的,如果放弃传统救济模式,对美国慈善事业将是一大损失,将背离慈善精神。但也有媒体提出反对意见,如《国家》杂志上发表了一篇题为《无政府状态与红十字会》的文章,言辞激烈地抨击胡佛,说他依靠私人机构的慈善来做只有国家政府才能做的事情。国会自由派人士也对红十字会提出了批评,他们根本不相信红十字会能单独完成这项工作。众议员拉瓜迪亚(La Guardia)宣称:这场危机超出了私人救援的范围,因此,国家政府必须充分认识到这一点并提供救济。

红十字会一直夹在保守的共和党政府与激进的民主党对立之中。尽管如此,红十字会有自己的态度和行动。红十字会主席佩恩强调,根据中央委员会的一致意见,不接受国会提出的2500万美元的捐款,否则将彻底破坏红十字会活动的自愿性质。原战争委员会主席亨利·戴维森早在13年前发表的一份政策声明中就明确表示,红十字会接受任何政府财政捐助的后果即阻止私人的捐款支持,最终将其从一场伟大的志愿人道主义运动转变为一个由税收支持的政府部门。佩恩同意戴维森的观点,认为如果红十字会接受政府补贴,将阻碍更多的公共捐款用于救济,并使私人慈善机构的资金枯竭。

佩恩告诉国会,红十字会已经准备好用自己的资金和民众的捐款来应对这场旱灾。红十字会运用了它的资源,由57位杰出人士——包括前总统柯立芝、潘兴将军、托马斯·拉蒙特、欧文·扬、威廉·格林和约翰·刘易斯等——组成了一个特别委员会,并以他们的名义在全国进行呼吁,希望民众捐款。胡佛支持佩恩的做法,说:"在这种紧急情况下,我们应该保持良好的美国传统和自愿援助的精神,而不应该破坏这种精神。正是这种精神使我们的红十字会在灾难中成为杰出的守护者。"[①] 佩恩的行动否定了国会的特别拨款,加快了红十字会救援基金的募集。

对于红十字会拒绝政府援助的做法是否明智,公众意见仍然存在分歧。《展望》宣称,拒绝国会拨款2500万美元并呼吁公众捐款1000万美元是荒谬的。《纽约时报》称国会补贴拨款的失败是幸运的,表示红十字会已经证明了自己组织的性质不容改变。在公众的支持下,红十字会完成了1000万美元的捐款。各分会反应积极,奋起抗旱。一项对全国各地日报和周报的近4000篇社论进行调查的项目结果显示,只有10%的人对红十字会所采取的措施持怀疑态度。

红十字会在抗旱活动中,除了筹集的1000万美元捐款外,还从自己的灾难储备金中拿出了1.5亿美元,以及价值100万美元的食物和衣物捐赠,发放给了23个受灾州的250万人。[②]这项工作的范围之广、时间之长远超红十字会在和平时期从事的任何其他救济活动。

整个救济工作由红十字会总部和分会的近2000名有薪工作人员和3000多名分会志愿者完成。他们做调查,做报告,做记录,制作食品和服装订单。他们还收集、清洗和缝补旧衣服,然后发给有需要的人;经营救济站;为学校提供午餐。

到1932年,随着经济萧条的加深和干旱灾情的发展,政府救援职能发生了微妙的变化,当时的形势迫使胡佛批准国会采取行动,处理小麦和棉花

---

① Patrick F. Gilbo. *American Red Cross, Know Your Government* . Chelsea House Publishers, 1987, p.83.

② Foster Rhea Dulles. *American Red Cross: A History*. New York: Harper & Brothers Publishers, 1950, p.286.

过剩问题,帮助失业者,尽管一年前,他还强烈反对政府为干旱受害者提供救济。随后,他被迫同意向各州提供联邦贷款,直接援助灾民。胡佛的改变实际上是为之后“新政”更广泛的救助计划铺路。

在处理小麦和棉花过剩问题上,美国红十字会愿意为政府承担分配小麦和棉花的任务,而它却不愿意接受政府干旱救济基金的拨款。因为,从红十字会的观点来看,接受金钱和接受物资之间存在着明显的区别。中央委员会不认为接受政府大量的小麦和棉花然后分发给灾民,会像接受干旱受灾资金一样,破坏私人慈善机构未来的资金募集来源。红十字会主席佩恩宣布:“在不开创政府向红十字会拨款的先例的情况下,可以处理政府的商品分配问题。”[①]红十字会可以合理地参与政府项目,而不危及其作为一个独立自愿组织的地位。其实,这也可以说明红十字会的非政府性和独立性。

红十字会在大萧条初期,在经历了活动原则、工作范围的挑战之后,找到了自己的位置,展开了抗旱救援活动,参与了一项日益扩大的救济计划。成千上万的贫困家庭对粮食、燃料和衣服的迫切需要变成了头等大事。到1930年底,将近50万人得到了红十字会的帮助,总会在补充分会活动费用方面已经支出了将近100万美元。[②]但是,1932年总统选举的结果已经表明,美国人民否定了胡佛政府,支持罗斯福当选总统,他们已经确信,只有国家政府采取比以往更直接的行动,才能解决日益加剧的经济危机。在罗斯福全面扩大政府职能、建设福利国家的过程中,红十字会将扮演什么角色?

(二)“新政”与红十字会

1933年3月,罗斯福总统进入白宫时,全国经济萧条更加恶化,工业生产再下降20%,几乎三分之一的劳动力失业,而许多有工作的人在为每小时仅10美分的低工资而劳动。银行挤兑情况严重,营养不良、饥饿现象比比皆是。罗斯福为解决经济萧条的许多问题,推出“新政”,彻底地打破过去“大社会小政府”的传统,确立联邦政府的15项立法,建立了许多行政机构——农业调整管理局、国家复兴管理局、联邦存款保险公司、民间资源保护队等,便于与国家正在遭受的经济灾难作斗争。其中,通过“以工代赈”的方式由政府向失业者提供工作。罗斯福的新政改变了胡佛“政府不救穷”的理念,政府不仅承担了向穷人提供食物的任务,而且还通过“以工代赈”着手

---

① Patrick F. Gilbo. *American Red Cross, Know Your Government.* Chelsea House Publishers, 1987, p.84.

② Marian M. Jones. *The American Red Cross, from Clara Barton to the New Deal.* Baltimore: The Johns Hopkins University Press , 2013, p.259.

解决失业问题。

新政实施后,政府再也没有向红十字会寻求帮助或与其合作,联邦紧急救济署(Federal Emergency Relief Administration)被赋予了援助失业者及其家庭的直接责任。联邦紧急救济署向各州和地方政府拨款5亿美元,直接救济失业家庭。面对持续不断的经济萧条和不断上升的失业率,联邦政府完全绕过了红十字会和其他慈善福利机构,拨出了金额远超任何一次慈善募捐的款项,按政府分配管理办法救援受困者。

由于政府承担了几乎全部的救济负担,红十字会有一种"被忽视"的感觉,似乎又面临1919年战后自己在和平时期的作用和定位的问题。红十字会是否应该把自己的活动限制在传统原则中?是否应该等待政府给他们分配零工?还是应该积极寻求开拓社会福利的新领域?

对这些问题的讨论,实质是在慈善与国家援助这一基本问题上是持保守态度还是自由态度,红十字会内部又出现了两个对立派别。一方认为,新政只不过是一种短暂的政策,美国的私人慈善事业很快就会重新发挥作用,慈善是帮助贫困人口的唯一切实可行的手段。有人甚至还认为,新政的救济计划将不可避免地失败,政府最终将向红十字会等慈善机构求助。另一方是红十字会管理层中比较开明和有远见的人,他们准备接受新政的影响,并设法使红十字会的政策适应新的形势。他们展望未来,认为不论眼前红十字会的工作有多少困难,大萧条都将为红十字会带来更多的发展机会,在社会服务的新领域中开辟先机。他们认为红十字会不应该夸大自己的作用,红十字会不仅应该做好与政府合作的准备,而且应该主动退出任何证明政府可以更有效运作的活动领域。

讨论的结果是,红十字会认为应该重新评估自己的工作,在经济萧条的情况下应该裁员,工作要在社会福利方面继续开拓。因此,红十字会开始实施紧缩计划。红十字会自查报告中指出有一些不必要的日常开支在增加,提出了根据收入重新调整预算的具体建议。在调整的过程中,大幅度削减了医院服务,取消了国家一级的营养服务,将家庭卫生和病人护理与公共卫生护理结合起来。同时,进行裁员、减薪,总部带薪人员减少到693人,只有原来的近30%;对带薪人全面减薪,减薪幅度从5%到10%。这些调整的结果减少了300万美元的支出,比1930年减少四分之一,消灭了前五年以来的年度赤字。①

① Foster Rhea Dulles. *American Red Cross: A History*. New York: Harper & Brothers Publishers, 1950, p.299.

当然,中央委员会认识到,靠节约不能真正解决红十字会的问题,因为红十字会是一个“经常付出的机构”,是非营利的,它只有在不断获得捐款的情况下,才能遵守其原则和履行职能。

但是和平时期红十字会的捐款来源远远不能与美国其他大型慈善基金会相比。它相对微薄的永久基金与洛克菲勒基金会、普通教育委员会(General Education Board)、卡内基基金会(Carnegie Corporation)、罗素·塞奇基金会(Russell Sage Foundation)或联邦基金都不属于同一类别。在20世纪30年代,美国几百家慈善基金会的总资本约为20亿美元,他们每年的花费约为1亿美元。红十字会每年从各种渠道能获得300万至400万美元的捐款收入,实际上难以维持红十字会的社会服务,更不用说每年发生几十次灾难时所需支出的救济款了。所以,除了储备金外,每当任何重大灾难发生时,都需要特别募集资金。1935—1939年红十字会的总收入(不包括用于救灾的收入)为1697多万美元,支出总额为1696多万美元。[①]红十字会成功地以惊人的良好状态度过了大萧条时期。

1935年,红十字会主席佩恩去世,他成功地领导红十字会度过了战后缩减开支的艰难时期和困难重重的大萧条时期。他的继任者是海军上将卡里·T. 格雷森(Cary T. Grayson)。格雷森原是白宫医生,也是罗斯福总统的长期密友。他当新主席时没有任何红十字会工作的实际经验,也没有任何行政管理背景。但他是一个友好、温柔、热心的人,完全赞同红十字会的人道主义理想。他作为新主席常常不知道如何处理面临的复杂问题,大部分工作留给总部工作人员。尽管如此,格雷森还是经常亲临救灾现场,他的出现总是给红十字会的工作人员带来鼓舞。他始终如一的礼貌和善良使他受到每一个与他接触的人的喜爱。

格雷森有一项特别重要的资源弥补了他缺乏工作经验的缺陷。他与罗斯福总统关系亲密,可以随时进入白宫,这使他能够在红十字会和政府机构之间的关系中发挥重要影响,这在罗斯福政府实行新政、忽视红十字会作用时期是至关重要的。格雷森与罗斯福就救灾问题进行了沟通,罗斯福政府逐步让红十字会参与自然灾害的应对计划。在1935年初,当得克萨斯州、新墨西哥州、堪萨斯州、科罗拉多州和俄克拉何马州被沙尘暴袭击时,红十字会响应了联邦政府和州政府救援机构的号召,帮助灾民。1936年美国东北部17个州遭受严重洪水袭击,这为红十字会提供了一个证明自己拥有救

① Foster Rhea Dulles. *American Red Cross: A History*. New York: Harper & Brothers Publishers, 1950, p.302.

灾管理以及与其他救灾机构合作、协调的专业能力的机会。同样,在1937年俄亥俄—密西西比河流域的抗洪救灾工作中,再度证明红十字会是一个全国性的救灾组织,能继续有效地将全国的慈善资源输送给需要帮助的受灾人。

格雷森于1938年去世,虽然他只担任了3年红十字会主席,但在他担任主席时期,红十字会抗沙尘暴、抗洪水的工作,进一步证明:虽然新政期间政府直接承担民众的救济责任,但并没有削弱红十字会的作用,红十字会的伟大作用将在随后到来的第二次世界大战中更加凸显。

第五章　二战时期服务军队
——第四次改革（1939—1945）

第二次世界大战是人类历史上规模最大也是最惨烈的世界大战，欧洲乃至全球各地战火纷飞，尸横遍野，伤亡人数与惨烈程度比第一次世界大战造成的有过之而无不及。战争的惨烈“夺去了5000万人的生命，其全球性程度远远超过第一次世界大战。至少有40.5万美国人在战争中丧生，67.1万人受伤，几乎占美国人口的0.5%。相比之下，其他主要参战国的伤亡更大，如苏联，在战争中死亡的军人和平民多达2100万，约占苏联人口的8%”[①]。

战争进程中出现的重大伤亡，更使美国红十字会的战场救护和服务军队成为其重中之重的任务。为了更好地服务军队，红十字会立即行动起来，为美军专设了服务军队的项目。服务军队最初仅局限于战地救护，在经历美西战争和第一次世界大战的发展后，到第二次世界大战美国参战时，该项目已经形成了一套包括物资补给、医疗护理、战俘救济和军队福利等内容的服务体系。虽然1939年第二次世界大战全面爆发，但美国红十字会的活动基本与当时美国政府避免参战的外交政策一致，对海外交战国军队和难民的国际人道主义救援非常谨慎。当珍珠港被偷袭、美国参战后，美国红十字会又如同在第一次世界大战期间一样，表现出了极大的爱国热情，积极参与珍珠港事件的救援活动，动员民众为美军提供强大的人力、物力和财力支援。服务军队成为二战时期红十字会的工作重点，不仅为美军最终夺取战争胜利作出了重要贡献，也促进了红十字会本身的发展。

---

① James A. Henretta, W. Elliot Brownlee, David Brody, et al.. *America's History: Since 1865*. Worth Publishers, Inc, 1997, p.847.

第一节　与军队的交互

美国红十字会服务军队的起源与战争和战地救护有直接关系,这个传统可以追溯到国际红十字运动兴起时,救援伤兵生命的初衷和巴顿在美国内战时期的战地救援活动一致。红十字会服务军队的设置既是为了实践《日内瓦公约》规定的战时服务宗旨,也是为了完成国会通过《红十字会宪章》赋予它的战时使命。美国红十字会是美国政府特许的战时唯一可以向军队提供服务的民间志愿者组织,拥有"联邦政府助手"的法律地位,同时也是得到军方承认的战时军医辅助组织。到二战美国参战时,红十字会服务军队体系已发展得比较全面了。

一、红十字会服务军队内容

战时救护伤病军人是《日内瓦公约》[①] 明文规定的各签约国红十字会的职责所在,随着《日内瓦公约》内容的不断完善,红十字会服务军队的内容也日益丰富。二战时期,包括美国在内的各国红十字会,都是依照1929年7月27日修订的关于改善战地武装部队伤病者境遇的《日内瓦公约》行事,该公约要求红十字会应做到"平时有备,战时有能",应本着"救死扶伤"与"博爱恤兵"的宗旨为军队提供以下服务。

首先,物资救济和医疗救援。战争必然带来伤亡,为救援伤残军人,红十字会设立专门的物资救济处和医疗救援处,负责救援物资和救援人员的筹备、组织、规划、使用、管理和监督工作。物资救济处负责给伤病军人提供衣、食、住、行等方面的救助,医疗救援处负责为伤病军人提供医务人员、药品、器材和防止疫病蔓延的各种设备及服务。红十字会筹派救护车、医疗火车、医疗船等交通工具,将战场上的伤兵运送至医院治疗。在战地医院和各医疗急救站,红十字会的医生和护士协助军医进行救治、清洁、提供饮食、管理及收管衣被等工作,等伤员治愈后,将其送往家中或送回部队。将需要继续休养的伤员,转送至设备较为先进的疗养院,给予进一步治疗。对于肢残、盲目、精神失常等不能完全康复的军人,为其安置救济机构,提供手术治疗、理疗、康复治疗等,恢复其生活能力。还为盲人设立盲文图书馆,为瘫痪

---

① 通常所指的《日内瓦公约》是1864年至1949年间在日内瓦缔结的关于战时保护伤病军人和战争受难平民的一系列国际公约的总称。

或截肢者生产和装配假肢。

其次,保障战俘权益。在《日内瓦公约》诞生前,想了解落入敌方手中战俘的下落是几乎不可能的,战俘的权益根本得不到保障。红十字国际委员会在普法战争后,成立了战俘事务局,各国红十字会也都设立战俘服务部,规定红十字会除救护战场伤兵外,有保障战俘权益的责任。在掌握战俘下落方面,红十字会负责说服交战双方向对方提供各自战俘名单,并帮助战俘与其亲属传递信件,回答军属的询问,后来专门设立了中央寻人局。各国红十字会在国际委员会的指导下也承担起帮助军方搜寻部队失踪人员、了解战俘下落、帮助其与家属通信等任务。尤其在第二次世界大战期间,交战双方很多人沦为战俘,下落不明,通信阻隔,无法联络。红十字国际委员会号召各国红十字会本着中立的立场,联络各交战国红十字会,通过与交战双方政府和军方进行协商,尽量争取办理转发国际通信,使战俘与家人互通消息。

另外,红十字会还关注战俘的生存条件。二战爆发后,战俘事务局派遣专门的代表团,视察各地战俘拘留营。在探视战俘过程中,不过问其被捕、被拘的政治原因,主要关注战俘的物质条件与心理状态,保障战俘最基本的生存条件。如果发现战俘的生活处境艰难,立即督促签约国履行《日内瓦公约》关于保护战俘的规定,积极筹集和分发食物、衣物、医药、书籍报刊等救济和慰问品。在保障战俘权益方面,"帮助战俘与其亲属通信,发给战俘救济物包,是美国红十字会首创的"①。

总之,红十字会的最初使命旨在救助伤兵,可以说红十字会服务军队的项目源于战地救护。战地救护一直是红十字会服务军队项目中最基本和最重要的组成部分。战地救护、战俘救济与寻人通信,是1929年《日内瓦公约》对红十字会规定的三项基本任务。随着红十字运动的发展,逐渐突破了三项基本任务,其中战地救护的含义延伸成在战争与和平时期"对易受伤害群体的生命健康和情感尊严的全方位救护与体恤"②。

二、美国红十字会与美国军方的关系

在和平时期,美国红十字会在国家和社会层面上,是一个独立的慈善机

---

① 中国红十字会总会编:《中国红十字会历史资料选编》,南京大学出版社1993年版,第117页。

② 杨洪星:《红十字人道主义探析》,载池子华、郝如一:《红十字运动与慈善文化》,广西师范大学出版社2010年版,第21页。

构,所有救灾恤难活动都是自主行为,与军政部门关系不大。但是到战争时刻,红十字会积极响应政府号召,辅助军医部门,为军队服务。在二战之前的历次战争中,红十字会与军方之间在战时都建立了综合协调机制,与陆海军的军医部门配合密切,统一步调,保持与军队的从属关系,加强了救援力量和效率,取得了良好的效果。

但是,从二战爆发到美国参战前,美国红十字会与美国军方的关系发生了一些变化,这种变化与国际政治关系有关,与美国军队现代化建设有关,也与美国当时的外交政策有关。首先,红十字会的救援不都被交战双方接受。1937年日军挑起卢沟桥事件进攻中国、1939年德国进军波兰后,只有中、英、法等交战一方接受了美国红十字会的救援,而交战的另一方日本、德国,都拒绝了美国红十字会对其军方和平民的救援。第二,美国军方不认为红十字会的救援是急需的。虽然美国政府再次明确红十字会作为战时向军队提供一切自愿救援的唯一机构,确认红十字会作为陆海军医疗部门的辅助机构,但军方不再如第一次世界大战期间那样急需红十字会的救援了。因为随着陆海军医疗现代化的发展,军方提高了战时征用救护车、提供一般医疗用品、维持基地医院日常工作的能力,红十字会的战时职能有所下降,似乎被限于以家庭服务、医院服务为主的现有福利活动中,或者向营地医院提供一些补充用品而已。

另外,美国红十字会与美国军方关系的变化,与二战初期美国的中立政策有关。战争初期,美国政府宣布中立,美国红十字会主席戴维斯试图保持红十字会传统的中立,避免被指责有助长美国战争情绪的行动。所以,红十字会的行动非常谨慎。戴维斯认为,红十字会应该谨慎,它的行动不能被解释成相信美国最终会参战。红十字会发现自己已陷入了战时救援的困境,一方面它无法忽视交战国的伤亡,另一方面美国还处于经济萧条之中,政府与公众都想避免身陷战火,希望红十字会"保持沉默"。

但是,红十字会是在战争频发的年代诞生的,是为顺应时代和满足战场救援需要诞生的,红十字会为军队(最初是军队伤病人员)服务的使命是与生俱来的。为军队提供服务也是政府和军方赋予红十字会的使命。红十字会为武装部队成员提供的服务,完全是由美国国会、美国国防部、美国军方授权的。[①]这些授权赋予了红十字会支持和补充军事部门中关乎军人健康、福利、士气及军属需求服务的使命。

---

① Anon. "Why the Red Cross serves the Men and Women of the Armed Forces". http://www.nwnc—redcross.org/whyafes.html.

所以,尽管二战初期,红十字会与军方关系松散,但红十字会不忘自己的宗旨和使命,在战争条件下谨慎与本国及交战国政府合作,实践人道主义。从1939年开始,美国红十字会相对积极地展开海外国际救援,活跃在战场、军营,对受伤的士兵和受战争波及的难民进行救援。当珍珠港事件爆发,美国参战后,美国红十字会在美国国内大力开展服务军队的工作。

第二节　二战时期的海外救援

二战初期,美国红十字会向欧洲的战争受害者提供救援,英、法、波兰等国接受,德国等国拒绝。事实上,受国内公众情绪的影响,红十字会也不可能公平地救援所有交战双方(此问题在第八、九章有分析),只能主要援助那些受德国法西斯攻击和蹂躏国家的人民。为战争难民提供救援是个巨大的工程,任何慈善机构都不可能为所有战争受害者提供救援,美国红十字会也不例外。

1941年12月,珍珠港事件爆发后美国参战。从1942年起,美国空军、海军、陆军先后进入太平洋战区、北非战区和欧洲战区,美国红十字会的随军海外救援活动随之展开。它制定了一整套的战时服务方案,既有传统的战地救护服务和战俘救济服务,还有军营服务、俱乐部服务、医院服务等军队福利服务。

一、参战前对海外多国的救援

美国参战前,美国红十字会就积极行动起来,投身海外战时救援活动。在红十字国际委员会的指导和协调下,美国红十字会通过提供现金、捐献实物、借调员工等方式,协助交战各国的红十字会,一同展开战场救援工作。

例如,德军入侵波兰的当天,美国红十字会立即通过红十字国际委员会向波兰提供了援助。1939年,红十字会从战时基金中拨款100万美元,资助波兰士兵和难民,这笔钱主要用来购买医药和衣物。[①]这批救援物资,由美国红十字会派人监督,从美国运出,经意大利港口航运至波兰境内。但是随着意大利的参战,沿途港口被封,红十字会对波兰的救援计划在分发完剩余的救援物品后就终止了。

---

① George Korson. *At His Side: The Story of the American Red Cross Overseas in World War II*.New York: Coward－McCann, 1945, p.7.

又如,英国向德国宣战后,美国红十字会向英国提供现金支援。在德国的大空袭中幸存的英国平民,收到的大部分救援物资是由美国红十字会提供的现金购买的。美国少年红十字会为大空袭中的英国孤儿、伤残儿童以及无家可归的孩子筹集捐款。美国红十字会在二战时期首次开展的血液采集运动,就是为援助英国发起的,目的是为在大空袭中受伤失血的英国军人和民众补充医用血液。1940年,美国血液专家查尔斯·德鲁(Charles Drew)应美国军政部门邀请建立"英国血浆工程",在5个月内为英国采集、处理并运送了1.5万品脱血液和0.55万品脱的血浆。[①]1941—1942年,为防止瘟疫蔓延,美国红十字会在英国建立了哈佛大学医院。可以说,二战时期美国红十字会对于英国的援助力度比对其他国家的援助力度都大。

再如,德国入侵苏联后不久,美国红十字会代表团到达莫斯科,源源不断的救援物资随之而来。当时这条运送物资的路线是非常曲折的:从波斯湾越过绵延的荒漠和蜿蜒的山路,穿过北冰洋危险的水域到达摩尔曼斯克,或者穿过西伯利亚到达海参崴。

还如,在法国沦陷之前,美国红十字会就开始在法国境内展开救援工作,德国占领法国后,红十字会的救援活动只局限在未被占领区。美国红十字会从美国运来满满六船食品、衣物和医疗用品,分发给了法国的士兵和民众。在1941年5月和6月,法国未占领区的百姓主要依靠美国接济的面包度日。此后不久,美国红十字会的救援重点转向对法国儿童和婴儿的救助。

二战中,美国红十字会种类繁多的救援服务逐步延伸至欧洲诸多国家和整个中东地区。当时红十字会主席戴维斯一直坚持,只要有一个工作人员在场,红十字会在该国的救援活动就会持续进行下去。实际上,美国参战前美国红十字会海外援助活动的主要对象是难民,参战后美国红十字会将援外服务项目规模扩大,并由外转内,将救援重点转向赴海外参战的本国军队。为欧洲难民建立的战争基金,在参战后转为为海外美军募集的救济基金;最初为救援英国发动的献血运动,后来转变为为救援美军伤员进行的献血服务;参战前为救援海外难民开展的妇女编织运动,在参战后转为主要为海外美军和国内美军生产衣物和医用敷料的运动。实际上,美国红十字会在美国参战前的海外救援,为参战后服务美国军队做好了准备、打好了基础。

① American Red Cross. "World War II Accomplishments of the American Red Cross". http://www.redcross.org/ museum/ history /ww2a.asp.

二、参战后对海外美军的救援

珍珠港事件后,美国红十字会派遣大批战地指导,带领志愿者奔赴海外各大战场为美军提供救援。二战时期赴海外参战的美军,主要分布在太平洋战场、北非战场和欧洲战场(主要是西线),美国红十字会的救援活动主要围绕军人、受伤军人、战俘展开,为前线军人提供生活日用品和必需品;在军营创设俱乐部,满足军人精神需求;创立战地医院,为伤兵提供医疗医护和献血服务;为战俘提供符合国际公约的战俘待遇。

(一)生活物资援助:及时提供日用品、急需品

珍珠港事件爆发后,美国红十字会跟随美军辗转太平洋、北非、欧洲战场,及时向美军提供日用品和必需品。例如1942年8月7日,美军登陆部队向瓜达尔卡纳尔岛和图拉吉岛发动进攻。在岛上与日军激战的海军陆战队士兵,由于缺乏香烟、香皂、剃须刀、牙刷等日用品,生活水平大受影响。红十字会了解情况后,快速调配一艘装载大量香烟和足够日用品和必需品的慰问救援船抵岛,缓解了美军士兵的困境。1943年1月3日,美军第六海军陆战队抵达瓜达尔卡纳尔岛,美国红十字会工作人员在驱逐舰和空中掩护下随美军一起登岛,并将其在国内预先置办的装有医用敷料、烧伤油膏、磺胺粉、吗啡和大量香烟的急救包,分发给岛上士兵。红十字会的姑娘们,为机组人员、地勤人员、士兵和军官提供热咖啡、三明治、油炸圈饼和果酱。在所罗门海战中,红十字会为美军提供了日用品慰问包,内有渔具、乐器,还有收音机、木匠用具、鞋匠用具、理发工具、图书、针线包、肥皂、雪茄、鼻烟、嚼烟、烟丝、牙刷、信笺信封、纸牌、口香糖、糖果、游戏用品、运动装备、留声机、短波收音机、缝纫机等日常用品和娱乐用品。[①]蒙哥马利直接在他位于瓜达尔卡纳尔岛的红十字会办公室门口挂着一个牌子写道:“红十字会将再次用任何可能的方法帮助美军,只要需要,随时可以呼叫他们。”[②]赴澳大利亚的美国海军陆战队队员,最想在铺着洁白床单的床铺好好睡一觉、洗个热水澡、吃顿饱餐,以及一些安慰身心的娱乐活动,红十字会为他们都提供了。在美军进驻澳大利亚后,满载背包、防毒面具、锡头盔、被盖卷、野战背包等救济物资的船只和大批美国红十字会工作人员,穿过太平洋到达了澳大利亚。

在欧洲战场,在诺曼底登陆前后,美国红十字会做好了提供生活用品的

①② George Korson. *At His Side: The Story of the American Red Cross Overseas in World War II*. New York: Coward-McCann, 1945, p.74.

准备工作。经验丰富的红十字会工作者们，花费了大量时间规划筹集登陆时需要的大量物资，在登陆后不久即向军人分发了数百万镑的甜甜圈饼，大量的毛巾、牙刷、牙膏、剃须膏、糖果、纸牌、火柴和数以百万计的香烟和其他物品。为了更好地为流动和行军中的军队服务，红十字会准备了数以百计的流动卡车、流动厨房、运货车、拖车、移动发电机，以备登陆后为行军中的军队服务。在登陆前，共有38298名带薪员工和志愿者在红十字会的旗帜下为美军和盟军服务，其中骨干是红十字会的2700多名专业人员。[①]

（二）精神生活援助：设立俱乐部

俱乐部服务是美国红十字会服务海外美军的工作重点，工作人员和志愿者们倾其所能，为那些刚刚经历过硝烟或者即将奔赴生死线的军士们，为那些远离家乡、孤独疲惫的军士们，提供一些暖心、实在的服务，以丰富他们的精神生活、缓解他们的紧张压力、提高他们的战斗力。在海外，红十字会设置了多种类型的俱乐部，有规模齐全的俱乐部、流动俱乐部以及延伸到战区各地的大小俱乐部。在俱乐部发展盛时，“红十字会在海外经营着近2000家俱乐部式的娱乐服务设施，旗下有5000名红十字会员工和近14万名当地的志愿者”[②]。

红十字会设置的俱乐部，根据所处的区域环境提供不同类别的服务。一般设置在欧洲和太平洋战线上的俱乐部，主要由战区所处城市的一些大型设施，如城市酒店或饭馆、城镇和乡村的小旅馆等改装而成。规模齐全的俱乐部不仅提供膳食和康乐服务，也提供夜间住宿、理发和洗衣等服务。有些俱乐部甚至提供当地博物馆、城堡和教堂参观的导游服务，并允许士兵在当地剧院和电影院观看演出。较小的俱乐部，通常设置在驻扎在偏远地区美国军营的旁边，主要为士兵提供食物，有时候也提供娱乐服务，但不提供夜间服务。

在太平洋战区，美国红十字会在西南太平洋地区设立了大量俱乐部，数量最多时达100多个，员工中来自红十字会的工作者约500名，还有2万名从当地招募的志愿者。1942年秋，红十字会指派4名年轻的红十字会人员前往卡拉奇、新德里、阿萨姆等地，建立“军人俱乐部”。在中缅印战区，为提高士气，美国红十字会建立了俱乐部，其中最著名的就是“岗哨俱乐部”（On-

---

① George Korson. *At His Side: The Story of the American Red Cross Overseas in World War II*. New York: Coward—McCann, 1945, p.258.

② American Red Cross. “World War II Accomplishments of the American Red Cross”. http://www.redcross.org/museum/history /ww2a.asp.

post Clubs)，这种类型的俱乐部服务于偏远哨卡哨兵，配备休息室和临时娱乐设施，如台球、乒乓球、纸牌、多米诺骨牌、棋类游戏等。休息室内配钢琴、收音机和留声机，还有良好的照明、舒适的桌椅、书籍、杂志和写作室。

美军在北非沙漠地区的生活非常艰辛。驻北非的美国红十字会战地指导罗伯茨，率领173个参加过一战的退伍老兵组成的红十字支部，为军队提供俱乐部服务。他们深知，对于年轻的美军士兵来说，沙漠生活是十分陌生的经历，这里除了蓝天就是漫无边际的沙漠，十分荒芜。为丰富军人的生活，红十字会开设了许多种类的俱乐部，如“手工俱乐部”“绘画俱乐部”“摄影俱乐部”“短篇小说创作俱乐部”“小组讨论俱乐部”，甚至还有“诗歌创作俱乐部”。在军队休整的时候，红十字会还为他们组织了垒球、棒球、乒乓球、羽毛球、赛马等比赛。

除了“沙漠俱乐部”之外，红十字会在中东为休假的军人提供了“休假俱乐部”。最为典型的就是由开罗大饭店改造成的“红十字—陆军俱乐部”，提供300张床铺、干净雪白的床单、热水淋浴、卫生而又美味的美式食品，凡是士兵能想得到的服务几乎都能在开罗俱乐部实现，士兵可以看电影、参加舞会、进行旅游观光，甚至可以参加关于埃及文化的讲座。这些活动极大丰富了军人枯燥的军旅生活。

美国红十字会驻北非战区的地区总部设在君士坦丁。1942年，11万英美联军在阿尔及利亚、奥兰、卡萨布兰卡三处登陆，之后一路东进，三周内攻占摩洛哥、阿尔及利亚，直逼突尼斯。美国红十字会服务网络也随之迅速遍及整个法属北非殖民地，从“基地俱乐部”“前线俱乐部”“后方医院俱乐部”到偏远前哨的“流动俱乐部”，每个美军都能享受到红十字会提供的俱乐部服务。

再如，在法国战场，欧洲战场的第一个“流动俱乐部”（为军队提供油炸面包圈和咖啡的卡车）在诺曼底登陆后没几天就到达法国，那时候部队和军事装备正在登陆。之后更多的“流动俱乐部”车辆到达，最大限度地满足了美军的需要。与此同时，被分配在英国机场的“航空俱乐部”的服务人员也随着空军从英国转移到法国境内。在登陆后的第11天，4名红十字会工作人员，在法国犹他海滩南边的卡郎唐，将一个学校教室改造为红十字会俱乐部。第一个设施比较全面的红十字会俱乐部，于1944年7月20日在法国诺曼底海岸边上的瑟堡成立。随着攻战部队进一步向法国内陆推进，其他的俱乐部迅速涌现。1944年8月25日，在盟军解放巴黎后，最受欢迎的“彩虹角俱乐部”（Rainbow Corner Club）在巴黎开放。到1944年8月，有超过5000名红十字会工作人员抵达法国，其中超过一半是军营和医院服务工作者，剩下大多数人员就是红十字会俱乐部的工作人员,他们经营着25个红十字会俱乐部、食堂,80个"流动俱乐部",以及12个"电影俱乐部"[①]。

在1944年8月15日,来自地中海战区的美国红十字会战地指导员们,随同美军来到法国南部,仅一天之内就为军队人员提供了几千个油炸面包圈。在红十字会驻欧洲总会迁往巴黎时,红十字会的"流动俱乐部"、流动电影车、流动厨房和卡车装载着数百吨物资和设备通过军队坦克登陆舰穿过英吉利海峡开赴巴黎,红十字会在原商店、仓库、战俘营和沿途的民房建立许多俱乐部为越聚越多的美军提供饮食、住宿等服务。在盟军攻入柏林后,红十字会在美军攻入德国72小时之后就为美军建立了第一个俱乐部,名为"熊狸俱乐部"。在1944年秋,红十字会在德国部署了12个移动电影车,红十字会娱乐工作者开着吉普车,携带着表演道具,在各大军营和军事医院巡回演出。

还如,在英国战区,所有海外俱乐部中,美国红十字会在英国创设的俱乐部所提供的服务最全面、特点最明显。1942年9月红十字会总部派遣专员哈维·D.吉布森前往美国红十字会驻伦敦的地区总会,负责指导红十字会在英国和西欧战区的各项军队服务工作。吉布森专员和他的工作人员执行的首项任务就是为驻英的休假美军筹建俱乐部。二战中美国陆军实施每个士兵每五六个月有为期八天休假的政策。战时英国一些较大城市的旅馆空位十分紧张,当士兵休假期间从与外界隔离的军营涌入伦敦各大酒店时,满足士兵的需求成了当务之急。红十字会根据艾森豪威尔将军的要求,在城市建立供士兵度假休整的俱乐部,称"士兵俱乐部"。士兵们可以凭部队开出的通行和旅行手令,在"士兵俱乐部"预订床位。

"士兵俱乐部"是美国红十字会在英国建立的最常规的军人俱乐部。最早的两个在1942年5月建立,一个位于伦敦,另一个位于北爱尔兰的伦敦德里郡。第三个俱乐部位于苏格兰的格拉斯哥市,于1942年6月开放。1942年7月位于伦敦的华盛顿俱乐部揭幕,其成为"士兵俱乐部"的典范。每个在英国的美国官兵,包括妇女军团的女兵、陆军护士、空军飞行员和红十字会工作人员,都有属于自己的俱乐部。在黑人部队集中的地方,红十字会也开设了许多俱乐部,派红十字会中的黑人专业人士为他们提供服务。在英国,"士兵俱乐部"服务发展的高峰期,有2000多名红十字会的工作人员在265个俱乐部提供服务。这些红十字会人员,在近1.3万名英国志愿者和近

---

① American Red Cross. "D—Day: The American Red Cross Side—by—Side with the Troops". http://www.redcross.org /museum/history.

万名带薪员工的帮助下经营这些俱乐部。[①]

“士兵俱乐部”提供的服务是多种多样的。首先,餐饮服务是重中之重。提供美式餐点,对于饱受思乡之苦的美军有着不可或缺的精神慰藉作用。俱乐部的厨师经过红十字会特别挑选,能做地道的美国餐点,这大大改善了战时军人的伙食,同时远离家乡的军人也能体会到家的味道。其次,俱乐部设有自助餐厅、小吃店、衣帽间、冷热水淋浴房、理发店、裁缝店、擦皮鞋间、游戏厅、娱乐间、阅读和写作室以及急救室,几乎能够满足士兵们的所有需求。俱乐部中悬挂着大幅美国地图,士兵们可以很容易找到自己家乡的所在地,很多士兵在上面画上标志,留下自己的姓名和住址。许多士兵由此找到朋友、亲属。第三,俱乐部最繁忙的就是信息交流处,在那里服务人员要解答士兵提出的各种问题,还免费向士兵分发商业剧院、电影院和音乐会的门票,组织观光旅游和周末访问英国家庭的活动。俱乐部还举办舞会、音乐会,并安排当地演员为军队表演自制的舞台剧。

位于伦敦皮卡迪利广场旁的“彩虹角俱乐部”的信息交流处,汇集了欧洲战场上其他俱乐部的信息。这个俱乐部非常有特色。第一,展示美国军人的美术和手工艺品,还举办巡回展览活动,吸引了超过50万人次前来观展。第二,为休假军人提供帮助在伦敦其他俱乐部预订房间的服务,基本能解决前来求助士兵的一切难题。第三,俱乐部提供24小时全天候服务,无论何时都有人为军人提供服务,24小时均提供美式饭菜。[②]第四,它是美国红十字会在英国最大的娱乐中心,每晚都会提供一些娱乐活动,如夜场演出、电影放映、舞会、拳击赛、摔跤比赛以及其他各种有奖竞技比赛。

“航空俱乐部”是专为位于英国农村偏远地区的美航空兵设置的俱乐部。空军士兵被严格限定在军事据点范围内,飞行员和地勤人员除了休假时间之外,无法享受到俱乐部的服务。在美国空军的要求下,红十字会在机场建起了“航空俱乐部”或“营地俱乐部”。这两种俱乐部除了不提供住宿服务外,其他各方面与其他俱乐部基本相同。每个“航空俱乐部”或“营地俱乐部”由1名红十字会战地指导、2名红十字会姑娘、1名俱乐部指导和1名参谋助手、若干当地招聘的英国员工和志愿者组成。到1944年秋天,“航空俱乐

---

① George Korson. *At His Side: The Story of the American Red Cross Overseas in World War*. New York: Coward－McCann, 1945, p.259.

② American Red Cross. “American Red Cross Service to the Military in World War II”. http://www.redcross.org/museum/ exhibits/posters blood. asp.

部”和“营地俱乐部”发展到顶峰，数量多达100个。[①]

“流动俱乐部”专为更偏僻、更分散的小部队军士设置。“流动俱乐部”就是“轮子上的俱乐部”，它们由卡车或者单层、双层的巴士改装而成，内设长沙发、制作咖啡和甜甜圈的设备，主要提供热咖啡和甜甜圈、口香糖、香烟、杂志、报纸、明信片、照片和唱片等物品。[②]这对长期吃压缩饼干和罐头、几乎与世隔绝的军人来说，无疑补充了暖食、暖流、暖意。那些活泼热情的红十字会姑娘，更使军人们神清气爽。有的“流动俱乐部”配备了扬声机，为部队播放音乐；有的配备了电影放映机，成为移动电影车。在英国，“流动俱乐部”被分配到几个服务区，由中心成扇形向周边扩散。每个“流动俱乐部”往往一天访问几个军事据点，给在异乡的部队带来茶点、娱乐活动以及士兵们的家书信件等，深受士兵们的欢迎。在“流动俱乐部”创立一周年纪念活动时，在伦敦的100个由汽车改装的“流动俱乐部”举行了庆贺活动。吉布森被尊称为“流动俱乐部之父”。

通过与英国当地的红十字会相互配合，美国红十字会创办的俱乐部在战区全面开花，在美军和盟军反抗法西斯战争的岁月里，不仅为前线的将士带去了物质上的保障，更丰富了将士们枯燥的军营生活，为他们提供了身体上、精神上的料理服务，在另一个层面促进了反法西斯战争的最终胜利。

（三）医疗护理援助：军营伤兵医护

美国红十字会在海外进行的医疗护理援助工作有序展开。美国红十字会在各大战区的前线建立基地医院，按区域和大小可分成野战医院、伤病转运站、兵站急诊所；为了加强救护设施的流动性，基地医院配备了大量的救护车队、医疗船、医疗飞机和医疗火车，争取抓住抢救伤兵的最佳时机，在战场后方，建立了大型的后方医院，配套设施更先进，能处理重伤士兵的治疗工作。

为了适应战地救死扶伤的需要，红十字会的医疗和手术队常常奔波在战线上，跟随战斗部队在前沿炮火中担任野战救护工作。在美军与盟军发动的几次大规模登陆作战中，美国红十字会工作人员一路随行，时刻准备救护伤员。红十字会护士与战场士兵并肩作战，她们就像一支特殊的机动部队，活跃在前方战场，在炮火中挽救伤员的生命。在战争即将结束时，大约

---

① George Korson. *At His Side: The Story of the American Red Cross Overseas in World War II*. New York: Coward—McCann, 1945, p.264.

② James H. Madison. *Slinging Doughnuts for the Boys: An American Woman in World War II*. Bloomington: Indiana University Press, 2007, p.25.

有5.2万名护士在海外的600多所陆军医院、43所海军医院、12艘海军医疗船、近30辆陆军医疗火车上,从事医疗护理服务工作。[①]其中有230名护士在战地救护中不幸牺牲,16名被敌军杀害。尽管在战地救护过程中存在生命危险,但陆军护士兵团中98%的妇女都要求到海外服务。[②]

在二战中,挽救更多伤员生命的关键,是足够的新鲜血液和血浆。在一战期间,许多伤员因缺乏新鲜血液或血液替代品而抢救无效丧命。医务人员曾为保存和使用全血作了各种尝试,但效果不佳。战时的血液输送不能保证,血液无法长期保存。早在美国参战前,美国军事当局已经意识到,仅仅依靠采集捐血者的新鲜血液供救治伤员是远远满足不了需求的,美国必须为参战提前做好准备。1939年,德鲁在美国哥伦比亚大学医学中心建立了第一个现代血库,开始研究用血浆替代全血。血浆对于治疗失血性休克、严重烧伤、低蛋白血症等战场上常见的伤病有着神奇的疗效。它是一种理想的血液代用品。1941年2月,红十字会推出了献血计划,把采集到的新鲜血液加工制成血浆。红十字会献血中心的血浆,不断地流向地中海、欧洲前线等战场拯救伤员生命。

血浆成为二战战场救护的法宝,在战场各处的空血浆瓶和废弃血浆纸箱,是红十字会帮助受伤士兵新生的无声证据。在战争前线的急救站、野战医院、转运医院、基地医院,红十字会的医疗工作者们都在用血浆救治伤员。艾森豪威尔将军对此曾评价道:"在一名战斗人员受伤之后,血浆的迅速使用,成了这场战争中对伤员手术治疗中的最重要的一个步骤","血浆是这场战争中最杰出的医学发现"[③],也是美国献给战场上战斗和流血士兵们的"生命之礼"。

(四)战俘救援

与一战时期一样,战俘救助也是美国红十字会工作的内容之一。二战时期的红十字会救助战俘工作主要是依据1929年的《红十字国际委员会公约》和关于战俘待遇的《日内瓦公约》,该公约对战俘的待遇做出了具体的规定。例如:战俘的关押地必须有合格的卫生条件;被俘军官必须享受同级敌

---

① Kathi Jackson. *They Called Them Angels: American Military Nurses of World War I.* Westport. C.T.: Praeger Publishers, 2000, p.xviii.

② June A. Willenz. *Women Veterans: America's Forgotten Heroines.* New York: Continuum, 1983, p.xi.

③ George Korson. *At His Side: The Story of the American Red Cross Overseas in World War II*. New York: Coward－McCann, 1945, p.297.

军官员的待遇；普通士兵可以在营地外从事与战争无关的劳动，并获得相应的劳务费；所有被俘军官和士兵都应享有免费与亲属通信的权利，可以接收国内亲属邮寄的救济包裹；等等。

二战时期红十字会战俘救援方面的工作成就比较突出的有两个方面。其一，帮助战俘与家人互通信件。通过中立国瑞士和红十字国际委员会，美国红十字会促使交战国互报战俘名单、战俘转移和战俘死亡等信息，互派交换船，互通战俘信函。在红十字会的努力下，美军战俘（指被敌方俘虏的美军士兵）的亲属会定期收到战俘的来信。相比之下，德国和日本战俘营对战俘信件的字数和内容有严格的控制，这使急于打探战俘消息的亲属们忧心忡忡。红十字会经过多方努力，创办了《战俘公告》和《红十字会新闻》，这两份刊物为战俘和亲属提供了详尽的信息。

从1943年6月直到战争结束，红十字会每月公开发布《战俘公告》，目的是"在战争条件下为美国战俘提供信息，这与为他们提供慰问品和救济物资同样重要"[①]。每个月的《战俘公告》除了给战俘家人带来了一定安慰，还给他们带来关于战俘的准确、权威的信息和建议。《战俘公告》通常会引用在欧洲和远东战俘营撰写的详细报告，报告中有美军战俘的私人信件、营地笔记、战俘照片、描述战俘营地生活条件的文章等。尽管这些信息仅仅是零碎材料的拼凑，但对缺乏信息的战俘亲属来说，大有帮助。《红十字会新闻》是红十字会与美国战争信息办公室合作出版的，是份12页的月刊小报，通过红十字国际委员会分发给美军战俘和在欧洲以及中东被拘的美国平民，让这些战俘了解美国国内的情况。这种专门为战俘出版的刊物内容，都是无争论的、非政治化的信息，主要刊登美国各州的奇闻逸事、体育比赛消息和一些比较知名的漫画等，也刊登一些战俘感兴趣而与政治无关的文章，每份报刊在对方检查员检查和批准之后就能在战俘营中发放。

其二，为战俘提供生活用品救济。虽然《日内瓦公约》规定，所有战俘必须享受与拘留方部队人员同样的食物，但实际上德、日战俘营供应给被俘美军的食品是远远不足的。红十字会组织运送的战俘救济包，缓解了战俘食物紧缺的危机。通过红十字会，美军战俘的名单传到美国，再由红十字会负责确保物资送达战俘手中。其实早在美国参战前，红十字会就已经向被德国俘虏的其他欧洲国家的战俘运送救济物品。珍珠港事件以后，美国红十字会与红十字国际委员会密切合作，按要求为超过100万的战俘运送和分

---

① George Korson. *At His Side: The Story of the American Red Cross Overseas in World War II*. New York: Coward－McCann, 1945, p.292.

配了大量的生活救济物品。红十字会用其自有资金为战俘提供的救济包，援助了近140万的盟军战俘，战俘中许多人能活着回家，就是因为红十字会航运了超过2700万个食物和医疗包裹。[①]这些标准化的战俘救济包是红十字会和美国陆军部的营养专家精心设计的。包裹中的食物由美国农业部购买，红十字会位于几个大城市的包裹集运中心负责装配和发送。这些包裹中的大多数都是统一尺寸(10英寸×10英寸×4.5英寸)和统一重量(11英镑)的食物包裹，其中包括诸如梅干、葡萄干、烤肝、咖啡、糖腌牛肉、糖果、乳粉、人造黄油、饼干、橙汁、奶酪、鲑鱼罐头、金枪鱼罐头、巧克力条、香烟和肥皂等不易腐坏的物品。其他的包裹有医疗用品、衣物、日常用品以及种子和造园材料等。[②]

美国红十字会的战俘救济包，由美国和加拿大的红十字会，通过红十字运送船队送达欧洲。这支船队由10艘船只[③]组成，这些船只可以在没有任何护航的情况下沿着指定的路线航行，在夜幕中只要灯光照亮船身上的红十字标志，即使是纳粹德国和日本军队都不敢贸然袭击。依照《日内瓦公约》规定，红十字标志具有国际法效力，战时作为战地医疗人员的保护标志，任何武装部队均不得攻击带有红十字标志的运输工具、人员和设施，否则即被视为战犯。1944年这支船队携带着由美国陆军和海军部、美国财政部的采购部门，美加英三国红十字会以及基督教青年会、天主教徒福利联盟等组织提供的医疗用品、休闲娱乐用品和衣物等到达欧洲码头，之后物资被转运到日内瓦，通过红十字国际委员会分配给各战俘集中营。在德国条件最好的战俘营里，美军战俘创办了自己的报刊《战俘时代》，美陆军航空队德尔玛·T.斯皮维上校写的文章称："在这里，《日内瓦公约》的精神被很好地贯彻，我们的境遇在整体上还算不错……作为回报，被我军俘虏的德国战俘也应受到体贴和关照。"[④]

在日本战俘营中的美军战俘，境况就差很多。日本允许红十字国际委

---

① American Red Cross. "The American Red Cross in World War II". http://www.redcross.org/museum/history/ww2b.asp.

② American National Red Cross. *Prisoners of War Bulletin 1943—1945*. Washington, D.C.: American National Red Cross, 1943, p.17.

③ 这支船队由红十字国际委员会特许的美国"博爱1号""博爱2号""亨利·杜南号""芒加罗号""特拉凡柯号""赛沃号"，还有英国的"马兰吉号""劳比特伊号"，以及"刚果号""芬兰号"等10艘船只组成。

④ George Korson. *At His Side: The Story of the American Red Cross Overseas in World War II*. New York: Coward—McCann, 1945, p.293.

员会代表访问在日本本土的战俘营地,但对近三分之二关押在菲律宾、爪哇、苏门答腊、马来西亚、泰国和缅甸等南部地区的美军以及盟军战俘,日本不愿透露战俘信息。美国红十字会在1943年运送超过2000吨的食物和医药用品到达海参崴,这批物资是由美国和加拿大红十字会包装的大约30万个11磅重的食品包、2661箱药物与医疗用品、1.95万套服装、7080件大衣、4200双鞋子、125箱修鞋用具、2.1万套盥洗用品、100万支香烟,以及由基督教青年会捐赠的299箱休闲和宗教书籍。[①]但这些物资竟然在仓库存放了一年,日本政府才于1944年秋季派遣船只收取这批本该早就发放给战俘的物资。

显而易见,美国红十字会通过红十字国际委员会,帮助美国联邦政府和美国军方与德、日政府达成关于彼此遵守《日内瓦公约》中关于战俘待遇和保护规定的承诺,并派出代表跟随红十字国际委员会前往战俘营视察战俘的生存状况。通过运送大批战俘救济包,有效地缓解了战俘们粮食短缺的问题,改善了战俘们的伙食和健康卫生条件。通过信件的转发和报刊的出版和分发,被关押在海外的美军战俘与其国内亲属有了信息交流的途径,使被关押的战俘在被囚禁的痛苦和绝望中获得了很大的精神慰藉。

第三节　参战后服务美国军队

珍珠港事件爆发后,美国红十字会夏威夷分会在第一时间展开了救援活动。美国正式宣战后,红十字会立即在美国国内展开大规模的动员活动,建立红十字会战时委员会,健全战时服务机制,制订军队服务计划和各种支前服务计划,把工作重点转移到美国国内军队服务方面,为美军提供了强大的人力、物力和财力上的支援。

一、珍珠港救援活动

在美国参战前,美国政府预感日美之间的战争不可避免。但日本究竟选择什么地方进攻美国,并不明确。就在美国国内对是否要卷入战争还不确定的时候,美国红十字会内部对于战争即将爆发的危机意识已日益提高,他们虽然不知道美国何时参战,但战场救援是红十字会的重要使命,做好战

① George Korson. *At His Side: The Story of the American Red Cross Overseas in World War II*. New York: Coward—McCann, 1945, p.295.

时救援准备工作,就是红十字会的任务。当时就有一些红十字会的先锋队员进入了美国海军基地,战时救援已箭在弦上。

(一) 紧急备战

1941年10月,美国红十字会进行了一次非常规的医疗物资储备和医务人员紧急调动:夏威夷分会除了通过正常渠道接收由红十字会总部调拨的价值2.5万美元的医疗急救物资外,还通过秘密渠道获得了一批价值5万美元的药品和物资。这批预备的急救物资,使珍珠港事件后的急救工作有了初步保障。“红十字会总部的月度报告清楚显示,红十字会夏威夷分会前后接收了2534名医护人员,这些人员中有1505人是被秘密调去的临时人员。”[①]此外,珍珠港事件前夜,夏威夷分会的全体人员都接到了紧急通知,命令他们集体值班备战,以应对可能出现的突发状况。

日本偷袭美国,最有可能的是空袭。红十字会加紧完善防空计划,设置了10个紧急医疗站。[②]在夏威夷群岛上的2000多名平民,包括医护人员都接到了红十字会的急救培训通知。在红十字会生产队主席A.V.莫利·纽克斯女士的领导下,生产队的妇女志愿者们开始赶制医用敷料和编织御寒衣物,生产的数量远远超过平时的指标。这些物资连同其他的食品和医药用品,一直储存在檀香山附近各地区的备用仓库中。

红十字会食堂服务队和汽车运输队在此之前已经过良好的组织和训练,甚至连少年红十字会都为他们的任务做好了准备。汽车运输队的40名成员(其中大多数是陆军和海军们的妻子)在珍珠港事件爆发之前就进行过战地救护演习,训练在灯火管制和毒气弥漫的环境下如何驾车急救,并掌握包括旅行车、卡车、救护车在内各种车型的驾驶和修理技能。在演习的日子里,她们很快熟悉了岛上医院和急救中心的路线和位置。

(二) 紧急救援

1941年12月7日,日本联合舰队出动大批飞机和袖珍潜艇,分两轮突袭美国太平洋舰队在珍珠港的海军基地,轰炸美国陆军和海军在夏威夷瓦胡岛上的军用机场。最终日本以损失29架飞机、5艘袖珍潜艇和死亡55名飞行员的微小代价重创美军。[③]美国8艘主力舰、10艘驱逐舰、一个大型浮动

---

① 张越:《偷袭珍珠港》,外文出版社2010年版,第192页。

② American Red Cross. “Armed Conflicts Abroad Dominate the 1940s and 1950”. http://www.redcross.org/museum/history/ 40—59.

③ 〔美〕阿瑟·林克、威廉·卡顿:《1900年以来的美国史》,刘绪贻等译,中国社会科学出版社1983年版,第185页。

船坞全部被炸毁,陆空基地夏威夷航空部队的243架飞机中有128架被炸毁,海军基地的航空部队中也有103架飞机被炸毁,只剩下9架可用的飞机。[①]最严重的是人员伤亡,这次日本偷袭,造成"美国官兵死亡人数最后高达2403人,其中1000人死在'亚利桑那号'舰上。近2000人受伤,18艘军舰受创太重,不得不报废"[②]。日军在珍珠港的空袭持续了近2小时,将珍珠港和包括希卡姆机场、惠勒机场在内的军用机场变成一片火海。

在珍珠港遭受日本的第一轮轰炸后的两分钟之内,美国红十字会就展开行动了。在珍珠港的救援活动中,红十字夏威夷分会发挥了作用,他们立即在夏威夷招募当地平民,组成志愿者团队,在来自红十字会总会的几个工作人员的指导下,展开救援活动。夏威夷分会主席阿尔弗雷德·L.卡斯特尔(Alfred L.Castle)在市政厅紧急会见红十字会工作人员,希望他们将预先制定的计划付诸实施。正是红十字会有事先准备,才能在珍珠港事件救援中有条不紊,工作卓有成效。

具体的救援工作主要为伤员救助、物资供应、信息传递、人员运输和转移等。

第一,伤员救助。红十字会一部分医护人员先将伤员火速送往檀香山的皇后医院进行抢救,大批红十字会的护士志愿者迅速聚到美军希卡姆机场驻地医院、陆军特里普勒总医院、珍珠港美国海军医院和海军医疗船上,协助陆海军护士军团的护士们一起进行伤兵救助。夏威夷岛上的红十字会工作者、护士和看护志愿者,齐心协力帮助军医们一起谱写了美国战争救助史上的英雄诗篇。在雷诺兹·H.海登上尉(Reynolds H. Hayden)的指导下,美国海军医院的指挥官和医生,在第一轮空袭后的16个小时之内,抢治了1000多名伤员。[③]接下来的几天中,重伤人员络绎不绝被送到手术室进行治疗,特里普勒总医院从受轰炸最严重的希卡姆机场接收了大批伤员,这些受伤人员中超过60%的人被严重烧伤。红十字会护士们负责皮下注射、血浆管理、处理烧伤、缝合伤口等工作,帮助忙碌的海军外科医生减轻了工作压力。许多红十字会姑娘们一直工作到精疲力尽,她们直接和衣而眠,以便于随时准备换班。

由于海军医院的护士极为紧缺,夏威夷岛上其他各医院的护士都被指

---

① 张越:《偷袭珍珠港》,外文出版社2010年版,第180页。

② 〔英〕约翰·科斯特洛:《太平洋战争:1941—1945》(上),王伟等译,东方出版社1985年版,第165页。

③ American National Red Cross. *The American Red Cross with the Armed Forces*. Washington, D.C.,1945, p.56.

挥官要求前往檀香山的皇后医院和其他军事医院。红十字会夏威夷分会负责招募平民护士志愿者。从1941年12月7日至1942年元旦,护士需求量巨大,红十字会应军队要求,招募了75名护士以应对珍珠港的伤情。[①]拥有救灾应急经验的护士被优先考虑,这些护士在抵达夏威夷檀香山后,就被当地的民防局按小组分配至不同岛屿的工作站。这些护士们在民防局的指导下为应急医院、急救站、捐血中心,以及为预防日本进一步袭击而建立的其他紧急部门进行服务。夏威夷民防局向这些护士表达敬意:她们亲力亲为和专业化的服务已经表明了自己的卓越才能和优秀品德,这份恩情,夏威夷群岛的人们将永远不会忘记。

第二,物资供应。红十字会在医院里为在轰炸中失去生活物资的军人们分发盥洗用具、衣物、香烟等慰问品,给病人、医院值班人员阅读报刊,帮助安抚和稳定军心。夏威夷民防工作者和红十字会食堂服务队在夏威夷的伊奥拉尼宫(lolani Palace)地下室建起了食堂,志愿者每天在这里为岛上的军人和难民提供免费食物,包括汤、热可可、热麦片和果汁,为成百上千的哨兵以及来自灾难处理委员会和军械库的人员、急件派发驾驶员、救护车司机和紧急卡车司机,提供了大量的救济食品。在政府救济部门到达前,红十字会食堂服务队平均每日向约1500名撤离者供应三餐。食堂成了换岗士兵、轮休工作人员、巡逻队人员和警务人员每晚的聚会场所。在红十字会食堂,工作人员为岛上的士兵和难民提供交谈和心理安慰服务,珍珠港被袭后的第四夜,部队士兵带来了他们的夏威夷四弦琴,轮班时通过表演老式或新式的草裙舞、流行音乐和校园歌曲来缓解紧张的气氛。

红十字会汽车运输队在12月7日接到的首项任务,就是向陆军和海军医院以及设在学校和政府办公楼的民用急救医院,运输红十字医用敷料和医药物品,把被困在珍珠港和希卡姆等轰炸区域的数百名平民转移到安全地带,这些平民中大多数是陆海军人员以及国防工人的家属。在珍珠港事件当晚,夏威夷岛实行禁火政策,以防日军再度袭击。汽车队趁着夜色将急救包、医用夹板、毛毯、衣物、饮用水等物资,派送给来往的军人和难民,直至12月8日凌晨3点将最后一批3000名伤员和难民安全转移。[②]

第三,信息传递。红十字会帮助军人寻找他们失散的家属亲人,通过通

---

① American National Red Cross. *The American Red Cross with the Armed Forces.* Washington, D.C.,1945, p.68.

② American National Red Cross. *The American Red Cross with the Armed Forces.* Washington, D.C.,1945, p.53.

报医院中伤员的情况来安慰夏威夷岛上和在美国本土焦急等待的亲人。无论是珍珠港事件的幸存者还是死难者，他们的亲人都想确切了解信息，可当时美国军方严禁电报公司通过电话传递信息，担心泄露军情，而红十字会通过遍布全国的分会传递信息，让珍珠港事件相关人及时得到了消息。在红十字会开通此项服务的第一天，就传递了200条信息。[1]

第四，人员运输和转移。1942年12月中旬，夏威夷岛上大批人员撤回美国本土，首批从夏威夷岛转移的是被烧伤的和被炸伤的海军战士。就在运送船刚起锚的时候，夏威夷分会接到美国海军部的紧急呼叫，要求派遣护士补足护理人员的短缺。夏威夷分会在不到两小时内派了40名注册护士负责伤员转移途中的照料事宜。当船只在圣诞节到达旧金山时，红十字会旧金山分会负责派人迎接，军队伤员立即被转移到军事医院，平民伤员被转入市区平民医院。为了帮助这些在旧金山和太平洋沿岸港口下船的撤离者抵抗严寒，夏威夷分会派送了成箱的御寒外套、毛衣和其他的针织服装，随行的红十字会工作人员负责分发。为了方便这些撤离者能够尽快地回到家中，红十字会还提供短途运输服务。

总之，珍珠港事件后中，红十字会给绝望的人们以希望。在对待受伤、患病、无家可归以及饥饿的人时，红十字会不分种族、信仰和肤色，一视同仁地提供帮助。红十字会到哪里，哪里的红十字标志都会让受战争之难的人平静下来，让他们在绝望中得到极大的安慰。美国红十字会在珍珠港的工作上受到了美国国内军民的一致肯定。

二、食堂供餐服务

美国红十字会在第一次世界大战期间和第二次世界大战的海外援助中，都展开了军队食堂服务工作。珍珠港事件后，服务美国国内军队的食堂工作再次展开，红十字会深知，军队的温饱问题直接关系到军队的战斗力，关系到军队能否打仗、能否打胜仗的问题。二战期间，“红十字会在将士中赢得人心的一个重要方式，就是通过解决伙食问题，让他们吃饱饭”。

1941年12月7日珍珠港事件爆发，美国卷入第二次世界大战，军事当局紧急从全国各地调遣军队开往前线，政府和军队的物资一时难以供应，很多士兵来不及多做准备，有的饿着肚子挤上火车火速赶往聚集地。军事当局要求美国红十字会协助部队解决兵调途中的吃饭问题，红十字会食堂军团

① George Korson. *At His Side: The Story of the American Red Cross Overseas in World War II*. New York: Coward—McCann, 1945, p.8.

立即响应。由于之前在战时有了军队食堂服务的经验,红十字会这次在军事设施附近、火车站、港口、军用机场,以及其他的士兵聚集的地方,搭建食堂,为饥饿的士兵提供免费食物。食堂志愿者在临时搭建的食堂中,为战士们分发食物和饮料。例如在火车站,有组织的成群结队的妇女,在早上6点就带着准备好的甜甜圈和咖啡到路边等候,当满载着士兵的列车开过的时候,就把食物、饮料递给他们。这些妇女当中有不少名媛,甚至连当时的美国第一夫人也参加过送餐活动。第一夫人安娜·埃莉诺·罗斯福,是红十字会的热心支持者,美国作家古德温(Doris Kearns Goodwin)在《非常年代》中就描述了埃莉诺二战期间在华盛顿联合车站(Union Station)帮助红十字会经营食堂的情景:“她穿着卡其色的工作制服,与其他红十字会志愿者们一起,向被调往军营港口的士兵分发咖啡、报纸、三明治、糖果以及香烟。”[①]红十字会服务军队的食堂,为调动途中的士兵解决了饮食问题。

除了临时搭建的路边食堂,更多的食堂被安排在“军人俱乐部”里。无论是简陋的俱乐部还是设施条件稍好一点的俱乐部,都有军人食堂,主要提供三明治、甜甜圈、热咖啡,士兵可以排队按需领取。

为了更好地服务多个军事站点,红十字会仿照在海外救援中建立“流动俱乐部”的模式,也将半吨重的卡车或双层巴士改造成“流动俱乐部”,为士兵们制作甜甜圈和磨制咖啡,分发面包、报纸、口香糖等。

总之,通过多种形式,红十字会的食堂军团在二战期间,为战士们提供了总计1.63亿杯咖啡,2.54亿个甜甜圈,1.21亿顿套餐。[②]艾森豪威尔将军于1945年在国会两院联席会议上,评价了二战时期红十字会食堂对于军队的重要性:“红十字会,以及它下设的康乐活动俱乐部,在战争前沿阵地为部队提供的咖啡和面包,满足了士兵们的健康需求,减少了士兵的伤亡。”[③]

三、编织女支前运动

美国1941年12月参战之时正值冬季,太平洋岛屿作战环境特别恶劣,昼夜温差极大,此时欧洲战场也处于冰天雪地之中,寒冷的气候使作战人员体力下降,导致动作迟缓、耐力差,这对军队行动的距离和速度影响极大,同

---

① “Red Cross Volunteer Eleanor Roosevelt”. http://www.redcross.org/museum/history/eleanorR.asp.

② “American Red Cross Canteens During World War II”. http://www.redcross.org/museum/history/WW2Canteens.asp.

③ 出自艾森豪威尔将军6月18日在国会的报告。可见http://www.redcross.org/museum/history/WW2Canteens.asp.

时也限制了武器装备效能的发挥,极大地影响了部队作战能力。由于珍珠港事件事发突然,军队没来得及准备足够的御寒衣物。当时美国《时代杂志》报道:“男人们来不及等他们的妻子或恋人为他们编织衣物就抓起枪支上战场了。”[①]为了保证军队在寒冷气候下的战斗力,前线对于御寒用品需求紧迫。当时许多棉毛服装纺织工厂的机器被临时征为军用,但依然无法满足庞大的军需,此时美国广大妇女,在红十字会的组织下,积极行动起来,用手工编织衣物补充军用御寒衣物的不足。

红十字生产队迅速计划了编织项目,众多志愿者加入编织队行列。虽然编织运动始于第一次世界大战,但在第二次世界大战期间发挥了更大的作用。第二次世界大战期间,红十字生产队因拥有350多万名成员、3304个分支而成为最受欢迎的单位[②],它在战时创造了惊人的成就纪录,为战士、退伍军人以及战争难民生产和供应了数百万的医用纱布敷料和御寒衣物。生产队所提供的服务是当时志愿者服务项目中规模最大的。据统计,1939年到1946年,生产队的志愿者们为平民和士兵提供了6355万多件服装,3123万多个装有香烟、扑克牌、肥皂等物品的背包,近24.82亿件医用敷料。[③]

早在珍珠港事件爆发之前,美国妇女就开始编织各类装急救用品的包包,成千上万的急救包被送往欧洲,当时第一夫人安娜·埃莉诺·罗斯福经常被记者拍摄到正在编织或提着大量编织袋的照片。1941年9月,她在下榻的纽约市华尔道夫酒店举办了一次“为国防而纺织”的茶话会,对编织运动进行宣传和倡导。二战时期参加编织的许多人曾在一战时期就加入编织队,对于她们来说,编织是她们参战的体现。

1941年11月24日,美国《生活》杂志发文,提出了“我能为战争做些什么”的问题,实际上该文进一步动员妇女参加编织运动。文章提到“对于伟大的美国人民来说‘我能为战争做些什么’这个问题最好的回答是‘编织’”。尽管事实上机器织造纺织效率更高,但是妇女手工编织的优势十分明显:当前方士兵收到后方送来的御寒手套、毛衣、针织帽子等,如同收到了妈妈、妻子、女儿亲手为自己编织的御寒衣物,精神上的暖意远远超过编织品本身。手工编织给了后方家人援助前方将士实质性的途径,这些手工针织品不需要政府和军队付出成本,而且手工编织的袜子比机器编织的耐穿。最重要

---

① “American Red Cross Canteens During World War II”. http://www.redcross.org/museum/history/WW2Canteens.asp.

② “American Red Cross Production Corps”. http://www.redcross.org/museum/history/productioncorps.asp.

③ http://www.redcross.org/museum/history/productioncorps.asp.

的是,“手工编织的宣传效果和意义巨大。海军士兵的毛衣,羊毛头盔垫,均由居住在远离战场的小城镇上的妈妈、妻子、女儿编织,一件编织品,联系着前方将士和后方家人的温情,让后方妇女觉得自己在这场大规模的战争中不是毫无用处的”①。

1942年1月,美国战时生产委员会指定美国红十字会为所有编织活动的唯一结算机构,命令美国国内所有羊毛纱线零售商将储备的羊毛纱线转交给红十字会。在红十字会的鼓励下,妇女们为战士编织毛衣、围巾、袜子、护腕、毛毯、头盔垫等,建立了为军队编织御寒衣物的战后基地。她们按照武装部队批准的规格标准,在制衣设计上,颜色采用橄榄褐色或深蓝色,保持与军队制服的搭配性,样式都与服装设计样板和编织样板严格一致。所有针织物品都要经过严格的质量检查,不合格的须交给技术能手加工改进。为了少出次品,红十字会让每个编织女编织同一款式和同一尺码的衣物,这样她们就能记住衣服的类型和尺码,提高效率,编织出更多成品。为了让前方将士知道编织衣物的来源,感受后方母亲般的温暖,规定每件编织衣物上都缝上一个标签,上面写“美国人民通过红十字会赠送给你的礼物”,还注明是哪个红十字会分会或支部提供的。部队为了表达对后方编织女提供御寒衣物的特别重视,战争委员会“向成千上万的编织女保证,她们制作的御寒衣物会和政府所提供的衣物及其他军需品受到同样密切的关注”②。

当时,编织已经成为普通民众援助前线士兵的主要行动,编织已经成了当时的潮流,人们空闲下来就编织,不管在家里还是在社会公共场合,许多人无时无刻不在编织。当时,在工作场合包括学校、公交车上、剧场里,甚至在教堂里编织都是被允许的。在战争岁月,不少编织女一直忙着为前线将士编织衣物,自己却穿着破的袜子和毛衣。为了激励大家,提高效率,红十字会组织编织比赛,编织女的自豪感大大加强。当时的报纸甚至喊出了“军队需要男性士兵,但也需要编织女”③的口号。所以,“红十字会的缝纫和编织成为当时每个妇女生活的一部分”④,编织俨然成了美国国内以妇女为主的全民战争援助运动,也成了普通百姓援助战争的自觉行动。

历史上,战争的胜败不完全取决于军事力量,气象、自然条件也对战争有着诸多影响,有时甚至关系到战争的成败。二战时期,德军遭西伯利亚严

---

① *New York Times*, Jan. 22, 1942.

② “Knit for Sammie!” *Seattle Times*, Mar. 24, 1917.

③ *Northwest Veteran*, Jan. 3, 1942.

④ *Bellevue American*, Jan. 8, 1942.

寒的重创，这是德军溃败的重要因素之一。在苏联严寒的气象条件下，德国士兵不仅缺乏御寒衣物，在零下40摄氏度的极寒气候中，德国士兵连枪栓都拉不开，他们没在与盟军作战的沙场战死，而在恶劣气候下冻伤冻死。德国除了没有预先充分评估气候寒冷对军队的影响外，后方御寒补给也没能及时供上，这是导致失败的因素之一。美国的情况则大不相同，红十字会组织的以妇女为主的全民编织运动，为在严寒中作战的美军士兵及盟军战士送去了温暖，帮助作战士兵摆脱了寒冷气候使肢体冻伤而战斗力下降的困境，保证并提高了前线士兵冬季作战的战斗力，同时让他们在血与火的战争中看到了红十字的光辉，感受到了来自美国国内同胞的温情和关怀，激发了他们反法西斯的勇气和激情。红十字会生产建设军团给战士们供应的手套、护腕、羊毛衫、羊毛袜、羊毛头盔垫、围巾等，不仅温暖了他们的身体、鼓舞了士气，也增强了他们的战斗力。

四、采血和献血运动

美国红十字会在第二次世界大战中最突出的贡献是开展了采血和献血运动。红十字会招募了大量献血者，采集了大量鲜血输送给陆海军，挽救了战场上负伤官兵的生命。同时，在采集大量鲜血的基础上，红十字会与商业实验室合作，成功试制了等离子体（血浆）、白蛋白、血清球蛋白，用于抢救因枪炮造成的失血性休克、创伤性休克、脑损伤、麻疹等危重伤员。血制品挽救了无数军人的生命，是红十字会赠送给美军将士的“生命之礼”。

人体输血技术的历史可以追溯到15世纪末，西方比较著名的一次输血尝试为罗马教皇英诺森特八世（Pope Innocent Ⅷ）为延续生命将3位男孩的血液输入自己的体内。有记载的人类输血是法国在1667年完成的，当时由于操作风险太大，没能推广，但由此引发了血液循环方面更多的科学研究。到20世纪初，医学界血液研究方面有两大突破：第一，发现了人类四种血型不能相混，但通过对供血者和受血者的血液分型分化，可以抵消它们的不相容性；第二，发现了造成输血病人死亡的原因——凝血，但凝血可以通过使用柠檬酸钠来预防。1918年，美国陆军实验室和外科服务委员会正式采用柠檬酸钠与匹配的血液防治失血性和创伤性休克。

受伤或烧伤造成创伤性休克是战场上常见的情况。由于人体大量失血，降低了血液向重要器官输送氧气的能力。虽然输血可以成功治疗失血性休克和创伤性休克，但血液的运输、储存和冷藏在战时非常困难。20世纪30年代，美国血液专家查尔斯·德鲁博士成功将血液细胞离心分离成血浆。随后，他又成功试验了一种将固态血浆制成干粉的方法，可在需要时在蒸馏水中重新溶解干粉成液态,这样就解决了血液的制冷、储存和运输问题。只要有血浆和蒸馏水,再加上必要的针头和管子,就可以给受伤的人输血,创造了在战场、急救站、战地医院甚至运送伤员途中都可以完成输血的奇迹。

美国红十字会的"英国血浆工程"抢救了无数伤员,1941年1月,美国军事当局要求红十字会大规模采集血液,美国需要为参战提前做好准备。1941年2月,红十字会献血计划正式启动,建立了红十字血液中心,德鲁被任命为红十字会血库的第一个主管。红十字会运用自己的经费建立、维持和经营捐血站,将采集的血液运到陆海军指定的实验室。有时,美国陆海军军部会指派医生到献血中心指导红十字会医务人员,全部费用由红十字会和参与该项目的红十字分会承担。红十字会的主要工作是招募志愿献血者,维持献血中心运转,把采集的全血交给生物实验室,加工成血浆,最后运送给陆军和海军。红十字会虽然没有直接生产血浆,但其献血中心的血浆不断流向各个战场拯救生命。

血浆的价值被无数陆海军外科医生、受伤官兵证实。无论是在欧洲还是在太平洋的战场,他们都见证了血浆不可思议的价值——拯救生命。"在太平洋受伤的海军人员中,只有1%的人死亡",海军卫生局局长宣称。换句话说,99%的受伤军人都因血浆而免于死亡。陆军卫生局局长说:"血浆被列为北非陆军医疗队使用的最主要的救命剂。"艾森豪威尔将军也证明:"在一名战士受伤后迅速使用血浆,这是这场战争中伤员外科治疗方面最重要的一项进步。"①

1940年6月,美国陆军和海军医疗部门要求美国红十字会和国家研究委员会研究血浆的大规模生产。因为他们估计6个月后,美国可能参战。陆海军要求红十字会定期供应血液,以便加工成血浆,由此红十字会启动了有史以来最伟大的采血、制血研究。

1941年2月20日,纽约建立了第一个血液加工成干粉血浆的实验中心,5个月后,约翰·霍普金斯医学院的博士坎比·罗宾逊(Canby Robinson)被任命为美国国家献血服务中心主任,该中心快速发展。最初陆军和海军的要求是制成1.5万品脱血浆的血液,但在美国参战后,对于血液制品的需求骤然上升。在1942年年底,红十字会交付陆海军130万品脱的血制品,一年后

---

① Foster Rhea Dulles. *American Red Cross: A History*. New York: Harper & Brothers Publishers, 1950, p.412.

已增加到570万品脱,到1945年1月,捐献的血液总量达到1100万品脱。[①]珍珠港事件爆发时,红十字会在美国东部已经营了10家血液捐助中心,之后又逐渐增长到35家,献血中心遍布全美,另外还有63个移动献血车做补充。在高峰期,该计划包括由2285名由医生、护士和技术人员组成的带薪员工,以及约2.5万名志愿者。截至1945年9月,红十字会护理部门在血液服务上花费近1600万美元,从660万献血者身上收集了1340万品脱血液,基本全部制成血浆。[②]这在当时看来已经是巨量了,但面对战争,实际上只是一个"微薄的储备"。珍珠港事件极大地证明了血制品的价值,因为它的使用非常有效,战场伤者得到了及时治疗,战时血浆的需求比和平时期所设想的要多得多。

红十字分会工作人员和捐血者们,不断受到战场上血浆挽救了无数伤员报道的激励,更加积极行动,踊跃献血,保证了战时献血计划的成功。虽然刚开始有人担心血浆不会向平民开放,但当被告知平民与军人一视同仁时,公众献血的热情更加高涨。整个战争期间,越来越多的城镇建立了献血中心,献血计划不仅仅局限在大都市地区。

随着血浆的大量使用,另一种比血浆更浓缩的血液替代品,即血清白蛋白试制成功。血清白蛋白被证明能有效救治失血性休克、烧伤、脑水肿等伤者,但它需要更多全血才能制成。红十字会要维持血浆储备,估计1943年至少需要400万品脱的血,平均每周需采血7.6万次。

为了满足需要,红十字会新的血液中心增至35个固定捐血站,流动献血点增加到63个,这些流动献血点定期在附近的800个社区的志愿捐助者身上采集血液。[③]招募献血者时,那些被献血者的鲜血和血浆救活的士兵成为最好的宣传员,"我活在借来的时间里,就像活在借来的血液里一样",广播、报纸杂志、连环画都发挥了宣传作用。

由于积极宣传,1943年的采血量超过了需求,但美国陆海军再次提高次年的配额,要求1944年采血500万品脱,这个目标最终也达成了。当盟军登陆诺曼底海滩时,美国公众一周捐献了超过12.3万品脱的血液,也就是说红十字血液中心每4秒钟就采集1品脱捐血。

---

① George Korson. *At His Side: The Story of the American Red Cross Overseas in World War II*. New York: Coward-McCann, 1945, p.300.

② George Korson. *At His Side: The Story of the American Red Cross Overseas in World War II*. New York: Coward-McCann, 1945, p.301.

③ American Red Cross. "American Red Cross Service to the Military in World War II". http://www.redcross.org/museum/exhibits/posters blood. asp.

1944年11月,陆军当局报告说:“红十字会献血服务中心已经为陆海军提供了超过1000万品脱的血液,这些血液是为陆海军准备血浆和血清白蛋白的。”①红十字会在任何时候都能满足陆海军设定的血液需求量,并且所有血液加工实验室都在满负荷运转。

在整个战争期间,对血液衍生物的进一步实验仍在继续,很快又有另一项新进展。新发现是血浆的副产品——免疫血清球蛋白,它在治疗麻疹方面有巨大的价值。血清球蛋白含有健康人群血清所具有的各种抗体,因而有增强机体抵抗力、预防感染的作用,对传染性肝炎、麻疹等都有防治作用。陆海军要求首先使用这种新血品,由于产量大,民众也可使用。在二战结束之前,红十字会已拨出150万美元,用于在全美范围内向国家卫生部门分发免疫血清球蛋白,40多万名儿童因此获得麻疹免疫。②

红十字会的采血有规范的流程,献血者由专业护士测体温、脉搏、血压和血细胞数,被抽血后卧床休息十分钟,并且还能获得餐点。许多部队军人在休假期间也来献血。每位捐献者第一次捐献时都会得到一个青铜徽章,第三次捐献后会得到一个银质徽章,成为“加仑俱乐部”成员时还会得到一条红丝带。在整个战争期间,个人平均捐血2品脱。

尽管献血者中心的运作大体上是民主的,但在使用黑人血液方面却出现了争议。红十字会最初与陆海军意见一致,只接受白人捐血。黑人组织和其他关注种族问题的团体都立即提出了歧视的指控。于是,红十字会和陆海军又共同商定新政,接受黑人的献血,但与白人的血液分开处理,以便接受输血的人可以得到自己同种族的血浆。

有关种族歧视的问题,红十字会主席强调,红十字会的主要责任是“呈现服务,而不是试图解决种族争议”。种族隔离反映了这个国家的历史缺陷。对献血者的这种歧视性的批评,实质上是对美国民主制度的批评。

关于血制品使用的价值,最有说服力的不仅来自基地医院、疏散医院或野战医院,还来自战场。在战场上,随处可见血浆纸盒垃圾,可见战地伤员能及时获得输血。医护人员经常在炮火下匍匐前进,寻找被敌人切断联系或被隔离在散兵坑里的伤员,进行救生注射,然后在重伤员从前线撤离后继续护理。在太平洋战场的最后几场战役中,用血浆拯救的生命不计其数。1945年春,陆军向欧洲空运了大约20万支“O”型血,在二战结束之前,海军

①② American Red Cross. *Red Cross Service Record*. ARC 541, 1946.

又向太平洋空运了18万支血。[①]

在美国参战期间,红十字会招募志愿者捐献了1300万品脱的血液提供给陆海军。纽约、洛杉矶血液中心捐血量居全美之首,其次是波士顿、费城、底特律和芝加哥。红十字会在这个项目上花费了近1.6亿美元,在其鼎盛时期,有2.5万名志愿者和志愿者积极参与了这个项目的运作。[②]

献血计划取得成功的基本原因就是美国人民普遍希望为前线作战的军人们贡献自己的一分力量。许多人认为捐钱本身是不够的,捐赠1品脱的血液才是美国民众在情感上的共同体验,这个体验的结果是给前线受伤的英雄们送上了一份“生命之礼”。血液捐献服务是根据红十字会的人道主义精神来创建的,这项服务是红十字会组织的所有战时支前活动中最引人注目的。这项旨在为前线军人服务的血液采集项目于1945年9月15日结束,此后这项战时专项服务在战后转为民用,为红十字会1948年开始实施的全民血液采集计划积累了经验。

第四节　服务军队的作用和影响

二战中美国红十字会对军队的服务特色明显:为美军提供了大量人力、物力和财力上的支持,减轻了军队后勤的压力;为军队提供战地救护、献血服务,挽救了伤员生命,缓解了军人肉体上的痛苦;为军队提供俱乐部服务、医院服务、军营服务、军队福利项目以及娱乐和精神安抚服务,缓解了军人精神上的痛苦,有效提高了军队的士气,为美军赢得战争胜利作出了重要贡献。

一、服务军队的作用

(一)减轻军队的后勤压力

第二次世界大战是一场旷日持久、规模空前、消耗巨大的现代战争,它不仅是军事上的较量,也是人力、物力、财力与技术上的总较量,英国《不列颠百科全书》就曾明确写道:“第二次世界大战,就其主要特性来说,是一场

①② Foster Rhea Dulles. *American Red Cross: A History*. New York: Harper & Brothers Publishers, 1950, p.422.

后勤战。”[①]而后勤补给是决定战争力量对比的重要因素，军队物资供给充足与否，在战时能直接影响到战斗力的强弱与军队持续作战的能力，也间接左右军队在战争中的成败。在二战中，美国红十字会在人员上、物资上为美军提供了大量的援助，很大程度上减轻了军队后勤的压力。

首先，为军队提供强大的后援队伍。二战中，美国不仅需要承担多个战场的作战任务，还要充当反法西斯阵营的战略物资大后方和“兵工厂”。面对本国部队以及盟军部队的大量物资需求，美国所需后勤保障数量已超过美军后勤保障力量的极限，因此不得不大量动用民间资源，军队后勤保障趋于军民一体化。美国是资本主义国家，个人主义、自由主义是西方国家中最为典型的，民众对政府的信任度历来较低。所以政府在紧急而短暂的时间内，靠行政动员民间力量往往会出现“调度不灵，协调失衡和行动不及时”[②]的弊端。而美国红十字会作为一种非政府组织已根植于民间，与广大民众联系密切，它的会员大部分来源于民众，开展活动自然得到民众的支持与合作，“民众对非政府组织弥补政府的过失，填补政府工作的空白有着特别的热情”[③]。此外，当时美国红十字会作为一个已有60多年救援历史的非政府组织，通过它先前的多次救灾和战争救援活动的表现，已经充分赢得了民众的信任。因而在战争爆发之初，红十字会能够依靠其强大的公信力和号召力，帮助政府迅速聚集广大的社会闲置力量为战争提供保障。

美国红十字会在组织上最瞩目的就是少年红十字会的发展和各大高校红十字会单位的纷纷成立。红十字会战时委员会特设发展部，专门负责指导全美青少年红十字组织的建立和会员培训工作。红十字会少年会员的基本组织单位是学校，每所学校有1位教师负责指导学生参加红十字会并成为少年会员，同时选举代表参加学校的红十字少年议事会。各校的议事会又推出1位代表去参加分会的红十字少年议事会，使各校的少年会员拥有参加分会的各种机会，对分会的一切救援计划提供意见。每所学校中的红十字少年会员是以团体为单位的，在小学，每个班级每年仅收登记费0.5美金，整个班级的儿童即成为会员；在中学则以100人为团体，每年仅缴登记费1美金。每届秋季征募会员之时，都会叫响“为服务而入会”的口号，登记入会的人数极多。地方分会的红十字少年委员会承担学校与分会的联络工

① 符林国：《论太平洋战争美军岛屿进攻作战后勤保障的主要特点》，《军事历史》2009年第4期。

② 石奎：《危机管理中非政府组织的作用》，《桂林电子工业学院学报》2004年第1期。

③ 叶常林、许克祥、虞维华等：《非政府组织前沿问题研究》，中国科学技术大学出版社2009年版，第50～51页。

作,负责介绍及改进各种专门课程和活动,如营养、粮食供应、急救、家庭看护、意外预防、学校灾害预防等,并举办各种培训班。青少年通过参与当地的红十字分会活动,例如为军队生产慰问物品和学习编织衣物等活动,为战争出力,并且在与战争相关的规划中,特别在收集"胜利之书"和经营"胜利菜园"等活动中表现积极。

1942年后,红十字会迅速延伸到各大高校校园,大学生为战争资金的募捐作出了贡献,提供了长时间的志愿服务;响应红十字会发动的各项工作,提出"节约运动",人人立志不浪费纸张、金属、脂肪、橡皮等必需品;提倡种植"胜利菜园",鼓励每人在春夏从事田园种植,增加粮食蔬菜的产量,加强前线粮食的供应;在全国范围内征募儿童救济基金,帮助友邦受战争祸害的儿童;提倡校际通信联络,加强会员的协同救援能力;暑假时,红十字青年四处从事各种救济活动,被红十字会和联邦政府称赞为红十字会战时重要工作单位之一。红十字会在广大青少年的支持下,救援队伍进一步壮大,救援实力也有了很大的增强,成为二战中美国国内救援活动的一支重要力量。

据统计,美国参战后,全美有近四分之一的人成为红十字会的成员或辅助人员,平均每个家庭就有1个人向红十字会献血或者捐款捐物,或者直接加入红十字会成为志愿者。[①]这个数字随着战争的深入还在不断增长,以至于在二战期间全美民众的主要活动就是参与红十字会服务,为战争提供支援。在人员上,大量征召地方专业人员和志愿者作为军队勤务人员的补充,有效缓解了军队服务人员上的不足。在战争高峰期,红十字会有750万名志愿者和3.9万支薪员工从事战争服务活动,7.1万名红十字会护士在军队中从事医疗护理和战地救护任务[②],这些人员有效缓解了军队后勤机构的人员供应相对紧张的状况。

其次,为军队提供充足的物资补给。美军有自己的勤务机关,但面对扩编后庞大的军队和紧急复杂的战事,军队的后勤机构承受极大的压力,美国红十字会通过组织民间力量,生产和筹措后勤保障物资,征集和动用民间运输工具,来弥补军队后勤物资投送力量的不足,大大减轻了美军的后勤压力。红十字会辅助军队承担战争物资的供给和军队卫生防疫等工作,协助军队补给军服、军粮、通信工具和急救药品等军需物品,并进行医务人员的

---

① American Red Cross. "A Look at the Role of the American Red Cross in World War II". http://www.riversidecounty.redcross.org/article.aspx? &a=805.

② American Red Cross. "World War II Accomplishments of the American Red Cross". http://www.redcross.org/museum/history /ww2a.asp.

培养和军用物资的储备工作,加强了部队的给养,保证了物资的供应,成为重要的后勤保障力量。他们筹集医药物资,调配医务人员,组织战地医院和救护队伍及时抢救和转移伤员;他们还注意军营的卫生防疫工作,避免军队发生疾病传染,影响军人的健康和战斗力;对作战士兵普及卫生和急救常识,以降低伤亡率,提高部队的行军力和战斗力;在战场上有序组织物资和人员的前后运输,把后方的供应品及时运往前线,把前方的伤员送到后方医院。

珍珠港事件的突然爆发,把美国带入第二次世界大战,照顾行军中的美军就成了一个重大的问题。由于战事突然,很多士兵来不及多做准备,许多战士饿着肚子赶往聚集地。面对军队长途跋涉的巨大挑战,红十字会在士兵聚集的地方开设免费食堂,提供食物。通过食堂服务,满足军队本身无法从根本上解决士兵食物需求的问题。与部队本身配给的冰凉的罐头食品、无味的压缩饼干相比,红十字会食堂提供的热腾腾的美式茶点,让寒冷气候中的士兵感受到了来自家乡的温暖。

美国红十字会还在海外各大战场建立了救济物资储备仓库。以太平洋战场为例,1944年红十字会在南太平洋和西南太平洋地区建立了12个大型仓库,在这些仓库中,有为美国陆海军、海军陆战队和空军人员准备的大量包括香烟在内的日用品、医药急救慰问包。二战期间,红十字会分配的救济物资对士兵是十分必要的。特别是在太平洋战区,作战部队需要不断转移,进行无休止的远距离行军。大规模的军需物资供应,往往会因为运输线漫长、海运工具有限、陆上运输力不足、岛屿分散导致物资空投不集中等因素,不能及时到位。而红十字会却能暂时满足军队对于物资的紧急需求,因为红十字会的救济物资量较小,而且都放置在军队的坦克登陆舰、登陆艇以及军队其他运输工具的闲置空间,当一天的战事结束后,红十字会工作人员立即将这些物资中的诸如牙膏、剃须刀、剃须膏、牙刷、梳子等必需品分发给军人,“流动俱乐部”食堂还提供快餐。这些在军队接济物资到来之前能够暂时缓解美军救援物资紧缺的状况。以下是美国红十字会在二战期间为军队提供的部分服务。

表5-1　美国红十字会在二战期间为军队提供的服务成果表

战时共收到物资价值总额(美元)	784992995
挽救美军伤员人数(人)	100000
接受红十字会军队服务的士兵人数(人)	16113000

续表

红十字会提供的军人与其家人间的通信数(次)	42000000
受到家庭服务援助的军人家庭(个)	1700000
运到海外的军队救援物资(吨位)	300460
采集的军需血液(品脱)	13400000

注:数据来源:http://www.redcross.org/museum/history/ww2a.asp

在整个二战期间,红十字会动员和组织全美力量为军队提供了大量的后勤物资补助,为战争前线的士兵提供了最基本的生存资料,有效地保证了部队的战斗力,为美军战胜法西斯奠定了重要的基础。

(二)改善军人的战时处境

二战时期,美国红十字会不仅通过传统的医疗护理和战地救护,挽救了大批伤员的生命,还通过新创立的军队福利服务,为军队送去精神上的安抚,缓解了军人在战争中肉体和精神的痛苦,有效改善了军人战时处境。

首先,保护军人的生命健康。红十字会在二战时期救护工作的最可贵之处,是能真正遵照“国家至上”和“军事第一”的目标去执行它的任务,尤其是能够本着“博爱恤兵”和“救死扶伤”的宗旨,去缓解军人的痛苦和伤痛。

战争与救护息息相关,红十字会的救护,对于前后方负伤和抱病的将士以及民众们来说就是一种安慰,一种鼓励。红十字会的救护工作与作战军人有切肤之连,深受联邦政府和军方的重视。红十字会的工作人员,也时刻准备为伤病将士和民众竭尽所能,甚至不惜奉献自己的生命。他们对于前线伤病战士及时正确的抢救,有效地挽救了大批伤员的生命,降低了他们的阵亡和残废率,提高了军队的战斗力。二战爆发后,红十字会竭力动员全美力量参加红十字会救护组织,从事救护服务。当时许多学校都设置了急救和护理课程,大量民间医护人员和志愿者参与战地救护工作。由于美军重视伤残救护,美军伤亡率相比之前有很大幅度的降低:南北战争中的伤亡率为17%,一战为8.1%,二战中,军队在红十字会的辅助下增设了军医、卫生兵和战地医院,更多的伤病人员能够得到及时救治,伤亡率下降为4.5%。① 在二战中,86名红十字会工作者(其中有52名女性和34名男性)在提供战地救护服务时牺牲,他们为救治美军将士作出了巨大贡献,可歌可泣。

---

① 赵辉、罗宏恩、穆少杨等:《战火中的红十字——卫勤与战争》,解放军出版社2001年版,第7页。

除了战地救护外,红十字会还协助美军做好新兵卫生作业,加强新兵保健和卫生基础,防止新兵因水土不服和气候不适而生病,防止在丛林作战和岛屿作战中因蚊虫叮咬或因长时间在战壕潮湿阴暗环境下滋生瘟疫,防止其他传染性疾病的蔓延,做好对新兵因战争而产生的神经衰弱、战争疲劳等神经症状的精神诊疗。在平时注重士兵饮食营养,灭虫消毒,防止疫患。红十字会负责协助军医对处在疫情区的士兵进行预防注射,派遣环境卫生员视察前方各军营。战时军队的流动性极强,红十字会随军卫生工作主要是在军队设立营地时,特派人根据地形、环境卫生状况,为军队提供宿营选择意见,确保军营的采光、保温、清洁;军队驻扎后,进行营地床铺和衣被消毒,命令士兵洗澡、洗脚,进行灭虱工作;对军营的饮水指定水源,做好监饮工作;对营地的厕所垃圾进行处理,防止滋生病毒和瘟疫。

在战俘救济中,红十字会通过日内瓦红十字国际委员会,视察了德日关押的被俘美军人员的生存情况,敦促德日两国遵守《日内瓦公约》,改善战俘的生存环境。在战俘生活物资不足、医疗卫生条件恶劣之时,筹集大量的战俘救济包裹,包括食物、衣物、医疗物资等物品,有效缓解了战俘生存危机;为了改善战俘的精神面貌,安抚国内战俘军属,美国红十字会为战俘提供通信服务,并通过发行报刊的形式来丰富战俘的精神生活。

其次,提高军队的士气。美国红十字会在提供医疗和物质救助的同时,十分注重对于军人的精神情感关怀。红十字会代表美国民众向美军送去了慰问和安抚,为他们提供娱乐和交谈服务。俱乐部和食堂使行军中的战士们可以停下来吃饭、放松,让士兵在战争环境中高度紧张的神经得以放松,减轻了恐惧和压力,从而才能在战场奋勇杀敌。

红十字姑娘们在二战中十分受欢迎。美军高度赞美了姑娘们的魅力,她们有良好的运动技能、独创性、忍耐力和在战火下英勇无畏的精神,最重要的是她们对战场士兵的精神鼓舞很大。[①]红十字姑娘们承担了多项任务:在俱乐部和医院中排练娱乐节目,唱歌跳舞;在"流动俱乐部"车辆上炸圈饼,帮助士兵缝补衣物;与士兵谈论棒球、足球和篮球,是士兵很好的交流对象、绝佳的倾听者和心理安抚者,使军人在残酷的战争环境下能坚持乐观的心态。

---

① Helen Airy. *Doughnut Dollies: American Red Cross Girls During World War II*. Sunstone Press, 1995, p.114.

二、服务军队的影响

美国红十字会在二战期间经受了严峻的考验,出色地完成了各项救援任务,经历了二战战火洗礼和磨炼的红十字会,规模得到扩大,救援机制更加健全,战时救援能力长足发展。红十字会在二战中开创的军队服务体系,为红十字会在战后的救援活动和社会工作积累了丰富的经验。

(一)推动红十字会的发展

首先,组织规模空前扩大。整个二战时期,为适应战时救援需要,红十字会组织规模扩大,红十字分会的数目达到3757个,成年会员人数达到3664.5万之多。随着少年红十字会组织的发展,少年红十字会会员人数又大幅上升,达到1990.5万多,占全美在校学生的75%,志愿者人数达到750多万人,带薪人员达3.9万多人[①],总成员人数占全美人口的四分之一,这在红十字会发展史上是空前的。二战时期的红十字会,在美国民众中的声望是任何一个慈善机构都无法达到的。

二战时期红十字会的领导机构延续了一战时期的做法,设立战时委员会集中领导权,提高了红十字会在战时进行人员和物资调配的速度和效率。战时委员会为做好军队服务和海外难民救援工作,向社会集思广益,拓宽管理的维度,整合社会闲置力量,广泛征求军政商界精英人士及社会贤达人员的意见,增强了决策的科学性和可行性。例如:红十字会派往海外战地的指导,大多是由战地经验丰富的一战退伍老兵担任;在海外负责救济物资采购的,大多是商界长期从事海外贸易的人员;负责红十字会物资运输的,大多数是航海经验丰富的商业船队;在编织运动中,专门聘请民间的手工艺者和纺织工厂的能工巧匠作为指导。这些专业人才的加入提高了红十字会服务的专业水平和救援活动的效率。

在组织结构上,在一战"中央总会—地区总会—地方分会"的框架基础上,进一步细化基层组织,在地方分会所在地区的各居民社区、各中小学及高校以及军事基地设立红十字会办事处,辅佐当地红十字会分会完成相关救援任务。这种组织形式持续至今,它既减轻了总会的救援压力,也加强了总会与各分会的联系。这种组织结构使红十字会内部沟通机制极具活力,能够有效地做到上通下达,便于消息的收集和传递,也便于红十字会物资收集和人员调动。同时,各地分会和基层单位遍及社会各大角落,形成一张庞

---

① American Red Cross. "World War II Accomplishments of the American Red Cross". http://www.redcross.org/museum/history /ww2a.asp.

大的通信联络网,使红十字会在从事信息传递服务和军队家庭服务方面,拥有其他组织所不具备的优势。在海外,红十字会战时委员会向海外美军所驻的各大战区派遣战区指挥和专员,与所驻国家的美国大使馆相互配合研究难民和军队救济和服务的方案,这也增强了海外救援活动的灵活性。

其次,救助方式和内容多样全面。红十字会在一战救援经验的基础上有了许多创新。例如,在捐款上,一战时期红十字会采取“红十字周”的形式,在短期内集中号召民众进行募捐,而二战中红十字会所需的服务和救援开支比一战要大得多,因而采取“红十字月”的形式,将集中捐款的时间延长,并配合演讲、宣传海报、报纸和杂志广告、名人号召、发行邮票等多种方式调动人们捐款的热情,这使二战时期的实际捐款屡屡超出预期目标,在红十字会捐款历史上写下了光辉的一笔。

以下是二战期间红十字会的预期经费筹资额与实际筹集资金总额的比较。

表5-2　二战期间美国红十字会预计捐款数额和实际捐款数额对比

时期	预计捐款数额	实际捐款数额
1941—1942	$50000000	$70969229
1943	$125000000	$147398111
1944	$200000000	$216433514
1945	$200000000	$231709534
1946	$100000000	$118482607
整个战争时期	$675000000	$784992995

注:数据来源:http://www.redcross.org/museum/history/ww2a.asp

二战中,海外俱乐部服务最有影响。俱乐部是在一战时期红十字会食堂基础上扩大规模和增加诸多综合服务而创建的,它突破了一战时期红十字会食堂提供的有限服务,发展成为提供包括饮食、住宿、通信、娱乐、洗浴、医疗等诸多内容的综合体服务。尤其是“流动俱乐部”的发明,加强了红十字会服务的灵活性和流动性,更好地顾及了更多士兵的需求,使红十字会的救助系统更深地延伸至偏远地区。红十字会在救助伤兵和病兵的过程中,除了关注其生理上的康复外,更注重其心理和情感上的关怀,注重为患者提供娱乐服务,这为后来医院中康乐治疗和心理治疗提供了有益借鉴。

再次,种族歧视缓解,妇女地位提高。一战时期,红十字会内部的黑人工作者是受到歧视的,他们申请前往海外战场为黑人军队服务的请求被总部拒绝,还遭受白人主管的冷遇。20世纪40年代早期,红十字会重视反对种族隔离政策,使非裔美国人在红十字会中能够获得专业职位,在工作过程中更加充分意识到团结起来的黑人价值。红十字会副主席詹姆斯·菲泽(James Fieser)雇用了红十字会的第一位黑人主管杰西·托马斯作为他的助手,从而改变了红十字会的人事政策。在1942年,红十字会意识到动员黑人加入救援工作十分需要,就邀请了黑人领袖来到红十字会国家总部,就黑人团体如何能够更好地帮助红十字会满足国家的需要展开深入商谈。这些活动取得了很大的成功,并大大缓解了红十字会组织内部的种族歧视问题。在1943年间,非裔美国人开始大批加入红十字会,在海外的俱乐部中为军人提供社会工作服务。[①]红十字会的服务队伍有了黑人的加入变得更加强大。在1940—1948年,红十字会通过建立血液计划工程成功地应对了战争与和平时期的挑战,抛弃了血液捐献方面的种族歧视原则。

随着战争救援总体性的加强,美国女性在战争中的作用也在增强。女性在美国国内要顶替被征往前线作战男性的职位空缺,为军队提供辅助性服务,甚至直接参军作战。美国妇女在红十字会的组织下,在生产队、汽车队、俱乐部以及其他部门和献血计划中,从事有偿的或者志愿的服务工作,在海外战场上充当护士、司机、福利工作人员,直接为军队提供随军服务,她们在战争中所发挥的作用逐渐成为支持美国战争的推动力。[②]妇女通过直接参军或者加入红十字会,为美军提供援助,打破了长久以来“战争让女人走开”的狂言。战争结束后,“妇女们知道是她们和男人们一道使胜利成为了可能”[③]。此外,一战中,美国军方医院拒绝向女医师授予军衔,而二战中的女医师已经可以在军医队中充任军官,与男性享有同等的地位和权利,女医师最低军衔为中尉,最高为准将[④],军中地位大大提高。红十字会派往海外的女性志愿者在军队中受到尊重和欢迎,鉴于红十字会姑娘在军队服务上的突出贡献,战后至今,美军参加的多场局部战争中,红十字会都会派遣大量女性志愿者随军为军队提供饮食、娱乐和慰问服务。如今在红十字会

---

① American Red Cross. “American Red Cross History Timeline — 1940—1959”. http://www.redcross.org/museum/history/20—39.asp.

② American Red Cross. “Red Cross Women in War”. http://www.redcross.org/museum/history/womeninwar.asp.

③ 〔美〕萨拉·M.埃文斯:《为自由而生——美国妇女历史》,杨俊峰等译,辽宁人民出版社1995年版,第259页。

④ 贵阳市档案馆编:《战地红十字》,贵州人民出版社2009年版,第349页。

的领导层,女性所占的比例也逐步上升,女性志愿者在红十字会中所占比例也逐年扩大。

美国黑人和妇女在二战中通过参加红十字会组织的各项战争救援活动体现了自身的价值,促进了黑人和妇女自我意识的觉醒。战后20世纪60年代,美国妇女解放运动与黑人民权运动走向结合,在一定程度上也推动了美国社会的进步。

最后,战争应急机制和军队服务体系进一步发展。红十字会在战时招募大批会员,作为发展军队护理事业的基干,在战后为美国社会"健康保险"制度的发展,起到了很好的推动作用,使之成为战后美国"社会安全计划"的重要环节之一。红十字会战时军队救护,在战后与军医、公医结成了密不可分的关系,军队健康、民族健康和国防建设都需要它。许多人对红十字会的角色定位有误会,认为红十字会主要是在灾难和战争期间发挥作用,等战争结束后,救济任务完成了,红十字会的工作就告一段落了。实际上,红十字会有许多战时服务项目在战后转为民用,并越来越多地转化为美国社会保障体系、救灾应急体制以及公共卫生的重要组成部分。红十字会在战时积极联络后方重要城市的各大相关社团组织诊疗所和急救站,对地方空袭、疫患、灾难的救护,以及对民众的医药救济,都成为战后国民健康保障事业的有力实践。可以说,战争给了红十字会发展壮大的机会,战后和平时期也赋予红十字会继续努力开拓的新机遇。

美国红十字会在战时的救援服务,还有利于战后促进世界和平事业的发展。根据《日内瓦公约》的要求,战时要优待俘虏,尽可能发扬"民胞物与"的精神,这也成为奠定"世界和平基础"的重要基石。红十字会是世界中立的团体,虽然各组织之间的界限依然存在,但其活动本身具有世界性和国际性。例如,在战时各交战国应配合红十字国际委员会视察战俘营中战俘境遇的工作;不得袭击悬挂红十字旗帜的交通工具;在红十字会中立组织的协调下交换双方战俘。这些人道主义精神被各国奉为神圣不可侵犯的,甚至连纳粹黩武者也不得不尊重。

此外,美国红十字会在海外各大战区,在招募当地居民充当志愿者为美军提供服务的过程中,与这些国家加深了友谊。例如在英国,美国红十字会通过组织美军到英国家庭做客等活动,促进两国军民的互相了解,加深了英美固有的"盎格鲁—撒克逊"血缘关系,也在一定程度上促进战后"英美特殊关系"的进一步发展。再如,美国红十字会在澳大利亚得到当地居民的鼎力支持,热情好客的澳大利亚人给美军留下了深刻的印象,战时美澳两国人民结下的深厚情谊,有利于两国人民之间永久的友好关系。战时各大战场的美军通过红十字会加强了与其他国家民众的交流与了解,并通过红十字会的联合俱乐部服务,加深了与各国军人之间的友谊,这种民间的友好关系,对于推动战后国家之间的官方交流和各国红十字会之间的互助合作,起到了很好的推动作用。

(二)积累红十字会的服务经验

首先,创建了心理服务体系。二战时期,大多数国家红十字会的中心工作偏重于医疗卫生方面的救护,而美国红十字会对于军人从物质到精神的全方位救济,为其他国家红十字会的救援工作提供了有益借鉴,使美国战后红十字会的中心工作突破了"救护"的界限,拓展成为广泛而全面的社会救济。

红十字会对于战争受害者不仅要实行诸如救饥、救伤、救冻、救病等肉体上的救济,还要进行全面的精神救济。二战中红十字会姑娘们所担任的服务工作,大部分侧重于精神救济,"这种服务,是红十字会参战史中最重要的发明之一"[①]。这项服务直接安慰了人心,提高了士气,开创性的服务进一步演变成为精神救济的先声,也成为红十字会之后在救灾和战争救护中重点关注的服务项目之一。

红十字会在二战后将战时对于军人的精神关怀发扬光大,使之成为一项专业的服务制度,运用于自然灾害的救援中。20世纪80年代末,红十字会正式涉足灾难心理卫生服务,于1990年正式创建"灾难心理卫生服务项目"(红十字会DMHS),"红十字会与美国心理学会、精神病学学会、社会工作者学会和婚姻与家庭治疗学会合作,为战争、灾难以及事故受害者,提供危机干预和心理压力管理等心理卫生服务"[②],还建立了旨在提供危机干预心理培训专业的人力资源系统。1992年,又与美国心理学会联合建立了名为"灾难反应网络"(DRN)的公益项目,对志愿者进行心理救援培训,免费向战争、灾难和事故受害者提供心理咨询服务。

其次,创建了与军队合作的模式。二战时期,红十字会与军方展开密切配合,进行交互式训练。军方帮助红十字会战地医护人员进行军事化训练,红十字会则帮助美军进行生存技能、医疗自救等方面的培训。二战爆发前,作为二战的一项准备工作,红十字会战时护理体系进行了重建,建立了一支包括医生、护士和医疗助手在内的医疗护理队伍。战地护士与和平时期的

---

① 贵阳市档案馆编:《战地红十字》,贵州人民出版社2009年版,第132页。

② 张黎黎、钱铭怡:《美国重大灾难及危机的国家心理卫生服务系统》,《中国心理卫生杂志》2004年第6期。

医院护士所处的救护环境不同,主要从事战地救护,工作期间必须出入战地,工作和行动都与军事有关,必须具备一定的军事常识,在救护工作顺利进行的同时,必须保护自己的生命安全。战地护士大多经过军事化的训练,具备一定的掩蔽与伪装、简单的通信、地形地物的利用、夜间教育训练、独立战斗的技能,成为战场上一支特殊的生力军。[①]而红十字会向新兵普及医疗卫生常识,进行基本的自救、互救技能和水上安全技能培训等,增强了美军战士在险恶战场上的生存能力。这种互训模式在战后被延续下来。

二战后,红十字会围绕护理服务事业,以及红十字会护士的去留问题展开激烈讨论。除了决定留在海军和陆军中继续为军队服务的护士外,红十字会建立了一个护士储备体系,为战后家庭健康教育和救灾服务提供专业人才。[②]在二战期间,护士对病患进行一对一的初级护理,这种新型医疗护理管理模式,在1950年朝鲜战争中被重建。

再次,特殊服务项目变成常规项目。红十字会军队服务体系中有许多服务项目,其中献血者计划和家庭紧急通信服务,已经从战时延续到和平时期,成为红十字会提供的常规服务。

红十字会在1941年组织和发动的血液计划,向世界范围内的美军医院运送血液,1948年该项为军队服务的计划转为民用,成为全民献血工程,目前全美几乎50%的血液和血液制品都是由该工程提供的。[③]红十字会在采集血液的过程中进一步开展血液研究,研制多种血液制品,至20世纪50年代,献血计划随着红十字会各大献血中心的增多进一步推进,实现了稀有血液和骨髓捐献者的登记。

红十字会无论何时何地,都为美国军人及其家庭提供私人紧急通信服务。当部队在远离家乡的军事基地或战场执行任务时,都能通过红十字会与家人取得联系而获得内心的宁静。在向140万名部队服役人员及其家庭提供援助的同时,红十字会也向国家保卫和储备局超过120万名部队人员及其居住在美国各个社区的军人家属伸出援助之手。[④]红十字会人力部门

① Gertrude Banfield. "American Nurses: We are at War". *The American Journal of Nursing*, No. 4(42), 1942, p.354.

② Bonnie Bullough. "Nurses in American History: The Lasting Impact of World War II on Nursing". *The American Journal of Nursing*, No. 1(76), 1976, p.118.

③ American Red Cross. "A Brief History of the American Red Cross". http://www.redcross.org/museum/history/brief.asp.

④ American Red Cross. "Service to the Armed Forces, Keeping Pace with the Changing Military". http://www.redcross.org/portal/site/en/menuitem.

在美国及世界范围内的军事机构前线服务中,形成了一个全球服务网络。

最后,促进慈善事业。红十字会在战时组织的军队服务和难民救援工作,推动了战后美国社会福利工作和红十字会志愿者服务事业以及美国慈善事业的发展。

红十字会的救护工作已经突破了传统的施舍和行善的狭隘界限,它不但在战场上尽了战地救护的义务,而且还开展了对平民、战俘等人群的医药救济,这种救护在反法西斯战争中辅助军医加强了战时卫生勤务,直接加速了反法西斯战争的胜利;它推动了卫生勤务设施的建军养兵工作,在客观上也帮助了一部分公共设施的建立。同时,这种救护工作对生命火种的保存和对国家的保卫意义更为重大。这使参与红十字会救援工作的美国慈善家们,不再执着于“个人为善,与人为善”的好善乐施而做慈善事业,做慈善最初的功利心已演变成为保障人类文明的责任心,将救护事业发展成为一项为人类服务和消除疾苦的伟大事业,并在战后推广社会慈善事业,为人类谋福利。“在美国5050个主要基金会中,32%创立于20世纪40年代,56%创立于20世纪50年代。”[①]在美国诸多财团所建立的慈善基金会中,有48%的资金用于发展社会福利事业,提高了国民生活质量,推动了美国社会的进步。

① 刘鹏辉:《美国的基金会与社会福利事业》,《世界经济与政治》1995年第3期。

第六章　二战后适应社会之需——第五次改革（1946—2000）

二战后冷战爆发，世界格局重塑。美国资本主义和苏联社会主义之间的对立，把世界分成了两大阵营。冷战期间出现了多次局部战争（诸如朝鲜战争和越南战争）和小规模冲突。冷战初期，美国经历了由战争向和平转换的适应期，很多美国人已经改变了对生活和世界的看法，尤其是中产阶级的生活方式和观念发生了显著的变化，这是战后经济繁荣和冷战交汇的复杂性所致。与第一次大战结束后一样，二战结束后美国红十字会就迎来了恢复和平后的工作调整以及管理机构的改组，需要确立长久发展的核心任务，以及继承传统并超越传统的发展。二战结束初期，如何安置与服务从战场上返回劳动力市场的大批军人和返回家园的伤残军人是很重要的。虽然1944年美国颁布了规定为老兵提供经济和教育援助的《退伍军人权利法案》，但军人返回社会之后的问题层出不穷。红十字会需要围绕此法、适应社会之需开展自己的工作。好在二战后，经历了战后世界的变化、社会的变迁，红十字会被美国公众普遍认为是一个成熟的救援机构。所以，与一战结束后不同，在二战后第一次募捐中，民众踊跃捐款，认为“红十字会必须继续发展下去”，民众愿意为解决美国的社会问题、为红十字会的进一步发展，贡献自己的时间、金钱和精力。

第一节　战后的主要工作

二战结束后美国红十字会虽然也同一战结束后一样面临艰难的调整，但国内外需要红十字会持续服务这一点远远大于一战后。美国的陆军、海军在战争中扩大了规模，战后美军总兵力已达到150万人，退役军人超过1400万人[①]，这导致红十字会为军人和退役军人提供的长期福利服务需求并

① *American Red Cross Annual Report* (1948). https://www.redcross.org.

没有减少。而且,虽然二战结束了,但冷战又起,原子弹核时代到来,似乎世界和平不会维持很久,未来仍然充满了不确定性,美国的军备需要继续扩大,红十字会应该为一切可能发生的情况做好准备。在这种情况下,红十字会作为一个庞大而有效的救援组织被普遍接受、支持,也就不足为奇了。

一、战后捐款热情高涨

与一战后美国红十字会呼吁捐款遭遇冷漠、几乎完全失败形成鲜明对比,公众对二战后红十字会的捐款呼吁反应热烈。1947年红十字会会员仍超过1800万,是1920年点名后总人数的三倍,而且在和平时期的头两年里筹集的资金几乎与二战开始两年一样多。①

红十字会呼吁民众捐款,用足够的资金为和平时期庞大的军队(包括驻军)维持所需的服务,继续为退伍军人提供援助、救灾,以及开展其他福利活动。尽管战后预算大幅削减,1946年红十字会依然提出了募捐1亿美元的目标。在红十字会募捐口号“你们的红十字会必须继续下去”的召唤下,约95%的红十字分会组织起来在当地募捐,成千上万的志愿者再次像在战争期间那样报名成为志愿者,1亿美元的募集目标37天就完成了,实际捐款总额达1.18亿美元。②

红十字中央委员会采取每年从战时捐款盈余(1945年7月1日一般基金余额为18.18亿美元)中拨出一定数额用于日常开支的政策。由于为陆海军所提供的服务减少,预算也大幅度减少,1947年降低到6000万美元。

战后的美国,依然处在一个动荡、充满战争意识的世界里,红十字会的募捐历史已经培养了民众捐赠的习惯,所以战后几次募捐活动都非常成功。数百万人向红十字会捐款,似乎已是无意识的人道主义行为,他们表现出一种本能的慈善行动。由于缴纳1美元会费即可成为红十字会员,捐款总额相比20世纪30年代大幅增加。

所筹集的资金在红十字会总部和各分会之间大致平等地分配。各分会的经费大部分用于扩大家庭服务活动,帮助退伍军人及其家属,地方救灾以及其他社区服务。红十字会仍然把超过一半的预算分配给陆军和海军的福利工作,包括对退伍军人的服务,其余的分配给对外援助、救灾、医疗卫生服务和其他传统活动。

为了使相关项目更加有效率,这一时期红十字会总部进行了一些行政

---

① *American Red Cross Annual Report (1948)*. https://www.redcross.org.

② *American Red Cross Annual Report (1947)*. https://www.redcross.org.

上的变动:单独设立了退伍军人服务部,把退伍军人向政府的诉求、退伍军人在医院的服务和家庭服务联系起来;原战时营地和医院委员会与志愿特别服务合并,成立新的志愿活动部门;原卫生部门和安全部门合并成卫生服务办公室;福利项目也合并并归于社会福利服务办公室;所有海外活动都集中到国际活动部。

随着这些行政改革,詹姆斯·T. 尼克尔森(James T. Nicholson)被选为执行副主席。他长期为红十字会服务,职务一直稳步提升。当时,红十字会主席巴兹尔·奥康纳(Basil O'Connor)的战时志愿助手已经离开了这个组织,现任助手是一位训练有素、经验丰富的红十字会工作人员。

二、服务军人

由于美军从欧洲和远东撤回,美国红十字会在海外的活动和工作人数大幅减少,但仍有不少美国驻军留在德国、奥地利和日本,“军人俱乐部”的工作成为红十字会主要的海外工作。在美国国内,随着战争结束,虽然有大批军人退伍,但军人医院的工作并未减少。另外,退伍军人的服务需求大幅上升,他们需要调理身心,要求政府使其回归平民生活。

(一)军人俱乐部

1947年,所有美军在战败国的“军人俱乐部”移交给军队接管,美国红十字会已经撤出战场,红十字会的工作只局限在俱乐部的娱乐服务工作。在德国和奥地利,美军有160个俱乐部,其中有一些甚至可以与伦敦和巴黎的军人俱乐部相媲美。在柏林、法兰克福、斯图加特、巴德瑙海姆、曼海姆、纽伦堡和海德堡等地都有大型俱乐部。在俱乐部为士兵们组织娱乐活动是红十字会姑娘们新的挑战,如何在俱乐部营造宾至如归的气氛缓解士兵们的思乡之情成为令人头疼的问题。

在二战爆发后的六年中,红十字会在“军人俱乐部”项目上花费了大约1亿美元,这些俱乐部都是应军队的要求而设立的,因为军队认为俱乐部的运作不在其管辖范围之内,而战后这些俱乐部转由军方管理和控制,是对原有政策的改变。红十字会把对“军人俱乐部”的管理权移交给军队,开创了将红十字会工作向政府机构转移的先例。

(二)美国国内军营服务

移交海外“军人俱乐部”的工作,表明美国红十字会在美国国外的军事福利服务正在收缩,但美国国内的军事福利服务还在扩张。1946—1947年,接受服务的陆军营地军人数已从几百万下降到了86万,从事营地服务的红十字会人员也相应从3693人减至639人。[①]然而,根据军方要求,陆军、空军疗养院提供的娱乐服务需要扩大到地面部队驻地。因此,红十字会选择与部队合作,帮助组织摄影俱乐部、爱好商店、业余广播电台、艺术和手工工作室,以及各种体育比赛。军营服务的对象包括新招募的士兵,他们是和平时期的陆军新兵。红十字会利用社区资源,从当地红十字会分会中招募志愿者参加军营服务工作。

战后美国本土陆军和海军医院的工作负担比战时更重,不仅大批伤残军人住院,除了病理治疗外,病人还需要精神和娱乐服务,红十字会承担了这方面的工作。例如:当家属来医院探望伤者时,红十字担当了照顾伤残者及家属的工作;当伤残军人病愈出院,红十字会要帮助安排他们回家。军部呼吁红十字会帮助安置退伍军人,解决他们回归和平时期生活的问题。由于一年就有1050万人退伍,急需征募志愿人员提供援助,协助满足退伍军人、残疾军人向政府及有关部门提出的各种诉求。

在医院的红十字会工作人员对伤残军人事宜尤为关切,例如负责退伍工作的人员,希望政府加快对退伍者进行安置。虽然在这些方面红十字会是与其他部门合作,包括与陆军和海军人事官员、退伍军人管理局、退伍军人组织合作,但红十字会的服务仍然是非常积极的。

(三)退伍军人服务

随着美国现役军队人数减少到和平时期的水平,美国红十字会的工作重点转向了对退伍军人的援助。红十字会代表提交了约130万次退伍军人的诉求,对退伍军人提供的权益咨询服务则更多。由于索赔过程较长,索赔人的身体状况需要不断审查,为了保护大量退伍军人的利益,帮助他们向政府索取伤残赔偿,红十字会将陆军和海军战时娱乐服务扩展到退伍军人医院,并通过家庭服务帮助有需要的家庭和家属。

在退伍军人的索赔工作中,红十字会在1946—1947年代表100多万退伍军人及其家属在约72.7万件案件中拥有代理权。这项工作特别需要有法律经验的志愿者,红十字会拥有346名训练有素的法律工作人员(不包括文书工作人员),他们被派往华盛顿总部和退伍军人管理局的13个处理分处。红十字会不仅帮助处理退伍军人的索赔诉求,还跟踪关注这名退伍军人是否得到了他应得的所有福利,包括伤残补偿、养老金、保险金、住院费用和教育费用。虽然为退伍军人谋福利的还有其他部门,包括陆军和海军人事部、

---

① *American Red Cross Annual Report for the Year Ended June 30, 1947*. Washington, D.C.: ARC, 1948.

退伍军人管理局、退伍军人组织等,但在大约8.1万个案例中,红十字会领导亲自参加退伍军人管理局的评级委员会,敦促他们加快处理退伍军人的诉求。[1]

为住院的退伍军人提供服务更为重要。住院退伍军人总数超过10万人,无法康复的残疾人是最痛苦的战争受害者,当国家重新恢复和平时,他们很可能会被遗忘。红十字会认为,无论能为他们做些什么,都是非常值得的。因此,将近300名红十字会工作人员被分配到退伍军人管理局管理的医院,他们的主要任务是协调志愿者的活动,这些志愿者在当地红十字会工作人员撤离后接管了娱乐项目。他们包括护士助手、地方基层红十字会成员,以及其他志愿者活动的招募者,他们在全国各地的退伍军人医院开展了无数的娱乐活动。

(四)军属家庭服务

美国红十字会的家庭服务面向退伍军人、现役军人及其家属,1946—1947年服务达400万人次。大战结束使得现役军人减少,服务现役军人的比例随之下降了67%,服务退伍军人的比例却增加了50%。[2]越来越多的社区需要继续协助红十字会争取残疾军人的福利,回答他们对个人问题的咨询,使他们平稳适应由军人到平民的角色转换,并为贫困家庭提供经济援助。与一战后的情况一样,家庭服务关注重点残疾退伍军人及其家属。

家庭服务工作中帮助那些归国军人的非本国国籍的妻子是一个特色。据估计,这类妇女人数超过6.5万人,她们在陌生的国土是以陌生人的身份在生活,其中许多人在适应美国新的生活环境方面面临很多困难。红十字会派往海外集会中心的代表,协助派送这些妇女和她们的孩子横渡大西洋或太平洋,把她们送上去见丈夫的火车。家庭服务分会的工作人员则负责为她们在目的地提供特别福利服务,如安排课程让她们学习营养知识和烹饪方法等。

红十字会的军人及其家庭服务等都得到了社会的肯定,退伍军人事务管理局局长奥马尔·N.布拉德利将军(General Omar N. Bradley)曾说过:"红十字会的这些服务是绝对必要的。我诚挚地请求红十字会在和平时期

---

① Foster Rhea Dulles. *American Red Cross: A History*. New York: Harper & Brothers Publishers, 1950, p.514.

② *American Red Cross Annual Report for the Year Ended June 30, 1947*. Washington, D.C.: ARC, 1948.

站在老兵一边,就像在战争中站在军人一边一样。”①

三、海外救援

二战后美国红十字会不像一战结束后那样广泛开展对外国民众的救济活动,他们认为,世界大战后的民间救济应该是各国政府的责任,甚至是联合国和复兴行政当局的责任。

当然,这并不意味着美国红十字会完全不开展这方面的活动。红十字会通过其本身有限的资源,包括物资和资金,向外国红十字会提供援助,在1945—1946年间,有将近1000万美元用于特别的海外救济。法国、波兰、南斯拉夫、捷克斯洛伐克、意大利、芬兰、希腊是主要受援国,中国也得到了相当大的帮助。对每个国家的救济,物资的实际分发都是在美国红十字会工作人员的监督下通过当地红十字会组织进行的。在法国开展了广泛的母乳喂养计划;一艘特别租船把医疗用品运往波兰;10辆救护车被派往希腊红十字会;大约200万磅肥皂被分发到欧洲各地的医院。美国红十字会也参与了对苏联的救援工作,并通过苏联红十字会和红新月会联盟向苏联10所医院各赠送了500个床位的医疗设施。②

1947年后美国红十字中央委员会撤回了大规模的对外民间救济,但对国外自然灾害灾民的援助依然继续。例如:为罗马尼亚旱灾灾民提供了300多万美元的救灾援助;向包括菲律宾红十字会在内的外国红十字会提供了100多万美元的援助,并向国外运送了价值300多万美元的物资和教堂生产的物品。③

1947年美国政府正式启动了欧洲复兴计划(马歇尔计划),以政府财力大力援助欧洲复兴,美国红十字会减少了对外援助。但是美国红十字会主席奥康纳在这一年的年度报告中强调了红十字会在国际领域中的重要作用。他特别强调重建和加强与其他国家红十字会的关系是战后计划的关键,通过运送物资援助他国是扩大影响最有效的方式。红十字会可以通过对外援助在世界范围内鼓励和推广红十字运动。

由于美国红十字会的贡献,其在红十字国际委员会联盟中的影响迅速

---

① Foster Rhea Dulles. *American Red Cross: A History*. New York: Harper & Brothers Publishers, 1950, p.515.

② Foster Rhea Dulles. *American Red Cross: A History*. New York: Harper & Brothers Publishers, 1950, p.516.

③ Foster Rhea Dulles. *American Red Cross: A History*. New York: Harper & Brothers Publishers, 1950, p.517.

扩大,1946年美国红十字会主席担任了红十字国际委员会联盟理事会主席,出席了8年里举行的第一次理事会会议,与红十字国际委员会合作更加紧密。世界大战结束后,美国红十字会承诺继续遵守《红十字会宪章》规定的义务和其他传统服务项目上的义务,既要维持现有的服务,又要进一步发展这些服务。

第二节　管理机构的改革

战后美国进入一段艰难的调整时期,美国红十字会管理层机构的改革是重中之重。当大战爆发时,战时的紧迫性掩盖了一切。当战争结束后,许多原来被忽视的问题凸显出来。就如第一次世界大战结束后一样,社会对红十字会在和平时期的发展与作用进行了辩论,特别针对红十字会管理层非民主结构进行了批评,促使国会对《红十字会宪章》进行了重大修订,红十字会管理机构发生了重大调整,管理层增加了许多分会代表,使红十字会今后制定政策时更能体现民主性。

一、扩大分会的作用

在管理机构改革前,美国红十字会管理层内部出现了一场争议。主要是红十字会主席奥康纳(已故诺曼·戴维斯主席的继任者)的一些决策并没有得到管理层的理解支持,而且他的其他一些行政措施也没有得到总部一些工作人员的同意。为此,理查德·F.艾伦(Richard F. Allen)于1945年10月辞去了红十字会副主席的职务。两个月后,德怀特·戴维斯夫人(Mrs. Dwight Davis)退出了中央委员会,在递交辞呈时,她直言不讳地宣称之所以要退出,是因为她不同意奥康纳的政策,对他的领导缺乏信心。弗兰克·R.肯特(Frank R. Kent)在报纸联合专栏《政治的大博弈》(The Great Game of Politics)中发表了一系列文章,报道了红十字会内部的争议,引起了公众的关注。

最麻烦的是现任红十字会主席奥康纳未能得到全体正式红十字会工作人员和红十字会志愿人员的认可,他被认为缺乏至关重要的合作能力和领导能力。面对大家的批评和指责,奥康纳主席准备采取行动。

1946年3月4日,奥康纳宣布任命了一个由27名杰出公民组成的咨询委员会,讨论研究红十字会的管理结构改革。该委员会主席是罗兰·哈里曼(E. Roland Harriman),他在战争期间担任北大西洋地区的志愿管理人员,其他26个成员名额由红十字机构的代表和普通红十字会成员平均分配。

这个咨询委员会也称"哈里曼委员会"。根据1905年《红十字会宪章》修订以来40多年红十字会的扩张情况，哈里曼委员会需要研究它的组织结构如何改革。该委员会于1946年3月和5月在华盛顿举行了三次会议，从一开始就一致认为有必要"在民主路线上振兴红十字会"。会议高度强调了红十字分会自治的原则，但同时也认识到必须由红十字会总部组织保留最后的权力。德威特·史密斯（DeWitt Smith）作为负责美国国内事务的副主席，很有说服力地指出，在任何改革中，一个决定性的考虑因素，应该是它不会损害红十字会履行其与战争和灾难有关的主要义务的能力和效力。

哈里曼委员会发布了一篇被称为《哈里曼报告》的报告，提出了红十字会必须进行结构更加民主的重大改革。首先，哈里曼委员会建议增加理事会的规模，指出现有18名成员的理事机构"不足以满足组织民主的需要"，因为到1946年分会已经扩大到3745家。哈里曼委员会力求使红十字会各分会在理事机构中的代表有所增加，根据地理位置、分会规模和所服务人口的规模，给予各分会之间更公平的代表名额分配。

哈里曼委员会还试图通过增加在理事机构中的各界成员比例，来明确红十字会全国性的工作范围，而不是仅仅通过增加理事（他们往往是"在少数地方居住的社会中的领头羊"）来选举各界成员。为了增加代表人数，哈里曼委员会认为，中央委员会的理事机构大于18人是无可厚非的。据此，哈里曼报告建议取消中央委员会，并将决策权集中在一个由50人组成的"管理理事会"手中。

哈里曼委员会讨论和审议工作的最后结果是进行红十字会全面的组织改革。中央委员会接受了改革计划，并将其写入修订后的《红十字会宪章》。因为没有任何反对意见，修改后的《红十字会宪章》于1947年5月8日在国会通过，并得到了总统的批准。①

修订后的《红十字会宪章》废除了原有的中央委员会，成立了一个新的理事会作为红十字会的管理机构，理事会由50名成员组成，通常任期为三年。包括首席干事在内的8名成员将由美国总统任命；全国各分会根据程序选出30名理事，该程序将确保地理因素、各分会的规模和地区人口方面的公平性；还剩12名成员，在旧的中央委员会和理事会中产生。在新的决策机构中，50名委员中各分会有30名代表。因此，实际上新理事会中60%

① *American Red Cross Annual Report for the Year Ended June 30, 1947.* Washington, D.C.: ARC, 1948.

的成员直接或间接地代表了红十字会在全美的3750个分会。①

在这次改组中,美国总统依然担任红十字会名誉主席,并任命红十字会的主要执行干事为主席。然而,理事会不仅行使准政府、领导和管理的所有权力,而且还被授权任命和罢免除名誉主席之外的红十字会所有管理人员和雇员,这是以前从未有过的。

改革后的美国红十字会结构所体现的民主原则也扩大到各分会组织。所有的美国人在缴纳了1美元及以上的会费后,都可以成为会员。《红十字会宪章》还明确规定,在各分会理事会的选举和美国全国代表大会代表的选举中,应严格遵守民主进程。另外,所有的程序都被明确规定,并规定了一项请愿权,一个分会的任何25名成员都可以提请理事会注意任何违反程序的情况。

通过这些改革,红十字会的民主迈出了重要的一步,使红十字会是人民伙伴关系的传统观念在形式和实质上都得到更大的体现。正如理事会的组成使各分会在美国红十字会的决策中具有有效代表性一样,新规则也使各分会在决定地方政策方面具有真正的发言权。此次改革,是红十字会根据自身几十年的巨大发展情况,以及战后美国社会对其需求的变化而做出的及时调整。通过此次改革,美国建立了一个基本覆盖全国的红十字网络,使得红十字会实现了与联邦、州和地方政府的多级合作。同时,红十字会庞大的组织,在结构上明确了管理体系,总会整体把握发展方向和指导具体行动,地方分会提供更加灵活和具有针对性的服务,使红十字会在和平时期提供的服务能够嵌入社区,为以后的行动打下坚实基础。

二、马歇尔将军任主席

美国红十字会在组织机构改革的两年后,管理高层发生了变化。奥康纳辞去了红十字会主席的职务,1949年10月1日由乔治·C. 马歇尔将军(General George C. Marshall)接任。在接受奥康纳辞呈时,杜鲁门总统代表红十字会向他致以敬意,并特别指出,他在“用过时的程序修改过时的宪章”和启动国家血液项目中发挥了重要作用。杜鲁门总统说:“红十字会的血液项目很可能成为历史上最伟大的单一健康活动。”②

---

① *American Red Cross Annual Report for the Year Ended June 30, 1947*. Washington, D. C.: ARC, 1948.

② Foster Rhea Dulles. *American Red Cross: A History*. New York: Harper & Brothers Publishers, 1950, p.538.

马歇尔将军在接任红十字会主席的新职务时，已是美国非常著名的杰出人物。他是美国军事家、政治家、外交家、陆军五星上将。作为第二次世界大战期间的陆军参谋长，他退役后出任美国国务卿和国防部部长，曾制定了复兴欧洲的马歇尔计划。他作为一名杰出的军人和政治家，受到美国人民的高度尊重。红十字会从未有过如此杰出的主席，对马歇尔将军的任命和他的接受任命，表明了红十字会在战后将继续发挥重要作用。

马歇尔将军继任红十字会主席，运用新《宪章》在和平时期发展红十字运动，代表了战后红十字会的建设性。改革后的红十字会总部和分会之间的关系更加紧密，作为美国人民人道主义服务的伙伴，它与其他福利组织不同，更容易受到美国社会新趋势的影响。

第三节　全国血液捐赠计划

1945年美国红十字会终止了它的战时采血计划，1948年推出了美国全国血液捐赠计划，恢复了它在捐血、采血、研究血制品方面的工作活力。推行这项全国血液捐赠计划，最重要的目的是要在美国人的心目中确立红十字会始终处于慈善机构中领先的地位。杜鲁门总统在接受奥康纳辞呈时，对红十字会的血液计划有过高度评价，称其是“历史上最伟大的单一健康活动”。血液计划是战后红十字会生存、发展的核心项目。经过罗斯福的“新政”，美国走出了萧条，战后美国人民普遍接受政府对社会福利负有更大的责任。红十字会救灾的作用在新时期和新形势下依然被肯定，但红十字会战前在公共卫生和家庭福利领域的大部分工作意义，已被福利国家的职能取代，美国政府更多地承担了这方面的义务。

在1949年红十字会年度大会上，奥康纳主席坦率地指出红十字会作为一个新的福利国家的自愿救济机构该如何生存和发展、对于红十字会的使命需要重新评估。现在的红十字会已经与创建时大不相同，两次世界大战极大地改变了世界。无论美国实施怎样的福利政策，无论政府在救济活动中所起的作用如何扩大，红十字会在战争时期和和平时期作用的重要性没有受到损害。结合战争时期战场伤兵对血液、血浆的需求，红十字会认为新时期它的新使命应该在献血、发展血制品方面。

一、血液捐赠计划的推行

在现代社会美国红十字会仍有使命这一前提下，为解决红十字会面临的战后社会使命和社会功能问题,该组织通过了一项全国血液捐赠计划,作为除救灾之外和平时期的活动核心。全国血液捐赠计划为红十字会提供了一个不与政府福利工作相冲突的服务机会,在发生战争时以及满足民众健康需要都有很大的价值,而且明显符合红十字会的使命和经验。

在二战期间,美国红十字会已经积累了大量献血、采血的经验,为陆军和海军伤员提供了全血、血浆、血液衍生品,大大减少了军队伤员的死亡率。战后血液项目并没有停止,各分会继续推动地方民间献血活动,为平民患者用血提供方便。红十字会与血液衍生品委员会进行了一系列仔细研究后,提出将全国血液捐赠计划作为红十字会长期发展的核心项目,得到了美国医学会、美国医院协会、美国公共卫生服务和退伍军人管理局以及陆军和海军等组织原则上的批准,美国红十字会的全国血液捐赠计划开始大张旗鼓地展开了。

全国血液捐赠计划实施的目的,是使全美所有需要用血治疗的患者,都能及时获得血液和血液制品。为此目的,所有分会的血液服务都结合在一起,成为一项全面的、国家指导的活动,并在医学界和该领域公认的技术当局的技术指导和合作下进行。所有血液都将通过自愿捐献获得,并免费分发给医院或医生用于治疗患者,除了血液制品的实际管理费用外,不向患者收取任何费用。

红十字会的这项献血计划的范围之广,前所未有。全美每年需要分发370万品脱血液,这么庞大的计划,需要民众积极支持。美国民众经历了战争期间的自愿献血,已经看到了无偿献血的非凡作用,充分认识了全美范围内无偿献血的重要性,再加上他们对红十字会的信任,这成为确保这项长期项目最终成功的基础。

全国血液捐赠计划是红十字会推进公共卫生事业的一种有效手段,红十字会历来被描述成救火、救灾、救命,能应对“日复一日紧急灾情”的救援组织,献血项目又使其成为一个“持续不断”的、使受助者赖以生存的救援组织。

红十字会战后发展的这项新项目,不仅得到政府、医学界的广泛支持,也得到了民众的广泛支持。据报道,1947年盖洛普民意测验的结果显示,70%的受访者支持由红十字会赞助的全国血液捐赠计划,67%的人表示愿意捐献血液给红十字会。①

---

① Foster Rhea Dulles. *American Red Cross: A History*. New York: Harper & Brothers Publishers, 1950, p.529.

然而，尽管有民众广泛的支持，以及美国医学会和美国医院协会原则上的批准，但在美国的一些地区，县级医学会、地方医院和个别医生却提出了反对意见。批评者宣称，医院血库的建立是为了满足对血液和血液制品的需求，如果在全国范围内提供免费血液，将严重干扰医院血库的运作。有人提出全国血液捐赠计划不符合"医学社会化"，"为了一个投机性的计划而放弃一个健全的工作计划不符合公众利益"。

支持全国血液捐赠计划者的观点是：红十字会全国血液捐赠计划提供的血液是免费的，可以满足医院血库的需求。反对者承认，通常用医院血库的血制品要收取费用。但他们认为，医院从来不会剥夺那些真正需要却又无力支付费用的患者用血的权利，而在一般情况下，从血库服务获得的收入是普通医院业务的重要资金来源。如果它被不必要的免费献血计划切断，医院的预算将受到严重影响，随之而来的服务削减可能对公共卫生造成严重后果。

尽管有批判之声，但越来越多的人支持全国血液捐赠计划。《新共和》杂志上的一篇文章表示强烈支持："这是我们这个时代最伟大的人道主义项目之一。"文章仔细分析了用血情况，强调鉴于现有血库的限制和它们无法满足其本身直接业务范围以外的需要，（该项目能）在非歧视性、免费的基础上提供血液。《新共和》的这篇文章宣称："尽管红十字会过于谨慎，但它是一个合理有效的组织，可以运营一个全国性的血库系统……除非医疗保守党的反对使其计划陷入僵局，否则项目会实施。"[1]

红十字会血液项目在遭到强烈反对的地方推行速度缓慢。这些地方的县级医学会、卫生部门和医院组织不愿批准该项目，不愿尝试建立血液中心。但是，这个新项目仍于1948年1月正式启动，尽管仍有一些城市不愿设立血库，但也拟定逐步发展的计划，以期最终覆盖全国。

全国血液捐赠计划与血液中心现有系统不同，血液捐赠计划由红十字会总部承担全部的采集、处理和分配血液的工作，合作的分会受到美国红十字会总部策略和操作标准的直接控制。红十字会还将为技术人员以及所有医疗设备和用品提供财政支持，各分会为血库维持适当的储量，招募捐献者，招募志愿人员为项目提供援助，并支付所有非技术费用。

在全国血液捐赠计划实施中，又出现了黑人血统隔离的老问题。在二战期间采取的不同种族的献血归各自种族需求者使用的立场有所改变，在新项目中给予各分会在解决这一问题方面的自主权。官方的政策声明：根

① "Red Cross Plans Big Blood Supply". *New York Times*, Jun. 10, 1947.

据科学和医学的记载,人类的血液是不分种族和肤色的,因此全国血液捐赠计划不要求隔离血液。然而,在必要时为确保该项目的成功,各分会在采集血液时可以分别处理保存,使血液和血液制品既可以提供给不分种族或肤色的所有美国人民,也可以让医生和病人有选择的权利。

美国红十字会总部拨款435万美元用来推动此项工作,这笔款项比战前许多年红十字会的全部正常预算还要多。当然,执行项目时也遇到了一些困难。参与分会并不总是如总部所希望的那样反应迅速,有时分配的血液配额没有完成。事实证明,在和平时期鼓励献血比在战争时期困难得多。然而,据1949年6月的报告,正在实施的区域方案已增加到28个,有500多个分会参加。收集的血液已达27.6万品脱以上,血液或血液制品已分发给1000多家医院。①

二、对血液捐赠计划的质疑

到1982年,这项全国血液捐赠计划进展非常顺利。红十字会还参与了美国血液委员会(American Blood Commission)的创建,该委员会是代表美国血库和卫生保健利益的团体。其"协调民间力量执行国家血液政策"的目的是规范处理献血行为,消除有偿献血行为。为此,红十字会建立了一个计算机系统来跟踪血液捐献和供应,建立了新的血浆分馏设备。1982年红十字会年度报告中宣称:"美国人可以依靠一个由57个地区红十字会血液中心的网络,获得安全可靠的血液和血液制品。"②

但是,一年后,形势发生了明显的变化,主要原因是对艾滋病的恐惧和误解。1983年红十字会的年度报告称,对艾滋病的"恐惧和误解""导致一些人对国家的血液供应提出质疑"。1981年6月,美国疾病控制中心(The U.S. Centers for Disease Control, CDC)首次报道了艾滋病,称它是发生在洛杉矶5名年轻男同性恋者身上不寻常的疾病。此时,按照CDC的建议,红十字会开始建议有艾滋病症状的人或"高危人群"——"性生活活跃的同性恋男性、静脉吸毒者、海地人和血友病患者"——不要献血。这种做法最初招致同性恋权利组织的批评,他们表示,向潜在捐赠者提出此类问题,尤其是在工作场所的献血活动中,构成侵犯隐私罪。与此同时,由于担心在献血过

---

① Foster Rhea Dulles. *American Red Cross: A History*. New York: Harper & Brothers Publishers, 1950, p.531.

② American Red Cross Annual Report. "Americans Can Rely". Washington, D.C.: ARC, 1982.

程中感染艾滋病,许多人停止了献血,这导致全国范围内的血液短缺。红十字会官员紧急向公众保证,献血不会带来这样的风险,红十字会领导人试图将输血感染艾滋病的危险降到最低。到1983年底,在血友病患者(接受血液制品)和接受输血的人群中报告了24例感染艾滋病的,表明艾滋病是通过血液传播的,但是科学家们还没有确定到底是什么原因导致了艾滋病。负责红十字会血液项目的血液学家一再向人们保证,因输血而感染艾滋病的概率"不到百万分之一",报纸和杂志经常引用这一数据,其他血液方面的专家也表示赞同。但事实上,当时的感染可能性要比这高得多。①

1984年,艾滋病病情和相关研究都扩大了。法国和美国科学家团队宣布他们发现了"艾滋病病毒"(后来被称为HIV人类免疫缺陷病毒),并于1984年5月在华盛顿举行的红十字会研讨会上展示了他们的研究成果。当时红十字会已经加入了美国国家癌症研究所(National Cancer Institute)和CDC的团队,对艾滋病进行了自己的研究,并开始进行一项可以在捐献血液中识别病毒的检测。该测试于1985年3月获得美国食品和药物管理局(FDA)的许可,不久以后红十字会开始在其所有血库中使用这种识别检测。

红十字会在大约6个月内进行了100万次的检测,然后对阳性结果进行第二轮检测,发现2500名献血者中大约有1人的血液中有艾滋病病毒。后来的检测变得更加精确,感染者下降到万分之一。其他证据表明,并非所有接受感染血液输血的人都感染了HIV。然而,报告显示1985年3月之前接收艾滋病病毒血液感染的风险比最初估计的百万分之一要高得惊人得多。截至1987年3月,红十字会敦促2500万~3000万的美国人接受艾滋病毒检测,这次检测也发现一些感染艾滋病病毒人的血液竟然通过了检测,因为有些人是最近感染的。到20世纪80年代末,红十字会已经面临多起因输血而感染艾滋病病毒的人提起的民事诉讼。②

红十字会血液中心的工作人员还因"向医院和移植中心运送受艾滋病病毒感染的血液"的事故而被关注。1988年,红十字会自愿与FDA达成协议,对其血液采集和处理系统进行全面改革,其中包括关闭2家病毒学研究中心,"暂停或更换"许多管理人员。两年后,FDA检查人员发现,红十字会在处理受污染血液的过程中,隐瞒或拖延提交了数百个错误的报告,而且在

① "Blood Donations Up as Fear of AIDS from Needles Eases". *New York Times*. Jul. 17, 1983.

② Charles Bosworth Jr.. "AIDS Patiem's Mother Sues Blood Suppliers". *St. Louis Post—Dispatch*, Mar. 24, 1992.

228例可能由输血引起的艾滋病病例中,红十字会的血液报告只报了4例。1990年7月,医学专家批评红十字会和其他血库组织未能在1985年以前对高风险献血者实施更严格的筛查程序。而血库行业更担心失去经济活力和捐赠者,而不是艾滋病毒。到1990年底,确认有4000多人因输血感染了艾滋病病毒,其中14例是1985年测试后被感染的。还有报告称:红十字会血液中心在处理感染艾滋病毒的血液过程中存在问题。显然,红十字会需要用更大的努力来解决问题。

第四节　20世纪50年代以来的变化

20世纪50年代以来,美国的国际、国内社会环境发生了巨大变化。大规模的国际战争已经结束,原来美国红十字会服务军队和战地救援的工作重心开始更多地转向对自然灾害的救援。为了适应社会变革,红十字会在20世纪后半叶,在组织结构、工作重心等方面进行了改革。

一、适应社会变革而变

从1968年开始,美国红十字会开始招募新的年轻志愿者加入队伍,制定一系列新的与政府社会福利项目合作的项目。招募志愿者队伍的项目扩展到"城市和农村贫困地区"。1968年红十字会的年度报告中称,"600个分会发起了旨在为市中心居民提供服务的活动——在居民点为年轻人开设安全课程,为未婚母亲开设婴儿护理课程,向农民工提供急救和卫生指导"。在此期间,红十字会在多种服务的社区中心设立了办事处,与其他社区社会机构的代表一起工作,并与政府资助的项目合作,如社区青年团等。在20世纪70年代初,红十字会还与旨在为贫困老年人服务的政府项目合作,招募了3.5万名年轻志愿者,帮助有资格领取食品券的孤寡老人申请联邦政府的福利项目。美国红十字会还与墨西哥和中美洲的红十字会合作,派遣美国大学生团体向这些国家的人们教授健康和安全课程,并培训当地教师。①

在救灾领域,红十字会也在适应变化。自1950年《灾害救济法》(Disaster Relief Act)颁布以来,红十字会参与援助了许多受飓风影响的人,如受1954年"卡罗尔和埃德娜"(Carol and Edna)、1957年"奥黛丽"(Audrey)、

① American Red Cross. "Across the Nation: American Red Cross Annual Report for the Year Ended June 30, 1971". Washington, D.C.: ARC, 1972.

1960年“唐娜”（Donna）和1965年“贝琪”（Betsy）飓风影响的人。在1957年的救灾，一位著名的报纸专栏作家把红十字会称为“国家人性的受托人”。

1969年8月，飓风“卡米尔”（Camille）从密西西比海岸一路肆虐至弗吉尼亚州中部，成为当时造成美国历史上损失最大的自然灾害。红十字会为25.7万多人提供食物和庇护，并与联邦和州民防、救灾机构和其他志愿组织达成合作，共斥资2100万美元。[①]红十字会声称已经“帮助满足了受灾者‘此时此刻’的需求”，此后要帮助“受灾家庭恢复正常生活”。但是，许多慈善组织达成和州政府官员尖锐地批评红十字会和联邦政府提供的援助不足，而且在救济工作中公然歧视黑人和穷人。

由于对“卡米尔”飓风灾民的援助受到了一些批评，尼克松总统提议对《灾害救济法》进行全面修订，首次让联邦政府负责向个人提供长期救灾物资。在修订该法过程中，红十字会参与辩论，促使1974年《灾害救济法》通过，红十字会向个人提供长期援助的业务转由联邦政府负责。红十字会还支持1973年《洪水保险法》，该法保护生活在易受河流或飓风洪水影响地区的人们免受灾难性金融损失的风险。到1974年中期，红十字会已经把在“卡米尔”飓风救灾中的不利舆论转变成了有利舆论，因为它倡导了一系列立法以尽可能减少人们在灾难中所遭受的损失。

在随后的几年里，联邦政府在救灾方面的作用不断扩大，但红十字会为救灾拨出的资金和资源并没有减少。事实上，1975—1976年是许多州实施1974年《灾害救济法》的第一年，也是红十字会历史上救灾成本最高的一年，因为当年发生了多次龙卷风、洪水灾难。在20世纪最后20年里，由于美国国家基础设施进一步完善、人口日益集中以及其他因素，大规模灾害造成的损失更大，红十字会的救灾开支继续增加。1979年成立的联邦紧急事务管理局和1988年重新修订的《灾害救济法》都没有显著减缓救灾开支增加的趋势。此外，虽然红十字会曾将援助范围限制在“国家级灾难”，但也不放过“帮助更小的灾难”上，一般小灾难联邦政府是不插手的。

从20世纪70年代中期到20世纪80年代初，红十字会一直难以筹集到足够的资金来保持资金健康运转，通货膨胀削弱了它在筹款方面取得的成绩。红十字会在后越战时代，遭遇了人们对帮助军方的厌恶。红十字会主席弗兰克·斯坦顿（Frank Stanton）在1976年年度报告的序言中写道：“人们对红十字会为什么需要在和平时期继续为武装部队成员、退伍军人及其家

① Marian M. Jones. *The American Red Cross, from Clara Barton to the New Deal*. Baltimore : The Johns Hopkins University Press , 2013, p.279.

属提供服务存在一些误解。”“在活动期间,有人对这些服务提出了尖锐的问题。”在这期间,红十字会志愿者的数量逐步减少。

为了重振公众对红十字会活动的兴趣并满足其开支需求,红十字会寻找重塑自身的途径。从1974年开始,作为与美国心脏协会和美国国家科学院合作的一部分,红十字会引进了一种新的心肺复苏(CPR)训练技术。到1982年,红十字会每年签发近200万份CPR证书。在此期间,它还执行了一项新的五年计划,使其信息系统数据化,扩大筹资基础,评估其组织结构。红十字会20世纪80年代引入了一项新的使命:“重点分析美国人的健康需求,扩大现有的教育项目,开发新的项目来满足这些需求。”①

到20世纪80年代初,红十字会的情况有所好转。美国经济开始复苏,通货膨胀得到控制。另外,1979年上任的红十字会主席杰罗姆·H.霍兰德是红十字会历史上少有的充满热情的主席。在1982年里根总统宣告“红十字月”(即3月)的公告中指出:“随着国家越来越多地关注私营部门解决社区问题的强大力量,红十字会将发挥更大的作用,将志愿者的努力引导和协调到富有成效的活动中去。由于认识到自己的责任越来越大,红十字会最近实施了一项雄心勃勃的十年计划,帮助改善每一个美国人的健康状况。该项目基于一个简单的概念,即个人在降低自身主要健康风险方面发挥主要作用。”②

1991年初,伊丽莎白·多尔(Elizabeth Dole)成为红十字会的高管,她的实际职务是红十字会总裁兼CEO,她采取了迅速而果断的公开步骤,以恢复公众对红十字会的信任。当布什政府宣布了一项耗资1亿美元的全面改革血液处理系统的计划时,她宣称,该计划是为了“解决血液供应中的艾滋病问题”。两年后,红十字会解决了FDA和司法部就违反血液安全法提起的联邦诉讼,红十字会已经对血液制品系统进行了重大改革。

多尔接管红十字会之后,还面临着其他严峻的挑战,主要是长期面临的救灾资金短缺问题。1989年秋季,南卡罗来纳州的“雨果”(Hugo)飓风和旧金山的洛纳普列塔(Lorna Prieta)地震耗尽了红十字会的救灾资金储备。1992年8月红十字会为发生在佛罗里达州南部的“安德鲁”(Andrew)飓风幸存者提供住所、食物、资金和心理健康援助,总支出超过8亿美元。在随后几年里,美国国内突发事件并没有减弱,1993年的密西西比河洪水造成巨大

---

① *American Red Cross Annual Report* (1981). Washington, D.C.: ARC,1981.

② Ronald Reagan."Proclamation 4899—Red Cross Month, 1982". The American Presidency Project Online, Dec. 13, 2011.

损失，加州北岭地震造成了数十亿美元的损失，1995年4月俄克拉何马城爆炸案构成了“美国历史上最严重的本土恐怖主义的行为”。在这段动荡不安的时期，多尔筹集了将近6亿美元的救灾资金。①

1997年初，多尔的丈夫鲍勃·多尔在之前的总统选举中输给了比尔·克林顿，红十字会内部士气低落，又进行了一轮裁员。分会志愿者的领导者们还抱怨组织结构的变化和现代化的进程（比如电脑和传真机的使用）跟不上时代的步伐。一家非营利性行业刊物公开呼吁多尔辞职，称在她的领导下，红十字会“在财务和管理上”都存在问题。多尔周游了全国，与所有50名理事会成员以及当地分会讨论了这个问题，聘请了一位新的CEO，并在管理上做出了改变。2000年多尔自己竞选美国总统，辞去红十字会总裁兼CEO一职。

在她任上，多尔监理了一项耗资2.87亿美元的血液中心计划，红十字会被《金钱》杂志评为美国最大的慈善组织，因为它每筹集到1美元，就有92美分直接用于红十字会的项目。在20世纪90年代末，红十字会筹集的善款创下了纪录，首次在网上筹集资金，推出了购物网站等创新项目。②红十字会网站的利润被用于救助飓风“米奇”的受害者，“米奇”是两百年来袭击中美洲最严重的风暴。在多尔时代，红十字会的捐款总计达34亿美元，克林顿总统时期的卫生与公共服务部部长唐娜·沙拉拉（Donna Shalala）也公开称赞她是“智慧的、有能力的和正直的”。

2001年9月11日恐怖袭击发生后，红十字会的工作人员立即赶往世界贸易中心提供援助。他们在远离袭击地点的地方建立了庇护所，在几个小时内，建起了心理健康辅导站和无家可归者收容所，准备为那些需要帮助的人提供帮助。次年，红十字会募集了超过10亿美元支持世贸大厦的重建工作。红十字会也面临对这些资金支出的审查。在2001年，面对众议院能源委员会监督和调查小组对红十字会在收到的5.64亿美元捐款中留存了2.64亿美元的批评，红十字会声称，美国民众应该理解除了对“9·11”事件的援助，他们的捐款还会使用在之后的一些途径中。③

红十字会也对2004年12月东南亚的海啸做出了反应。海啸造成20多万人死亡、200万人流离失所，影响了东南亚和东非12个国家人民的生活。

---

① Marian M. Jones. *The American Red Cross, from Clara Barton to the New Deal.* Baltimore：The Johns Hopkins University Press，2013，p.284.

② Marian M. Jones. *The American Red Cross, from Clara Barton to the New Deal.* Baltimore：The Johns Hopkins University Press，2013，p.285.

③ “Red Cross Defends Handling of Sept. 11 Donations”. CNN，Nov. 20，2016.

最初,红十字会协助提供和运送食物、水等救灾物资以及麻疹和脊髓灰质炎疫苗。由于海啸灾难的恢复工作是长期的、艰巨的,红十字会建立了一个长期的恢复计划。该计划由70多个旨在保障幸存者生存条件的项目组成。项目的战略目标是帮助社区恢复水供应,提供心理社会支持和住所,补充卫生资源,进行疾病预防,恢复民众生计,并为未来的备灾提供教育和资源。红十字会为应对海啸花费了近6亿美元。[①]

从越南战争到21世纪初,关于红十字会在军队服务方面的资料和文献不多。美国人在海湾地区有着巨大的经济利益,当两伊战争结束后,伊拉克出兵占领科威特震惊了整个世界,美军"沙漠盾牌"行动拉开帷幕。红十字会在"沙漠盾牌"行动第一次军队部署后的一周内,将第一批红十字会工作人员派往波斯湾,向部队提供了21.5万份紧急通信,并提供前线和后方之间的通信支持。在美国国内,红十字会的工作人员向4700名军人及其家属提供了价值172万美元的援助和服务。[②]

二、全面超越传统

总之,从20世纪最后30年起,美国红十字会不仅保持传统,集中精力提供战场救援和救灾两项主要服务,而且全面超越了传统,提供的服务更广泛,涉及人类健康的方方面面。

(一)健康安全计划

1981年,红十字会进行了良好的健康习惯和长寿之间关系的研究。研究表明,健康的生活方式可以减少患病的可能性。这项研究促使红十字会开展健康项目,旨在帮助美国人缓解压力、改善营养和增加锻炼。因此,红十字会的地方分会在美国各地提供各种各样的健康项目。例如,在黑人社区提供免费的血压检查,因为那里是高血压重灾区,生活在那里的人经常患严重的健康问题。地区分会还为居民提供膳食营养计划,组建体育锻炼小组及其他与健康相关的活动。

红十字会开设规范的健康和安全课程,如游泳课,很受民众欢迎。红十字会也提供其他课程,包括皮划艇和航海指导、残疾人水上运动课程、高血压自我保护、多发性硬化症家庭护理、安全照看婴儿和为人父母的准备等。每年有600多万人因参加健康和安全课程而获得奖励。当地分会通过训练有素的志愿者传递这些知识(完成一般课程的义工可参加导师培训课程)。

---

①② http://edition.cnn.com/2001/US/11/06/rec.charity.hearing/index.html.

特别项目教导志愿者和卫生专业人员如何在面临危及生命的灾难时发挥作用。红十字会还培训人员从事与安全相关的工作,如担任游泳池和其他娱乐场所的救生员等。

(二) 急救方法指导

自1906年以来,红十字会定期在美国社区提供急救指导。现在,红十字会是急救领域公认的专家。它传授的最重要的急救技能之一是人工呼吸,通常对溺水急救非常有效。做人工呼吸时要求救援人员将空气吹入呼吸骤停者的嘴里,这个程序的目的是让患者的肺部自行运作,让呼吸过程重新开始。如果人工呼吸不起作用,救援者可以尝试心肺复苏术。

红十字会还教授心肺复苏术,这是美国心脏协会开发的一项救生技能。在这项技术中,救援人员将空气送入患者口中,并对他的胸部施加压力。这样做的目的是让心脏和肺部自行开始运作。这种方法对溺水和心脏病发作的患者很有用,已经挽救了无数生命。

(三) 为军队服务

红十字会为美国国内外军事人员提供针对个人的服务,包括全天24小时的紧急援助。例如,在美国国外服役的士兵可能因为他在美国国内的近亲病危而求助,红十字会在其家乡的分会可以联系相关医生核实情况后紧急处理,随后将信息传送到位于华盛顿的红十字会总部,总部通过高速电传打字机将信息传送到美国国外的军事基地。基地的红十字会工作人员收到这一信息后,将与士兵和他的指挥官联系。在指挥官批准紧急休假后,红十字会帮助士兵回程,甚至在必要时提供旅费。

红十字会还向军人提供其他类型的援助。例如,帮助军人配偶争取应得的权益。它还帮助军人联系他们很久没有联系的家人。红十字会的工作人员还帮助军队服务人员解决他们在基地可能面临的问题,并帮助退伍军人获得退伍军人管理局的福利。

(四) 器官及组织捐赠

近年来,对人体组织和器官的需求日益增长,促使红十字会在这一公共卫生领域承担起新的责任。红十字会认为,捐赠的器官、组织和骨髓应该提供给所有需要它们的人,而不应根据接受者的身份地位和财产情况来暗箱操作。1986年7月31日,红十字会建立了全国第一个中央骨髓登记处。该项目服务于成千上万白血病患者和其他需要骨髓移植但无法找到合适捐赠者的血液病患者。位于明尼苏达州圣保罗的注册中心将这些患者与骨髓捐赠者进行匹配。作为试点项目的一部分,至少有35个分会从医院取回捐赠的骨髓,还有2个分会运营器官采购中心。200多名红十字会医生和科学家与医院和大学密切合作,研究保存人体组织和器官移植的方法。①

(五)血液采集

美国全国有57个地区血液中心收集、处理和分发血液和血液制品,如血浆和血小板。每年,血液中心收集超过600万品脱的血液。血液和血液制品挽救了许多在事故中失血、烧伤的病人和血友病患者的生命。

红十字会依靠的是无偿献血者。因为有偿献血可能会导致有些人为了经济利益而违法,所以这个系统保障了更安全的血液供应,因为红十字会每年能收集全美所有机构所收集的近一半的献血量。大多数17岁到66岁之间的人可以在红十字会血液中心献血。那些血型罕见的人尤其受欢迎。个人也可以在特殊的采血活动中献血,这些活动通常在社区中心、学校和工作场所举行。采集的血液能帮助国家在发生重大紧急情况时避免血液供应短缺,例如飞机失事。红十字会还进行血液研究,以提高民众对严重疾病的免疫力,并寻找新的方法来更长时间地保存血液和血液制品。

(六)艾滋病研究

艾滋病是红十字会面临的最大挑战之一。个人会因与接触过这种疾病的人发生性接触、滥用受污染的针头和血液接触而感染这种危及生命的疾病。由于红十字会采集了大量的血液,它必须努力保证血液的安全。红十字会的献血者不会因献血而感染艾滋病,因为该机构会销毁一次性消毒针头,以免其用于下一次的血液采集。

为了保障血液供应,红十字会把每一次献血都提交到实验室进行艾滋病抗体和肝炎病毒的筛查测试。如果血液中含有艾滋病病毒抗体或肝炎病毒,红十字会工作人员会销毁血液并通知捐赠者。然而,艾滋病抗体的存在仅仅意味着个人已经接触过艾滋病病毒,并不一定意味着他患有艾滋病。

红十字会与联邦政府和其他组织密切合作,试图阻止艾滋病的传播。自1985年以来,该机构一直在研究艾滋病,并告诉人们应如何避免这种致命的疾病。1986年,它通过许多分会发起了一场关于艾滋病的大型教育运动,其中一些分会为公众设立了热线。红十字会承担了这项艰巨的任务,因为它认识到,当流行病暴发时,比如1918年的流感疫情,它必须承担起保障

---

① Patrick F. Gilbo. *American Red Cross, Know Your Government*. Chelsea House Publishers, 1987, p.79.

国民生命安全的责任。

(七) 青年与红十字会

红十字会认识到,美国的年轻人需要自信才能成为国家和本组织未来的领导人。因此,它设计课程,通过监督青年志愿者完成任务来培养他们的领导能力。一些课程试图帮助学生了解自己和他人,而许多课程培养的技能可以用于工作和日常生活中。红十字会针对美国青少年开设的课程包括基本急救、酒精知识、仪容仪表保持、照看小孩和生活常识(生活管理技能)。青少年也会在分会的活动中履行职责,特别是在安全和灾难领域。

(八) 救济活动

由于第三世界国家每年有数以百万计的人死于饥饿和疾病,美国红十字会在帮助这些国家养活和照顾其人民方面发挥了作用。美国的捐助支持了红十字国际委员会的食品供应、庇护所提供和医疗行动,拯救了非洲干旱地区和泰国边境难民营等地的数百万人。

帮助本国贫困人口是美国红十字会面临的另一个挑战。例如,美国部分地区的经济状况不佳,加上法律规定需要将某些精神病患者从医院和其他机构中释放出来,这就造就了需要帮助的新一代美国人。在全美各地都能发现露宿街头的流浪者,他们席地而睡,吃任何能捡到的食物。红十字会成立国家紧急食物和住所委员会,400多个红十字会分会从中获得资金,为美国的无家可归者和饥饿者提供服务。1985年11月,里根总统签署的紧急法案向全国委员会拨款数百万美元,该委员会是国会于1983年成立的,旨在为预估最多200万无家可归的美国人进行救助。除了接受国家委员会资助的分会,还有75个红十字会分会通过其他资金来源,包括公众捐款,帮助无家可归者。

第七章　现代化治理
——新世纪改革（2001年至今）

进入21世纪，“9·11”恐怖事件改变了美国人对世界的看法，他们惊恐地发现，政治、经济和军事强国的安全也会受到威胁，从此他们危机意识大大提高，普遍支持“反恐战争”作为美国外交政策的基调，美国更深刻地进入了全球主义时代。

“9·11”事件后，美国在政治上再现党派政治，两党竞争激烈；经济上之前利润丰厚的新兴经济部门互联网公司，突然一改蓬勃发展的势头，遭遇了灾难性的崩溃，随后又出现了金融危机；军事上对打击目标改变遏制政策，开始直接采取军事行动，如发动伊拉克战争等。可以说，进入21世纪，美国被诸多问题缠身，充满了不安全感。面对各种问题和挑战，美国正在艰难地适应与转变。

美国红十字会在新世纪同样被诸多问题缠身，不得不进行再一次的改革。回顾过去一个多世纪，其救援了美国国内、国外许多战争受害者和自然、人为灾难受害者，开拓了献血、供血、生物医疗服务等促进人类健康和福利的实践活动，它在国际国内社会中的贡献是巨大的。美国民众给予了这个组织无限的信任，将它比作国家的宝藏。但进入新世纪后，红十字会在处理血液制品、“9·11”特大恐怖袭击事件和“卡特里娜”特大自然灾害的救援中，暴露了一系列问题，这对红十字会的发展提出了更现代化的要求，必须在机构治理（本章第二节第三点将详细区分“治理”与“管理”的概念）、运作监管和运营透明性方面进行改革，使它担当得起民众的这份信任。从2006年开始，红十字会理事会采取行动，成立治理改革顾问小组，建立治理委员会，对红十字会的组织机构、管理实践进行综合评估，结合历史上红十字会的治理改革实践，以及非营利和营利企业管理改革的经验，提出了新世纪红十字会的改革建议，明确红十字会理事会在机构治理和战略监管方面的职能，强化了举报程序和内部审计的透明度。

第一节　改革迫在眉睫

新世纪的头十年是美国红十字会发展遇到的一个新的不稳定时期。2001年美国发生了“9·11”恐怖袭击事件,2005年又遇到了特大天灾“卡特里娜”飓风袭击,虽然红十字会一如既往地立即行动起来,及时、努力地投入募捐和救援工作,但这世纪之初的两次特大人祸天灾,考验了红十字会的能力,暴露了红十字会在救援潜力、资金分配、组织管理、部门合作、技术更新等方面的诸多问题。尽管红十字会筹集了大量资金,并投入了大量志愿者,但它并没有逃脱公众对组织更多的批评。在一些新闻报道中,在国会的听证会上,红十字会都遭到了抨击,原因是在“9·11”事件中募集的巨款有一部分没有直接用于当时的救援,而准备用于未来的救灾;“卡特里娜”飓风发生后募集的巨款,并没有及时、公平地向受害者发放,尤其是对非裔美国人提供救援方面出现了拖延和混乱,在培训志愿者的过程中还出现了失误。红十字会在救灾中被公众质疑和批评的这些问题,迫使了几任CEO辞职。

一、血液业务违规受罚

第二次世界大战以后,美国红十字会的血液业务不断扩大,逐渐成为其主营业务。1991年,红十字会已拥有57个血液中心,为了血液制品的安全统一,红十字会时任总裁兼CEO伊丽莎白·多尔通过改革,把原来分散在分会的血液业务收由总会控制,由总会重组10个区域,遵循一套统一的标准和程序。[①]尽管有了统一的标准,但由于20世纪80年代初出现并不断发生输血后感染HIV的事件,引起了美国和世界对于输注血液或相关制品感染病毒问题的关注。2001年,美国食品和药物管理局(FDA)加强了对血液质量及安全的检查,红十字会因主营血液业务而成为重点检查对象。经查发现红十字会的血液项目确实存在许多问题,特别是没有足够的安全措施来防止使用受艾滋病毒污染的血液,也没有及时向FDA报告事故和错误原因。为此多尔辞职,CEO一职由贝尔纳丁·希利(Bernadine Healy)担任。

FDA发布的对美国红十字会血液项目检查的报告称,观察发现有63项问题,如“检疫系统存在缺陷,不能阻止不适合产品的使用;红十字会对巨细

---

① Stephnie Storm. “Problem Persist with Red Cross Blood Services”. *New York Times*, Jul.17, 2008.

胞(CMV)阳性血液制品有不当使用;捐赠者存在不健康的历史;红十字会对系统问题的监督不足;未按照制造商的试剂盒说明书进行检测,导致无法进行回检调查;缺乏及时处理问题的能力;对问题的评估不足等”[①]。希利对FDA的调查结果非常震惊,承认红十字会在一些方面存在问题。

FDA不断向法院申请对红十字会采取处以罚金的惩罚性措施。2003年红十字会同FDA达成一致意见,“如果未能遵循血液生产程序,将支付罚款”[②]。实际上到2006年,红十字会累计收到FDA8份处罚通知,其中1份处罚竟高达420万美元,累计罚款为570万美元。[③]红十字会不得不加强血液制品生产和管理的投入,到2006年改革前,每年在血液相关业务上的花费超过了20亿美元,收集并提供了全美近一半的血液和血液制品,而救灾花费排在总支出的第二位。

血液项目中的问题充分表明在新世纪初红十字会有点焦头烂额,管理混乱。如果不加大改革力度,红十字会的公信力将下降,对未来发展将产生负面影响。

二、“9·11”救援暴露的问题

“9·11”事件发生后,美国红十字会立即行动起来。救援分两个阶段,第一阶段是“救济行动阶段”,从袭击发生的当天开始,到2002年10月1日结束,主要救援对象是死者或失踪人员的家属,以及在袭击中严重受伤的人,提供的即时救灾服务包括救援、救助、心理咨询及经济援助等,其间出动了超过5.5万名救灾工作人员,累计提供了1400万份餐食,提供了30多万次的心理健康服务和卫生服务,直接服务家庭超5.5万户,平均每个受助家庭收到的援助资金为11.5万美元,总支出6.43亿美元(当时累计收到捐款为10.01亿美元)。[④]第二阶段是“‘9·11’恢复计划”。由于红十字会的资源和力量有限,在“9·11”救灾行动中的重点放在第一阶段,第二阶段的恢复工作主要由联邦政府完成。

红十字会在“9·11”事件的救援中得到了一如既往的好评,也是收到社

---

① Sidney M. Wolfe. “Letter Regarding Dangerous Practices of the American Red Cross”. *New York Times*, Dec. 1, 2000.

②③ Gardiner Harris, “F.D.A. Adds $4 Million Fine for Red Cross Blood System”. *New York Times*, Sept. 9, 2006.

④ American Red Cross. *September 11, 2001: Unprecedented Events, Unprecedented Response——A Review of the American Red Cross' Response in the Past Year*. Washington, D.C., Sept. 2002.

会捐赠最多的慈善组织,人们对红十字会的期望非常高。但是,红十字会在事发后对募集善款的分配、救灾过程中集血献血的管理、信息库数据共享方面都存在问题,导致社会对其也有不少质疑和批评。

捐款方面,"9·11"事件发生后,红十字会使用募集捐款成立了自由赈灾基金,一部分用于即时救援,另一部分打算用于改善红十字会的献血储存、电信升级、应对未来恐怖活动袭击等。这一举动遭到捐款人和社会的质疑和抗议。

献血方面,"9·11"事件发生后,民众的献血热情如捐款热情一样高涨,但红十字会的储血能力却并没有一并扩大,在大力宣传民众献血后,出现了献血过多超过红十字会血液储备能力的问题。因为"9·11"事件情况特殊,造成的直接死亡多、需输血的伤者不多,大量民众献的鲜血来不及制成血制品,导致献血浪费、鲜血过期、献血采集不达标等情况,一时间红十字的采血献血活动遭到了舆论抨击,尤其是部分专家学者的批评,CEO希利收到浪费血液、浪费民众善意的指控。①

合作方面,"9·11"事件发生后,纽约州检察长艾略特·斯皮策(Eliot Spitzer)提出在参与救援的慈善组织之间建立一个共享数据库,开发统一的申请程序,以助受援者及时申请、及时得到帮助,避免在众多慈善组织救援中得不到救助或被重复救助。在众多慈善组织讨论时,红十字会原则上表示同意参加,但开建时又不愿意加入了。希利则表示,红十字会有保护受害者信息的政策,只有当受害者愿意放弃保密,他们才能公布相关信息。面对这场恐怖袭击,虽然红十字会募到了慈善组织中最多的捐款,但并不意味着它已经具备应对这场灾难的全部能力,救援需要慈善团队共同协作,而希利被指缺乏合作精神和能力。在一系列的指责中,希利被迫辞去CEO一职。

三、"卡特里娜"救灾暴露的问题

在2005年"卡特里娜"飓风发生前,2004年9月已发生过四次飓风,2004年12月又发生了东南亚海啸。飓风和海啸这样的自然灾害在美国比较常见,美国红十字会早就对这类灾害的准备和响应有了丰富的经验。

2005年8月,"卡特里娜"连同"丽塔""威尔玛"飓风一起重创了墨西哥湾沿岸各州。根据以往应对飓风来袭的经验,8月27日下午,红十字会的相关负责人便向美国白宫、国土安全部及其他相关政府机关报告,称自己拥有

---

① Daniel S. Greenberg. "Blood, Politics, and the American Red Cross", *The Lancet*, Vol. 358, Nov. 24, 2001.

随时待命的所有资源,包括人员、设备和材料;已建好避难所,接纳受飓风影响的各州疏散民众;已备好仓库,预置餐食及其他生活物资,包括床、毯子、卫生和清洁用品等;已派遣各类应急车辆进入指定区域待命;已根据国土安全局紧急支援功能项目的要求,部署红十字会人员到国家各类协调中心或响应小组中去,履行紧急支援机构的职责。

到2006年1月底,红十字会提供的救灾服务有:在27个州和哥伦比亚特区建起1196处避难所,提供了超过300万次的留宿服务;提供食物和零食超过3000万份;提供卫生服务和心理疏导等近百万次;使用借记卡向120万户家庭、370万名飓风幸存者发放经济援助。红十字会超过23万名工作人员参与了救灾行动。[①]红十字会与微软公司合作,开发建立红十字会的"安全与安好"(Safe and Well)网站,帮助飓风幸存者发布安全信息和寻找家人信息,红十字会还对无法上网的用户提供电话在线帮助。为了帮助飓风幸存者及家庭恢复正常生活,建起"飓风恢复项目",帮助受灾家庭恢复;提供情感疏导;提供重要信息和资源;满足民众的各种需求。"飓风恢复项目"还包括红十字会派遣工作人员和志愿者与受灾个人和家庭一对一访问,并与其他社区合作援助。[②]

然而,尽管在飓风登陆之前红十字会已经做好了救灾准备,并在实际救援中投入了大量的人力物力财力,但这次飓风带来的破坏和随之产生的灾后需求却大大超出了红十字会和其他救灾机构的预判。这次飓风带来的强风降雨及随后引发的洪水泛滥,摧毁了许多地区的房屋和基础设施,导致灾后许多民众无法返回家园,大范围的受灾面积导致避难所人满为患,储备餐食不够、饮用水及卫生用品等物资短缺,避难所容量不能满足需求。在民众需求未得到满足的情况下,红十字会作为得到灾后捐款最多的慈善组织以及负责提供联邦相应响应资源的主要机构,便首当其冲地成为各方质疑和批评的对象。

民众首先质疑和批评的是红十字会的管理混乱。红十字会募集到如此巨大的捐款,但对飓风灾难出现的救援需求和供应链资源缺乏态势感知,未提前签订足够的采购合同,管理失误,派出的与国土安全部"紧急支援功能"项目相协调的志愿者轮换太频繁(2～3周换一次),难以建立有效的协调工

---

① American Red Cross. "Hurricane Season 2005: Facts & Figures". http://www.redcross.org/news/ds/hurricanes/2005/facts.html.

② Americna Red Cross. *A Year of Healing: The American Red Cross Response to Hurricanes Katrina, Rita and Wilma*. Washington, D.C., Aug. 2006, p.4.

作关系。红十字会承认:它没有足够的训练有素和经验丰富的志愿者来管理后勤工作。[①]

其次,质疑和批评救灾资金发放混乱。红十字会在分发救灾援助金的过程中,出现相关财务系统运转能力有限、审核不力、监督不足等问题,专用救灾资金发放软件无法及时识别和审核救灾对象的身份信息,给了一些不法分子可乘之机,他们伪造求援信息,导致捐款被人骗取,出现了部分捐款捐物浪费及滥用的现象。

再次,质疑和批评红十字会不能控制大规模的志愿者队伍,有犯罪历史的人从事志愿者活动,志愿者管理工作混乱,如缺乏对志愿者身份的核实等。红十字会的组织原则要求对每个志愿者进行背景调查,保证志愿者没有犯罪历史。但因为核查信息费用昂贵,一般只对带薪工作人员进行背景调查,因为在绝大多数救济工作中,监督红十字会行动的是带薪的小组。有很多参与或负责经济援助分发和避难所服务的志愿者,是未经背景审查和缺乏红十字会救灾经验和培训的。

还有,质疑和批评红十字会官僚主义,缺乏与地方、社区合作的精神。红十字会在掌握大量捐赠资金、物资后逐渐变得保守、官僚,无法满足受灾民众的需求,对于它是否有能力、有资格获得如此多的捐赠和物资支持,引起民众持续的争议。在处理"卡特里娜"飓风及整个2005年飓风季带来的受灾需求中,充分暴露了红十字会作为一家慈善组织能力的局限,但它与其他慈善组织,尤其是与地方、社区组织之间的合作是不力的。在信息共享方面,虽然自"9·11"后慈善机构间建立了协调援助网络,但红十字会表示,在整个2005年飓风季间,该网络系统受当时条件限制并未充分发挥其作用。在使用捐赠资金方面,红十字会墨守成规,不敢突破捐赠者的意图("9·11"救灾中被批评不顾捐赠者的意图),不敢把多余资金用于灾后的恢复重建。事实上,红十字会利用它的品牌,在民众中募集到了巨额捐款,使其他慈善组织的募捐黯然失色,有专家表示:墨西哥湾沿岸地区的许多小型非营利组织正面临着财政赤字问题,红十字会应当对它们进行扶持。红十字会在年度报告中坦承:"对'卡特里娜'飓风的救援,凸显出红十字会在美国某些地

---

① American Red Cross. *From Challenge to Action: American Red Cross Actions to Improve and Enhance Its Disaster Response and Related Capabilities for the 2006 Hurricane Season and Beyond*. Washington, D.C., Jun. 2006, p.7.

区,包括飓风易发各州,还没有建立起牢固而持久的地方合作伙伴关系。"①

新世纪初红十字会在救灾活动中暴露的问题,都与它的组织管理方式、政策和响应行动、救援程序有关。这些问题实际从多方面反映了红十字会理事会治理效能的低下,理事会不能根据灾害的规模、类型去理解受害者的不同需求,无法为管理层提供正确的方向指引。

第二节 适应世界变动的改革

新世纪世界发生的重大事件和变化,对美国红十字会提出了新的挑战。新世纪发生的大灾难,特别是"9·11"事件,证明了红十字会现在要应对的灾难包括了前所未见的恐怖主义;2004年9月的四次飓风,以及2004年12月的东南亚海啸,增加了红十字会和美国其他救灾社团应对国际灾难的压力;在对2005年极速形成且规模极大的"卡特里娜""丽塔"和"威尔玛"飓风的救援中,对红十字会效率低下的批评,使红十字会意识到需要提高毁灭性破坏的援助级别。新世纪出现的新的、大的灾难,再次对红十字会现存的应灾救援系统提出了挑战。

由于全球气候变化、人口增长模式变化、全球经济和政治不稳定以及其他因素,很可能在今后几十年里,国际灾害和紧急情况将把区域合作联盟花费的时间和精力延长到极限。由于全球气温升高,洪水、风暴、干旱和热浪的发生频率预计将增加,以及热带气旋的强度预计将增加,人口将大规模迁移,并经常需要大规模食物、住所和医疗服务。由于美国和欧洲政府长期负债累累,红十字会将继续补充政府项目,帮助灾难事件的幸存者。

根据当代的环境,红十字会的活动范围以及公众对其的期望值都在扩大。今天,红十字会所提供的多样化服务,其运作、监管的复杂性,与血液相关业务的重要性,可持续的生存能力,对美国的血液供应,以及红十字会在国家应急工作中地位的提高,都要求拥有一个现代化的、灵活性的治理结构,以应对不断发展、加重的任务。

从2006年起,红十字会考虑开展加强其治理结构有效性的改革。鉴于2004年和2005年发生的美国国内、国际灾难性事件的日益增多,为了继续

---

① American Red Cross. *From Challenge to Action: American Red Cross Actions to Improve and Enhance Its Disaster Response and Related Capabilities for the 2006 Hurricane Season and Beyond*. Washington, D.C., Jun. 2006, p.9.

保持红十字会的传统和加强它的地位,应对21世纪的空前挑战(包括恐怖主义、自然和人为灾难以及安全血液供应的要求),在2006年2月,红十字会理事会授权进行了一次对红十字会的全面审计。审计目标是确认红十字会适应新世纪需求的改革目标。

一、改革的背景

自从1947年美国红十字会治理结构改革以来,到21世纪初,红十字会的治理格局发生了巨大变化。新世纪美国社会经常曝出某些企业和非营利部门的丑闻,例如2001年12月,美国最大的能源公司——安然公司,突然申请破产保护,此后,公司丑闻不断,特别是2002年6月的世界通信会计丑闻事件,彻底打击了美国投资者对美国资本市场的信心,严重削弱了公众的信心,促使人们更加重视管理机构改革的重要性。企业在管理机构改革实践上花费的心血,能使公众对所有组织,包括非营利组织、营利和上市公司的理事会/董事会的问责制和透明度的期望提高,红十字会的改革也势在必行。

(一) 治理改革专项小组

2001年10月,美国红十字会理事会就成立了一个由理事会成员组成的治理改革专项小组,希望在哈佛商学院杰伊·W.洛尔施(Jay W.Lorsch)教授的建议和指导下,评估红十字会管理改革实践。这次评估力图处理红十字会管理层面上的问题,包括理事会的规模、理事会成员的知识和经验上的差异、理事委员会成员的冗余以及需要在理事会会议上进行更具建设性的讨论和参与、理事会全体成员战略规划参与度等。

专项小组在2002年初发布了一份报告,提出了一系列改革建议,得到红十字会理事会的赞成。这些改革建议强调不需要对《红十字会宪章》进行修改。报告中的建议大致包括:增强理事会成员在红十字会战略、政策、资源和事务上的总体监管力,并将监管职责移交给常务委员会;在选举新理事会成员时更加强调技能和经验;建立一个管理改革委员会和确定该委员会的结构。

理事会设立了一个新的治理改革委员会,以监督高管薪酬和理事会领导事务,这在以前是由两个单独的小组监督的。原战略计划委员会(The then—Strategic Planning Committee)被解散,常务委员会承担了其主要职责。监督红十字会生物医疗服务事业的职责集中到了生物医疗服务委员会手中。除了与委员会有关的建议外,专项小组报告中的大多数其他建议(包括上述各项)都是对以前规定的补充,没有涉及理事会规模和构成的改变。

(二)《萨班斯—奥克斯利法》

为了避免企业因丑闻破产的局面,美国国会和政府加速通过了《萨班斯—奥克斯利法》(Sarbanes－Oxley Act,简称《萨班斯法案》),该法案的另一个名称是“上市公司会计改革与投资者保护法案”。法案的第一句话就是:“遵守证券法律以提高公司披露的准确性和可靠性,从而保护投资者及其他目的。”《萨班斯法案》规定,上市公司的高管必须证明财务报表的精确性,并评估和记录其公司对财务报告的内部控制的有效性。《萨班斯法案》对于审计委员会的成员有着独立标准的要求。根据《萨班斯法案》,纽约证券交易所和纳斯达克股票市场对于上市公司采用了新的公司治理标准:有一个多数由独立董事组成的董事会,他们在管理层之外定期举行执行会议;给予独立董事监督管理层的薪资和董事提名的权力;通过适用于所有董事、官员和雇员的行为守则;采用一套企业治理准则。

随着一些知名组织的利益冲突和其他违规行为的曝光,非营利部门受到了越来越多的关注。在21世纪初,美国国会两院一直在研究加强非营利部门监管和问责的必要性,参议院的财政委员会和众议院的筹款委员会就这一问题举行了一系列听证会,认为《萨班斯法案》规定的上市公司管理标准也是非营利组织的最佳做法,可以加强非营利组织的问责制和透明度。

虽然红十字会并不受《萨班斯法案》的约束,但红十字会的管理改革同样考虑在不同程度上采用为上市公司规定的许多程序和做法。例如,根据适用于上市公司审计委员会的《萨班斯法案》规定,红十字会审计委员会现在直接负责任命外聘审计人员的工作,并确定他们的薪资和监督他们的工作,审计委员会预先批准审计员提供的所有审计和非审计服务。同样,根据纽约证券交易所和纳斯达克股票市场关于理事会在管理层之外举行定期执行会议的要求,理事会定期举行行政会议。理事会还根据纽约证券交易所的上市标准,针对理事会和三个主要委员会(审计、薪资和治理),制定了一项关于理事会和它的委员会的年度评估。另外,红十字会理事会的八个常设委员会均根据书面职能要求开展工作,明确其职责和责任。

红十字会治理改革的实践,包括要求理事会成员每年确保他们遵守红十字会行为守则,根据守则要求处理利益冲突及冲突事件中理事会成员的罢免程序。另外,要求理事会成员在加入理事会时每年填写独立责任的问卷,明确理事会成员的职责和义务,明确红十字会的关键战略、风险、法律和财政问题。

此外,红十字会还设置了供职员和志愿者秘密、匿名举报浪费、欺诈、滥用职权、犯罪和其他不当行为的检举热线。管理部门会对举报进行调查,并采取矫正行动。主要的调查和走向将会定期向审计委员会报告。

二、改革的进程

随着对2001年红十字会治理改革专项小组建议的采纳,以及在《萨班斯法案》之后对企业现代化管理的不断强调,红十字会的管理工作受到外界的持续关注。2006年2月17日,红十字会理事会授权进行"一项对它的管理模式的综合评估,为适应使命不断扩大之需,进行一场有助于组织机构能力现代化的改革"[①]。

第一步,2006年3月21日美国红十字会和美国全国公司董事会一起组织了一场企业管理峰会。该峰会聚集了营利和非营利企业管理专家,向红十字会理事会成员提供当前企业管理的最佳做法。峰会的重要人物有哈佛商学院教授杰伊·W.洛尔施(Jay W. Lorsch)、美国志愿者协会会长兼CEO查尔斯·W.古尔德(Charles W. Gould)、非营利组织BoardSource的主席兼CEO黛博拉·S.赫金杰(Deborah S. Hechinger)、美国癌症协会的会长兼CEO约翰·R.色弗林(John R. Seffrin)、莫林律师事务所已退休的合伙人凯伦·黑斯蒂·威廉姆斯(Karen Hastie Williams),还有几个审计委员会的成员。这些参加峰会的重要人物提出了许多论题,包括治理实践、理事会规模和架构、理事会和委员会的独立性、审计委员会和内部管理等相关问题。

第二步,峰会之后不久,2006年4月4日成立治理改革顾问小组。顾问小组由七位专家组成,大多数是参加过企业峰会的重要人物,外加从格信律师事务所聘请的律师和治理专家。七人顾问小组成员的工作都是无偿的,他们没有一个在红十字会理事会任职的,也没有红十字分会理事会的负责人。所有小组成员都具有丰富的企业治理经验,包括为大量的非营利组织和上市公司的理事会或董事会服务的经验。

第三步,审计评估红十字会理事会的管理工作,提出最佳改革方案。根据红十字会在美国的独特地位,顾问小组提出了一些治理改革建议,并得到理事会的批准、采纳。在治理改革进程中,红十字会准许顾问小组对前理事会成员、高级管理层和志愿者进行访谈,并为此提供方便。红十字会提供了许多文件和背景材料(包括理事会会议记录、会议材料和到席记录),并且提

---

① American Red Cross. *American Red Cross Governance for the 21st Century, A Report of the Board of Governors*.Washington, D.C.,Oct.2006, p. 19.

供发布在红十字会内部网站上的材料、与红十字会有关的历史和现行立法材料以及适用的法律规定。

第四步,对红十字会利益相关者和管理层进行访谈。红十字会组织了对那些参与红十字会管理实践、有重要经验和见解或是有洞察力的人进行访谈,治理改革期间总共对137人进行了访谈。这些访谈对象有与红十字会利益攸关方以及外部专家、现任和前任的理事会成员、总统任命的理事会成员的代表、现任和前任红十字高级管理层和雇员、现任和前任分会理事会成员和行政人员、负责红十字会的国会职员、红十字外部审计员以及既没有受雇于红十字也没有进入理事会的外界治理专家。

第五步,讨论审议并通过改革措施。2006年4月到10月间,顾问小组开了九次会。在初次会议上,红十字会的管理层向小组简要介绍了红十字会的组织架构,以及它的运作、功能和相关问题,例如财政、分会监管、灾害应对和血液服务等。红十字会治理委员会和顾问小组经反复且审慎讨论,向理事会提出了一致的改革建议——《21世纪美国红十字会的治理》。2006年的10月27日全体理事会成员会议一致通过并采纳治理改革建议。此次改革明确重点是治理改革管理层的理事会,不包括红十字会的活动项目,目的是提高红十字会治理的有效性和效率,为本组织和美国公众带来最大的利益。

三、参照上市公司标准的内容

2006年发起的这场参照上市公司管理标准的改革,主要成果是通过了《21世纪美国红十字会的治理》文件,内容主要是针对管理层的理事会进行改革,包括确定理事会的作用、理事会的规模和构成、理事会成员选举、执行主席责任、举报程序和内部审计、监督和透明度等。

(一)理事会的作用、规模、构成和成员的选举

红十字会的治理文件中所提及的“管理”同1947年(在特许状最后一次修订时)生效的特拉华州企业法规的措辞一致。该法规规定公司的业务“应该由董事会管理”。而“管理”一词表明基于现代公司法的管理作用,这反映在《非营利企业示范修正法案》(the Revised Model Nonprofit Corporation Act)和现行的《特拉华普通公司法》(体现在其他州的公司法中)中,适用于理事会的“管理”一般被理解为关于对管理日常事务的个人的监督和指导,而不是直接负有管理责任。《非营利企业示范修正法案》提到:“公司的一切权力应由理事会行使或在理事会的授权下行使,并在理事会的指导下管理

公司的事务。"同样的,《特拉华普通公司法》规定企业的业务和事务"由理事会管理或在其指导下管理"①。

由于红十字会历史和文化的特性,其在"治理"和"管理"功能的概念上比较模糊。例如,红十字会的志愿性使很多理事会成员长期"亲力亲为"参与红十字会工作,他们既有红十字会活动的知识和经验,又参与总会或分会管理层的决策和管理。但是,完善的治理原则——非营利和营利企业两方面——都指出,理事会的作用是监管,在管理层负责组织的运转时,理事会掌管组织并监督管理层。与治理作用相关,非营利组织的理事会对运转进行客观的监督,制定政策、监督组织计划,以及委托管理层运行和执行政策。非营利组织理事会的作用是"以确保有效和符合道德的管理方式监督本组织的运转"。非营利组织的理事会和管理层之间的关系被定义为"建设性伙伴关系",其中理事会制定战略性计划,提供指导并委托首席执行官负责运转。

所以,改革明确了"治理"和"管理"之间的区别,"治理"是政策一级的问题,"管理"是运作方面的问题。改革理事会,必须采取几大步骤明确理事会的作用。第一,《红十字会章程》(以下简称《章程》)需要厘清理事会治理和战略监督的作用,清楚概述理事会责任的范围,包括但不限于:评估和批准红十字会的任务;批准和监督红十字会的战略计划,并保持对于业务事项的战略监督;选拔、评估并决定红十字会CEO的薪资水平;评价高管队伍的业绩并确定他们的薪金,以及规定管理层的继任;监督财务报告和审计程序、内部控制和法律遵守情况;要求管理层对业绩负责;监督本组织的财务运行情况;保证红十字会的包容性和多样性;对红十字会的品牌保护进行监督;代表红十字会协助筹款。

第二,《章程》应该做出如下修改:根据特许状和《章程》所包含的"监督管理"来厘清理事会的"管理"职能;明确授予管理层负责红十字会运转和日常管理的权力。

第三,除了修改《章程》,理事会还要在《章程》中详细陈述其核心治理职能。这种职能也应作为理事会批准的治理原则之一。

第四,理事会应以深入讨论为重点,可邀请外部专家参与理事会会议。

另外,还需要修改特许状,用"指导"和"监督管理"的提法取代理事会"管理"的提法。适用于红十字会理事会的"管理"职能,逐渐被理解为包括对理事会管理日常业务的权力和责任进行"监察和监督"。特许状对"治理"

① American Red Cross. *American Red Cross Governance for the 21st Century, A Report of the Board of Governors*. Washington, D.C., Oct.2006, p.31.

的措辞应该明确规定,理事会是对红十字会的“业务和事务的管理进行监督”而不是理事会拥有对红十字会“管理”的“全权”。

理事会的规模宜小,构成需要调整。在1947年的改革中,为了扩大民主,理事会扩大到50人。经过半个多世纪的发展,越来越多的人批评理事会规模过大,过于臃肿,认为规模较小的理事会有利于讨论问题和制定政策。特别是总统任命的8个理事会成员,除了红十字会主席外,其余7人都是政府各个部门或机构的官员,当时任命他们是因为他们的职位,他们有资格助力红十字会的项目和目标顺利完成和达到。但事实上,许多总统任命者都是派代表去参加理事会和委员会的会议,这些代表参与讨论但不投票。另外,当时的3745家分会拥有30名理事是民主的体现,但现在分会只有800家和35个区域性血液中心,庞大的理事队伍已不再适合。

当然,决定非营利组织理事会的准确规模及构成是困难的。在非营利组织中,主要困难在于任务、规模、雇员人数、捐赠、成员、与分支机构的关系和其他因素都影响着最佳理事会规模的大小。所以,非营利组织“应该定期评估它的理事会规模,不断调整最适合的规模来保证有效治理和达到组织的目标和目的”。

正如出席企业治理峰会的耶鲁公司治理和绩效中心负责人艾拉·米尔斯坦(Ira Millstein)所指出的,尽管很难规定一个统一的规模,但非营利组织通常会像营利企业一样,认为更小的理事会,在频繁开会和讨论专门问题上,相对过于庞大的理事会会更有效。尽管一些专家指出,大理事会宽广的视角有时是必要的,但更多人认为,有效的治理最好是由一个较小的理事会来实现,这样各位成员会更积极参与。

红十字会借鉴了两家大规模的非营利组织的理事会规模,一家是美国联合慈善总会(The United Way),另一家是大自然保护协会(The Nature Conservancy)。结论是,规模更小的理事会更令人满意。美国联合慈善总会的理事会规模已从50人减少到了20至40人之间,当前的理事会有26人。大自然保护协会的理事会从40人减少到21人。红十字会理事会的规模也采纳缩小的方案,《红十字会宪章》修改理事会的规模,在2009年3月31日前,理事会成员不少于12人不多于25人,在2012年3月31日前,理事会成员应该不少于12人不多于20人。除理事会主席外,所有成员都将通过同一程序提名和选举,每年改选三分之一,任期为三年。①

---

① American Red Cross. *American Red Cross Governance for the 21st Century, A Report of the Board of Governors* .Washington, D.C.,Oct.2006, p.44.

根据红十字会与政府关系的特性,规定修订《章程》,建立两个咨询委员会:国家领导委员会和内阁委员会。国家领导委员会可以传达分会、区域血液中心、志愿者和捐赠者的意见。作为首要处理运作事务的机构,国家领导委员会要直接向CEO报告。在确定成员的选择和任期、会议频率以及与管理层和理事会的关系等细节时,应听取各地分会和区域血液中心的雇员和志愿者的大量意见。总部领导委员会和分会领导委员会之间的关系和职能合作也应该加以考虑和确定。内阁委员会有着非治理职能,它向理事会报告。其中成员须是内阁成员或者是美国总统指定的其他高级政府官员,且必须每年至少同理事会碰面一次。这个委员会将保留红十字会与各政府机构之间的正式联系,并为红十字会职责的履行提供便利。内阁委员会由总统任命,由不少于8位不多于10位的美国政府部门或机构的官员组成,包括商务部部长、国防部部长、教育部部长、卫生和公众服务部部长、国土安全部部长、国务卿、退伍军人事务部部长和参谋长联席会议主席。至少1位但不超过3位的内阁委员会成员应该从武装力量中选出。

(二)理事会主席和CEO的职责

理事会主席即红十字会主席,由美国总统任命,CEO可由主席提名或由理事会推选。红十字会的治理文件指定主席是本组织的“首要官员”,并规定了主席和CEO的职责。

主席和CEO的职责区分是非常重要的。已有的治理原则,包括非营利和营利企业都建议主席和CEO的作用应该分明。为了让一家非营利组织得到有效运行,“它必须明确谁拥有代表本组织的授权并明确这些授权的范围”。已有的治理原则还指出理事会主席负责领导理事会发挥它的监督作用,同时CEO的作用是领导管理层队伍。在这方面,主席是负责“指导、推动并协调理事会的工作”, CEO“是机构运行的权力核心并因此必须担负核心的职责”。另外,CEO可能作为本组织的发言人。

然而,在实践中,组织中的主席和CEO的角色并不总是那么明晰。《红十字会章程》将主席指定为“首要官员”,使得主席和CEO各自的作用和职责的界限模糊化了。《章程》没有界定“首要官员”一词,虽然《章程》指定主席作为红十字会的代表,但是根据审计所得到的信息,在红十字会历史上,CEO在这方面承担了更积极的作用。尽管当前的主席没有表现得像“首要官员”,但是过去将主席指定为“首要官员”,在主席和CEO的各自角色上造成了一些不确定性。其中包括管理层是向主席还是CEO负责,以及谁主管并代表红十字会发言。主席和理事会正在解决这一问题。

美国总统向理事会指定委派的8位委任者中的1人作为红十字会的“首要官员”,并根据《章程》,担任理事会的主席。《章程》中还规定了一个程序,即理事会的执行委员会推荐主席候选人并递交给美国总统。在这一程序下,由现任主席(在主席缺席或是在主席的要求下由最资深的副主席)领导的执行委员会下的小组委员会,负责考虑候选人并向执行委员会推荐,然后相应地提交推荐名单给美国总统。

选择CEO是理事会最重要的职责之一。一位治理专家曾指出“无论各种非营利组织之间有什么不同,理事会最重要的工作就是去聘请CEO”。另外,对于CEO和高级管理层的发展及继任的长期规划也是理事会的重要职责。

现在,根据红十字会的《章程》,总裁兼CEO由主席提名并由全体理事会选出。事实上,主席在历史上一直和理事会合作,评估并确定总裁兼CEO职位的候选人。而管理层人员的变化并不是理事会一贯关注的重点。

当前,红十字会的CEO并不是理事会的成员。与营利组织不同,在非营利组织中,CEO通常列席理事会,作为当然成员和无表决权成员。有人指出,让CEO成为红十字会理事会中有投票权的一员,能深化理事会和管理层之间的有效伙伴关系,增强CEO的公信力和地位,以及授权CEO管理红十字会的运行。授权给CEO在红十字会尤为重要,因为人们担心,由于特许状中“首要官员”的措辞,理事会主席和CEO的角色会混淆。

此次改革确定理事会可以根据具体情况灵活地决定CEO是否应该在理事会任职,也可以灵活地决定CEO是否还应担任总裁或者是否应该让两个人担任这个职位。

根据《21世纪美国红十字会的治理》的建议:《红十字会章程》应该被修改为:明确主席出席和主持理事会会议,并将承担《章程》或理事会决议规定的其他义务和责任;将提及主席作为红十字会“首要官员”的说法删除,目前《章程》中确定CEO为红十字会“CEO”的措辞将保持不变;理事会应考虑主席和CEO应该履行的具体职责,这些职责在理事会通过的书面职位说明中应得到详细说明,并随着时间的变化,根据这些职位上个人的技能和经历以及组织需要做出改变;理事会向CEO授权应该采取更具体的书面授权;规定理事会为主席职位考虑候选人并向美国总统推荐主席候选人。另外,《章程》应该说明主席不能同时担任CEO。

(三)理事委员会的设置和分工

1947年的《红十字会宪章》修正案设立理事会作为红十字会的治理机

构,并规定成立一个至少11位理事会成员组成的执行委员会。执行委员会在理事会休会期间可以施行理事会的全部权力。进入21世纪,理事会改革建议建立若干理事委员会,不仅包括传统的委员会——执行委员会、审计委员会、财务委员会和治理委员会,而且包括生物医学服务、灾害和分会服务、公共支持和国际服务,监督红十字会的具体活动。

这是红十字会借助企业和非营利组织有关理事委员会开展业务的经验提出的改革建议,各个委员会将在处理关键领域上比在全体理事会议上更深入。各个委员会的权力和功能都必须清楚界定,并且定期向全体理事会通报委员会的活动。对于委员会的规模,建议"更小的规模更有效——3到7人是最佳规模——大规模的委员会不灵活"[①]。

1. 业务委员会

在非营利组织理事委员会的理想人数和责任上并未形成共识。但是有一点非常明确,就是监督组织的所有运作是整个理事会的职责。正如一位非营利方面专家所指出的:理事一般监督本组织的行政机构……日常管理是雇员的事。

红十字会目前的业务委员会,主要负责生物医药服务、灾害与分会服务、公共支持和国际服务的业务,这些内容反映了红十字会的运行结构。在一些受政府主要管辖的行业内,需要一个单独的理事委员会来监督管理层的监管职能,尤其是在那些要求理事会成员具备专业知识进行有效监督的业务中。例如,红十字会生物医药服务业务的运行受到FDA的严格监督,红十字会继续设立理事委员会来监督管理层在这一领域的监管是否违规是谨慎的做法。为了反映委员会监督监管是否守规的职能(而不是参与到业务运行当中),委员会命名为质量与监管合规委员会,这个委员会定期向审计委员会汇报。

2. 慈善委员会

筹款是红十字会发展的关键,许多非营利组织成立筹款或慈善委员会来领导开发和执行筹资计划以及与潜在捐助者接触。事实上,有人担忧"筹款委员会的存在可能会损害理事会组织筹款的有效性"。然而,筹款委员会并不是主要负责筹款而是监督本组织的总体筹款。筹款委员会的恰当职责包括:"与员工合作,建立一个包含一系列特色活动的筹款计划,如特别活动、直邮、产品销售等;与筹款员工一起筹款;负责某些外联工作,例如主持

---

① American Red Cross. *American Red Cross Governance for the 21st Century, A Report of the Board of Governors*. Washington, D.C., Oct. 2006, p.83.

晚宴/舞蹈或举办筹款晚会等;负责让所有理事会成员参与筹款,例如让理事会成员打电话寻求支持;监督筹资工作,以确保筹到的捐款最后落实,捐助者登记在册,使筹资工作确有成效。”

目前红十字会设有公众支持委员会,旨在“审议与公众关系和公众支持红十字会的相关政策事宜,包括与筹款相关的问题,与影响到红十字会财政和志愿资助的联邦筹款团体、工会、企业、基金会、政府和其他组织的关系”。其中一些责任远远超出了对筹资活动的监督范围,涉及业务事项,如属于管理层职权范围的通信和政府关系。另一方面,与监督筹款活动相关的一些责任对于保障和增进红十字会的财务健康是必要的。考虑到红十字会在筹款时的作用,应该加强公众支持委员会,让其成为一个关注红十字会筹款战略和监督事宜的慈善委员会。

3. 薪资与管理人事委员会

决定CEO和其他执行官员的薪酬是由理事会的治理委员会(负责管理层的薪酬和福利)连同执行委员会(负责总裁及CEO的薪酬和福利)执行的。理事会的另一个重要职责是管理层的人事继任。这一方面,“理事会需要进行某些活动……包括监督公司管理层的人事继任规划,尤其是CEO和其他高级管理层的职位”。这一工作经常由理事会的薪资委员会承担。

管理层人事安排与继任是理事会重点关注的事宜。1999年以来,红十字会有三位CEO和三位临时CEO,这段时间里的所有总裁兼CEO(包括临时的)都是从红十字会外部征聘的。薪资与管理人事委员会可以帮助红十字会管理人才的发展,促进有天赋的管理人员和工作人员的发展。该委员会负有为管理层人事安排与职位“定期监督和评估内部未来候选人的发展和进步”的职责,监管薪资事宜。该委员会还会发现,该组织“在CEO意外死亡、伤残或是离职的事件中,有管理层人事继任的应急程序,有评估接任CEO的计划”。

4. 审计委员会

长期以来,红十字会一直有独立的审计和财政委员会。然而,近些年来,这些委员会的职能日益重复。例如,财政委员会被授权可以审议关于红十字会财政事务相关的事宜,但是审计委员会也被授权审议红十字会的财务报表和内部控制的相关事宜。理事会成员曾指出类似的议程项目出现在这两个委员会的日程表上。在过去几年,这两个委员会都呼吁管理层提供关于内部控制和财务审计的最新情况。

很明显,审计和财务委员会职责重叠的方式是不适当的。例如,财务委员会经常就业务预算和拟议支出采取行动;审计委员会监督业务和支出的财务报告和审计。一个解决办法是由审计委员会履行与其审计职能不产生冲突的职能，由全体委员会审议目前由财务委员会履行的其余职责，如预算核准。

5. 执行委员会

执行委员会的作用和效力取决于具体的组织架构、业务和行事风格。历史上红十字会因为理事会规模大、理事会会议次数较少，所以执行委员会的作用更大一些。

扩大执行委员会的作用，是2004年治理专家顾问小组对自然保护协会的建议。为了保留大规模的理事会，顾问小组建议建立一个由11个人组成的“理事会中的常务理事会”，由执行委员会和积极运作的委员会完成主要工作。自然保护协会的理事会最终反而决定缩小它的理事会规模。红十字会执行委员会的“理事会中的常务理事会”的作用曾经过审议，但是最终被偏爱更小规模的理事会否决了。所以执行委员会被授权去解决那些在理事会会议期间出现的具体事宜，执行理事会委任给它的职责。

最重要的改革内容是：修改章程，设立下列常设委员会——执行、审计、治理和理事、薪资与管理层人事、质量和监管合规以及慈善委员会；执行委员会将包括各委员会主席和理事会主席，执行制定理事会议程等任务，该委员会在理事会会议闭会期间，执行理事会委派的任务；审计委员会将继续负责监督财务情况、内部控制、内部和外部审计以及红十字会政策和法律要求遵守的情况；审计委员会应从管理层拿到合规报告和来自质量和监管合规委员会的定期报告；现在财务委员会的职能，如预算审核，应该是全体理事会的职责；治理和理事发展委员会在主席的协助下，将向全体理事会推荐委员会成员以待审核；委员会特许状和年度议程应被各常设委员会采纳。

（四）举报程序和内部审计

21世纪前后，非营利组织、上市公司和政府机构都采用了举报机制，因为它们是排查组织潜在问题和进行组织内部控制的有效工具。特别是进入21世纪以后，上市公司被要求根据《萨班斯法案》建立举报机制，而且所有类型的组织都被鼓励根据《联邦组织判罚指导条例》建立举报机制和其他违规惩治措施，这被认定是最佳实践。同样，内部审计部门也必须符合某些证券交易所上市标准，而这些标准在非营利组织中应用得越来越普遍。

1. 举报程序

红十字会的举报程序和其他大型组织使用的程序相似，包括遵守上市公司遵守的《萨班斯法案》。红十字会设有两条举报热线：关注连接热线

(the Concern Connection Line,CCL)和生物医药回应热线(the Biomedical Response Line,BRL)。红十字会在2003年设立CCL,这是一个24小时的电话服务热线。通过该热线,红十字会的雇员和志愿者可以对欺诈、浪费、滥用和潜在的违法、危险及不道德行为进行举报。虽然举报人可以选择表明自己的身份,但是通常CCL是秘密的或匿名的,举报人不用支付电话费。红十字会在2000年8月设立BRL,这是食品和药物管理局(FDA)规定的,其作为质量保证项目的一部分,红十字会的生物医药人员可以通过它举报生物医药问题。CCL和BRL都由第三方专业人士运营。凡不涉及生物医药的热线电话记录,将提交给红十字会的调查、合规与道德办公室(the Red Cross' Office of Investigations, Compliance and Ethics, IC&E),该办公室设在红十字会总部的企业风险部内。凡与生物医药问题相关的热线电话记录,将提交给生物医药质量保证小组。

在调查完成之后,相关部门要编写总结,供举报人进行后续查询。如果查实举报案件,红十字会必须决定是否对个人违规或多人违规采取惩戒行动,纪律处分取决于违规行为的性质和严重程度。红十字会的相关政策禁止对举报人进行报复,红十字会的内联网、十字网都表明,红十字会绝不容忍报复行为,并会在报复行为发生后采取补救行动。

改革需要进一步加强对举报程序的认识,红十字会应该加强职员、志愿人员和其他人对举报程序的认识。红十字会在其外部网站redcross.org上设立了一个链接,专门讨论CCL、行为守则和其他道德问题,以加强所有志愿者和其他利益攸关方的认识;在所有附属机构,包括分会和救灾点张贴关于CCL信息的告示(比如用法指南和电话号码);开展道德认识培训,其中包括对CCL和其他道德问题的认识,主要通过张贴告示、定期培训活动来实现。

改革需要对分会的操守和法纪监理进行培训,红十字会的IC&E监督并协调所有分会人员进行操守与守规培训,包括职员和志愿人员,分会不再负责培训。红十字会还开发、使用线上课程来进行操守及守规培训。

另外,红十字会商议设立一个举报、控告调查官的职位,该职位将对组织内重大问题的独立评估提供另外的渠道。在审计委员会的监督下,红十字会的内部审计员或者是在举报程序方面有经验的外部公司,应对红十字会的举报程序包括CCL进行定期审查。

2. 内部审计

红十字会的内部审计部门被称为“审计处”。审计处在红十字会总部是独立部门,它通过采取系统的、有纪律的方法来评估和提高风险管理、控制和治理过程的有效性,帮助组织实现其目标。审计处包括大约18位付费审计专业人员,也有一些受过训练的志愿者,并由首席审计长(以前被称作审计长)领导。

审计委员会的职能规定,该委员会有责任评估红十字会的财务报表、红十字会进行有重大影响的项目时是否遵守相关政策、法规以及来自管理者的报告;审计委员会应在其职责范围内对提请其注意的任何事项进行调查,并有权为此目的聘请外部顾问。审计委员会定期举行会议,接受IC&E副主任的口述报告和书面总结。法律总顾问也向审计委员会报告有重大违规和法律风险方面的投诉,包括要求外部顾问进行调查的要求。法律总顾问向审计委员会和其他理事会成员提供一份年度报告,概述一年中所从事的主要诉讼、合同和交易、道德问题和其他法律方面的问题。

审计委员会负责监督审计程序和制作财务报表,也对红十字会的内部控制系统进行监督。首先,红十字会在IC&E内设立了灾害应对单位,由有调查经验的志愿者组成,他们将由IC&E部署到所有"三级"及以上的国家救灾地点,以监督和协调对举报程序认识和对投诉回应的工作,并调查欺诈、浪费和滥用的指控。第二,红十字会计划在其电话热线之外增加电子邮件渠道,投诉人可以通过这些渠道向IC&E提出投诉。第三,红十字会雇用了一位伦理官,他将监督全组织的道德操守培训的发展。第四,特别注重向部署在救灾现场的志愿人员提供关于CCL和举报程序的培训和信息获取。

红十字会还有一些进行中的措施,以进行内部控制。首先,通过共享管理服务计划,红十字会计划集中财务的职责和它分会的会计职能。第二,在德勤会计事务所的协助下,对财务管理程序进行一次评估。第三,加强救灾方面的控制,包括扩大对救灾人员和志愿人员的征聘和培训,对所有分会进行关于适当使用受援对象援助卡的培训;设立一个50到75位受过良好训练的人组成的团队,由红十字会分配,在灾害期间作为社区救灾领导;建立一个单一的受援人员援助系统,并在提供灾害救济时适当使用该系统进行相关控制;加强业务能力,包括后勤相关系统和救济品供应链。

由于内部审计在《萨班斯法案》实施后变得越来越重要,为了保障内部审计职能的独立性,独立审计员协会建议,内部审计主管应该在职能上向审计委员会报告,在行政上向CEO负责。

红十字会委任法律总顾问作为本组织的法纪监理官,负责监督红十字会是否违规,IC&E将负责日常守规并向法纪监理官汇报。红十字会聘请一位新的首席审计官,审计委员会与这位首席审计官一起审查审计处的资源(包括技能水平和预算)是否充足和适当。另外,首席审计官在行政上向

CEO报告而不是作为中介,并在职能上向审计委员会汇报。

(五)下属单位的治理监督

拥有庞大分会或附属机构的全国性非营利组织所面临的一项重大挑战,需要在强有力的中央领导和向地方分会提供必要支持之间取得适当的平衡。这对拥有强大分会,且它们在提供服务、征集志愿者和筹款时有着重要作用的红十字会来说尤其正确。

不像那些有着很多独立法人分会或附属机构的组织,红十字会是一个单一的法律实体。尽管各分会和区域性血液中心根据《章程》是被当作"特许单位",但是各分会和区域性血液中心都不是单独的法人单位。作为一个单一的法人实体,最终的治理和监督职责,以及各个分会(包括区域性血液中心)的所有行动的最终责任,都是属于理事会和管理层的。

虽然大规模的灾害需要区域性的甚至是全国性的合作,并且红十字会国际层面的工作也是按照国家级别处理的,但是红十字会同样对地方有着重要关切,因为提供的服务主要是在分会一级进行的。在应对地方灾害、推进志愿者参与、确定并满足社区需求及筹资时均依赖地方组织。献血也是在地方进行。

进入21世纪,红十字会在全美拥有约800家分会和35家区域血液中心。诸分会及区域性血液中心是总部的"特许单位"。各分会的职能是作为红十字会的地方单位,向地方社区提供日常服务并对小型灾害做出应对。虽然每个分会都有一个理事会,被授权履行一些治理职能,但是全国理事会拥有对每家分会的最终治理和监督责任。区域血液中心与分会不同,它是由红十字总会进行治理和管理的,但每个中心拥有咨询理事会。

1. 红十字会分会的治理

红十字会分会起着联系地方社区与国家总部之间的作用。红十字会的创始人克拉拉·巴顿在1881年成立了最早的红十字会的地方"社团",实际上就是分会组织。分会数量在一战和二战时期增长显著,在1943和1944年达到顶峰,有3757家。战后和平时期,分会有的联合有的合并,数量逐渐减少。现今,美国仅有不到800家。

分会和总部之间的关系随着时间的推移发生了很大的变化,变化既源于组织内部的发展,也是对地方、国家和国际事件的反应。例如,在1909年,各分会的职能是筹款、向当地社区提供各种服务。由于二战期间红十字会服务的扩展,分会数量的大量增加以及其他因素,1947年起地方分会在总部的治理改革中发挥更大、更重要的作用,分会选出的代表在理事会中拥有

30个席位。分会还在血液项目中发挥主要作用，直到1993年红十字会总部集中了生物医药服务的治理和管理控制。

红十字会的治理文件建立了一个框架，规定理事会拥有对分会的最终治理权，但也授予地方分支机构和地方理事会一些地方治理和管理的权力。《红十字会章程》确定各分会不构成单独的法律实体，各分会所持有的所有财产所有权必须“归属于”红十字会。

理事会对分会的建立和各分会的区域管辖拥有专属权。另外，各分会的活动受全国统一的社团条例管辖。不遵守总部要求的分会将由总裁兼CEO或全体理事会处罚。处罚包括撤销分会、更换分会会长或分会理事会成员、要求修订分会的治理文件、暂停分会提供红十字会服务的资格以及限制分会在年度大会上的投票资格。

尽管理事会对所有分会活动负有最终责任，一些职责还是被授予分会理事会和管理层。分会理事会和管理层有义务“为了红十字会的最大利益以真诚、勤奋和忠诚的态度履行他们的责任”。各分会负责“分会资金的征收、管理和支出”。分会理事会承担“财务受托人”职责，尽管红十字会的资金由各分会分别筹措，但统一归属于全国组织。为了全国的统筹工作，总部委托各分会按照其特许状的授权来管理和使用。

在2004年7月，理事会制定了一套分会业绩标准，用于分会的年度评估。早期的业绩标准主要用于评估分会提供高度优先级服务的能力。但是，现在有了更正式、更全面的业绩标准，现在的36条分会业绩标准里面，包含了7条与分会治理明确相关的标准，包括采用理事会制定的标准制定分会章程；进行分会主管人员的年度业绩评估；审查并批准年度分会预算；每24个月至少进行1次自我评估。

为了提高分会业绩，红十字会最近发布了它的“社区存在倡议”，每个分会选出16名成员组成社区存在特别小组，由灾害和分会服务委员会的副主席领导，并包含其他的理事会成员、全国管理层人员和1位分会主管人员。新结构下的各个社区分会将会专注于它们各自社区内的服务提供、筹款和社区关系。这个灵活的新结构是为了更好地满足当地社区变动的服务需要以及最终增加社区分会的数量。

分会业绩标准的实施和执行强化对了分会的问责制。分会问责制还将在红十字会正在进行的财务管理评估（在德勤会计事务所的协助下进行）下得到改进。除这些工作之外，作为高度优先事项，各分会继续改善内部控制和制作财务报告的职能。红十字会精确、完整和及时的集中财务信息的能力具有重要性。不仅能在一个时期结束后迅速汇总出需要的财务信息，还要在此基础上获取全会财务信息(包括各分会资源的流动性信息),这对于统一管理业务至关重要。同样,必须建立全组织范围的内部控制制度,根据既定标准对内部控制进行评估(例如上市公司会计监督委员会的第2号审计标准或内部控制的COSO框架)。

目前,毕马威会计事务所对红十字会统一财务报表的审计,依据于由分会提供的统一财务报表。这些财务报表通常先在分会一级进行审计,由1位受分会审计委员会聘请(有时是志愿的)及监督的审计员进行。在2005财政年度,毕马威没有审计的分会财务报表分别占总资产的24%和统一收入的16%。在这方面,出于风险管理的原因,根据公认的会计原则,必须有严格的会计要求。

从治理角度看,总部应该对分会理事会的角色和职责做出更清晰的界定。在一个单一实体的结构下,理事会并不具有任何法律地位,分会也没有明确的权力和职责。他们的职能和义务是根据总部的授权建立,并由其管制的。确定各分会理事会的法律地位及治理作用在"社区存在倡议"实施时凸显出来。"社区存在倡议"考虑到区域性分会和社区支部的不同作用,建议各自的理事会明确不同的职能。这些职能正在确定当中。

"社区存在倡议"在治理方面的成功实施要求同样谨慎确定区域性分会和社区支部的治理结构及其理事会的职责。界定其治理和业务权限,实行问责制。再者,在认可分会在完成组织任务和提供服务中重要作用的同时,其结构应该反映红十字会作为单一法律实体的地位及对整个组织的问责权和控制权。

2. 区域性血液中心

二战期间,根据美军制定全国血液捐献计划的要求,美国红十字会的生物医药服务事业得到了重大的发展,区域性血液中心收集并分配接近全美总数一半的血液供应。虽然特许状并未提及红十字会的生物医药服务或涉及区域性血液中心,但是在20世纪80年代中期,红十字会建立了区域血液中心作为特许单位。因此,《章程》定义的"特许单位"一词包含了由理事会特许建立的分会和区域性血液中心。作为根据《章程》建立的"特许单位",各区域血液中心和各分会在某些方面的地位相同。例如,像分会一样,区域性血液中心可以派代表前往年度会议投票选举理事会成员,可以向决议委员会就重大政策的相关事宜提交议案以付审议。

在1993年之前,区域性血液中心以与分会相似的方式运作,但1993年美国食品和药物管理局(FDA)发布统一管理的命令后,生物医药服务的治理和管理控制就集中到了总部。在1991到1998年,红十字会完成了一项耗资2.87亿美元的生物医药服务事业重组,其中包括集中区域性血液中心以及血库和库存管理系统。

目前,全美有35个区域血液中心。11位作为总部雇员的部门副总裁,对他们各自的区域血液中心行使管理权,每位副总裁都需要向总裁兼CEO或其指定人负责,目前是向负责生物医药服务的执行副总裁负责。35个区域性血液中心的每位CEO同样都是总部的雇员且要向他们各自的部门副总报告。他们由部门副总裁聘请或解雇,他们的业绩同样是由部门副总裁进行评估(会考虑区域血液中心主任的意见)。

虽然区域性血液中心不是单独的实体,但是区域性血液中心必须采用标准章程。另外,每个区域性血液中心都被要求建立一个志愿的咨询机构,称作理事会。标准的区域血液中心章程规定该咨询机构的职能是:鼓励志愿(献血)服务,补充质量合格的献血以及促进红十字会的血液服务;通过协助制定血液补充和营销战略增进社区关系;向区域管理层反馈社区问题;在评估区域血液中心CEO时,根据需要向部门副总裁提供意见;推进同合作分会的合作关系。

区域血液中心的CEO并不向咨询机构负责,如前所述,他们直接对各自的部门副总裁负责。理事会将对区域性血液中心的治理和监督权力及责任委派给了理事会的生物医药服务委员会。

然而,作为咨询机构的理事会仍有作用。现在这些理事会通过留住和发展捐献人、献血收集和营销以及和相关分会合作,来负责协助增强同他们所在社区红十字会的联系。这些咨询理事会亦会将社区中出现的问题和自己的看法提请血液中心的管理层注意。咨询委员会能发挥有用的作用,并能在区域性血液中心的环境下发挥作用。同其他咨询理事会一样,区域性血液中心的咨询理事会的作用和职责也得到明确。

3. 红十字会的会员

红十字会是一个会员组织,从1947年到20世纪90年代中期,凡缴纳1美元即获得会员资格。根据现行的章程,会员是那些为红十字会做出资金贡献(可以通过进行志愿服务代替)或是向红十字会献血的人。

红十字会会员有权知悉当地会员会议信息,并有资格作为当地理事会成员和年会代表投票。每位成员都有1票。任意25位成员都可以向理事会请求对当地的会员资格、当地理事会成员选举或是年会代表的选举程序进行评估,并且任意30位成员能申请成立一个新的分会,有决定分会自愿解散的权利,有因成员资格被终止向理事会上诉的权利。

将成员资格引入红十字会是为了使该组织更加民主。为此,特许状规定各分会必须“在选举分会的理事机构和选举参加年会的代表时,遵守《章程》中规定的民主原则”。《章程》指示分会和血液服务区域采取适当步骤,确保所有符合条件的成员都有机会参加地方理事会及出席年会代表的选举。事实上,各分支机构是否在所有程序中都采取了“适当步骤”,以确保合格成员有机会参加表决这一点并没有得到确认。各分会和血液服务区域在选举当地理事会成员或参加当地年会方面并没有采取统一的做法。

红十字会的成员有权投票选举分会理事会和参加年度会议的代表。然而,红十字会的成员是否都了解他们的投票权利,他们是否收到各分会会议和选举的有效通知,或者是否实际参加投票,这些都不得而知。收集到的相关信息表明,分会的做法并不一致,成员选举分会理事会的权利,可能没有得到有效的落实。同样,各分会是否根据《章程》的要求,采取了充分的措施,以保证符合条件的成员参与选举参加年度大会也值得怀疑。如果红十字会根据特许状继续作为一个会员制组织,那么就应该重新评估会员在治理中的作用,并采取措施落实其权利。

(六)提高运作的透明度

在运作透明度方面,美国红十字会与美国其他一些非营利组织还是有一些差距的。虽然红十字会已经将一些治理文件发布在了它的网站上,例如特许状、《章程》以及理事会成员和高级管理层的名单,但是这些信息非常有限,进一步查询比较困难。比如,没有关于会员或理事委员会职能的信息,网站上也没有明显的治理改革栏目。另外,红十字会的年度报告和“990表”(免税申请表)虽然也张贴在其网站上,但具体信息很难找到。

而美国其他非营利组织在运作透明度上都提供了较好的范例,如福特基金会、自然保护协会以及美国癌症协会(American Cancer Society, ACS)。福特基金会的网站在其主页顶部有“治理”和“财务”链接,在“治理”页面,用户能查看特许状、章程、委员会特许状以及会员资格、独立标准、道德受托人守则、职员行为和道德准则,以及地方接收、保留和处理方面的有关会计、内部会计控制和审计事项投诉的程序。

自然保护协会的网站上还有“治理问责”的网页,不仅包含了有关治理文件的链接,还包含了一个链接到被称为“增强后的治理”的单独页面。这个页面强调了“众多的变化,这些变化几乎影响了该机构日常运作的方方面面,以确保它的运作符合最高标准”。用户能获得自然保护治理顾问小组的报告、治理改革概览和为加强治理而采取的行动摘要。用户还能看到一份来自理事会关于治理改革的重要性的说明。

美国癌症协会有一个称为“ACS治理做法”的页面,用户能找到关于它的全国会议、全国理事会、职员道德操守、财务状况以及委员会特许状的信息。美国癌症协会网站还有一个“财务信息”页面,用户能获得“990表”和年度报告。

有些美国上市公司的网站也能提供较好的示例。例如,万豪酒店的网站中包含了关于其董事会和理事会、理事会的特许状,治理原则,章程,公司的注册证书,商业行为指南以及道德守则的信息。类似的还有,通用电器公司的网站页面提供了一个“治理概况”,含有关于公司的治理原则的链接,关于理事会构成和独立性的细节,委员会特许状和关于会员资格和委员会职能的相关信息,以及公司注册证书、章程、年度报告和代理人说明的复印件。其他一些公司也采取了类似的方法来展示其治理措施,其中包括美敦力公司和必能宝(Medtronic and Pitney Bowes)。

红十字会作为全美最大的非营利组织,必须增加自己治理实践和财务报告的透明度,所以红十字会应该修改它的内部和外部网站并创建一个易于访问的网站页面,在其中可以找到与治理实践相关的大量信息。该页面应包括特许状、《章程》、治理准则、委员会规章、理事会和委员会成员的身份信息、理事会核心治理职责的说明、行为准则、举报程序(包括CCL和BRL的信息)、感兴趣的各方与理事会沟通的方式。另外,红十字会网站应该透露改革措施以及改革落实的信息。页面应该定期更新,使红十字会的利益相关者和公众意识到红十字会在治理实践中的改变。

第三节　最近的动态与发展

一、现任总裁兼CEO麦戈文

盖尔·J. 麦戈文(Gail J. McGovern)从2008年至2023年担任美国红十字会总裁兼CEO,她在担任红十字会总裁之前的经历非常耀眼。

麦戈文1952年出生于美国新泽西州斯普林菲尔德,于1974年获得约翰·霍普金斯大学定量科学学士学位,1987年获得哥伦比亚商学院MBA学位,并被两所大学评为年度最佳毕业生。

她最开始在AT&T公司做程序员,同时也从事销售、市场营销和管理工作,从1997年到1998年担任消费市场部门的执行副总裁,该部门是该公司最大的业务部门,负责260亿美元的业务。1998年9月她加入富达投资

(Fidelity Investments),担任分销及服务总裁,她的部门为400万客户提供了5000亿美元的投资。曾担任富达投资旗下富达个人投资(Fidelity Personal Investments)的总裁。在2000年和2001年,她被《财富》杂志评为美国商界最具影响力的50位女性之一。[①]她于2002年6月加入哈佛商学院,教授一年级和二年级学生的市场营销和消费者营销课程,是哈佛商学院的兼职教授。麦戈文目前是约翰霍普金斯医学院的董事会成员,她还在底特律能源公司(DTE Energy)和全球最大的在线支付平台贝宝公司(PayPal)的董事会任职。从麦戈文耀眼的履历可以看出,红十字会的主席或是总裁兼CEO都是美国社会的名人、精英。

2008年6月至2023年,红十字会在她的领导下,更加有效地履行其使命,迎接当前和未来的挑战。她推行了金融稳定的改革,扩大了红十字会拯救生命的服务范围,发起了广泛的现代化项目,其中包括对红十字会IT系统的全面改革,以及红十字会在社交媒体和移动技术领域地位的提升,包括推出一系列免费应用程序,让人们在紧急情况下可以随时掌握救生技能。

她在红十字会的工作重点是改善红十字会的形象,增加捐款。在她的任期内,红十字会多次应对美国国内和世界各地的灾情。2008年麦戈文参加了由美国国际开发署组织的30名社区领导人组成的代表团,前往中国四川汶川地震灾区。对2012年"桑迪"飓风、2017年"哈维""厄玛"和"玛丽亚"飓风,还有很多龙卷风、洪水、火灾等灾情都展开了救援。可以说,她使红十字会在美国主要的灾情救援和血液服务组织中发挥了强有力的作用。

二、红十字月的传承

美国把每年的3月定为红十字月,这一传统始于1943年富兰克林·罗斯福总统时期。每年的红十字月,在位总统都要发布宣言公告,以下分别选取特朗普、奥巴马、里根总统在红十字月发布的宣言公告。

2019年3月1日,时任美国总统特朗普在红十字月的宣言公告摘录如下:

> 1881年克拉拉·巴顿在人道主义的指引下,成立了红十字会。它作为一个慈善组织,为有需要的人提供服务。今天,138年过去了,她无私奉献的历史遗产仍然激励着成千上万的美国人奉献他们的时间、资源

---

① American Red Cross."Leaders of the American Red Cross". http://www.redcross.org/museum/history/leaders.asp.

和精力来帮助美国和世界各地的人民，帮助那些面临自然灾害的人们；大家献血和供应血液，为我们的军人及家庭服务。在美国红十字月期间，我们表彰红十字会的工作人员和志愿者的挽救生命的工作，以及美国人民对这个组织的慷慨奉献。

红十字会每年都会为遭受自然灾害的美国人提供关怀、救济和安慰。……

红十字会也在世界各地保持着强大的作用。……

作为美国最大的血液制品供应商，红十字会在处理、分发和确保我国血液供应安全方面发挥着至关重要的作用。通过每年收集470多万份血液捐赠和90多万份血小板捐赠，帮助事故和火灾的受害者、心脏手术患者和接受癌症治疗的人。去年发生在佛罗里达州帕克兰的悲惨枪击事件之后，圣达菲、德州、宾夕法尼亚州匹兹堡、加州千橡树市的红十字会为伤者提供血液和血液制品。每年有近270万富有同情心的志愿献血者捐献血液和血小板，提供了拯救生命的服务。

一个多世纪以来，红十字会一直与我国英勇的军人保持着强有力的伙伴关系。红十字会每天为军人和退伍军人提供全天候的全球紧急通信服务，并在全国和全球各地的医疗机构提供支持。自2001年以来，红十字会已经为100多万个军人家庭提供服务，帮助他们应对军事部署的挑战，并在退伍军人返回家园、重返平民生活的过程中向他们提供支持。

胡佛总统曾说过：红十字会更大的荣誉属于人民自己。它是他们心灵和灵魂活生生的体现……①

2015年2月27日，时任美国总统奥巴马在红十字月的宣言公告摘录如下：

130多年来，为美国红十字会献身的人们，无论男女都以同情和慷慨，应对国内外的挑战。在发生冲突和重大悲剧时，他们提供人道主义救济、拯救生命，并为更光明的明天带来希望。

……在大城市和乡镇，美国红十字会的志愿者支持他们的社区，呼吁人们献血，教授急救知识，提高当地的防灾能力。去年，我们国家再

① Presidential Proclamation on American Red Cross Month, 2019.http://www.whitehouse.gov.

次见证了他们的勇气和决心,成千上万的人动员起来应对毁灭性的泥石流、龙卷风、野火和其他紧急情况。他们无私地挺身而出——邻里之间相互帮助,学校变成避难所,捐款变成热餐和御寒的衣服,是他们继承了巴顿的遗产,捍卫了在黑暗时刻仍有希望的承诺。我们的国家一直是由那些为成就非凡而奉献一生的普通美国人塑造的。[①]

1988年1月28日,时任美国总统里根在红十字月的宣言公告摘录如下:

……每天,美国红十字会都在与自然灾害造成的破坏作斗争。去年,红十字会为45万灾民提供了衣服、食物和住所,并通过美国人民的慷慨捐助,向灾民提供了1.22亿美元的救灾资金。

红十字会还向军事人员提供援助,仅去年一年就向武装部队成员及其家属提供了250万次援助。它每天向世界各地的军事哨所发送4000条有关士兵及家属出生、死亡和疾病的信息。

美国红十字会通过收集国内一半以上的血液并对其进行疾病检测来满足血液供应的需求。去年,400万志愿人员向红十字会献血,使数百万受血者恢复了健康,重获了生命。

红十字会还通过心肺复苏、急救、游泳、水上和划船安全以及为为人父母和照顾孩子做准备等方面的培训,消减对健康和安全的危害。去年,有700万美国人成功地完成了红十字会的课程,红十字会分会还分发了6700万份防治艾滋病的小册子,并敦促公众"了解事实"。

红十字会还与社会和经济问题作斗争。……

……特此宣布3月为美国红十字月,敦促所有美国人继续向红十字会及其2800多个分会、140万成年会员和300万青年志愿者的工作,提供慷慨的支持和及时的援助。[②]

每年美国总统在红十字月的宣言公告中,主要内容都是回顾红十字国际委员会和美国红十字会创立的历史,概括总结红十字会发展的历史,陈述红十字会的奉献与功绩,简要列举当年红十字会募集和救援的统计数据,鼓

① Barack Obama. Proclamation 9235—American Red Cross Month, The American Presidency Project,2015, https://www.presidency.ucsb.edu/node/311140.

② Ronald Reagan. Proclamation 5764—American Red Cross Month, The American Presidency Project, 1988. https://www.presidency.ucsb.edu/node/255300.

励和呼吁人民继续加入红十字会志愿团队等。

美国政府设立红十字月,对红十字会的发展意义重大。第一,每年的总统宣言公告,充分体现了国家和人民对红十字会工作的认可,定义红十字会是一个伟大的组织。第二,设立红十字月,让世界和美国更关注红十字运动,表彰红十字会对美国和世界各地人民的帮助,充分肯定红十字会的贡献,呼吁更多人加入红十字会志愿团队,发展壮大红十字会的志愿队伍,不断贯彻人道主义使命。第三,设立红十字月,让美国人认识到红十字会对社会不可缺少的价值,红十字会在许多方面的努力增进了美国人和全世界其他人的福祉。第四,设立红十字月,使美国人时时可以自问和被问能为身边的人做些什么,并决心让为他人服务成为其日常生活的一部分。第五,设立红十字月,彰显所有支持红十字会重要使命人的慷慨无私,提醒美国人,当大家团结一致时,美国将变得更加强大。第六,设立红十字月,是传承爱的文化和信仰,传承红十字精神,可以鼓励所有美国人在这个月,通过适当的仪式、节目和活动来纪念和庆祝红十字会为人道主义作出的贡献,更有力地宣传和鼓动人们行动起来,捐钱捐物,进一步支持红十字会及其地方分会的工作,达到快速发展和壮大红十字会组织的目的。

在2019年的上半年间,美国红十字会已经在全国6万多起自然灾害中,为有需要的人们带来希望和安慰;向620多万人提供急救、水安全以及其他有助于拯救生命技能方面的培训;收集了近270万志愿献血者470多万品脱的血液,满足全国各地医院和输血中心患者的需求;为军人、退伍军人及其家属提供42.2万多项支持服务;通过灾害管理和疾病预防工作帮助了美国以外的近1.74亿人。①

同年,通过总统公告,红十字会呼吁所有人在3月27日星期三的红十字会捐赠日中,捐款支持受灾家庭、帮助受灾家庭。这些捐款可以向最需要帮助的人提供紧急救济,带来希望。3月是红十字月,3月27日是"捐赠日",有一个24小时的筹款活动,凡支持红十字会的工作、帮助全国各地需要紧急援助民众的人们,都可以通过访问网站或发短信捐出1美元。

三、新冠疫情下红十字会的工作

2020年初至今,世界各国都遭受了新冠病毒不同程度、不同范围的肆虐,美国也不例外。和世界各国人民一样,美国人的生活由此受到很大影响。面对无数的挑战,美红十字会的热心志愿者、雇员和支持者继续执行红

---

① President Trump Proclaims March Red Cross Month,2019.http://redcross.org/givingday.

十字的人道主义使命。

（一）应对重大自然灾害

美国受自然灾害侵袭程度并没有因新冠病毒大流行而减弱。2020年是个多灾多难的年份，除新冠病毒蔓延外，龙卷风、洪水、飓风、火灾等破坏性极大的自然灾害依然不断发生。在2020年，几乎每14天就发生一场重大的灾害，灾害发生率差不多是10年前的4倍。加州致命野火、南部和中西部遭遇的多起龙卷风和洪水、密歇根州的大坝倒塌、大大小小的火灾等，都给美国人造成了很大的伤害，红十字会一年处理了6万起大小不等的灾难。[①]在应灾救援过程中，红十字会为防范疫情传播，改变以往为灾民寻找避难所的做法，直接与政府、企业和社区伙伴合作，与公共卫生官员合作，寻找酒店房间为数千名灾难幸存者提供庇护，因为酒店比一般避难所更能提供适当社交距离和其他安全措施。2020年，红十字会工作人员帮助全美超过5.3万人从1.3万起家庭火灾中恢复正常生活。为保护家庭免受家庭火灾，工作人员免费给200万户家庭安装了烟雾报警器，连接社区警报装置，防患于未然。在2021年2月下旬，一场严重的冬季风暴导致数千名德州居民在零度以下断电无暖供应。红十字会志愿者就近用手电和汽车充电设备帮助受灾家庭。

红十字会在近几年帮助国际社会应对了一系列灾难，包括巴哈马的“多里安”飓风、孟加拉国的“安潘”飓风、菲律宾的破坏性台风和阿尔巴尼亚毁灭性地震、波多黎各地震等。美国红十字会在国际上提出了备灾和预防疾病的倡议，2001年至2020年，红十字会在麻疹和风疹合作项目中，向世界各地近30亿儿童提供了麻疹疫苗接种。此外，红十字会向红十字国际委员会提供了72万美元的资金、人员和后勤的支持[②]，还部署了实际和虚拟的精神健康、通信和数据管理方面的专家，协助国际社会加强应对和缓解新冠疫情蔓延。

（二）维持血液供应链

第二次世界大战以后，美国红十字会的一个主要工作领域，就是组织献血以及后续的血制品管理、服务、治疗和科研。一般情况下，红十字会工作人员每天会收集大约1.25万份献血和0.27多万份血小板，来满足重症患者、产妇、事故受害者、癌症手术者等急需的血液，这相当于全美供血的40%。[③]在美国，几乎每两秒钟就有一个人需要输血，无论天气、假期，需求是基本恒

---

①② *American Red Cross Annual Report (2020)*. https://www.redcross.org.

③ *American Red Cross Annual Report (2021)*. https://www.redcross.org.

定的。如果发生天灾人祸,需求量则更多。新冠疫情暴发后,那些原先因病急需输血的患者还是需要救命的血液,现在又加上了抢救新冠患者并发症患者所需的血液制品,这就要求红十字会在疫情下更努力地维持血液供应链,组织更多的献血活动。

但此次暴发的新冠病毒,与一般的天灾人祸不同,它是极易传染的病毒,在隔离期,大多数人居家不外出,没有人出来献血,原来预约好的献血者都纷纷取消行动,红十字会组织的献血活动受阻,红十字会不得不暂时取消献血活动。2020年,红十字会献血活动取消次数比前一年增加了两倍,自3月以来,疫情迫使学校、企业和社区组织关闭,超过5万次献血活动被取消,影响了100多万次献血预约。随着外伤、器官移植、选择性手术等的增加,红十字会的血液库存急剧减少,血液供应严重不足。尽管需求不可预测,但数千次献血活动被取消,毫无疑问直接造成了血液严重短缺的困境。

为此,红十字会采取了一系列的措施。其中,确保捐赠者和工作人员安全并保持业务连续性,是重要措施之一。红十字会制定了保障安全并保持业务连续性的程序,保证继续与监管机构保持定期联系,监控任何因素影响下的变化。继续遵循FDA、AABB(美国血库协会)和FACT(细胞疗法认证基金会)有关HCT/P(人体细胞、组织以及细胞和组织产品)收集的指导意见。

确保所有献血地点实施标准化应对计划和规程是措施之二。在2020年3月初,红十字会就迅速采取行动,在全美献血点采取追加预防措施,做好严密的卫生安全保护工作。用捐赠的善款购买了在公共卫生紧急情况下继续采集血液所需的用品和设备,包括用于检查所有进入献血点的人的驱动器红外温度计,为工作人员提供的口罩、手套、防护服等个人防护装备,以及洗手液、消毒剂等物资。这些做法确保在收集血液过程中保持供体血液的可用性。同时,支持异体和自体细胞疗法的开发和临床运用,调整收集血液的规程,将新冠幸存者的血浆纳入其中,潜在地帮助了许多新冠病毒患者的康复。自2020年4月以来,近2.5万名新冠病毒幸存者捐赠了自己的血浆,红十字会把幸存者的捐血送往美国其他收治新冠患者的医院,帮助治疗新冠患者的血清数量,达到近5万个单位。①

召集志愿献血者,宣传鼓励大家保留献血预约,进一步安排后面的预约,是措施之三。为了让公众了解那些患者需要输血救命的迫切需求,红十

① American Red Cross."Need for disaster lodging surges amid COVID-19". https://www.redcross. org /about-us / news-and-events / press-release / 2020/2020-need-for-disaster-lodging-surges-amid-covid-19.html.

字会发起了一项提高公众认知的宣传活动。在新冠病毒流行的前半年里，红十字会收集到超过220万单位的血液，在新冠病毒流行的一整年里，红十字会收集了超过450万份献血，额外收集了75.4万多份捐赠[①]，保持了血液库存的正常水平。

（三）物质和精神援助

在前所未有的全球新冠疫情大流行中，面对重大的公共卫生危机，美国也随国际上其他国家一样，做出了一些应对措施。许多美国人面对突如其来的疫情，惊慌失措、无所适从。美国红十字会许多工作人员和志愿者，虽然与大家同样遭到疫情的打击，有的甚至自己的家人被感染，但他们立即行动起来，与当地合作伙伴密切合作，为需要的人提供物质和精神的援助。

首先，提供防疫必需品，支持隔离、检疫。疫情开始，红十字会就接受了200多个支持检疫的请求，为当地的检疫站提供4万多件救援物品，如为加州、俄勒冈州、得克萨斯州、华盛顿州等地区的隔离站提供床、毯子和消毒卫生用品。定点和流动为弱势群体分发食物，确保他们在这场危机中不至于挨饿。遵守保持社会距离的倡议，在交通要道、人口密集的地方设立食品分发点。在开始疫苗接种后，红十字会在美国各地的一些大规模新冠疫苗接种地点提供了多方面的支持。例如，在科罗拉多州帕克县，红十字会志愿者在停车场欢迎接种疫苗人群；在当地500多名老人接种疫苗的活动中，帮助登记并分发零食。[②]

其次，开展在线课程，及时提供信息。在疫情暴发后，红十字会为民众提供应对疫情的安全提示和在线课程，通过新的免费的应对疫情的心理健康急救课程，帮助民众在家照顾自己、支持家人和同事以缓解精神压力。为急需的关键人才提供临时认证课程，提供延长120天的在线免费课程。为了培养心肺复苏、CPR和急救培训方面的急需人才，在安全情况下，采用社会距离遵循公共卫生指导的方法，提供线下课程。

通过美国在世界各地的军事基地的网络和红十字会站，为军人家庭和退伍军人提供全天候的信息服务。例如：在服役人员和家人之间发送紧急信息，通报健康状况；支持军队和退伍军人医院服务；召开在线减压研讨会；与志愿者一起缝制医用品和安慰与卫生用品包；建立军人家庭避难所，为他们及时提供疫情实时变化的地图。

再次，精神疗伤。红十字会启动了虚拟家庭援助中心（VFAC），为死亡

---

①② *American Red Cross Annual Report (2021)*. https://www.redcross.org.

患者的家属提供信息。VFAC的核心是由红十字志愿者组成的虚拟团队，他们接受过心理健康、精神护理和健康服务方面的培训，能全天候为有需要的呼救者提供精神安慰。他们还帮助人们联系到可用的国家和地方资源，提供悲伤咨询、法律资源、葬礼信息、金融信息、退伍军人援助、培养韧性和促进应对技能的在线课程等。

（四）募集捐款

在新冠疫情大流行暴发的前半年（2020年3月至9月），美国红十字会有0.77多万名救灾人员被安排到1.31多万次（其中56%是虚拟部署）的救灾活动中，2020年3月到2021年7月的一年多时间里，红十字会有1.1万多名救灾工作人员被实地或虚拟部署到近2.45万次救灾活动中[①]，许多应急人员被召派超过一轮次，他们为美国各地数百万受疫情影响的人提供了援助。

从美国新冠疫情大流行开始到2020年9月，红十字会筹集了1.008亿美元（包括重要捐赠物品和服务的价值），截至2020年9月10日，已经支出或承诺额外支出约8750万美元（见表7-1），用于支持抗击新冠病毒大流行期间的安全运送血液和救灾服务。在新冠疫情大流行的一年里（2020年3月至2021年3月），红十字会共筹集了1.058亿美元（包括重要捐赠物品和服务的价值），截至2021年3月10日，已将这笔捐赠资金全部用于安全运送血液和救灾服务（见表7-2）。

表7-1　新冠（COVID-19）流行半年（2020.3—9）期间美国红十字会的支出和筹款情况

支出种类	总数（百万）	支出（%）
有偿广告和搜索、招聘工作人员及实物捐赠（1）	$33.60	38%
扩大安全采集和生产血液（1）	$25.50	29%
安全用品和设备：温度计、口罩、手套和手持设备（1）	$6.10	7%
生物医学服务总费用（1类总和）	$65.20	74%
卫生站及卫生用品、清洁、住宿指导（2）	$11.40	13%
帆布床、毯子、餐点等（2）	$1.50	2%
网络协助、笔记本、IT设备（2）	$0.70	1%
灾害服务费用总额（2类总和）	$13.60	16%
管理、综合筹备（3类）	$8.70	10%

① *American Red Cross Annual Report (2021)*.https://www.redcross.org.

续表

支出种类	总数(百万)	支出(%)
总支出	\$87.50	100%
待支出	\$12.00	
全部筹款	\$100.80	

资料来源:美国红十字会文件:新冠疫情(COVID－19)半年更新/2020.1.

https://www. redcross. org/content/dam/redcross/about－us/publications/2020－publications/fy20－annual－report.pdf.

表7-2　新冠(COVID-19)流行一年(2020.3—2021.3)期间美国红十字会的支出和筹款情况

支出种类	总数(百万)	支出(%)
有偿广告和搜索、招聘工作人员及实物捐赠(1)	\$34.80	33%
扩大安全采集和生产血液(1)	\$25.50	24%
安全用品和设备:温度计、口罩、手套和手持设备(1)	\$12.10	11%
生物医学服务总费用(1类总和)	\$72.40	68%
卫生站及卫生用品、清洁、住宿指导(2)	\$17.00	16%
帆布床、毯子、餐点等(2)	\$4.90	5%
网络协助、笔记本、IT设备(2)	\$0.90	1%
灾害服务费用总额(2类总和)	\$22.80	22%
管理、综合筹备(3类)	\$10.60	10%
全部筹款	\$105.80	

(注:管理、综合筹备费用是红十字会工作的核心,包括维护红十字会计算机和通信力的人员和系统,为约18500名员工和超过30万名志愿者提供的人力资源和工资系统,筹款和通信功能,以及跨所有项目线的其他支持服务的费用。)

资料来源:American Red Cross Annual Report (2021).

第八章　美国红十字会与慈善、外交的关系

美国红十字会既是红十字国际委员会的一个成员，也是美国最大的慈善组织。自1881年创立以来，它开展了无数为预防和减少自然灾害和战争带给人类痛苦的救援活动，募集了巨额为救灾应急、扶贫救弱、医疗保健、教育事业和环境保护等不同用途提供救助资金，采集了大量挽救生命所需的新鲜血液，为美国和世界的灾难受害者提供了许多减轻痛苦的帮助，在挽救生命、减少损失、提供关怀等方面作出了突出的贡献。这种贡献一方面体现了红十字国际委员会活动的原则和精神，另一方面广义上也属于美国慈善事业的一部分，因为它丰富了美国慈善事业中积极的慈善理念，体现了美国慈善组织的多元化和独立性，显示了美国非政府组织分担政府应急救援责任的作用。

美国红十字会一方面是美国最大的慈善组织，与美国慈善事业关系紧密；另一方面由于美国红十字会常参与国外救援活动，所以与美国政治和外交的关系也非同一般。当全球范围内发生战争和自然灾害时，美国红十字会伸出援手，参与他国的救灾活动，这种行为与美国外交政策有着深刻的联系，所以它既发扬了国际红十字的人道主义精神，同时也扩大了美国在全球的影响。既然与美国外交相关，当海外救援的红十字中立原则和人道主义与美国政治外交大政方针不完全一致时，它的所有活动则首先配合美国外交政策，服务于美国的根本利益。

第一节　源于慈善，发扬慈善

美国的慈善事业是历史产物，它在美国红十字会创立之前就已经存在了。美国慈善事业的慈善理念来源于基督教文化，基督教文化倡导的“博爱”奠定了慈善精神的核心，而红十字会发扬光大了这种慈善精神。

美国红十字会是美国慈善组织之一，又有别于一般的慈善组织。依据

红十字国际委员会的原则规定,红十字会应是一个人道主义者组织,由志愿者领导,有本会章程,受国际红十字运动基本原则的指导,遵循博爱、公正、中立、独立、志愿服务、团结、国际性七大原则。1905年美国国会特许委派美国红十字会帮助民众减轻和摆脱因灾难产生的痛苦,并在1970年和1974年的《灾难救助法》中重申了这项委派工作,1982年美国联邦紧急事件处理中心(Federal Emergency Management Agency, FEMA)与红十字会签署的互援备忘录中,也规定了此项任务。因此美国红十字会在救灾中的角色是法定的,它既非政府组织,也无权放弃其任务,与红十字国际委员会一样具有非政府组织的所有特征(组织性、非政府性、非营利性、自治性、志愿性)。它比美国其他的慈善组织具有更高尚、更伟大的精神。红十字会的主要救援活动在某种程度上是美国慈善事业的一个缩影,红十字运动轰轰烈烈,主要依赖于众多拥有慈善之心的志愿者。可以说,红十字精神源于慈善精神,红十字会的发展壮大得益于慈善事业的大众化、专业化。

在美国,慈善事业的兴盛有其历史文化的渊源,慈善组织的形式有多元化和独立性的特点。慈善业从富人专有的领域变成大众的慈善业,为红十字会的发展拓宽了路径,尤其是慈善组织的公信力与监督体系、联邦政府为慈善事业制定的相关法律,都促进了红十字会的发展,使其成为美国最大的慈善组织。

一、大众慈善的典范

早在中世纪时期,基督教就成为欧洲人的主要宗教信仰,基督教“博爱”“普世主义”的慈善理念深入人心,基督教教会、教堂遍及欧洲各国。基督教文化中的“博爱”包容性很大,这一特征与欧洲民族生存的地理环境、历史环境有关。随着英国人在北美建立殖民地,基督教也随之来到美洲并在此地传播。

美国的历史不长,但其承接的西方文明、人道主义、慈善理念却比较悠久。在美国,基督教文化是主流文化,基督教教义中主张的平等、博爱、向善和互助,塑造了美国的人道主义传统。它深深地影响着美国人的思想和行为方式,美国的一些富翁们之所以捐赠,除了为社会和时代背景所迫外,基督教信仰是促使他们这样做的一个主要原因。

从美国内战结束到20世纪初的半个世纪里,美国经济快速发展,中产阶级队伍迅速扩大,百万富翁人数急剧增加,慈善业逐渐由富人主导向大众化发展。大众慈善业把大众慈善的理念和慈善的习惯通过捐助文化结合起来,让慈善事业成为大众的义务。为红十字会捐款,就是为了人类共同的利益，把私人巨额财富变成公共资产的伟大工程。美国大部分中产阶级和工人阶级都参与到大众慈善业中去了。从第一次世界大战开始，大众慈善业大大促进了红十字会的发展，红十字运动成了大众慈善业的典范。

大众慈善业是由富翁带动和推动的。19世纪70年代，美国大约有100个百万富翁，但随后的20年里，越来越多的人迅速致富，他们在自己致富的同时，为社会作出了很大的贡献。据纽约论坛统计：1892年，美国已经有4047个百万富翁，到1916年，财产过百万的富翁超过了4万人，其中至少有2位财产是上亿的，他们分别是约翰·D. 洛克菲勒和亨利·福特。[①]新富翁在慈善项目中的慷慨程度是人们想象不到的，他们将一部分新增财富用于公益事业。例如，他们捐款建造设施完备的大学：约翰·霍普金斯（Johns Hopkins）在巴尔的摩捐资建成了约翰·霍普金斯大学，埃兹拉·康奈尔（Ezra Cornel）在伊萨卡建成了康奈尔大学，利兰·斯坦福（Leland Stanford）在帕洛阿尔托建成了斯坦福大学，约翰·D. 洛克菲勒(John D.Rockefeller)在芝加哥建成了芝加哥大学。富翁与当地组织相互合作，在全美建成了几十座新图书馆、博物馆、医院等，并继续为已有机构大力捐助。

20世纪初，随着公共健康运动的兴起，特别是抵制肺结核病运动，慈善捐款不再只有富翁的参与，大众慈善业逐步制度化。有效的大众慈善业就是营造一种捐助文化，捐款或救助逐渐成为一种常规。大众慈善业覆盖到了每一个人，美国国家范围内的筹款活动不论大城市还是小城市，向全美人民募捐。越来越多的人把慈善看成民众的福利事业，把慈善捐款作为正常开支纳入家庭预算。例如，1906年有人对普通工人捐款习惯进行了详述，其中包括美国劳工部的调查，其以年收入平均687美元、家庭人口平均为5.7人的2132个家庭为调查对象，这样的家庭把年收入的1.5%捐给教会用于教堂维修和教会的慈善事业，他们还拿出年收入的1.8%捐给工会和其他志愿者协会。1933年大萧条时期，旧金山湾区的职员、有轨电车驾驶员以及他们的家庭，有93%自述他们把年均收入的1.5%都捐给了教会、慈善机构或者其他组织。值得注意的是，许多家庭的预算包括专门为红十字会捐款而列出的明细支出。[②]虽然在大多数情况下，这种捐款带有一点买保险形式，但许多的捐款是不计回报的。有的还把年收入的0.4%捐给非正式的、非教

① Merle Curti, Judith Green, and Roderick Nash. "Anatory of Giving: Millionaires in the Late Nineteenth Century". *American Quarterly*, 15 Aut. 1963, pp.416—435.

② 〔美〕奥利维尔·聪茨：《美国慈善史》，杨敏译，上海财经大学出版社2016年版，第42页。

会组织或具有集会性质的慈善活动,以帮助那些深陷困境的朋友和邻里。①可见,大众慈善捐款已经成了人们的习惯。

美国大众慈善业发展的真正转折点出现在20世纪初期,此时美国红十字会与其他慈善组织进行了两次全美范围内的大众募捐筹款活动,一是为防治肺病结核病筹款,二是为美国参加世界大战的士兵救援筹款。这两次大型筹款募捐活动,使美国慈善业发生了巨变。

20世纪初,肺结核病成为威胁美国人健康的头号杀手,据美国人口普查局估计:因肺结核病死亡的人占当时美国死亡人数的11%,在纽约有四分之一的儿童感染了肺炎和结核病。②1908年,时任总统西奥多·罗斯福的百人国家健康委员会描述了这一糟糕的情况:"薄弱的、间歇性的慈善工作,不能有效地对结核病这一祸患做出回应。"③预防结核病的宣传越来越多,但当时没有实力雄厚的捐赠者带头资助预防结核病方面的教育和治疗,因为在美国研究和预防结核病协会创建的时候,还没有大慈善家针对特定疾病进行捐助的先例。面对缺乏防治结核病善款的困境,美国红十字会受丹麦防治结核病的"10美分运动"④的启发,在圣诞节期间卖出特殊印章(类似邮戳),来资助美国研究和预防结核病协会。红十字会把特殊印章放在全国各地的邮局,因为邮局是美国人经常去的地方。1908年的印章销售募捐活动大获成功,共募得资金13.5万美元。到1916年,短短的8年时间里,印章的销售收入突破了100万美元大关。到了20世纪60年代中期,4000万封信件的邮递,带来了2600万美元的收入。⑤这是美国大众慈善业转折点的一个标志。

另一个标志性事件就是美国1917年参加一战后,美国红十字会进行的全国募捐活动。随着280万美国应征入伍的士兵向前线进发,红十字会设定了一周之内(从1917年6月18日至25日)向大众募集1亿美元资金的目标,结果超出预设目标,多募集了1500万美元。在一年后的第二次资金募

---

① 〔美〕奥利维尔·聪茨:《美国慈善史》,杨敏译,上海财经大学出版社2016年版,第24页。

② Michael E. Teller. *The Tuberculosis Movement: A Public Health Campaign in the Progressive Era*. New York: Greenwood Press, 1988, p.3.

③ Richard Carter. *The Gentle Legions: National Voluntary Health Organizations in America*. New Brunswick: Transactions Publishers, 1992, p.71.

④ 当时在丹麦出生的美国移民雅各布·里斯(Jacob Riis)收到一封来自哥本哈根的圣诞信,上面除了有传统的邮票邮戳外,还盖了奇特的印章。这枚印章是丹麦邮政官员设想并得到政府支持,由邮局销售的特殊印章,每一份邮件加收10美分,目的是为患结核病的儿童募集资金,建一所结核病防治医院。

⑤ Scott M. Cutlip. *Fund Raising in the United States: Its Role in America's Philanthropy*. New Brunswick:Rutgers University Press, 1965, pp.57—58.

集活动中，红十字会共募集了1.81亿美元。这是“这个国家有史以来最了不起的一次全民自愿为社会救助所进行的募捐活动”[①]。红十字会很快成了美国最大的群众慈善团体，他们接受美国民众的小额善款。全国的红十字会分会的数量从107个增加到3864个，其成员在1914年到1918年间从16708人不断增加到2000多万人，超过800万成年人曾志愿担任过资金募集人员。[②]在帮助战俘和战难平民的募捐活动中，红十字会采用了上门募捐的形式，向大众募集。当时1918年11月11日停战协议签署后，“西班牙大流感”暴发，为了防疫，志愿者们开着福特车、面戴纱布口罩，挨家挨户地按响门铃去募集资金。在几天之后，募集的资金超过了2亿美元，远远超出了他们最初的目标。[③]这些大众慈善的实例，说明“人人为慈善”的观念越来越深入人心。

二、与慈善业相得益彰

美国的慈善组织呈现多元化、独立性强的特点。在广义上，美国为应急救援、济贫助困、宗教慈善、环境保护、科学教育等公益目的服务的组织均被归类为慈善组织。这些组织既包括传统上认定为非营利的组织，也包括私人的、授权的基金会，如国会特许的红十字会、社区邻里机构、宗教团体、基金会、联合集资与募款组织等。这类慈善组织目标不一、参与的活动不同、服务的对象不同，体现了慈善组织的多元化。多元化的慈善组织根据自身的不同特点，采取不同的工作方法及运作方式对不同的受助群体进行救助，使美国的慈善事业涵盖范围广，救助覆盖面大，形成多方位的社会保障。美国红十字会的运作模式虽然与其他慈善组织不完全一致，但它在慈善业专业化的推动下，在慈善业税收豁免政策的鼓励下，在慈善业监管机制的监督下，发展得更加有声有色。

（一）慈善业专业化的推动

美国慈善业的历史悠久，筹款、捐款是慈善业发展的核心。在发展的历程中，大众慈善业逐渐专业化，其中专业化分层筹款模式更有成效。美国红十字会属于慈善组织的一种，无论在它每次为救援自然灾害受难者的募捐

---

① Foster Rhea Dulles. *American Red Cross: A History*. New York: Harper & Brothers Publishers, 1950, p. 148.

② Scott M. Cutlip. *Fund Raising in the United States: Its Role in America's Philanthropy*. New Brunswick:Rutgers University Press, 1965, p.117.

③〔美〕奥利维尔·聪茨：《美国慈善史》，杨敏译，上海财经大学出版社2016年版，第32页。

中,还是在它每次为救援战争中的伤兵和平民的募捐中,都借鉴了慈善专业化分层筹款模式,保证了救援筹款的顺利成功。

例如,美国红十字会战时资金筹集依靠的是大众慈善业那种大规模深入各地做宣传的模式。红十字会聘请了很多专业宣传专家,为战争募集资金做广泛的宣传。红十字会战争委员会得到了艾维·李(Ivy Lee)的帮助,李曾在1913年美国劳资关系极其紧张的时期,当过公共关系方面的法律顾问,以保护洛克菲勒基金会的权益。时任红十字会主席戴维森还聘请查尔斯·沃德(Charles Ward)和莱曼·皮尔斯(Lyman Pierce)策划募捐活动,他俩是管理基督教青年会的公关关系专家,推行过一种“闪电式”募捐活动的理念,即在募捐活动中集中资源对所有可能的回应者迅速宣传,动员他们为慈善业捐款,把大众的注意力集中在特定的、有计划的、短时的目标上,这样的宣传能募集到更多的捐款。他们在1913年的纽约市,在一个星期内就筹集到了400万美元,被称为最早的专业募捐策划者、“旋风式”慈善募集专家,这是大众慈善成功募捐活动的一个实例。[①]在他们的指导和帮助策划下,红十字会把全美的城市和城镇划分为单位,建立地方委员会,设定筹款配额,从名人到儿童都纷纷设定筹款任务。

美国红十字会在专业分层中关注大众层面。专业分层慈善筹款就是调动不同社会阶层参与,实现大众慈善。战争基金会的领导人认为筹款资金总额的40%应该来自工薪阶层,30%应该来自富裕家庭,另外30%则应该由公司捐赠。低收入者每月应该捐出相当于一个小时的工资收入,而收入较高的工作者,应该每月捐出一天的工资或总收入的4%。在纽约州的埃尔迈拉(Elmira),战争基金会提供的数据显示,每月薪水在500~1000美元的人,每月捐出1美元;每月收入在4000~5000美元的人,每月捐出20美元。战争基金会承诺,“人们捐献的每1美元里的每1美分都会直接用于战争中的需求”[②]。当募捐活动的管理者汇报各个社会阶层的捐款结果时,有一个令人深刻的发现,就是“中产阶级的捐赠达到了意想不到的规模”。一位为战争基金会工作的女志愿者,鼓励其他妇女推迟购买自己想要的新帽子,而把钱先捐给战争基金会。她的宣传解释很简单:“女士们,拿钱改换你的那顶旧帽子,不如留住天堂之鸟。”[③]在印第安纳州的瑞士县,当募捐者来到罗

---

① Arnaud Marts. *Philanthropy's Role in Civilization: Its Contribution to Human Freedom*. New York:Harper and Brothers,1953, p. 110.

② 〔美〕奥利维尔·聪茨:《美国慈善史》,杨敏译,上海财经大学出版社2016年版,第34页。

③ Irene Hazard Gerlinger. *Money Raising:How To Do It.* Suttonhouse, L.A., 1938, p.3.

伯特·格罗斯(Robert gross)家门口的时候,16岁的他把为买新西装攒下的钱全部捐给了当地的战争基金会。一些学校的学生们,以及在办公室、商店和工厂工作的女孩们,甚至顾不上自己正在挨饿而志愿捐款。[①]红十字会在发动“圣诞节点名活动”时,就宣传需要大众的仅仅是一颗赤诚的心和1美元的红十字会费,青少年学生只要0.5美元。众多的1美元汇成了成千上万上亿美元,红十字运动就是这样成功的。

专业分层中重要的募捐对象是富人。著名的富翁J.P.摩根捐出100万美元,亨利·福特捐赠给红十字会价值50万美元的救护车,他的工厂当时为政府应付战事而运作,不要一分钱的利润。像约翰·D.洛克菲勒、钢铁巨富乔治·W.帕金斯(George W. Perkins)这样的“大捐资人”,以及生活在美国国外的美国富人,都在专业募捐者眼中。此外,战争基金会也积极在当地企业做宣传,使企业成为大众慈善事业中一个重要的新伙伴。

1999年,红十字会通过网络募集到270万美元,这是网络捐款兴起后募集到的最大数额善款,它与美国其他慈善事业捐助款一起,占了美国社会保障总支出的14.8%,大大减轻了政府财政上的负担。[②]另外,由于美国的慈善事业以民间为主导,政府在慈善事业上仅承担引导、激励、监管的责任,慈善组织往往根据自身的不同特点自主发展,受政府的控制较少,独立性较强,其发展比较适应现代市场经济运行规律的需要。

(二)慈善业税收豁免的鼓励

随着慈善业的发展,税收豁免政策在调节慈善捐助中变得举足轻重。美国有比较完善的慈善事业立法,使慈善活动有法可依。长期以来,慈善公益事业为缓解美国政府的压力、为帮助社会弱势群体作出了很大贡献。美国政府为了鼓励慈善公益事业的发展,制定了向慈善事业倾斜的免税减税优惠政策。最早有关慈善业的联邦税收政策,是在1894年的“威尔森—戈尔曼关税法案”(Wilson—Gorman Tariff Act)中提出来的,包括了免征仅仅为慈善、宗教或教育目的而成立的企业、公司或协会组织的税收。1909年,美国免除了专门为了宗教、慈善或教育目的而组织或运作项目的机构的联邦营业税。

1913年美国国会通过了当年的税收法案,正式免除了慈善机构所需要缴纳的联邦所得税。1917年美国税收法案规定,纳税人所捐赠的善款可以

---

① Earl S. Brown. *A History of Switzerland County's Part in the World War*. Connersville, I.N.: Express Printing, 1919, p.75.

② 沙石:《美国慈善事业的里程碑》,《环球慈善》2009年第1期。

从他们所应缴付的联邦所得税中准予扣除。1921年美国国会颁布当年税收法案,扩展了慈善机构的免税范围,包括防止虐待儿童或动物的组织、文学团体、社区基金会、拨款基金会和大型慈善基金会,并规定用于慈善事业的遗产捐赠予以免除遗产税。这样,服务于大众慈善业的迅速发展的公民和社会福利组织,都得到了税收豁免。

在众多豁免税收的组织和人群中,美国率先为捐款给慈善、宗教和教育机构的个人纳税人豁免税收,如在1901年,北卡罗来纳州就对捐款超过2000美元的纳税人免征税收。[①]联邦政府直到1917年卷入第一次世界大战时,才把免税范围扩大到为慈善事业作出贡献的纳税人。为此,新罕布什尔州的参议员亨利·弗朗切·霍利斯(Henry French Hollis)在1917年战争收入法案中提出了一项修正案,允许从个人收入中扣除15%作为支持战争的善款。许多参议员认为,扣除善款是战时临时措施,但新的慈善扣款措施极大地推动了美国战时工作的成功。[②]

第一次世界大战中的临时措施,后来就延续成了永久性的。1918年的收入法案不仅保留了慈善捐款减免个人所得税这一规定,而且还扩展到允许从财产和信托资金中扣款作为慈善捐款。对个人慈善税收的减免,直接鼓励了更多的美国人参与慈善事业,这是美国大众慈善业迅速成功发展的一个重要因素。在法规中规定税收减免,也增强了捐助是一个美国公民应尽义务的观念。

正是第一次世界大战国家面临战事这一契机,促使鼓励美国个人慈善捐款的免税制度正式写进了联邦税收政策之中。这一政策规定一开始并没发挥什么大的作用,因为只有2%的劳动者必须填写1914年制定的“1040”所得税申报表,联邦所得税只占政府收入的9.7%,到20世纪20年代,企业和个人所得税之和占到联邦税收总收入的55%~60%,免除个人为慈善机构捐款的税收让慈善捐款人受益匪浅,让许多美国人愿意且负担得起为慈善捐赠。

1935年税收法案规定了企业的公益性、救济性捐赠准予在税前扣除。1969年税收法案增加了对捐赠其50%可支配收入的纳税人的减免所得税限制,并详细制定了实物捐赠的规章制度。[③]1987年的税收法案规定:没有

---

① William J. Shultz. *The Taxation of Inheritance*. Boston: Houghton Mifflin, 1926, p.109.

② Rober H. Bremner. *American Philanthropy*. Chicago: University of Chicago Press, 1960, p.127.

③ Margaret G. Myers. *A Financial History of the United States*. New York: Columbia University Press, 1970, pp.240—246.

会计账目的慈善机构不得申请所得税减免。[1]由此可见，慈善组织为社会创造的公共利益越多，享受的免税减税优惠政策也越多，因为由慈善组织创造的公共利益减轻了政府的负担。一系列法律规定，只要慈善组织公布其财政收入情况和负责人的薪水，填报相关表格，就能享受相应的免税减税优惠政策，捐赠者捐款的多少也与其享受扣税的比例相关。另外，慈善组织的专项活动并不需要向政府任何部门登记获得批准，政府的监督不得干扰这些组织的管理方式、人员编制和财务运作。从某种意义上说，正是这种合理的立法与政策激励着慈善事业的有效发展。

（三）慈善业监督机制的公信力

美国慈善事业因为拥有一套系统的监督体系，其公信力大大加强。社会公信力是慈善机构和慈善事业的生命，公信力的确立和加强与监督体系有关。美国的慈善事业运营监督体系主要分三个层面：政府监管、社会监督、内部监督。从慈善组织的设立到慈善事业的运营，慈善资金的获得、使用、流向等，政府、社会内部各个层面的监督机构施行监督功能。例如，政府相关部门（主要是国税局、州检察长办公室等）依法对非营利组织进行监管。美国国税局划分非营利机构相关的经营活动，规定其免税的经营范围。州检察长代表所有慈善机构的公共利益，调查和审计慈善机构，及时监管慈善组织的领导人或者信托人是否有失范管理、转移资金甚至欺诈行为。

社会监督主要通过大众传媒监督、其他慈善组织同行监督、捐赠者监督来实现。美国追捧的“言论自由”使大众传媒的普及和影响力不断扩大，大众传媒成为披露慈善组织运营信息的主要来源。各类慈善组织为吸引捐款资金纷纷强化公益责任、完善组织管理，自然形成了行业间的监督。而捐赠者必然关心其捐款的流向、使用和产生的效益，他们成为监督慈善组织的重要组成部分。

美国慈善组织的内部监督主要通过严格的自律机制，增强规范性、公开性和透明性。这种立体多维的监督体系对慈善组织进行强有力监管，提高了各级各类慈善组织的公信力，增强了民众参与慈善事业的信心。

三、财富的第三次分配

根据财富三次分配理论，在市场经济条件下的第一次收入分配是由市场按照效率原则进行的分配；第二次是由政府按照兼顾公平的原则，通过税

---

① Robert Famighetti .*The World Almanac and Book of Facts 1998*. New Jersey：Ct Martins Pr.，1998，p.162.

收、给低收入者的福利支出、公共医保支出等实行社会财富的再分配;第三次是个人出于自愿,将自己可支配收入的一部分或大部分捐赠出去,用于公益事业,等于将财富再次进行了分配。可见实现第三次财富分配的核心是慈善捐赠,它的载体是慈善事业。

美国的慈善思想和慈善行为历史悠久,它的现代慈善不仅是工业财富的产物,还是独特文化的产物。进入20世纪后,美国经济的快速增长造就了一批批百万富翁,他们积聚了巨额财富,这使他们有能力为红十字会的救灾活动捐出巨款。美国的政治文化中存在敌视集权专制的传统,认为政府管得越少越好,那些富翁更愿意依靠民间自愿合作解决问题,依靠慈善的非营利机构来分配和使用他们"剩余的财富"。美国红十字会是慈善组织中最有影响的,所以每逢需要向战争和自然灾害受害者救援时,能够收到比别的慈善组织更多的善款,红十字会把这一笔笔捐款用于受难的、急需救援的人群,在某种意义上等于是财富第三次分配的一种形式,这既是社会保障的补充体系,又体现了国际红十字精神。

红十字会能募集巨量捐款,与它的组织性质和架构有很大的关系。红十字会虽是非政府组织,它不必像政府组织那样要对国会和选民负责,只需要遵守《日内瓦公约》。但是,它又不是一个普通的非政府组织,单从它的主席、总裁兼CEO等高管都由社会精英担任就可以看出。许多政府官员在卸任之后都在红十字会担任要职,许多金融界、商界、企业界的精英都在红十字会担任了总裁兼CEO。所以红十字会既有政府资源,又有非政府资源,少数精英管理着这两种资源,创造和维系着红十字会成为美国最大的慈善组织,兼顾着社会财富的第三次分配。

当然,在红十字会募集的大量捐赠中,也有普通民众捐出1美元的爱心,这是红十字精神的感召和影响。但大部分捐款还是富翁捐赠的,富人们在自愿的基础上,承担社会责任,拿出自己的部分财富,回馈社会,帮助受难受灾的人群摆脱困境。红十字会以及其他慈善组织帮助富人实现他们自愿承担社会责任的愿望,进一步增强富裕阶层人士回馈社会的意识。社会财富的第三次分配,在美国不仅弥补了政府社会保障制度安排的缺漏,同时还能软性地调和社会矛盾和社会冲突,缩小因灾致贫的次生影响,加强公众的社会责任感与社会公德感,有利于积极促进互助友爱、提升文明道德。

第二节　国际救援与美国外交

美国红十字会建立之时正是美国逐步成为世界舞台重要角色之际。随着美国对国际事务越来越感兴趣，红十字会的国际人道主义、对外援助恰与美国政府参与国际社会的目标一致。虽然红十字会的对外援助是自愿性的，弘扬的是国际红十字精神，但由于它是准政府性质的组织，它的对外援助活动，与美国外交关系紧密，烙上了辅助美国政治外交的印记，成为美国对外政策的一种工具。

一、参与外交的背景

19世纪末20世纪初，美国人越来越多地以商人、传教士和游客的身份周游世界、观察世界。美国联邦政府认识到这种私人性向外扩张的战略价值和经济价值，政府也行动起来，扩大对外贸易，扩大海军，增加外交官僚机构的规模和力量。到19世纪末，美国官方和一些名人都在推动美国参与国际社会，美国在经济和文化方面的国际参与度正在追赶欧洲列强，并很快在政治上挑战欧洲列强。1898年美西战争的胜利使美国控制了加勒比海和太平洋地区，美国迈出成为世界强国的重要一步。

20世纪前后是美国全球力量逐渐形成的年代。而美国红十字会在进行国际救援活动中向海外提供物资救济和援助，成为美国与世界更广泛的互动、展示美国新国际身份的一种形式。红十字会、传教士和其他慈善组织在前往亚洲、非洲和中东的途中，美国新教徒不仅寻求拯救灵魂，还寻求通过教育、保护立法、社会和卫生改革来改善当地的物质生活。工程师、技术专家、慈善家和卫生专业人员在国外工作，通过环境改革和医疗援助来解决他国疾病、营养不良和其他社会问题。第一次世界大战期间，在红十字会的号召下，数百万美国人奉献了他们的时间和金钱，为欧洲难民、妇女和儿童提供食物、衣服和其他救济。红十字会许多会员到国外去管理这些捐赠物品，使美国表现出了一个仁慈的世界大国、一个随时准备并愿意将其迅速增长的物质和智力资源用于改善国际卫生和福利的国家形象。

美国红十字会自成立以后就开始主导人道主义领域。特别是在世界大战时期，当欧洲面临全面战争的空前性社会灾难时，红十字会在对外的民间救济方面起了带头作用，在一定程度上代表了国家的外交活动，对美国的人道主义和外交政策都产生了重要的影响，反映了那个时期美国社会和对外关系的现状。美国红十字会是红十字国际委员会的一部分,但它更是19世纪末20世纪初美国的产物,它从进步主义、传教士活动、国际主义三方面,体现了这一时期美国的政治和文化特征。

(一)进步时代的产物

美国红十字会的产生和发展与当时美国国内社会流行的趋势是吻合的。当巴顿退位以后,美国进步运动兴起,从城市、州、联邦三个层次,对城市化、工业化过程中经济结构变化所产生的社会问题开刀,革除时弊。红十字会的领导层与进步运动相同步,进行了一次重大的机构重组。新一代领导人从美国政府、美国企业和慈善团体中脱颖而出,他们承诺公民自愿参与,大力倡导为共同利益服务,这是现代进步民主理论的标志。

红十字会的新领导参照科学管理模式,努力将红十字会建设成一个以效率和责任闻名的组织。这些领导人与美国政府建立了牢固的联系,美国政府依靠红十字会代表国家管理其对外救援和救济,反过来红十字会则依靠政府的大力支持来完成使命。

在进步运动时期,美国的医护人员、社会工作者和其他福利行业都在建立自己的职业资格和身份认证,红十字会的领导人也认为救援机构需要行业标准。这种理念阻碍了未经训练的业余女性加入红十字会领导层,虽然她们是传统的人道主义者,但她们在红十字会领导或决策中很难获得地位。另一方面,红十字会的海外服务为女性专业人士提供了一个宝贵的机会,可以促进她们的职业发展,妇女可以担任领导角色。当然,男性专业人士的机会大大超过女性,因为红十字会的领导人通常会任命男性监督援助活动和管理其他人员。在这个过程中,红十字会将人道主义工作合法化,他们认为救灾是一项专业的事业,红十字会和它的员工承担着国家最重要的灾难专家的职责。当第一次世界大战美国参战时,红十字会已经成为一个以其社会民主精神、效率、专业精神以及进步时代起源的独特标志而闻名的组织。

(二)传教士传统的继承

美国红十字会的海外援助是美国传教士长期传统实践的一部分。红十字会的形成和随后的发展,与美国新教海外传教活动的激增,以及一个庞大的美国道德帝国的发展相吻合。红十字会的民事救济基金构成了美国文化扩张的一部分。在所谓"博爱"理想的激励下,红十字会的工作人员承担了帮助世界的责任,基督教的普世主义开始被国际人道主义所取代,红十字会使美国传教士的意识形态趋于世俗化,进入20世纪后更加明显。

（三）参与国际社会的需要

20世纪初，越来越多的美国人开始相信，为了确保全球和平与民主，美国必须更多地参与到国际社会中。美国人对国际主义的观点是不一致的。一些人鼓吹以更强大、更有力的美国军队体现国际主义，另一些人则主张参与某种集体安全机构。许多人认为，扩大美国的投资和金融实践将产生经济和政治稳定的局面，另一些人则强调与外国个体建立个人关系更加重要，从而建立基于对和平和全球福祉的承诺的国际社会。后者的观点就是让美国公民有机会通过改善健康和福利的自由、自愿活动而干预世界，美国红十字会的对外救济被证明是很合适的干预世界的活动。对于那些致力于和平、互惠互利的人来说，红十字会帮助国际平民似乎可以替代更具胁迫性或好战性的国际接触。对于那些愿意行使国家、军队或市场权力以确保美国的世界利益的人来说，红十字会对外的民间救济似乎是国家形式干预的现成补充。对于历来主张“大社会、小政府”，反对和憎恨政府扩大作用的美国人来说，红十字会的援助通常是与世界接触的一种更容易接受的方式。在相互对立的观点中，红十字会的对外民间援助计划赢得了各个政治派别的支持，它在20世纪早期的党派纷争中所取得的成功，表明了不同观点的政治派别对自愿的国际人道主义活动的重视。①

具有国际视野的美国政府官员和美国红十字会领导层，将对外援助视为实现各自政治和社会目标的途径。当然，如果没有美国公民的捐赠和支持，红十字会将无法发挥作用。因此，红十字会的领导人必须让美国公众认识到捐赠的重要性。美国政府官员和红十字会的领导人竭力让公众相信，红十字会对外援助是美国公民都应参与的一项新的义务，并敦促每一个公民承担起这一新的国际主义责任。在世界大战期间，美国公民踊跃加入红十字会，积极参与对海外的援助。美国在支持红十字会和国际人道主义援助方面是一致的，这在很大程度上表明20世纪早期美国人的国际主义思想。

二、参与外交的方式和内容

美国红十字会自成立起，参与美国外交的方式和内容大体有三种：第一，作为美国的准官方志愿组织，红十字会为无数起国际自然灾难提供了援助；第二，红十字会的工作人员在美国海外领土开展了一系列新的卫生项目

---

① Ronald Powaski. *Toward an Entangling Alliance:American Isolationism, Internationalism, and Europe, 1901—1950*. Westport:Greenwood Press,1991,pp. 217—218.

和卫生改革项目,补充了美国政府在这些地区影响的空白;第三,红十字会代表加入了国际红十字运动的各个分支,从而将美国与更广泛的国际社会的一部分联系起来。在一些外交倡议与行动中,红十字会是美国维系对外关系的主要工具,为美国外交提供了一种手段,使其在没有政府正式承诺的情况下对国际社会的政治稳定产生影响,并保持与全球之间的联系。下面选取20世纪20年代到30年代初这个时段红十字会的对外活动,大体可以观察其与美国外交之间的关系,窥一斑而知全貌。

之所以选取这个时段,是因为这时段的国际社会经常被认为是不受国际法律约束的,而对美国来说却是对外关系历史上的一个重要时期。美国在经历了第一次世界大战后,社会和政治相对稳定,与世界其他主要强国相比,美国在世界上处于有利地位。美国政府一方面通过官方外交,致力于改善半球关系和培养更强大的泛美关系;另一方面,通过半官方或非官方形式,发挥其影响力,实现其外交目标。例如,推进美国的全球贸易,将美国与世界联系起来;好莱坞电影、电台广播和新闻机构,由政府资助,在世界范围内传播美国文化;等等。红十字会的外交方式和内容非常突出,它代表美国公民和政治家们开展全球人道主义活动,以下述三种方式帮助美国涉入世界事务。

(一)在全球范围内开展救援活动

自1881年美国红十字会成立以来,对自然灾害救援的责任已成为其使命的一个特殊部分。从那时起,当美国国外发生较大的自然灾难之后,红十字会都会代表美国立即行动,安排对外援助,代表美国政府和公众表示其关心和同情,以此证明它在对外活动和人道主义方面的价值。

当1923年日本发生大地震时,时任美国总统柯立芝向美国公民发出呼吁,请求他们为日本人民捐款500万美元。美国红十字会最终募集了1150万美元,这种慷慨的援助展示了美国的同情心和友好态度,实现了美国对日政策的目标。日本领导人对红十字会的援助表示感谢,并宣称这是美国人同情日本的珍贵礼物,是为世界和平作出的贡献,更加强了两国之间友谊和信任的纽带。①红十字会的领导人认为其救援行动,比所有两国之间的条约、华盛顿会议所能达成的更能加强日美之间的友好关系。

在20世纪20年代到30年代初,在全球范围内发生了几十起洪灾、地震、飓风和火灾,美国红十字会每次都作为美国政府指定的援助组织,代表

① Yamamoto Gonbee. *In Japanese Embassy to the Department of State FRUS*, *1923*, p. 473.

美国提供救济资金和分发救灾物资。资金和物资通常依靠当地政府和其他国家的红十字会来发放。当时红十字会负责对外援助的欧内斯特·比克内尔曾极力称许在这个非常重视非正式外交的时期红十字会对外援助的重要性。他断言，在与其他国家建立和保持友好关系方面，红十字会所做的努力超过了外交官和政治家的作用。红十字会的工作，在不知不觉中产生了不可估量的外交价值。①

（二）在美国国内及海外领土推行医改

美国红十字会对外活动的方式和内容，还表现在美国印第安人保留地和波多黎各以及其他美国海外领土上推行全面医疗改革。对于这些地区的外交问题主要是允许其政治独立还是将其纳入美国。虽然有人建议美国减少对这些地区的军事、政治控制，并给予他们更大的自治权；但也有人认为，取消美国的监管可能会带来危险，因为这些地区尚未准备好自治。当美国政客与这些地区的土著居民在这个问题上发生冲突时，红十字会的领导人声称他们拥有解决这个问题的技能和方法。他们认为，通过采取措施改善条件和解决当地卫生和医学知识方面的落后状况，红十字会可以为他们带来社会进步。红十字会的活动，是为了让平民成为美国社会的正式公民或为他们自己的自治做好准备。与此同时，通过对土著人民健康和福祉的积极关注，力图改善美国在他们心目中的形象。②

红十字会在这些地区的活动主要是帮助实现现代化，具体集中在改善公共卫生条件方面，启动了包括治疗、预防和教育在内的广泛项目。例如：向当地居民介绍先进的卫生知识和卫生观念；让人们了解母婴照护方法；建造并配备固定和移动诊所，每月为数千名患者提供治疗；培训当地工作人员，以便将来他们自己从事卫生、福利工作。在波多黎各、夏威夷等，红十字会的护士帮助当地大学开展基于美国模式的护理和社会工作培训课程，还启动了奖学金项目，将有前途的年轻学生送到美国学习，促进该地区社会和卫生现代化。这些地区普遍有反美倾向，但都接受美国红十字会。在红十字会看来，自愿的人道主义援助和指导，而不是更军事化或强制的政治监督，是改善关系和培养亲美情绪的最佳方式。

红十字会认为可以通过医疗改革和其他活动，使这些地区更现代化、更

---

① Jul:af I. Rwin. *Making the World Safe: The American Red Cross and a Nation's Humanitarian Awakening*. New York: Oxford University Press, 2013, p. 191.

② Warwick Anderson. *Colonial Pathologies: American Tropical Medicine, Race, and Hygiene in the Philippines*. Durham: Duke University Press, 2006, p.53.

文明。国际人道主义在这些地区的现代化过程中发挥了重要作用。

(三) 推动参与国际社会

第一次世界大战后,美国并没有参加国际联盟(League of Nations),虽然美国人多次参加国际和平、教育、科学和卫生会议,但此时美国与国际社会联系最紧密的纽带还是美国红十字会。美国红十字会与国际红十字运动的联系,使美国始终保持着与国际社会的联系。1926—1927年,时任红十字会主席约翰·巴顿·佩恩在世界各地进行了一次红十字会的“朝圣之旅”,这是一次长达2.4万英里的全球之旅,目的是观察红十字会和红新月会在东亚和南亚、中东以及整个欧洲和平时期的工作。这次“朝圣之旅”加深了美国红十字会与红十字国际委员会的联系。他发现各国红十字会都具有一定的统一性,以及在其标准下提供服务的奉献精神。

美国红十字会的领导人不仅作为国际观察员,而且越来越多地参与了国际管理。例如,欧内斯特·比克内尔担任红十字国际委员会的总干事;美国红十字会主席和几位继任者先后在红十字会国际联盟理事会任职;许多美国红十字会员工在日内瓦的联盟工作。除了人员以外,美国还向红十字国际委员会提供救援资金。在红十字国际委员会中,美国人找到了参与国际社会的平台,能够满足他们全球势力增长的需要。

美国红十字会积极参与国际红十字运动,在另外两个方面有重要的体现。首先,在美国政府试图改善与西半球国家关系的时期,红十字会的领导人与拉美国家领导人在泛美红十字会会议上相聚。第一次会议于1923年在布宜诺斯艾利斯举行,后来又于1926年在华盛顿举行以及1935年在里约热内卢举行,来自北美和南美国家红十字会的代表参会,讨论如何共同应对区域卫生和灾害问题。其次,少年红十字会运动在美国国内和国际上都很受欢迎,它成为使美国的孩子和他们的海外同龄人相互交往的重要途径。从20世纪20年代初开始,少年红十字会的领导还实施了一项重大的国际校际通信项目,为全球各地的儿童创造了交流和了解彼此的机会。到20世纪30年代中期,在六大洲的各国红十字会都成立了自己的少年红十字分会,让世界各地的数百万儿童参加了少年红十字会的国际写作和文化交流项目。美国红十字会的领导人对此十分兴奋,具有国际视野的一些美国人也兴奋不已。洛克菲勒纪念基金的管理人员为美国少年红十字会在全球的扩张提供了数万美元的资金,他们相信团结儿童是促进世界上和平与理解的最大希望。

对于一个外国人来说,美国红十字会就是美国的象征,美国红十字会的行动就是美国的外交行动。红十字会的对外救灾活动,给了美国人参与国际社会的机会。当美国国外发生灾难时,无论红十字会何时介入,都能使美国和受灾国之间产生友谊的火花。所以,红十字会从事的对外援助,既致力于国际人道主义理想,也是美国外交的一个重要组成部分。

三、国际救援在美国外交中的作用

第一,美国红十字会的对外救援绝不仅仅是美国外交的补充,还是美国政府与国际社会接触的重要途径。红十字会的对外救援虽然并没有取代美国参与世界事务的其他形式,但美国除了军事干预、占领、外交策略、金融投资以及美国思想和商品的传播外,对外救援是它与外国政府和外国人民互动的重要方式。

第二,美国红十字会的对外救援发展了美国国家利益,对红十字会的许多实践者和支持者来说,红十字会国际人道主义援助代表了美国参与国际社会的进步道路。在国际关系日益重要的时代,美国在世界上的军事力量和经济力量也在不断增强。军事上,美国军队多次占领他国,以军事干预威胁和控制他国;经济上,美国的金融家和资本家在重塑世界经济秩序中,经常损害他国的利益与平民的生计。红十字会的对外援助,无疑是一种影响世界的积极因素,是一种展示美国人支持非暴力、富有同情心的方式,优化了美国的国际形象。

第三,美国红十字会的对外救援,可以与外国公民建立合作和互惠的社会关系。红十字会承诺对不同种族、信仰或政治立场一视同仁,促进全球人类共同发展。虽然实际的实践常常与使命不符,但这种信念是被肯定的。美国是一个充斥种族主义的国家,红十字会的公平公正信念为美国平民致力于寻求更和谐的国际关系奠定了基础。

第四,美国红十字会的对外救援也是一项深刻的政治、经济活动,它满足了美国不断扩大的企业发展需求。救援物资如食品、服装、医疗用品等的生产,扩大了国内的就业,为美国在全球范围内的军事和经济干预创造了更稳定、更有序的条件。

第五,美国红十字会对外救援宣称的利他性和自愿性,是一种文化扩张,具有美国政治和文化的影响,在某种程度上是美国政治和文化扩张的一种手段。在与受援国的接触中,美国红十字会的人道主义援助,对被援国个人和社会有着明显的文化、经济和政治的影响力。他们的救援行为与美国传教士的活动、美国“金元外交”有异曲同工之处。美国红十字会的对外援助,在医疗、慈善救援方面,不仅说服受援国接受美国的救济物资,而且接受美国关于健康、福利和改革的思想,接受美国的价值观。从这个角度出发,美国红十字会对外援助是新时代的“传教”事业,与传统传教士有同样的作用。随着美国在世界上逐步扩大其影响,对外援助能有效地掩盖美国卷入世界的积极性和暴力性,人道主义干预巩固了美国在全球力量结构中的地位。

第六,美国红十字会的对外救援,因美国帝国主义的特性,在遵从国际红十字精神方面,特别是在强调超越种族、宗教、信仰,不附加任何政治条件方面,有令人遗憾之处。国际人道主义干预无法与帝国主义完全划清界限,它的任何对外援助实际上都会烙上其政治和文化的印记。在世界全球化中,美国通过国际人道主义输出它的政治理念和文化理念,通过与世界分享其物质和智力资源实现其扩张的目的。

第九章　美国红十字会的活力与局限性

纵观美国红十字会140年的改革发展历程,可以看出它组织机构的民主化、现代化不断完善,这促使它的运营活力不断增加。美国红十字会第一次改革发生在20世纪初博德曼时期,这次改革修订了组织《宪章》,改革了巴顿时期简单的非营利管理模式,采用比克内尔的非营利与营利企业相结合的管理主义模式,使红十字会从民间走向准官方;第二次改革发生在第一次世界大战期间,通过机构改组,大幅扩大组织规模,战争委员会创立了类似联邦制中的集权与分权的管理体系,使红十字会总部和地方分会各司其职,高效发挥作用;第三次改革发生在第一次世界大战结束之后,红十字会和平时期的工作范围发生了变化,除了继续原来的救灾活动以外,开始向公共卫生和家庭福利领域拓宽;第四次改革发生在第二次世界大战期间,不仅完善了服务军队体系,而且开启了采血、制血、建立血站的工程,挽救军人和平民患者的性命;第五次改革发生在20世纪的后半叶,对《红十字会宪章》进行了重大修订,采用基金会、公司管理模式,对组织管理机构进行了重大调整,废除了原来的中央委员会,增加了分会管理理事人数,组成了庞大的50人"管理理事会",向组织民主化迈出了重要的一步,还把红十字会活动领域拓展到人类健康的方方面面;第六次改革是新世纪的现代化治理改革,借鉴和参照上市公司标准化管理模式,在机构治理、运作监管和运营透明性方面进行综合改革,使组织管理的透明度更加现代化。经过140年间的六次重大改革,美国红十字会的组织管理模式更加科学化、现代化。组织管理机构的改革,并没有丝毫动摇红十字会的原则和精神,并没有更改红十字会的性质和运营模式。正是因为组织管理的不断完善,才促使该组织的发展基础越来越扎实,发展更具稳定性和连续性,活动领域更加广泛、更加多样、更具活力。

根据对美国红十字会的历史评估,从其最近20年的活动能力和财务能力来看,可以分析它作为一个强大的慈善救济组织的发展前景与面对的挑战。

第一节 活动能力和财务分析

一、救援活动能力评估

美国红十字会在信息和知识管理方面,与美国联邦应急管理局等美国国内应急机构整合,拥有可部署的通信单元,能够在没有基站和固定线路资源的情况下进行通信。总部通过地理空间技术,提供人口信息、进行天气监测;数字运营中心监控社交媒体,收集和传播有关受灾影响地点和需求的信息。

在需求评估方面,全美各地的灾害评估小组以红十字会的标准评估灾情,地理空间技术部门提供最新的灾难地图。灾害技术包——包括卫星设备、计算机和电话,能够在全美零售联盟内帮助与联邦应急管理局及其他组织进行通信联络。与联邦应急管理局、气象频道和其他机构的伙伴联系,以获得卫星和地理信息系统等额外的评估资源。红十字会一个多世纪以来在各种灾害救援中积累了宝贵的经验。

在供给方面,拥有能维持为50万人、32个国家的救灾物资供应中心供应物资的能力。常年维持路易斯安那州的巴吞鲁日、密西西比州的哈蒂斯堡、亚拉巴马州的蒙哥马利、弗吉尼亚州的里士满、北卡罗来纳州的格林斯伯勒5个救灾行动中心。与美国全球领先的设备维护修理和运作工业品分销商固安捷(Grainger)、美国全球领先的家居建材用品零售商家得宝(Home Depot)、美国世界性连锁百货企业沃尔玛(Walmart)、美国大型移动设备和仓储租赁公司U-Haul,以及其他全国性和地方性公司合作,组建了一个适应性强、灵活的救灾应急供应链。在合作伙伴的支持下,有每天准备和提供100万份食物的能力。

在调度和分配方面,有320辆应急车辆,通过和出租卡车公司对接、租用大量拖车和仓库等,可以灵活部署,为受灾人群提供物品物资。合作伙伴公司也都慷慨向红十字会提供救灾交通工具。

在卫生健康服务支持方面,救灾行动小组都接受过培训,其工作人员能帮助提供医疗服务和进行情感安慰。供水、卫生和卫生促进方面的项目,可以全面促进人们的健康。

在合作和管理方面,通过整合国土安全部和联邦应急管理局下的全美零售联盟,提供应急物资。与许多非政府组织合作进行应灾、救灾和灾后长期的恢复工作。与150家公司合作，提供食品、水、卫生、住所、健康和心理健康服务。美国红十字会总部领导全美区域、地区和分会网络，监督和指导供应链、伙伴关系和救济行动。[①]

二、财务数据分析活动能力

美国红十字会的财务管理和内部权力斗争始终联系在一起。从巴顿创立美国红十字会开始到现在，其资金筹集、资金分配等资金管理问题一直受到红十字会内外的关注与批评。由于巴顿经常把她的个人资金投入救济资金库，造成公私账户不分，故而红十字会从巴顿下台之前就开启了资金审查程序，在一个多世纪的发展历程中，财务监督和资金审查一直是红十字会治理的主要内容。经过多次的改革治理，红十字会的财务能力不断加强，资金管理更加科学化。

红十字会的财务能力数据分析，可以选取三个方面的数据。首先，选择红十字会的财务数据和财务报表，包括财务状况报表、活动报表、功能费用报表和现金流量表。其次，选择红十字会向美国国税局申报非营利组织免税的“990表”。“990表”是公开的，可以在官网查到。“990表”展示了红十字会的透明度，允许公众评估它的运作方式。这个表反映了红十字会的任务、项目和财务的年度信息。最后，选择红十字会发布的年度报告，年度报告是对红十字会在国内外开展的项目活动的描述，其数据直接来自红十字会的网站。从这三个方面，可以分析红十字会的财务能力和运营状况。

1. 财务数据

财务健康状况是红十字会运作的关键。红十字会在准备财务报表时遵循美国通用会计准则（GAAP），财务报表是财政预算案的汇总，并没有显示红十字会的每日财务交易。表9-1显示了红十字会从2005到2015财年的运营收入、费用和净资产的变动情况。从2007财年到2009财年、2012财年和2014财年到2015财年，其营运都出现了利润赤字，支出超过了收入。对于非营利组织来说，并不特别专注于利润，而是专注于实现其使命。因此，年度盈余或赤字不一定能说明红十字会运作的成功与否。

---

① Timothy B. Egan. *American Red Cross: A History and Analysis*. NPS Archive: Calhoun, p.57.

表9-1 2005—2015财年红十字会的总收入与总支出(以千美元为单位)

年份	总运营收入	总运营费用	净资产变化量
2005	3919257	3427689	491558
2006	6008625	5628109	380516
2007	3175241	3451294	−276053
2008	3204146	3684362	−480216
2009	3320269	3440046	−119777
2010	3604435	3370835	233600
2011	3470535	3439585	30950
2012	3170517	3345133	−174616
2013	3435941	3380583	55358
2014	2989139	3062232	−73093
2015	2737513	2896839	−159326

资料来源:改编自美国红十字会文件。http://www.redcross.org/about—us/news—and—events/ publications.

表9-2显示了红十字会2005—2015财年的收入状况,收入主要来自五个不同的资金来源:捐款、产品和服务收入、合同(包括联邦政府)收入、投资收入和其他来源。

表9-2 2005—2015财年红十字会的收入分类(以千美元为单位)

年份	捐款	产品和服务收入	合同收入	投资收入	其他来源
2005	1377259	2286641	83307	68615	103435
2006	3212824	2306859	311435	109979	67528
2007	705698	2229578	48136	135663	56166
2008	782880	2269234	51363	92481	8188
2009	737271	2363569	129778	75501	14150
2010	1061137	2364488	89282	48595	40933
2011	914040	2328885	112804	49584	65222
2012	670048	2290746	82552	58100	69071

续表

年份	捐款	产品和服务收入	合同收入	投资收入	其他来源
2013	1077254	2162885	73132	48697	73973
2014	723057	2019245	73933	85838	87066
2015	603665	1925059	66088	107559	35142
平均值	1078648	2231563	101983	80056	56443

资料来源：改编自美国红十字会文件。http://www.redcross.org/about—us/news—and—events/publications.

表9-3　2005—2015财年红十字会获得捐款的来源（以千美元为单位）

年份	大公司、基金会和个人	联合劝募会和其他联邦机构	遗产和遗赠	服务和材料费
2005	1032440	158990	118235	67594
2006	2719496	162300	92687	238341
2007	390273	158511	114506	42408
2008	480195	141700	115921	45064
2009	465211	129913	92364	49783
2010	813928	119825	92496	34888
2011	685947	111273	81548	35272
2012	437768	100227	94629	37424
2013	830998	95530	96224	54502
2014	510099	103739	86241	22978
2015	397193	76918	105810	23744

资料来源：改编自美国红十字会文件。http://www.redcross.org/about—us/news—and—events/publications.

从表9-2中可以看出，红十字会的两个主要收入来源是捐款、产品和服务。每年的收入、每笔收入来源都可以通过数据进行比较。2006财年获得的捐款激增，主要是因为“卡特里娜”飓风灾害后捐款增多。从表9-3可以看出红十字会获得捐款的主要渠道，最主要的部分来自大公司、基金会和个人。从表9-2和表9-3都可以看出，2006财年后，捐款明显下降。到2010财年,捐款再次增加,因为2010年1月海地发生了一场毁灭性的地震。2013财年的捐款再次增加,因为2012年10月,飓风"桑迪"袭击了美国东海岸。可见捐款的多少一般与当年是否有大灾难发生有关。

从表9-2中的数据可以看出,产品和服务项目的收入保持稳定,上下浮动不大。根据红十字会的合并财务报表,产品和服务收入主要包括生物医学和项目材料方面。表9-3显示,捐款收入包括大公司、基金会和个人捐款,联合劝募会和其他联邦机构捐款,遗产和遗赠,服务和材料费。免税"990表"中显示,捐款还包括现金和非现金,非现金主要是实物和商品,如衣服和家庭用品、汽车以及食品库存等,红十字会一般使用公平市场价值法来确定非现金捐款金额。

表9-4列出了红十字会的项目服务支出,这些项目服务支出就是红十字会完成使命的相关成本,主要项目有为武装部队提供服务、生物医学服务、社区服务、国内救灾服务、卫生和安全服务以及国际救济和发展服务。2006财年美国国内救灾服务费用支出的飙升是"卡特里娜"飓风造成的。生物医学服务费用是两大项目服务费用之一,主要是血液制品的收集、销售和分销。红十字会专注于这项服务,它为该会带来的收入不断增加。

表9-4 2005—2015财年红十字会项目服务支出(以千美元为单位)

年份	支持军队	生物医学	社区服务	国内救灾	卫生和安全	国际救济和发展
2005	58646	2161078	128548	411187	220385	157132
2006	54096	2103572	133467	2630766	224594	154283
2007	55219	2064335	131214	442439	243673	142272
2008	57900	2204010	127450	502216	238992	191892
2009	56511	2216730	113846	402372	215492	156042
2010	65300	2194789	105278	268864	216946	250993
2011	57403	2195108	90588	282974	203735	340106
2012	53045	2239784	77538	279190	195596	18672
2013	56645	2164815	57200	467245	216222	92742
2014	46173	1979894	49458	364074	196125	127385
2015	48744	1869188	43128	356496	146590	129807
平均值	55426	2126664	96156	582529	210759	160121

资料来源:改编自美国红十字会文件。http://www.redcross.org/about—us/news—and—events/publications.

2005—2015财年红十字会的总收入和总支出的数据显示，大部分年份的总收入和总开支在40亿美元以下，2006财年收入和支出略高于其余年份。除了2006财年的异常值和2014财年开始下降外，总收入和总支出大体保持不变。如果分析各项目支出费用与红十字会完成任务的关系，从2005财年到2015财年，项目费用支出占总费用的90%左右，约总费用的10%用于支持行政服务方面，所以红十字会的大部分运营费用都用于向有需要的人提供的项目服务上，它在执行使命、完成任务方面是卓有成效的。

2. 财务分析

衡量红十字会能力和竞争力的重要指标之一是它的财政收入情况，因为财力能反映出非政府组织提供援助和物资的能力。如果一个非营利组织没有资金来源，就没有支持自身运作的能力，没有发展合作伙伴关系的能力，很难展开各种类型的救灾活动。

可根据2005—2015财年红十字会所有收入来源占总收入的比例，来分析和评估它的效率和能力。

表9-5　2005—2015财年红十字会主要收入占总收入的百分比

生物医学产品销售	59%
大公司、基金会和个人捐款	22%
项目材料	4%
联合劝募会和其他机构捐款	3%
遗产和遗赠	3%
合同收入	3%
服务和材料费	2%
投资收入	2%
其他	2%

资料来源：改编自美国红十字会文件。http://www.redcross.org/about-us/news-and-events/publications.

表9-5显示，红十字会超过80%的收入来自生物医学产品的销售和捐款。通过分析总收入来源的百分比可以看出，红十字会主要依赖其产品和服务的销售收入，尤其是来自生物医药销售的收入；还依赖捐款捐赠的收入，特别是来自企业、基金会和个人捐赠的收入。总的来说，红十字会的收入来源与它慈善、非营利、救灾、卫生健康的使命是一致的。

表9-6显示了2005—2015财年红十字会总费用支出的百分比。2005—

2015财年,生物医学服务费用占总运营费用的60%。可以看出,红十字会把生物医学产品服务当作当代最重要的服务任务。

表9-6　2005—2015财年红十字会总费用支出的百分比

生物医学产品研发	60%
国内救灾	16%
卫生和安全	6%
国际救济和发展	5%
筹措资金	4%
管理和总务费用	4%
社区服务	3%
支持军队	2%

资料来源:改编自美国红十字会文件。http://www.redcross.org/about—us/news—and—events/publications.

根据红十字会合并财务报表附注,它的产品和服务收入主要来自销售全血和血制品、健康和安全培训课程费用。虽然血液是通过捐献获得的,但它不被认为是捐献的收入,所以许多人认为红十字会是一个血液收集机构。红十字会每年从300万到400万名志愿者中收集650万品脱的血液,血液和血液制品在产品和服务收入来源项下被列为生物医学销售收入。捐献的血液由红十字会的生物医学设施进行处理,并作为产品出售给医院和研究机构。红十字会通过将捐赠的血液加工成红细胞、血小板、血浆、全血和粒细胞等血液制品,成为美国最大的血液和血液制品供应商,收集和处理大约全美国40%的血液供应,并将其分发到全美大约2600家医院和输血中心。

图9-1比较了2006—2015财年美国的献血者总数,以及从生物医学或血液产品销售中获得的收入和生物医学操作相关的总费用。在图中可以看到,2009财年以后,捐献血液的人数开始下降。与此同时,生物医学收入也在下降。除了2010财年,红十字会的生物医学费用还在持续亏损。医院需要在管理血液方面变得更有效率。

筹集资金的效率,许多非政府组织的监督组织都使用公式来计算:筹款效率=筹款费用/总捐款,通过这个公式可以了解红十字会在筹款活动上花费了多少成本来产生1美元(会员费)的捐款。表9-7显示了红十字会2005—2015财年的捐款总数、筹款费用和筹款效率,通过研究这个时期的筹款效率,可以分析出红十字会在筹集资金方面的效率。

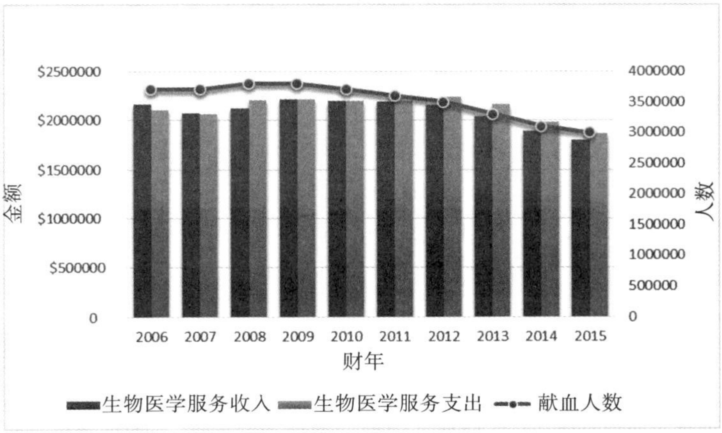

图9-1　2006—2015财年红十字会生物医学服务支出、收入及献血人数

资料来源：改编自美国红十字会文件。http://www.redcross.org/about—us/news—and—events/publications.

表9-7　2005—2015财年红十字会的捐款总数、筹款费用和筹款效率

年份	捐款总数(千美元)	筹款费用(千美元)	筹款效率=筹款费用/总捐款(美元)
2005	1377259	118568	0.09
2006	3212824	140082	0.04
2007	705698	142711	0.20
2008	782880	143425	0.18
2009	737271	126580	0.17
2010	1061137	130193	0.12
2011	914040	127019	0.14
2012	670048	172407	0.26
2013	1077254	189431	0.18
2014	723057	183224	0.25
2015	603665	180934	0.30

资料来源：改编自美国红十字会文件。http://www.redcross.org/about—us/news—and—events/publications.

筹款效率就是红十字会为慈善募捐1美元而花费的金额。根据美国专业评估慈善机构的"慈善导航"(Charity Navigator)网站，财务有效的慈善机构必须在一定程度上是高效的筹款人，少花钱多筹款。筹款效率越低，组织筹集资金的费用越高。"慈善导航"规定的标准是，最高级是每筹款1美元花费0~0.1美元,最低级是每筹款1美元花费0.5及以上美元。表9-7显示2005财年每筹款1美元花费9美分,2006财年花费4美分,2006财年比2005财年降低了5美分,估计与“卡特里娜”飓风有关。

红十字会的任务之一就是为那些需要帮助的人提供项目服务。逐年比较红十字会的财务效率,可以了解其是否能有效地执行其任务。根据美国传统的财务效率定义来评估非政府组织的效率:财务效率=项目相关费用/总费用。表9-8显示了红十字会2005—2015财年的总费用、项目相关费用和财务效率。观察其11财年的财务效率,可以分析它的总费用中有多少直接用于支持它的项目费用或慈善目的,而不是用于筹款花费和管理费用。

表9-8　2005—2015财年红十字会的财务效率(以千美元为单位)

年份	总费用	项目相关费用	财务效率=项目相关费用/总费用
2005	3427689	3136967	91.5%
2006	5628109	5300778	94.2%
2007	3451294	3079172	89.2%
2008	3684362	3322460	90.2%
2009	3440046	3160993	91.9%
2010	3370835	3102170	92.0%
2011	3439585	3169884	92.2%
2012	3345133	3031879	90.6%
2013	3380583	3054869	90.4%
2014	3062232	2763109	90.2%
2015	2896839	2593953	89.5%

资料来源:改编自美国红十字会文件。http://www.redcross.org/about—us/news—and—events/publications.

许多非政府组织的监督系统用财务效率作为衡量其组织成功与否的关键指标。美国最大的慈善监督组织之一商业改善局明智捐赠联盟(the Better Business Bureau Wise Giving Alliance, BBB WGA)建议,慈善组织应将其总开支的至少65%用于项目活动,这是起码的效率。BBB WGA是非政府慈善行业最高评估组织之一,为红十字会等非营利组织提供责任标准和评估。根据《福布斯》(Forbes)的数据,2015年美国前50大慈善机构的财务效率加权平均值为87%,而红十字会从2005—2015年的财务效率平均在91%左右,显示其91%的费用用于慈善项目,也就是剩下的9%用于行政和一般开支，可见红十字会的财务效率高于50家大慈善机构的平均值，并保持了相当高的财务效率，超过了BBB WGA的财务效率指标和《福布斯》2015年财务效率加权平均值。

第二节　长期存在的挑战与局限性

美国红十字会在过去140年的改革经历中，抓住了一定的机遇，应对了一系列挑战，发展成全美最大的慈善组织。但在新的时期，能否应对新的挑战，取得新的发展，以惊人的韧性应对它最近面临的和将继续面临的复杂挑战和机遇，是非常大的考验。虽然红十字会在新世纪初的2006年经历了组织治理和改革，但更大规模的再造过程仍在进行中。无论红十字会发展的适应力和变化力能否持续强盛，它的进一步发展都存在着持续的挑战性和相应的局限性。

一、筹款和资金管理的挑战

美国红十字会的组织性质决定了资金来源、筹资多少是其发展的第一要素。从历史上看，红十字会的筹款数额多少与突发事件有关，在发生战争或发生自然灾害后，通过宣传，筹款数额会达到一定的高峰。由于红十字会在历次救灾和救援中开展的各项行动，都展现了它的能力和效率，尤其是在美国官方救灾机构救灾力度不足的情况下所提供的各方面服务，在一定程度上超出了慈善意义，这在一定程度上赢得了民心，激发了各阶层捐款的热情。

当然，民间捐赠的多少，与当时美国的经济背景有关，不同时期，捐赠数有高低起伏。美国私人捐赠给红十字会的善款，总的趋势是上涨的，这与整个慈善业捐赠总额增加有关。例如，在1977—1997年，美国私人捐赠总额在扣除通货膨胀因素后增长了约90%。虽然私人捐赠并非都捐给了红十字会，大部分捐给非营利的服务、艺术、教育、卫生机构及教会等，扣除这些，在这20年间捐给红十字会金额的增长率接近62%，远低于整个非营利收入96%的增长。[①]从20世纪70年代到20世纪80年代初，由于经济滞胀，美国私人捐赠稳步下降，从20世纪70年代的平均1.86%下降到20世纪80年代

① Murray S. Weitzman. *The New Nonprofit Almanac and Desk Reference*. San Francisco: Jossey—Bass, 2002, pp. 96—97.

的1.78%,再到20世纪90年代初的1.72%。[①]因此,作为红十字会的绝大部分善款来源,私人捐赠实际上在1977—1997年间有所下降。随着2008年经济衰退的开始,以及房地产泡沫破裂和银行业危机导致的资产缩水,私人捐赠的增长率再次放缓。

从理论上说,筹款越多、捐赠越多,对红十字会的组织发展越有利。过去的历史也显示,每次战争和自然灾害来临时,红十字会是收到社会捐赠最多的慈善救援组织。但实际上,善款多并不一定能促进红十字会的健康发展,资金的科学管理和高效利用才是促进红十字会进一步发展的关键。

进入新世纪以后,科学管理和高效利用善款依然是红十字会发展所面临的挑战。例如,“9·11”事件发生后收到了美国民众前所未有的捐赠热情,总捐款额创美国历史新高,红十字会则是参与此次救援行动中获得捐款最多的组织。为了合理使用这批大量涌入的捐款,红十字会时任总裁兼CEO贝尔纳丁·希利改变以往传统使用捐款的方式,宣布设立了一个单独的、分离式的“自由赈灾基金”(简称自由基金)来管理捐款。当年10月12日,红十字会公布了自由基金第一笔3亿美元的支出计划,其中不到50%的筹款用于受害者及其家人与营救人员,剩余款项将用于改进红十字会的基础设施条件,如提高献血储存能力、电信升级,以及为未来可能发生的恐怖袭击做好准备。但此计划一公布,立即引起社会各界的质疑和不满,民众认为他们的捐款是为了帮助“9·11”受害者,应该专款专用,如纽约州检察长艾略特·斯皮策(Eliot Spitzer)主张:“针对‘9·11’袭击而专门提供的捐款,必须专门用于那些因袭击而遭受痛苦的人的利益。”针对自由基金专款不到50%的分配方式,他表示要起诉红十字会。在此压力下,希利辞职,红十字会不得不发布声明增加用于受害者及其家人与营救人员的资金分配比重。在当年10月29日发布的声明中,红十字会把大约3.2亿美元善款用于“9·11”事件的直接救援中,占收到总捐善款5.47亿美元的五分之三,剩余将用于其他活动。原来希利的计划只有第一笔3亿中的不到50%,也就是大约1.5亿,现在决定的3.2亿比之前足足多了一倍。而且新任红十字会总裁、CEO哈罗德·德克尔(Harold Decker)发表声明,表示红十字会已经筹集了足够的资金来帮助恐怖袭击事件中的受害者,并且将不再以自由基金的名义筹集资金,此后筹到的善款将统一存入红十字会的一般赈灾基金,并与其他账户分开,直接用于援助受害者家庭和其他与袭击相关的救援工作。

---

① Murray S. Weitzman . *The New Nonprofit Almanac and Desk Reference*. San Francisco: Jossey—Bass, 2002, pp. 96—97.

当时的红十字会主席大卫·T.麦克劳克林(David T.McLaughlim)也马上表示,此声明相当于"航向修正","通过这一行动,我们希望恢复捐助者的信心,恢复公众的信任,使成千上万的红十字会工作人员和志愿者致力于第一线的救援工作"[①]。为了恢复民众的信任,红十字会在当年12月27日聘请了参议院前多数党领袖乔治·米切尔(George Mitchell)出任自由基金的独立监督人,由他负责监督制定一份新的自由基金分配计划,并于2002年1月31日公布。该计划将大部分善款分配给直接受灾害影响的人,其中保留一部分,以满足受难者的家庭、救援人员和其他人员的长期需要。为保证资金的合理高效利用,米切尔还负责制定自由基金使用情况的季度报告,向公众公布。2002年3月1日和8月1日,米切尔先后公布了两份关于基金使用情况的详情季度报告,报告中均表示红十字会对自由基金的分配满足了受袭击事件影响的个人和家庭的需要。

又如,2005年"卡特里娜"飓风救灾捐款的管理和使用也遇到了一些挑战。

2005年,民众对红十字会捐款资金分配管理的信任危机已经过去,在"卡特里娜"飓风过后重燃捐款热情:红十字会在灾后半个月左右便筹集到8.26亿美元的捐款,《慈善纪事报》统计显示,同期所有救援组织筹集的捐款总额超过12亿美元,红十字会筹集的占总善款的70%左右,是其他所有慈善机构捐款总和的两倍以上。[②]红十字会在"卡特里娜"飓风两年后的一份报告中表示,它获得了所有"卡特里娜"飓风救灾善款30多亿美元中的约21亿美元。[③]红十字会利用这笔巨款帮助了数以百万计的受灾民众,也部分满足了他们灾后的基本生活所需和灾后重建所需。但救援善款的管理和使用又出现了相关财务系统运转能力有限及审核不力、监督不足等问题,导致捐款被人骗取,部分捐款捐物被浪费、滥用的现象。

早在2004年,红十字会建立了一套新的客户援助系统(Client Assistance System,简称CAS),便于申请救援的灾民登记、审核。突破以往烦琐的手工、纸张凭证和支票准备系统的局限,该系统可以使红十字会能够及时、有效地将每个经济援助案例信息发布到CAS数据库中,提高数据的实

---

① "Red Cross: Victims will get all Liberty Fund monies". *CNN*, Nov. 14, 2001.

② Richard M. Walden. "The Red Cross Money Pits". *Los Angles Times*, Sept. 25, 2005. https://www. latimes. com/archives/la—xpm—2005—sep—25—op—redcross25—story. html

③ American Red Cross. *The Face of Recovery: The American Red Cross Response to Hurricanes Katrina, Rita and Wilma.* Washington, D.C., 2007. p.1.

时可视性,增强财务管理和预测,直接将救援款发放到灾民家庭的借记卡上。这本来是件好事,但实际上在“卡特里娜”飓风救灾行动期间,该系统无法处理大量需要实时访问登记的客户信息,没有足够审核大量信息并规划的财务管理人员,导致部分救援善款被欺诈领取。2005年9月,美国司法部一专项小组提交的总结报告称:当时对红十字会援助涉嫌诈骗的指控有8440项,其中执法机构正在调查的有2937项,1609项已确认移交执法机构,3894项正在还在调查、核实。[①]美国“慈善导航”会长特伦特·斯坦普(Trent Stamp)曾评论红十字会在“卡特里娜”飓风灾害救援中使用借记卡计划“是个糟糕的主意,执行得更是一塌糊涂。他们不能保证救灾款送到真正需要人的手里”[②]。

再如,2008年6月,盖尔·J.麦戈文新任红十字会总裁兼CEO时,红十字会正面临着“经营赤字和巨额债务、笨重的组织结构、需要改头换面的筹款策略、过时的IT系统、血液行业的重大变化、一个疲倦(尽管值得信赖)的品牌”[③]等挑战。为了改变赤字,麦戈文进行了一系列改革,例如通过精简组织结构削减管理开支、撤销部分分会、裁减员工、削减员工福利等。到2015年,红十字会原有的700多家分会仅剩大约250家,数千工作岗位被撤销,员工工资削减超过三分之一。[④]

为了增加红十字会的收入,麦戈文聘请了她之前公司的同事共同拟定了一份5年战略规划,希望通过不断扩大筹款规模和教授心肺复苏课程、游泳课程以收取培训材料费来带动利润增长,预计在2016年收入增加到41亿美元,但到2016年,实际总收入仅26.6亿美元,比2011年的34.7亿美元还减少了8.1亿美元。

新世纪出现的财政赤字,主要是因为用于改善生物医学服务系统的开支超过了20亿美元。麦戈文上任后加大了对生物医学服务领域的投资,从2008到2018年,该项支出占红十字会年度总支出的64%左右。2013年对

---

① Hurricane Katrina. *Fraud Task Force: First Year Report to the Attorney General*. U.S. Department of Justice, Sept. 2006, p.43.

② Trent Stamp. *New Orleans—Time to Hammer the Red Cross*, Jul. 24, 2006. https://web.archive.org/web/20060823021640/http://trentstamp.blogspot.com/2006/07/new—orleans—time—to—hammer—red—cross.html.

③ https://www. redcross. org/content/dam/redcross/enterprise—assets/pdfs/Gail% 2010 YearReport_Final—Pages.pdf

④ Justin Elliott. "The Corporate Takeover of the Red Cross". *ProPublica*, Dec. 14, 2015. https://www.propublica.org/article/the—corporate—takeover—of—the—red—cross

其生物医学服务领域的所有计算机系统、设备和流程进行大规模升级，使血库软件变得更加稳定和现代化。但由于医疗水平的提高，美国国内输血需求减少，红十字会主营的血液制品需求量减少，造成生物医学服务业务连年亏空。

为了积极筹款，麦戈文加大了对非灾害时期募捐的宣传，虽有一定成效，但筹款宣传花费占总支出的比例从2008年的4%增加到2017年的6.7%，在2018年几乎达到2亿美元，可2016年仅筹到6亿多美元，在美国慈善机构排行榜中，仅位列21名。2012年，红十字会成立了首个非营利性质的“数字灾难行动中心”（Digital Disaster Operations Center，简称DigiDoc），到2018年，红十字会在全美建立了四个这样的数字中心，通过已建的数字中心获取实时态势，有利于工作人员对需要的信息作出迅速回应，将掌握和协调的资源导向有需要的地方。与此相配合，2016年启动了“红十字会可视互动向导系统”（the Red Cross Visual Interactive Event Wizard，简称RC View），能够运用地理空间和数字技术，提供数据分析，提高向有需要的人提供援助的速度和效率。

如何高效使用筹到的捐款，红十字会的压力肯定有来自技术层面的。信息技术发展日新月异，给红十字会同时带来了机遇和挑战。机遇是大型慈善组织的业务运作，在一定程度上更依赖新技术。目前电子慈善越来越使红十字会那样大型的、知名的、全国性的捐赠基地，在核心IT工具（如电脑和互联网接入）方面跟进手持设备和网络应用等新技术。新技术的硬件和使硬件适应组织任务的能力均衡分配，促使红十字会更好地完成使命。而挑战是信息技术的资源密集型特点，需要大量购买成本和培训、维护成本，且技术使用周期短、淘汰快。由于非营利组织无法像营利组织那样进入股票市场，筹集资金时面临结构性的劣势，大部分资金来自捐款和服务项目。其中捐款者又都希望所捐之款全部用于直接救援，不愿意用在他们看不见的一些技术维护方面。

由此可见，对红十字会的发展来说，能筹到多少善款是组织发展的重要问题，而如何使用好筹到的捐款更是组织发展的关键问题。红十字会与其他非营利组织一样，目前面临的道德和哲学挑战远超出了新技术带来的挑战，红十字会组织赖以生存的公众信任基础不能出现断层。这种断层是摆在组织发展面前的挑战，由于公众对红十字会抱有过高的期望，一旦做不到就容易引起信任危机，就会影响捐款热情。而这些期望却也正是红十字会发展的重中之重，若没有民众对红十字会的帮助和期望，红十字会将寸步难行。

二、人道主义与帝国主义的矛盾

美国红十字会创立的年代,正是英法等欧洲国家在世界各地进一步建立殖民地的年代,也是美国开始参与帝国主义瓜分世界的年代。法国的共和党人和英国的自由党人都把殖民主义本身看作一种“人道主义社会的进步”,是他们的“文明使命”。在那个年代,美国的商业帝国主义与殖民主义开始流行,他们认为自己的“文明使命”不仅注定要征服美国西部的“劣等种族”,而且要征服世界上所有其他“劣等民族”,他们要把“美国文明”“传播到全世界”。

美国红十字运动的人道原则,起源于19世纪西方统治和扩张的时期,其核心经常被认为表达了西方的价值观,发展至今仍带有很强的欧美元素。欧美国家的人道主义在历史上有输出民主、人权的同时寻求政治和经济利益的目的,带有某种客观上的人道主义、主观上的帝国主义色彩。在这种历史特定性和特殊地缘政治背景下,大国、强国、富国将人道援助工具化,把参与人道援助作为“获取民心”策略的一部分,以谋求政治目标,换取一些政治利益,这是当今世界人道主义不断演变,不断受到挑战的原因,也是一种后殖民统治的新型表现形式。

理论上,红十字的人道精神和人道原则是国际的、世界的、神圣的、高尚的,不容各成员掺杂任何政治目的和政治利益,不允许违背和打折扣。红十字国际委员会从创立至今,促使各成员国签署了《日内瓦公约》和《国际红十字与红新月运动章程》,其基本原则不断完善。在1965年维也纳召开的第20届红十字与红新月国际大会上,宣布红十字运动七项基本原则的表述为:人道、公正、中立、独立、志愿服务、团结和普遍性。1986年在日内瓦召开的第25届红十字与红新月国际大会,修订了七项基本原则所涵盖的内容,其中人道是首位的,它表述为:本着一视同仁地救助战地伤者的愿望,国际红十字与红新月运动通过其国际上和各国内部的力量,尽一切努力防止和减轻人类遭受的疾苦,且不论这些疾苦发生在哪里。本运动旨在保护人的生命和健康,并确保对人的尊重。它促进各民族之间的相互理解、友谊、合作与持久和平。人道之所以排在七项原则之首,是因为人道原则其实包含着人道、公正、中立、独立这前四项原则的内容,是七项原则中的重中之重,每个国际红十字组织的成员都必须依照红十字精神和原则来行动。美国红十字会是国际红十字组织中的重要成员,自成立以来执行着七项基本原则,其中的独立原则规定:“本运动是独立的。虽然各国红十字会要辅助本国政府提供人道服务,并受到本国法律的制约,但它们必须始终保持独立,以便在任何时候都能按照运动的原则来开展工作。”

但在实践中,美国红十字会无法摆脱国家意志和国家利益至上,美国红十字会是美国的一个准政府组织,是联邦政府授权指定的美国国内最大的救灾志愿组织,它的活动与行为既有明确的政府辅助性,更在一定程度上代表了国家意志和国家利益,必须与美国政治和美国外交保持一致。红十字会活动的非营利、慈善性,在崇尚个人主义、反对政府控制的传统中,深得美国社会人士的赞美和支持。这种在国际社会、美国政府和美国社会中所处的独特地位,决定了美国红十字会在对外救灾活动中执行的人道、中立原则,会打上美国政治和美国外交的烙印。当国际红十字精神、原则与美国政治外交倾向一致时,红十字会是美国外交的形象代表,它促进了美国文化在全球的传播;当两者不完全一致时,红十字会的活动不得不屈从于美国政治和国家外交立场。

事实上,随着美国的国内形势与国际形势、美国与各国关系的变化,美国红十字会遵照的国际红十字基本原则,一直不断地受到美国政治和外交政策的挑战。在20世纪前半叶,美国的经济、军事实力不断增强,美国开始向世界各地大肆扩张,并逐步走上了世界权力的顶峰,成为超级大国。它充当资本主义世界的霸主,在世界上推行霸权主义。在此过程中,美国红十字会的活动多少带有国家利益至上的政治、外交特征。例如,在第一次和第二次世界大战中,美国的外交政策从中立到参战,红十字会的活动也发生了从中立到爱国主义的转变,红十字会的中立原则难以逾越美国的政治立场和外交立场,它难以独立完成对交战国双方的战场伤兵和受战争伤害的平民一视同仁地进行公平的人道主义援助,难以不折不扣地遵循国际红十字运动的人道、中立、独立等原则,而是与美国参战的外交政策一致,参与美国一方的爱国主义救援行动。

第二次世界大战以后,尤其是20世纪最后30年到21世纪,美国的内外形势一直都在发生变化,国际国内发生的危机类型、持续的时间和规模、红十字会开展人道行动的政治环境等都发生了变化,红十字会在全球范围内帮助受冲突、其他暴力局势和灾难影响的人时,无法抛开国家的政治和外交立场。例如,在朝鲜战争、越南战争、两伊战争、科索沃战争等局部战争中,美国红十字会实际上难以做到游刃有余地进行公平救援,在提供援助的决策中,政策考量变得日益重要。当突发的、前所未有的大灾大难或恐怖袭击事件发生后,在事后的人道救援中,当需求超过有限资源时,如何掌握公平原则,决定援助先后次序,如何处理种族问题等,都增加了人道系统受到操控的可能性,所以在追求纯粹人道方面,美国红十字会一直面临摆脱政治目标的挑战。

美国红十字会进一步发展的最大难题是它的人道行动从未发生在政治真空之中,它总是被政治化和工具化的。在当前极端主义的大环境中,在一个不断变化的国际政治格局中,红十字会不仅要应对危机带来的影响,还要解决危机产生的根源。它实施的援助,在当今的全球治理过程中正发挥着越来越重要的作用。红十字会需要去政治化、去工具化,在暴力局势和灾难之中,当人的生命遭到威胁时应明确:人道的目标是人,而不是帝国主义;人道行动是人的学问,而不是政治的学问;在人道行动中,没有什么是比人更为重要的目标;最终目标不是意识形态、不是民主传播、不是宗教信仰的转变、不是军事胜利、不是帝国主义,而仅仅是人的生命。追求这个意义上的人道主义,才是红十字会发展的永恒。

虽然筹款和科学管理资金的挑战是各国红十字会都面临的共性问题,虽然人道主义与帝国主义之间的关系和界限是西方国家普遍存在的争议问题,但由于美国红十字会是国际红十字会组织中筹款最多、活动能力最强的成员,美国又是西方帝国主义国家中实施霸权主义最广泛的国家,所以这两方面使美国红十字会的进一步发展比其他国家红十字会的发展面临更严峻的挑战。

结 语

美国红十字会的改革与发展并非是孤立的，它是在美国历史演变、美国社会发展的大背景下完成的。19世纪80年代巴顿创立美国红十字会时，美国正奉行“孤立主义”政策，但美国与欧洲的联系千丝万缕，而且在经济上正由农业国转向工业国，并正在赶超英法老牌资本主义国家。受欧洲国家纷纷加入红十字国际委员会的影响，美国创立了红十字会，从一个方面反映了美国挤入世界强国阵营的迫切愿望。

19世纪末20世纪初，美国掀起了“进步运动”，主要宗旨是解决高度垄断下产生的社会问题，加强政府对企业的管理与监督。红十字会创立后的第一次改革正是在“进步运动”背景下进行的，当时针对巴顿专权以及红十字会财务管理混乱的状况，改革采用新兴的科学管理主义运营模式，增加了财务审计制度，使红十字会从简单的民间非营利组织走向由受政府监督的准官方组织。

第一次世界大战爆发后，红十字会为了适应美国战时形势和战时政策，进行了第二次改革，建立了战争委员会，由战争委员会全面指挥战时救援活动。美国参战后，红十字会的人道主义与爱国主义紧密结合，大大激发了民众志愿加入红十字会的热情，组织规模迅速扩大，救援活动与美国从中立到参战的外交立场保持了一致。

20世纪20年代美国进入了前所未有的“繁荣年代”，在物质异常丰富的年代，美国社会更关注改善生活、丰富生活、享受生活。红十字会的第三次改革围绕着经济繁荣、提高生活水平的趋势展开，实现了战后工作大转向，除了维持战前的自然灾害救援活动外，开始向社会公共卫生和家庭福利领域拓展，把红十字会的工作推向更大规模的社会服务，使红十字会不仅仅是战场救护组织，而且成为一个和平机构、一个永久的人类服务机构。当20世纪30年代美国发生经济大萧条时，罗斯福新政强化了政府的职能，直接承担民众的救济责任，建立了福利政策，但福利国家并没有削弱红十字会的作用。

第二次世界大战期间,与战时服务需求相呼应,红十字会进行了第四次改革,重点完善了服务军队体系,突出的成就是开启了采血、制血、建立血站的工程,红十字会建立的“生命之礼”血站,在挽救军人和平民患者生命中发挥了巨大的作用。

为了适应战后社会变革的需要,红十字会经受住了美国社会的重大动荡,进行了第五次改革。战后退伍军人增多,服务退伍军人工作的内容和范畴不断扩大,红十字会的血液计划和全面健康计划成为战后工作的重点。组织结构方面,扩大了分会的作用,加强了民主意识,成功应对了社会变革的各种挑战。20世纪60年代,公众越来越愿意公开批评和审查现有组织,这对红十字会的管理提出了挑战。20世纪60年代末至20世纪70年代,随着女性在劳动力大军中的地位日益提高,红十字会的志愿文化受到了冲击,越南战争中反战情绪也削弱了对该组织活动的支持。20世纪80年代,当红十字会努力重塑自身时,艾滋病的流行威胁到了其血液制品的安全,并引发了批评和诉讼。20世纪90年代,随着新领导上任,通过重视血液安全、筹资、救灾等,红十字会才开始重振雄风。

新世纪初,美国遭遇了前所未有的“9·11”恐怖袭击和“卡特里娜”飓风等多次重大自然灾害的袭击。红十字会在应对人祸天灾过程中不断受到批评与抨击,反映出它在筹款及资金使用方面、组织机构的民主和科学管理方面都有严重的问题,表明它的组织管理已经与21世纪美国众多上市公司的标准化管理模式有差距,迫使红十字会展开了第六次改革。这次改革是一次现代化治理改革,借鉴和参照上市公司的标准化管理模式,使红十字会的组织管理更趋现代化。

透过美国红十字会改革与发展历程的研究,可以清楚总结以下几点。

第一,美国红十字会从1881年创立至2021年已有140年的历史,其间经历了六次重大改革,使它的组织规模从巴顿创立时只是有几十人的小型私立、非营利志愿性组织,发展到今天超过100万志愿者和3.5万名雇员的大型、非营利准政府、现代化慈善组织,使它的组织管理模式完成了多次转变(简单的非营利模式、非营利与营利企业结合管理模式、基金会和公司管理模式、上市公司标准化管理模式),在组织规模和组织结构与管理上,现代化程度越来越高。美国红十字会的改革、发展与美国历史的演变、社会的发展紧密相连。

第二,美国红十字会历史上收到的一笔笔、一年年捐助的巨款,可以说是天文数字,十分惊人,但它一次次、一项项的救援活动对人类所产生的积极意义也是无法衡量的。美国红十字会的活动规模和产生的国际影响在各国红十字会中都是排在前列的。它在世界灾难史、救灾史上,努力树立了和平精神传播者、捍卫者的形象,丰富了国际红十字运动的内涵。

第三,美国红十字会的主要救援活动在某种程度上是美国慈善事业的一个缩影,红十字运动轰轰烈烈,主要依赖于众多拥有慈善之心的志愿者。可以说,红十字精神源于慈善精神,红十字会的发展壮大得益于美国慈善事业的大众化、专业化。美国红十字会的运作模式虽然与其他慈善组织不完全一致,但它在慈善业专业化的推动下,在慈善业税收豁免政策的鼓励下,在慈善业监管机制的监督下,发展得有声有色。美国红十字会在救灾、服务社会的活动中募集和使用的大量善款,有实现社会财富第三次分配、缓和社会贫富分化加剧的性质。

第四,美国红十字会的对外救援是美国政府与国际社会接触的重要途径,代表了美国参与国际社会的积极努力,彰显和发扬了国际红十字运动的精神,无疑是一种影响世界的积极因素,是一种展示美国人支持非暴力、富有同情心的方式,美化了美国的国际形象。美国红十字会的对外救援也是一项深刻的政治、经济活动,它满足了美国不断扩大的企业发展需求。救援物资如食品、服装、医疗用品等的援助,扩大了美国国内的就业,为美国在全球范围内的军事和经济势力渗透创造了更稳定、更有序的条件。

第五,美国红十字会在医疗、慈善救援方面,不仅说服受援国接受美国的救济物资,而且接受美国关于健康、福利和社会改革的思想,接受美国的价值观。从这个角度出发,美国红十字会的对外援助是新时代的传教事业,与传统传教士有同样的作用。它在对外援助时宣称的利他性和自愿性,在某种程度上是一种文化外交,是美国政治和文化扩张的一种补充手段。由于美国红十字会的准官方性,当美国的霸权主义和扩张主义外交政策与红十字中立性原则冲突时,霸权与扩张政策对美国红十字会的国际人道原则产生负面影响,使美国红十字会的对外救援烙上国家政治立场的印记,红十字会跨越国界、种族、信仰的中立性原则在美国就有了折扣。这是美国红十字会必须高度重视的问题,只有不断改革、纠错,才能真正发扬光大红十字国际精神。

随着世界变得越来越复杂,人类在未知面前十分渺小,不知还会遇到什么天灾人祸的挑战,但无论什么任务,我们都希望美国红十字会能与其他红十字国际委员会成员一起,在面对人类救援需要的时候,挺身而出!

附录一　美国红十字会大事记①

1881年5月21日　巴顿等人成立了美国红十字会。

1882年3月16日　美国成为第32个签署《日内瓦公约》的国家，该条约由阿瑟总统签署。

1884年2月　巴顿沿着被洪水淹没的俄亥俄河和密西西比河运送救援物资。之前她派朱利安·哈贝尔参加了1881年的密歇根森林大火和之前的密西西比洪水的救灾活动，但这次是巴顿第一次直接参与救灾。

1889年5月31日　宾夕法尼亚州约翰斯顿水坝决堤，导致该城突然发生洪水，造成至少2209人死亡或失踪。红十字会进行了为期5个月的救援行动。

1891年9月　俄国饥荒开始。红十字会与艾奥瓦州等地的农民合作，将美国玉米运送给俄国农民。

1893年8月27日　一场海岛飓风摧毁了南卡罗来纳海岸地区，造成800～5000人死亡。美国红十字会的救援持续了将近一年。

1898年4月25日　美国对西班牙宣战。红十字会组织援助军队，但效率较低。巴顿试图在战争期间继续向平民提供援助，但收效甚微。

1900年6月6日　美国国会颁发红十字会成立特许状。

1900年9月8日　加尔维斯顿的一场飓风造成约8000人死亡。巴顿进行了她最后一次重大的救灾行动。

1904年5月　巴顿在三年多的组织内斗后辞去了红十字会主席一职。梅布尔·T.博德曼成为该组织事实上的领导人。

1905年1月　国会通过了新的《红十字会宪章》，红十字会被置于陆军部的直接监督之下。

1906年4月18日　旧金山发生地震和火灾，3000人死亡，城市被毁。

---

① 根据 Marian M. Jones. *The American Red Cross, from Clara Barton to the New Deal.* Baltimore：The Johns Hopkins University Press，2013，pp.18—28 编辑整理。

红十字会为受害者筹集了几百万美元，并派遣慈善组织领导人爱德华·T.迪瓦恩前往该市领导救援工作。

1906年　红十字会派遣第一批人员到中国解决饥荒、洪水和干旱问题。

1907年10月10日　《海牙公约》在一次国际和平会议上通过。其中包括修改《日内瓦公约》以适应海上战争。

1908年11月3日　威廉·霍华德·塔夫脱当选总统。塔夫脱在他的总统任期内仍然是红十字会名义上的主席，从此开启了每一位美国总统都被授予美国红十字名誉主席称号的传统。

1908年12月28日　意大利墨西拿发生地震，超过7.5万人丧生。红十字会筹集了近百万的救灾款和物资，并与美国国务院和海军合作帮助重建这些城市。

1909年11月13日　伊利诺伊州切里发生一场矿井火灾，256名矿工丧生。红十字会为帮助矿工的家庭，设立了持续到1923年的养老金项目。

1910年　简·德拉诺主持美国红十字会第一次护理服务会议。德拉诺后来成为红十字会护理部门的第一任负责人，并领导该部门度过了第一次世界大战。

1912年4月12日　巴顿在马里兰州格伦埃科的家中去世。

1913年　俄亥俄州发生洪水，500多人死亡，代顿和印第安纳州部分地区被淹没。红十字会派出了一支由66名社会工作者和283名护士组成的队伍，投入320万美元进行救援工作。

1914年4月20—21日　在科罗拉多州的勒德洛大屠杀中，国民警卫队向罢工者营地开火，造成多人死亡，其中包括至少2名妇女和至少2名儿童。由于中立政策，红十字会不参与救援。

1914年7月　第一次世界大战在欧洲爆发。红十字会在协约国和同盟国之间遵守中立原则，向双方派遣医护人员和输送物资，但最终被英国的封锁阻止。

1915年3月27日　威尔逊总统为在华盛顿落成的美国红十字会总部“大理石宫殿”奠基。该总部由公共和私人资金投入建设，于1917年投入使用。

1917年5月10日　美国威尔逊总统组织红十字战争委员会。

1917年7月1—2日　在东圣路易斯种族骚乱期间，5000名黑人居民被赶出家园。许多人得到了圣路易斯市红十字会分会的帮助。

1918年10月1日　公共卫生服务部门要求红十字会协助应对流感疫

情。红十字会向平民医院和军营提供物资、志愿者以及1.8万名护士和助手,其中包括首批获准在红十字会服务的黑人护士。

1919—1923年 红十字会启动了一个帮助受世界大战影响的难民和儿童的项目,该项目在25个国家开展。

1919年7月27日—8月3日 芝加哥发生种族骚乱。红十字会芝加哥分会帮助受暴力事件影响的黑人和白人。

1921年5月31日—6月1日 在塔尔萨种族骚乱中,多达300人死亡,一个黑人地区被夷为平地。红十字会面对许多白人的敌意,还是帮助了塔尔萨黑人难民。

1923年9月1日 日本东京和横滨发生地震,近20万人死亡或失踪。红十字会筹集了1160万美元,其中700万捐给了日本红十字会。

1925年3月18日 “三州龙卷风”袭击密苏里州、伊利诺伊州和印第安纳州,造成至少695人死亡。红十字会筹集了近300万美元用于救灾。

1926年的9月18日 一场猛烈的飓风袭击了迈阿密。红十字会为受害者筹集了382万美元,这笔筹款远远不能满足需要,但当地政府担心大张旗鼓的救援会影响旅游业,阻止了进一步募捐。

1927年4月21日 洪水造成密西西比河下游决堤,红十字会开始在7个州投入1700万美元进行大规模的洪水救援行动。当时的商务部部长赫伯特·克拉克·胡佛与红十字会领导人詹姆斯·费瑟共同领导救灾工作,标志着联邦政府再次参与救灾和红十字会的活动。

1928年9月6—20日 形成于加勒比海的“奥基乔比－圣费利佩塞贡多”飓风摧毁波多黎各、维尔京群岛和佛罗里达州东南部,造成多达2500人死亡。红十字会为救灾工作筹集了590万美元。

1928年11月 赫伯特·克拉克·胡佛当选总统,美国政府与红十字会的关系更加紧密。

1929年7月 《日内瓦公约》的附加条款获得批准,公约吸收了世界各国的经验,增加了治疗伤病员和战俘的详细标准。

1929—1933年 美国大萧条开始,西部各州的干旱导致大面积的农作物歉收。红十字会应胡佛总统的要求从事抗旱工作,提供了价值7300万美元的棉花和小麦产品。地方分会帮助失业者。

1933年3月11日 加州长滩发生地震。至少有15人死亡,数千人受伤。罗斯福总统提议政府拨款500万美元直接援助加州,但遭到国会拒绝,只通过了一项1700万美元的贷款法案,由红十字会和国家机构提供救济。

1933年5月12日 罗斯福创立了联邦紧急救济署,为各州提供5亿美元的失业救济和救灾援助。

1935年 干旱和风暴使南部平原州变成了沙尘暴区。红十字会向该地区派遣了48名护士来治疗在沙暴灾害中患病的人们，并帮助建立防尘家园。

1936年 从缅因州到匹兹堡，春季季风席卷了东北部地区。红十字会提供了800万美元用于救济，联邦政府拨款4300万美元用于援助。

1937年1月19—25日 俄亥俄河洪水泛滥，洪水从辛辛那提流经孟菲斯。红十字会通过在广播、报纸上呼吁筹集了2500万美元。红十字会开展了与政府合作的重大救灾行动，其成为全美主要的救灾机构。

1938年9月19日 一场巨大的飓风袭击了美国东北部，至少有600人死亡，造成3亿美元的损失。红十字会筹集了近100万美元用于救灾。

1940年5月15日 第二次世界大战开始后，在查尔斯·德鲁博士的领导下，红十字会开始了它的第一个献血项目“英国血浆工程”。当时红十字会禁止非裔美国人献血。

1941—1945年 美国参战后，红十字会为战争服务筹集了6.66亿美元，并通过食堂、机动部队和家庭服务处向武装部队成员提供志愿援助。在后方，妇女们卷起绷带，为战俘们准备护理包。红十字会为海外士兵开设了娱乐俱乐部，但不像第一次世界大战那样承担主要的医疗或护理职责。

1942年6月 红十字会与民防办公室(the Office of Civilian Defense，OCD)签署了一项互助协议。红十字会志愿者将在敌人袭击美国本土时帮助平民防御，OCD将与红十字会合作救灾。红十字会和OCD联合培训了超过10万名护士来应对紧急情况。

1942年10月4日 红十字国际委员会开会讨论有关纳粹集中营大屠杀的报告。尽管有明显的暴行证据，但它决定保持沉默。

1942年11月28日 波士顿椰子林夜总会发生大火，造成将近500人丧生。红十字会—OCD训练有素的护士在医院帮助和安慰受害者家属。

1943年5月1日 在全国有色人种协进会(NAACP)和其他组织的压力下，红十字会聘用了杰西·托马斯(Jesse Thomas)，他是第一位担任红十字会行政人员的非裔美国人。

1945年8月18日 红十字会在二战期间收集了超过1300万品脱的血浆后，结束了军队血液计划。

1945年8月 日本宣布投降后，红十字会向日本派遣人员，帮助复兴日本红十字会，并向德国等国饱受战争蹂躏的人民提供援助。

1947年5月8日 《红十字会宪章》修订，赋予各分会更大的话语权。

新的由50人组成的理事会取代了中央委员会成为管理机构。

1947年4月16日 一艘装载化肥的船只在得克萨斯州的得克萨斯城爆炸,造成至少500人死亡。红十字会、军队和当地政府的志愿者们赶赴现场帮助幸存者。除红十字会外,其他组织也做了很多工作,但红十字会因把功劳据为己有而受到公开批评。

1948年1月12日 红十字会推出了全国血液捐赠计划,在纽约州罗切斯特开设了第一个采血中心。到20世纪60年代初,红十字会提供全美近一半的平民血液需求。

1949年10月1日 “马歇尔计划”的提出者乔治·C.马歇尔成为红十字会主席。

1950年6月 朝鲜战争爆发,红十字会在交换战俘和为交战区难民提供救助方面发挥了巨大作用。

1950年9月30日 杜鲁门总统签署了1950年《灾害救济法》,正式确立了联邦政府在救灾中的作用,赋予总统在未经国会批准的情况下发布“重大灾害”声明和向各州和地方发放资金的权力。在法案中用特定语言维护了红十字会在救灾方面被特许的角色。

1953年7月 朝鲜战争停战后,红十字会在韩国开始了“流动俱乐部”计划。在这个项目中,由受过大学教育的年轻女性组成的团队前往韩国,访问服役军人,提供娱乐节目。该项目的官方名称为“海外补充娱乐计划”,一直持续到1973年。

1954—1965年 飓风“黑兹尔”(1954年)、“黛安”(1955年)、“奥黛丽”(1957年)、“唐娜”(1960年)和“贝琪”(1965年)过后,红十字会均提供了救援,并与民防当局协调,雇用民防组织协助红十字会分会的志愿人员救助飓风幸存者。

1960年5月 智利瓦尔迪维亚发生里氏9.5级地震,超过1600人死亡,3000人受伤。红十字会将救灾专家和应急物资空运到现场,并为救灾工作筹集资金。

1962年2月 红十字会向越南派遣了第一名外勤军官。

1964年3月27—28日 阿拉斯加安克雷奇发生里氏9.2级地震,造成百余人死亡。红十字会派遣了护士并向幸存者提供援助。

1965年10月8日 在维也纳举行的一次国际会议上,红十字会联盟将人道、公正、中立、独立、志愿服务、团结和普遍性作为其基本原则。

1965年 约翰逊总统时期,美国介入越南战争升级。红十字会向越南派遣了被称为“甜甜圈洋娃娃”的美国妇女为美军提供娱乐节目与演出。

1967年10月30日 理事会收到报告称，红十字会总部将主办一个全国罕见血型献血者登记处。

1968年4月4日 马丁·路德·金被暗杀。当美国各地城市爆发骚乱时，红十字会分会为那些无家可归的人建立了紧急避难所，为他们提供食物和急救。

1969年8月 飓风"卡米尔"横扫墨西哥湾沿岸各州和弗吉尼亚州，造成256人死亡。红十字会为25.7万名幸存者提供了2100万美元的资金用于救灾。但红十字会、民防管理局和其他政府机构因援助不足和协调不力而受到批评，尤其是对非裔美国人和穷人的援助。尼克松总统提议对联邦救灾工作进行集中和全面改革。

1970年11月 孟加拉国的一场飓风造成35万～50万人死亡。红十字会和红十字运动的其他组织，以及美国和其他国家的政府，都提供了援助。

1972年6月19—22日 飓风"艾格尼丝"袭击美国东海岸，117人因飓风带来的洪水而死亡。红十字会向灾民提供救助。

1974年5月22日 尼克松总统签署1974年《灾害救济法》，将联邦救灾扩大到各州、地方和个人，并由联邦政府负责向灾难幸存者提供长期援助。

1974年 红十字会引入心肺复苏培训。到1982年，每年颁发近200万份心肺复苏资格证书。

1975—1979年 在"新生命行动"中，红十字会帮助逃往美国和其他国家的越南和柬埔寨难民。在难民中心，红十字会提供咨询、娱乐、护理服务以及英语教学。分会还帮助难民在美国重新定居。

1979年3月28日 宾夕法尼亚州三哩岛核电站发生辐射泄漏。红十字会动员了2000多名志愿者帮助该地区的居民疏散。后来只有少数居民被疏散，因为风险被确定为很小。

1979年3月31日 卡特总统通过行政命令创建了联邦紧急事务管理局。

1979年4月1日 社会学家杰罗姆·H.霍兰德成为第一位非裔美国人红十字会理事会主席。霍兰德曾在20世纪60年代担任红十字会理事会成员，作出了恢复红十字会志愿队伍多样化的努力。

1980年 霍兰德宣布将在20世纪80年代期间，"重点关注分析美国人的健康需求"。他发起了一项血压筛查计划，针对的是非裔美国人易患高血压的高风险人群。

1981年 红十字会庆祝成立100周年。它希望通过"百年纪念基金"来弥补资金筹集和通货膨胀之间的差距。

1983年1月3日 红十字会和其他血库组织发布了关于艾滋病和可能污染血液供应的第一个警告。同年3月,红十字会开始敦促“高危人群”不要献血,包括“性生活活跃的同性恋男性、静脉吸毒者、海地人和血友病患者”。红十字会官员公开向公众保证血液供应是安全的。

1984年5月4日 美国国家卫生研究院(NIH)的罗伯特·加洛博士和他的同事在《科学》杂志上发表了一篇论文,确定了一种病毒是导致艾滋病的病原体。法国研究人员吕克·蒙塔尼耶(Luc Montagnier)和他的同事也宣布了类似的发现。针对艾滋病毒的酶联免疫吸附试验(ELISA)问世,但尚未获得商业许可。

1985年3月 美国食品和药物管理局(FDA)批准了一项血液检测后,红十字会开始检测血液中的艾滋病病毒。红十字会进行的首批100万次的检测表明,2500名献血者中有1例感染了艾滋病病毒。

1985年 红十字会发起了非洲救济运动,以解决埃塞俄比亚、乌干达、安哥拉等非洲国家的饥荒问题。美国募集了超过2450万美元,红十字国际联盟和红十字国际委员会募集了2.5亿美元,这些捐款将用于救援非洲短期和长期的饥荒。

1987年2月23日 红十字会开设荷兰实验室,致力于生物医学研究。

1988年9月14日 在艾滋病流行期间红十字会血液处理不当等对血液安全表示担忧的报道出现之后,红十字会与FDA签署了一项自愿协议,对其血液采集和处理系统进行全面改革。

1988年 《罗伯特·斯塔福德灾难救济和紧急援助法案》通过,它修订了1974年《灾害救济法》,对“重大灾害”作出了更具体的定义。

1989年9月2—22日 飓风“雨果”袭击南卡罗来纳州,红十字会开始救援工作。

1989年10月9日 洛纳普雷塔地震袭击了旧金山湾区,震级为里氏6.9级,造成63人死亡,并导致高速公路坍塌。红十字会帮助了该地区的14000个家庭。

1990年8月 “沙漠盾牌”行动在波斯湾开始,红十字会的工作人员抵达,协助部队进行通信,并协助处理战俘问题。红十字会筹集了2600万美元来支持在波斯湾服役人员。

1991年2月4日 伊丽莎白·多尔被任命为红十字会CEO,她是巴顿之后红十字会中职位最高的女性。

1991年5月19日 多尔宣布对采血系统进行重大重组,以确保血液供应的安全。到世纪末，这项改革将耗资近3亿美元。

1992年8月3日　红十字会第一个国家检测实验室在马萨诸塞州戴德姆开业，实验室采用标准化测试，确保红十字血液制品的安全性，包括测试HIV－1和HIV－2抗体（抗HIV－1和抗HIV－2）的供体血液。

1992年8月24日　飓风“安德鲁”袭击南佛罗里达，造成40人死亡和250亿美元的财产损失。红十字会向幸存者提供援助。

1993年8月8日　密西西比河及其支流的洪水达到几十年来的最高水位，造成50人死亡，至少75个城镇被淹没。红十字会提供了3100万美元的现金和实物捐赠。

1995年4月19日　俄克拉何马城一座联邦大楼被恐怖分子蒂莫西·麦克维炸毁，造成168人死亡，其中包括19名儿童。红十字会为受难家庭提供救济，并设立了全国电话热线，以缓解儿童和家长因这起事件而产生的恐惧和担忧。

1996年10月9日　国会通过《航空灾难家庭援助法案》，以提供对空难遇难者家属的援助。该法案呼吁自愿的、非营利性组织参与，在事件发生后“提供情感关怀和支持”。随后，美国国家运输安全委员会（National Transportation Safety Board）选择红十字会担任“情感关怀角色”，成立了红十字会航空事故反应小组，帮助遇难者家属。

1998年11月16日　红十字会开设武装部队紧急服务中心（AFES），为军队提供高科技应急通信服务。

1999年3月1日　红十字会启动核酸检测（NAT），提供血液中HIV和丙型肝炎的早期检测。

2001年9月11日　恐怖分子驾驶劫持的飞机撞击纽约世贸中心和五角大楼，事件共造成2977名无辜者身亡。红十字会宣布为受害者设立基金，并筹集了10.01亿美元。随后因为部分资金被转用于其他灾难，公众的批评纷至沓来。

2001年10月3日　红十字会成立了“9·11”事件受害者及其家属的基金。

2001年10月26日　贝尔纳丁·希利（Bernadine Healy）博士，第一位参与领导红十字会的医生，因与理事会发生冲突而辞职。

2001年12月25日　红十字会工作人员开始在阿富汗服务。在整个伊拉克战争期间，工作人员在巴拉德、巴格达、提克里特和科威特的基地开展活动。

2002年2月7日　红十字会与其他团体一起推出麻疹倡议，这项五年计划旨在通过对儿童进行免疫来消除撒哈拉以南非洲地区的疾病。

2003年3月1日　美国国土安全部成立,并将联邦紧急事务管理局纳入其职权范围。2004年,人道主义事务部制定了《国家应对计划》,规定红十字会是在任何国家紧急情况或灾难中提供大规模避难所的首要角色。

2004年8月13日　飓风“查理”猛烈袭击佛罗里达州的墨西哥湾沿岸。在接下来一连串飓风(“弗朗西斯”“伊万”和“珍妮”)的袭击中,红十字会与其他组织联合应对,这是红十字会历史上最大的一次救援活动。

2004年12月26日　印度尼西亚发生里氏9.1级地震,引发海啸,造成至少22.5万人死亡,170万人流离失所。红十字会筹集了5.75亿美元,并承诺为多国红十字会参与的救援工作制定一个五年计划。全球筹款总额估计为36亿美元,不过并不是所有的认捐都能兑现。

2005年8月29日　“卡特里娜”飓风袭击墨西哥湾沿岸,红十字会为幸存者筹集了史无前例的21亿美元。但是,红十字会因组织混乱、缺乏与联邦紧急事务管理局的协调以及未能提供足够的避难所而受到批评。

2007年5月5日《红十字会宪章》修订。到2012年,理事会成员将从50人减少到最多20人。

2010年1月12日　海地发生里氏7.0级地震,造成至少316人死亡,30万人受伤。红十字会筹集了至少4.84亿美元,78%的资金用于长期健康保持、水和卫生清洁、住房和生计支持。

2011年3月11日　日本发生里氏9.0级地震,引发海啸,造成约2万人死亡。红十字会向日本红十字会捐款2.6亿美元用于灾后重建工作。

2012—2017年　“桑迪”“哈维”“厄玛”和“玛丽亚”飓风肆虐美国,红十字会筹款并展开救援。

2012年5月31日　红十字会推出了第一款智能手机应用,旨在帮助人们学习和练习在紧急情况下急救,该应用程序在接下来的18个月内下载超过一百万次。

2013年11月8日　台风“海燕”在菲律宾登陆,截至10日晚7点,台风已造成229人死亡,28人失踪。在美国红十字会的支持下,超过3200个家庭获得新房,6600个家庭获得现金、材料和技术支持,重建现有房屋,以更好地抵御未来的灾难。

2014年1月16日　红十字会推出宠物急救智能手机应用程序,帮助宠物主人为宠物提供一些简单的急救。

2014年5月20日　为了纪念其游泳安全教育建立100周年,红十字会启动了百年计划,这是一项全国性的运动,旨在三到五年内将50个城市的溺水率降低50%。

2014年9月29日　红十字会为献血者推出智能手机应用程序。截至2017年4月，该应用程序下载量达到100万次。

2014年10月7日　红十字会启动了家庭消防运动，这是一项全国性的运动，旨在将家庭火灾造成的死亡和受伤率减少25%。

2015年3月18日　红十字会筹集了760万美元，用于帮助受埃博拉疫情影响的西非国家的人们。

2015年4月16日　红十字会推出应急智能手机应用程序，来帮助应对许多常见的自然灾害和紧急情况。

2015年4月25日　7.9级地震震动了尼泊尔，夺走了近9000人的生命。美国红十字会进行紧急救援工作，筹集3990万美元，帮助尼泊尔人民重建家园。

2016年9月13日　红十字会推出Hero Care，这是一款面向服役军人、退伍军人和军人家庭的智能手机应用程序。

2016年10月17日　红十字会宣布家庭消防运动在头两年内安装了超过50万个烟雾警报器，至少挽救了111人的生命。

2017年8月25日　红十字会进行大规模的救援工作，以帮助飓风"哈维"的受害者。

2017年10月27日　在加利福尼亚州北部发生毁灭性的野火火灾之后，红十字会帮助社区恢复，确保人们得到他们需要的帮助。

2018年11月16日　红十字会帮助成千上万的人应对加利福尼亚州北部和南部地区因肆虐的野火所造成的灾害。

2019年3月1日　总统特朗普宣布3月为全国红十字月，并概要总结了美国红十字会140年的历史。

2019年4月24日　自2014年10月推出家庭消防运动以来，该运动已帮助拯救了582人的生命。在全美范围内，红十字会志愿者和社区合作伙伴已经安装了160多万个免费烟雾报警器，使684000个家庭免遭家庭火灾的威胁。

2020年3—9月　红十字会开启抗击新冠病毒(COVID－19)的活动，共募集1.008亿美元抗疫款。

2020年3月—2021年3月　红十字会共募集1.058亿美元用于在新冠疫情中提供安全运送血液和救护服务。

附录二 美国红十字会历任主席

1881—1905年 克拉拉·巴顿（Clara Barton）
1905—1906年 威廉·K.范雷朋（William K. Van Reypen）
1906年 罗伯特·梅特兰·奥莱利（Robert Maitland O′Reilly）
1906—1915年 乔治·怀特菲尔德·戴维斯（George Whitefield Davis）
1915—1919年 威廉·霍华德·塔夫脱（William Howard Taft）
1919—1921年 利文斯顿·法兰德（Livingston Farrand）
1921—1935年 约翰·巴顿·佩恩（John Barton Payne）
1935—1938年 卡里·T.格雷森（Cary T. Grayson）
1938—1944年 诺曼·戴维斯（Norman Davis）
1944—1949年 巴兹尔·奥康纳（Basil O′Connor）
1949—1950年 乔治·C.马歇尔（George C. Marshall）
1950—1973年 罗兰·哈里曼（E. Roland Harriman）
1973—1979年 弗兰克·斯坦顿（Frank Stanton）
1979—1985年 杰罗姆·H.霍兰德（Jerome H. Holland）
1985—1992年 乔治·F.穆迪（George F. Moody）
1992—2001年 诺曼·R.奥古斯丁（Norman R. Augustine）
2001—2004年 大卫·T.麦克劳克林（David T. McLaughlin）
2004—2023年 邦尼·麦凯尔文·亨特（Bonnie McElveen－Hunter）
2024年1月— 盖尔·J.麦戈文（Gail J.McGovern）

附录三　美国红十字会历任总裁兼CEO（新世纪）

1991—2001年	伊丽莎白·多尔（Elizabeth Dole）
2001—2004年	贝尔纳丁·希利（Bernadine Healy）
2004年	哈罗德·德克尔（Harold Decker）
2004—2005年	玛莎·J.埃文斯（Marsha J. Evans）
2006年	约翰·F.麦戈瑞（John F. McGuire）临时代理
2007年	玛丽·S.埃尔卡诺（Mary S. Elcano）临时代理
2008年1—6月	马克·W.艾弗森（Mark W. Everson）临时代理
2008年6月—2023年	盖尔·J.麦戈文（Gail J. McGovern）
2024年—	克里夫·霍尔茨（Cliff Holtz）

主要参考文献

一、英文资料

（一）档案资料

[1] *American National Red Cross Charter of Incorporation, 1900*.（《1900年美国红十字会成立章程》）

[2] *American National Red Cross Congressional Charter, 1905*.（《1905年美国红十字会宪章》）

[3] American National Red Cross, *The Work of the American Red Cross, Report by the War Council of Appropriations and Activities from Outbreak of War to November 1, 1917*（《美国红十字会的工作：战争委员会关于从战争爆发到1917年11月1日的拨款和活动报告》），Washington, D. C., 1917.

[4] American Red Cross, *American Red Cross Governance for the 21st Century, A Report of the Board of Governors*（《理事会报告：21世纪美国红十字会的治理》），Washington, D.C., Oct. 2006.

[5] American Red Cross War Council, *The Work of the American Red Cross during the War: A Statement of Finances and Accomplishments for the Period July 1, 1917, to Feb. 28, 1919*〔《美国红十字会战时工作：财政和成就（1917.7.1—1919.2.28）》〕，Washington, D.C., Oct. 1919.

[6] *American Red Cross Annual Report for the Year Ended June 30*, (1904—, each year)，〔《美国红十字会年度报告（1904年至今，截至各年6月30日）》〕，Washington, D.C..

[7] Clara Barton Papers, Mabel T. Boardman Papers, William H. Taft Papers, Woodrow Wilson Papers（克拉拉·巴顿、梅布尔·T. 博德曼、威廉·H. 塔夫脱、伍德罗·威尔逊的手稿），Library of Congress, Manuscripts Division, Washington, D.C..

[8] Congressional Statute 1636, Act of July 11, 1919, "Articles of Equipment for Red Cross",(《红十字会设备条款》) reprinted in *Barnes' Federal Code: Containing all Federal Statutes of General and Public Nature Now in Force*, ed. Uriah Barnes, Charleston: Virginia Law Book Company, 1919.

[9] *Emergency Relief Appropriation Act, 1941*.(《1941年紧急救济拨款法》)

[10] Ernest Bicknell Papers(欧内斯特·比克内尔手稿), University of Indiana.

[11] *Foreign Relations of the United States*(《美国外交关系》), Washington, D.C.: U.S. Government Printing Office.

[12] *Records of the American National Red Cross, Record Group 200*(《美国红十字会记录200组》), National Archives and Records Administration II, College Park, Maryland.

[13] The ANRC's Annual Reports and Audited Consolidated Financial Statements.(美国红十字会的年度报告和经济审计的合并财务报表)

(二)报刊资料

[1] *American Journal of International Law* (《美国国际法杂志》)

[2] *American Journal of Medical Sciences*(《美国医学科学杂志》)

[3] *American National Red Cross Bulletin*(《美国红十字会公报》)

[4] *American Red Cross Courier*(《美国红十字会通讯》)

[5] *Annals*(《年报》)

[6] *The Annals of the American Academy of Political and Social Science* (《美国政治和社会科学学会年鉴》)

[7] *New York Times* (《纽约时报》)

[8] *Red Cross Magazine*(《红十字会杂志》)

[9] *The Washington Post*(《华盛顿邮报》)

[10] *The World's Health*(《世界健康报》)

(三)主要专著与论文

[1] Bridget Towers. "Red Cross Organisational Politics, 1918—1922: Relations cf Dominance and the Influence of the United States" (《1918—1922年红十字会组织的政治:优势关系与美国影响》)// *International Health Organizations and Movements, 1918—1939*, Paul Weindling, ed. Cambridge: Cambridge University Press, 1995.

[2] Caroline Moorehead. *Dunant's Dream: War, Switzerland and the History of the Red Cross*(《杜南之梦:战争、瑞士和红十字会的历史》). New York: Carroll & Graf Publishers, 1998.

[3] Charles Hurd. *The Compact History of the American Red Cross*(《美国红十字会简史》). New York: Hawthorn Books, 1959.

[4] Clara Barton. *A Story of the Red Cross*(《红十字会的故事》). New York: Airmont Publishing Company, 1904.

[5] Clara Barton. *The Red Cross*(《红十字会》). Washington, D.C.: American National Red Cross, 1898.

[6] Clara Barton. *The Red Cross in Peace and War*(《和平和战争时期的红十字会》). Washington, D.C.: American Historical Press, 1906.

[7] Daphne A. Reid , Patrick F. Gilbo. *Beyond Conflict: The International Federation of Red Cross , Red Crescent Societies, 1919—1994*(《超越冲突:红十字国际委员会和红新月会联合会,1919—1994》). Geneva, Switzerland: International Federation of Red Cross and Red Crescent Societies, 1997.

[8] Elizabeth Brown Pryor. *Clara Barton: Professional Angel*(《克拉拉·巴顿:职业天使》). Philadelphia: University of Pennsylvania Press, 1987.

[9] Ernest P. Bicknell. *Pioneering with the Red Cross*(《红十字会的先驱》). New York: Macmillan, 1935.

[10] Frank Ninkovich. *Global Dawn: The Cultural Foundation of American Internationalism. 1865—1890*(《全球黎明:美国国际主义的文化基础,1865—1890》). Cambridge: Harvard University Press, 2009.

[11] Foster Rhea Dulles. *The American Red Cross: A History*(《美国红十字会史》). New York: Harper & Brothers Publishers, 1950.

[12] George Korson. *At His Side: The Story of the American Red Cross Overseas in World War II*(《在他身边:第二次世界大战期间美国红十字会在海外的故事》). New York: Coward—McCann, 1945.

[13] Gerald H. Davis. "National Red Cross Societies and Prisoners of War in Russia, 1914—1918"(《美国红十字会和俄国战俘,1914—1918》). *Journal of Contemporary History* ,Jan. 1993.

[14] Henry P. Davison. *The American Red Cross in the Great War*(《大战中的美国红十字会》). New York: The Macmillan Company, 1921.

[15] Ishbel Ross. *Angel of the Battlefield: The Life of Clara Barton*(《战地

天使：克拉拉·巴顿的一生》). New York: Harper & Brothers Publishers, 1956.

[16] Janney Byron Deacon. *Disasters and the American Red Cross in Disaster Relief*(《大灾与美国红十字会救灾》). New York: Russell Sage Foundation, 1918.

[17] John F. Hutchinson. *Champions of Charity: War and the Rise of the Red Cross* (《慈善的捍卫者：战争和红十字会的兴起》). Boulder: Westview Press, 1996.

[18] Juliaf I. Rwin. *Making the World Safe: The American Red Cross and a Nation's Humanitarian Awakening*(《保护世界平安：美国红十字会和国家人道主义觉醒》). New York: Oxford University Press, 2013.

[19] Kevin Rozario. "'Delicious Horrors': Mass Culture, the Red Cross, and the Appeal of Modern American Humanitarianism"(《美味恐怖：大众文化，红十字会，以及现代美国人道主义的吸引力》). *American Quarterly* ,Vol . 55, Sept .2003.

[20] Lavinia L. Dock, Sarah E. Pickett, et al.. *History of American Red Cross Nursing*(《美国红十字会护理史》). New York: MacMillan Co., 1922.

[21] Louis Levathes. "The American Red Cross: A Century of Service" (《美国红十字会：一个世纪的服务》). *National Geographic*, Vol . 159, No .6, Jun .1981.

[22] Mabel T. Boardman. *Under the Red Cross Flag: At Home and Abroad* (《在红十字旗帜下的国内和国外活动》). Philadelphia: J. B. Lippincott, 1915.

[23] Marian M. Jones. *The American Red Cross, from Clara Barton to the New Deal*(《美国红十字会：从巴顿到新政》). Baltimore : The Johns Hopkins University Press , 2013.

[24] Marshall W. Fishwick . *Illustrious Americans: Clara Barton*(《杰出的美国人：克拉拉·巴顿》). Morristown, N.J.: Silver Burdett Company, 1966.

[25] Merle Curti. *American Philanthropy Abroad*(《美国在国外的慈善事业》). New Brunswick : Rutgers University Press , 1963.

[26] Michael Barnett. *Empire of Humanity: A History of Humanitarianism* (《人道帝国：一部人道主义的历史》). Ithaca: Cornell University

Press, 2013.

[27] Olivier Zunz. *Philanthropy in America: A History*(《美国慈善史》). Princeton: Princeton University Press, 2011.

[28] Patrick F. Gilbo. *American Red Cross, Know Your Government*(《美国红十字会:了解你的政府》). Chelsea House Publishers, 1987.

[29] Patrick F. Gilbo. *The American Red Cross: The First Century*(《美国红十字会:第一个世纪》). New York: Harper & Row, 1981.

[30] Percy H. Epler. *The Life of Clara Barton*(《克拉拉·巴顿的一生》). New York: The Macmillan Company, 1915.

[31] Portia B. Kernodle. *The Red Cross Nurse in Action: 1882—1948*(《红十字会护士在行动:1882—1948》). New York: Harper & Brothers, 1949.

[32] Robert H. Bremner. *American Philanthropy*(《美国的慈善事业》). Chicago : University of Chicago Press , 1988.

[33] Salvatore La Gumina. *The Great Earthquake: America Comes to Messina's Rescue*(《大地震:美国对墨西拿的救援》). Amherst, N.Y. : Teneo Press, 2008.

[34] Timothy B. Egan. "American Red Cross: a History and Analysis"(《美国红十字会的历史和分析》). Theses and Dissertations, Monterey, California: Naval Postgraduate School.

(四) 美国红十字会官网主要资料

[1] American Red Cross Governance for the 21st Century: A Report of the Board of Governors.

[2] Congressional Charter of the American National Red Cross.

[3] Our Federal Charter: How The American Red Cross Achieved its Current Role.

[4] American Red Cross Annual Report : 2005—2021.

[5] Amended and Restated Bylaws of The American National Red Cross.

[6] Audit and Risk Management Committee Charter.

[7] Charter of the Board of Trustees of the Endowment Fund.

[8] Governance and Board Development Committee Charter.

[9] Compensation and Management Development Committee Charter.

[10] Executive Committee Charter.

[11] Implementation of Corporate Wide Background Check Program.
[12] The American Red Cross: On the Path to Stability and Growth.

(五)英文网站

[1] 美国红十字会官网:http://www.redcross.org
[2] 美国国会图书馆:http://lcweb.loc.gov
[3] 美国国家档案局官网:https://www.archives.gov
[4] 美国国会网站:https://www.congress.gov
[5] 格拉斯利参议员网站:https://www.grassley.senate.gov

二、中文资料

[1] 高芳英:《克拉拉·巴顿与美国红十字会的创立》,载郝如一、池子华主编:《红十字运动研究》,安徽人民出版社2010年版。
[2] 高芳英:《美国红十字会在历史上的主要救援活动》,载池子华、郝如一主编:《红十字运动与慈善文化》,广西师范大学出版社2010年版。
[3] 郭倩:《一战后美国红十字会在匈牙利的儿童救助行动》,载池子华、王国忠、陈海高、吴海松主编:《红十字运动研究》,安徽人民出版社2018年版。
[4] 李艳飞、高芳英:《美国红十字会历史上的首次救援活动——1881年密歇根大火救援及其意义》,载郝如一、池子华主编:《红十字运动研究》,安徽人民出版社2010年版。
[5] 王宁宁、高芳英:《1906年旧金山大地震与美国红十字会》,载郝如一、池子华主编:《红十字运动研究》,安徽人民出版社2010年版。
[6] 王萍:《浅谈二战时期美国红十字会组织的编织运动》,载郝如一、池子华主编:《红十字运动研究》,安徽人民出版社2011年版。
[7] 王萍:《二战时期美国红十字会的食堂和俱乐部服务》,载严晓凤、池子华、郝如一主编:《红十字运动研究》,安徽人民出版社2012年版。
[8] 邢金哲:《美国红十字会对1918年大流感的应对》,载郝如一、池子华主编:《红十字运动研究》,安徽人民出版社2011年版。
[9] 许晶晶:《一战前美国红十字会的主要活动》,载严晓凤、池子华、郝如一主编:《红十字运动研究》,安徽人民出版社2012年版。
[10] 王宁宁:《克拉拉·巴顿的人道主义思想及其实践研究》,苏州大学2011届硕士论文。
[11] 王萍:《二战时期美国红十字会军队服务研究》,苏州大学2012届硕士

论文。
[12] 邢金哲:《一战期间美国红十字会的发展壮大》,苏州大学2012届硕士论文。
[13] 许晶晶:《一战期间美国红十字会在欧洲的救援活动探析》,苏州大学2011届硕士论文。
[14] 北京师范大学公益研究院:《红十字人道主义精神与首都治理体系现代化》,社会科学文献出版社2016年版。
[15] 池子华:《晚清时期中国红十字运动研究》,科学出版社2019年版。
[16] 池子华:《红十字:近代战争灾难中的人道主义》,合肥工业大学出版社2013年版。
[17] 池子华、郝如一主编:《红十字运动与慈善文化》,广西师范大学出版社2010年版。
[18] 池子华、张丽萍、汪丽萍:《中国红十字运动的区域研究》,合肥工业大学出版社2012年版。
[19] 贵阳市档案馆编:《战地红十字》,贵州人民出版社2009年版。
[20] 吴佩华:《中国红十字外交:1949—2009》,合肥工业大学出版社2012年版。
[21] 赵辉、罗宏恩、穆少杨等:《战火中的红十字——卫勤与战争》,解放军出版社2001年版。
[22] 中国红十字会总会编:《中国红十字会历史资料选编》,南京大学出版社1993年版。
[23] 中国红十字会总会编:《国外红十字会法选编》,社会科学文献出版社2015年版。
[24] 符林国:《论太平洋战争美军岛屿进攻作战后勤保障的主要特点》,《军事历史》2009年第4期。
[25] 刘鹏辉:《美国的基金会与社会福利事业》,《世界经济与政治》1995年第3期。
[26] 〔美〕萨拉·M.埃文斯:《为自由而生——美国妇女历史》,杨俊峰等译,辽宁人民出版社1995年版。
[27] 张黎黎、钱铭怡:《美国重大灾难及危机的国家心理卫生服务系统》,《中国心理卫生杂志》2004年6期。
[28] 〔美〕奥利维尔·聪茨:《美国慈善史》,杨敏译,上海财经大学出版社2016年版。

后 记

国内研究中国红十字会历史的学者较多,他们在该领域已经深耕许久,成果颇丰。受中国红十字运动研究学者的启发,尤其是受苏州大学社会学院红十字运动研究中心和红十字国际学院相继成立的鼓舞,我从2009年开始关注、搜集美国红十字会的资料。虽然“美国红十字会的改革与发展研究”项目于2020年立项,但实际上从2009年接触该项目资料至今,已近15个年头。在这15年中,除了完成另一个国家社科基金项目“20世纪以来美国公共医保制度研究”外,我从来没有放弃对美国红十字会的历史研究,搜集资料从易到难,探究问题从浅及深,终于十五年磨一剑,完成了书稿。

书稿的完成,特别要感谢苏州大学“十四五”中国史重点学科经费的资助,感谢苏州大学红十字国际学院池子华教授的支持与指导,感谢我所指导的2008—2010级、2016—2018级的研究生们,他们和我一起查阅了相关资料,讨论了相关问题。指导他们的学位论文,为这部书稿的写作奠定了基础。

第二作者苏州大学档案馆副研究馆员王凝萱从项目申报到项目完成,都承担了大量工作,为档案资料收集、书稿撰写,都付出了很多努力,我俩学术交叉互补,相得益彰。

最后,愿把此书作为毕生从事美国史教学和研究的成果,献给苏州大学社会学院和苏州大学红十字国际学院!为国内研究国际红十字运动作点贡献非常快乐!

作者于2023年底